近世農民と家・村・国家

——生活史・社会史の視座から——

大藤　修著

吉川弘文館

目次

目次

第二部　近世農民と家・村・地域……一九五

序

一　問題関心と視角

「家」をいざ定義するとなると、思いのほか容易ではない。それは「家」がさまざまな側面と機能を備えていることに由来するのであるが、その理念型を要約的に表現すれば、固有の「家名」「家産」「家業」をもち、先祖代々への崇拝の念とその祭祀を精神的支えとして、世代を超えて永続していくことを志向する組織体、と定義づけて大過ないであろう。では、こうした「家」の理念型およびそれにまつわる意識・観念が農民の間で広く形成されたのは何時頃で、どのような歴史的過程を経ていたのであろうか。そして、「家」は、農民たちが生産・生活を営むうえでどのような意味をもつ存在であったのだろうか。それは、農民たちが何故、「家」なるものを形成し、それを守ろうとしてきたのか、という問題につながる。筆者の根源的な問題関心は、如上の点にある。

筆者が農民の「家」についての研究に着手した一九七〇年代当時は、明治民法が規定した「家」制度は近世の武士層のそれをモデルにしたもので、一般庶民の生活慣行はそれとは無縁であり、先祖とか家名などによって支えられる「家」の観念も存在しなかったとする見解が、法社会学・法史学においても歴史学においても支配的であった。しかしながら、第二次大戦後、国家法制としての「家」制度は廃止されたものの、農村においては「家」や「家」意識は根強く残っているが、それが単に明治以降の国家法制のもとでの産物にすぎないのならば、はたしてかくまでも「家」が農民の間に深く根付き、それを守ることが至上の価値として生活上の規範にまで内面化するであろうか。それに、明治政府が法制化した「家」の原型的なものがそれ以前には庶民の間ではまったく形成されていなかったとしたら、そもそも「家」を国民統治・統合の法的装置として措定すること自体、政策的に無意味であったことになる。だが、国民統治・統合という国家の根幹にかかわる政策が、その現実的基盤を欠いたまま実施されたとみるのは、あまりにも非歴史的な見解であろう。およそ、政治権力が民衆を統治しようとするとき、民衆の間で形成されているシステムを踏まえつつ、それを再編して統治のシステムに転化させるのが常であり、最も効果的な方法である。

戦後しばらくの間、法社会学・法史学や歴史学にあっては、明治民法に規定された「家」制度を我が国古来の伝統的美風であるとしてその復活をはかる動向に反対する立場から、明治民法の「家」制度は決して一般庶民の伝統を引き継ぐものではないことがことさらに強調される傾向にあった。総じて、「家」に関する議論には、それをめぐる政治動向に対する論者の立場が色濃く反映しており、そもそも一般庶民にとって「家」とはいかなる意味をもつ存在であったのかが学問的に十分には検討されてこなかったきらいがある。庶民の間で「家」が形成されてきた歴史的経緯と契機、そしてそれが生産・生活を営む上で果たしてきた役割を実証的に明らかにし、それを踏まえて支配システムとの関係を考察しなければ、明治政府が「家」を国民統治・統合の法的装置として措定したことの意味、およびそれが一般庶民に及ぼした歴史的規定性の本質に迫ることはできないだろう。

本書は、以上のような問題関心と研究史批判に立ち、近世において理念型的な「家」の形成が農民一般に及んでゆき、個々の小経営農民が自己の「家」の超世代的永続を主体的に希求する「家」意識を持つに至る過程を村落構造との関連において具体的に明らかにしたうえで、「家」およびその存続を支える社会的基盤である「村」共同体や地域社会が農民にとってもった意味を、現世の生活のみならず死後の葬送・供養の問題をも視野に収めて、生活史・社会史の視座から多面的にアプローチを試みたものである。また、農民の側からみたとき、幕藩制国家とはいかなる存在であったか、逆に国家の側は、いかなる関心からどのような形で農民の生活および人生に関わったか、という問題も考えてみた。その際、農民を一般性においてではなく、それぞれが属する家の村落社会における位置、および性別、年齢、家内での地位、障害の有無などに留意して個別具体的な存在としてとらえ、それぞれの個人にとって「家」および村・国家がもっていた意味を考えることを心がけた。したがって、子供、老人、女性、障害者などの社会的弱者の問題にも目配りして論じている。また、明治に入って国家が法制化した「家」制度およびそれにまつわるイデオロギー・規範と近世以来の農民の「家」慣行および「家」意識・規範との関係を、その関連性と差異性の両面に着目して考察し、近世の側から近代の「家」制度と「家」国家論のイデオロギーの特質を照射してみた。

二　構成と概要

本書は、既発表の論文に新稿（第一部第二章）を加えて編集したものであるが、既稿についても複数の論文を合体して構成し直したり、文章に手を加えたりしている。特に第一部の第一章と第三章は、総論として位置づけているため、原論文成稿後に発表された諸氏の関連論文も参照して補足した。以下、各部各章の課題としたところを簡単に述べておこう。

第一部「近世の国家・社会と家・氏・人生」は、筆者自身の個別実証研究および諸氏の関連研究を踏まえて、当該テーマについて筆者なりの観点から総論的に論述し、今後の検討課題も提示したものである。

第一章「幕藩制国家と家・社会」では、幕藩制国家の身分制度と家制度を基軸とした社会編成の特質について指摘したうえで、武士と農民の家を取り上げ、それをとりまく社会的諸関係を踏まえて、それぞれの家の存在形態、その中での家族のあり方と家内の秩序、および日常の生活規範、人生観などについて考察した。そして最後に、近世の「家」と明治以降の国家法制およびイデオロギー上の「家」の連関性と差異性、国家権力が「家」に求めた役割と農民にとっての「家」の意味との関係などについて述べ、日本の「近代」と「家」に関しての若干の見通しを近世の側から示してみた。

第二章「近世農民のライフサイクルと家・村・国家」は、第一章第二節「農民の家と村社会」と一連のものとして草した。近世の家と村に生きた男女それぞれの描いた基本的なライフサイクルの軌跡はどのようなものであったか。そしてそれは、どのような人生観に支えられていたのか。また、家、村、およびこの時代の国家公権を担っていた幕藩領主は、個々人の人生にいかなる関心からどのような形で関与していたのか。本章では、以上の点を基軸にすえ、それとかかわる諸問題をも視野に収めつつ、歴史学と隣接諸科学の分野における関連研究を参照して総論的に叙述してみた。これは、ライフサイクル論を基軸とした近世農民生活史の構想の試みである。ライフサイクル全体を観察対象とすれば、近年歴史学においても光が当てられつつある女性や子供・老人・病人・障害者などの問題も、すべて射程に収め、総合的かつ統一的に考察することができるのである。その際、近世の人々のライフサイクル観は現世と来世を一貫して成り立っていたと思われるので、現世の人生のみならず、死後の問題をも対象に含めた。また、正規の人生コースからはずれることがどういう意味をもっていたのかという点にも、意を払った。

第三章「近世の国家・社会と苗字・姓氏」は、古代律令制下で成立した姓氏と中世に生まれた苗字が近世においてどのような展開を示し、いかなる政治的・社会的機能を果たしていたのかを、近世の国制と社会の特質との関連で述べたものである。そのうち他家に嫁いだ女性の姓（氏）の問題については、これまで若干の言及はあるものの近世史家の間ではほとんど顧みられず、近年盛んになった近世女性史研究にあってもまったく取り上げられていないので、筆者の見出だした史料を少しく提示し、問題の所在を指摘しておいた。そして、明治三一年（一八九八）施行の明治民法で入嫁女性も夫と同じ氏の系譜に属し、同じ苗字を称することが規定されたことの意味を、日本の「氏」と「家」の歴史の上に位置づけて考えてみた。

第二部「近世農民と家・村・地域」には、個別のテーマについて少しく実証的に検討した論稿を収めている。

第一章「近世における農民層の『家』意識の一般的成立と相続」は、近世の農民の間には「家」意識は一般的には存在しなかったのか、それとも一部の上層農民のみならず広範な階層においても「家」意識が遍く存在していたのか、もしそうならば、何時頃、いかなる歴史的過程を経て成立したのか、そしてそれはいかなる内実を備えていたのか、という問題関心から草したものである。史料として用いたのは出羽国村山郡（現、山形県）の村々の宗門人別帳で、当主の交替に伴い父祖名を「家名」として代々襲名して家の超世代的永続性と個別性を社会的に表示する慣行の成立を指標にとり、農民層において「家」意識が一般的に成立してくる過程を村落構造との関連において考察した。また、家が世代を超えて永続していくことを主体的に希求する「家」意識を精神的に支えるのは、先祖に対する崇拝の念とその祭祀であるので、墓碑調査も行い、個々の家が墓碑を建立して主体的に死者・先祖の供養祭祀をするようになる時期の確定も併せて試みている。こうした方法によって近世農民層における「家」意識の一般的成立を確認したうえで、「家」の超世代的永続を実現していく行為である相続の具体的分析を通じて、「家」の構造面および観念面の特質にアプローチしてみた。本稿は、一九七三年に東北大学大学院文学研究科の修士論文として草したものであり、筆者の近世農民の「家」に関する研究の出発点となったものである。

第二章「近世農民層の葬祭・先祖祭祀と家・親族・村落」は、近世農民層の葬送・法事および先祖祭祀のあり方と、その際の家、同族、親類、村落住民の関与の仕方と役割、そして先祖観と系譜観の特質などについて、民俗学、宗教学、社会学、人類学などの分野での研究成果を踏まえ、諸種の史料も検討して論じてみたものである。また、死後、「先祖」に昇華していくコースと「無縁仏」として扱われるコースとに分岐していることと、直系家族制の貫くようになった農民の家の構造上の特質との関係、小農民層における先祖崇拝の成熟と社会的差別の問題、婚出女性の死後祭祀のあり方と氏の系譜の問題などについても考えてみた。近年、近世農民の生活史についても優れた研究成果があげられるようになったが、それらはもっぱら現世における生活を対象としたもので、死後の問題については近世史家はほとんど関心を向けてこなかった。だが、近世農民の人生観は死後の世界も含めて成り立っており、それをも歴史学の対象にしていかなければトータルな生活史は描けないし、現世における人生現象、例えば結婚、離婚、再婚などにしても死後の霊魂の処遇のされ方と密接に関係していたはずなので、死後の問題をも視野に入れないとその意味を真に理解しえないであろう。また共同体論の立場からも、葬送と霊魂の供養に共同体がどのようにかかわっていたかは重要な問題であると考える。なぜなら、共同体は、成員の生存を保障するのみならず、死後の霊魂の安穏を保障する機能をも果たしていたはずだからである。しかしながら、従来の歴史学における共同体論は、現実に生きている者の生活保障のシステム、およびそれと支配システムとの関係にもっぱら意を払い、死後の保障の問題を欠落させてきた。本稿は、以上のような研究状況に対する批判と関心に立って、問題提起を目的に草したものである。

第三章「近世後期の親子間紛争と村落社会」は、駿河国駿東郡山之尻村（現、静岡県御殿場市山の尻）の名主を代々勤めていた家に伝わる近世後期の日記の記事から、親子間の紛争に関するものを取り上げ、それが発生した原因と社会的背景、村落社会におけるその解決の方式とその際の論理などを分析し、それを通じて、幕藩制下の家と村という枠組みの中での親子関係の特質、および個人と家と村の三者の関係の一端に迫ろうとしたものである。そして、幕藩制国家の法制における親子関係の規定および親子間の紛争への対処の論理と、村落社会でのかかる紛争に対する近隣・五人組・村役人などの介入・仲裁の論理との対比も行った。本稿は、個人に視点をすえた村落生活史・社会史研究の具体的試みでもある。

第四章「地域とコミュニケーション」では、地域史研究の新たな視点としてコミュニケーション論を提起し、出羽国村山郡谷地郷（現、山形県西村山郡河北町）を対象に、その視点からする具体的考察を試みた。そこでは、地域社会におけるコミュニケーションの形態と特質、他地域との情報流通を通じたコミュニケーションの展開の両者を併せて考察し、それが家と地域を場とする生産・生活を守り発展させていくうえでもっていた意義、および近代国民国家形成のコミュニケーション面での基礎条件の幕藩制下における形成度とその特質、を検討することを課題としている。

第一部　近世の国家・社会と家・氏・人生

第一章　幕藩制国家と家・社会

序　論　幕藩制下の家と社会

身分・階級関係が激しく変動した「下剋上」の動乱の歴史過程を経て誕生した幕藩制国家は、自らの階級支配を安定的に持続するために、強固な身分制を創出し、これを軸に種々の生業従事者を社会的に編成した。

兵農分離

その身分制社会は、兵（武士）と農民との分離を起点として形成された。兵農分離は戦国大名のもとでも進行しつつあったが、それを全国的規模で強力に推し進めたのは豊臣秀吉である。天正一〇年（一五八二）に明智光秀を破って以来、秀吉は征服地を拡大するごとに原則として検地を実施し、一筆ごとの耕地に耕作責任者を定め、年貢上納の義務を負わせるとともに、百姓が耕作を放棄して他領へ転出したり、商人になったりすることを禁じた。その一方で、天正一六年（一五八八）、刀狩令を発して、諸国の百姓らが刀、脇差、弓、鎗、鉄砲などの武具を所持することを禁じ、農耕に専念すべきことを命じた。こうして百姓を農耕専従の民として純化し、耕地に緊縛するとともに、在地領主であった武士や武士化しつつあった地侍を「士」として城下に集め、村落から切り離した。

兵農分離の結果、武力を独占した武士が城下に結集し、強大な武力を背景に農民を支配するという体制ができあがったわけである。だが、逆にみれば、農具は百姓が独占するところとなったのであり、生産から切り離された武士にとっては、百姓を保護し、農業生産力を安定・発展させることが、自らの生活を維持する上で必須の要件とならざるをえない。実は、安定した社会秩序のもとに平和裡に農耕を営み、家を子々孫々へと永続させてゆきたいという希求は、中世末を通じて百姓たちが強く持ち続けていたもので、土一揆もそうした根源的な希求に立っていた。刀狩令で武装を解除され、武力による闘争を否定されたとはいえ、時の最高権力者をして「百姓ハ農具さへもち、耕作を専に仕り候ヘバ、子々孫々までも長久候、百姓御あハれみ（憐）をもつて此の如く仰せ出だされ候、誠に国土安全、万民快楽の基也」（「刀狩令」第三条。読み下し文に改めた）と宣言せしめたのは、百姓たちにとっては、ある意味では歴史的成果でもあったのである。[1] なぜなら、これによって武士権力は、百姓を保護し、「国土安全、万民快楽」を実現することを自らの施政の規範とせざるをえなくなったのであり、これに背く施政に対しては百姓たちの指弾を受けても余儀ない根拠を与えることになったからである。

身分制度と家制度

武士の城下集住に伴い、彼らの生活上、軍事上の必需物資を調達するために商工業者も城下に集められ、「町」に居住せしめられた。兵農分離は必然的に農と商工との分離をも伴ったのである。最終的に天下を統一した徳川権力のもとで、こうした職能（職業）の分離にもとづき、支配階級である「士」（武士）と被支配階級である「百姓」（農）、「町人」（工・商）という身分秩序が固定化され、その下に、死牛馬の解体処理・皮革業を営む「穢多」、物乞い渡世を生業とする「非人」が賤民として位置づけられていった。そして、被差別賤民は監獄行政の面で国家的統治にも動員され、死刑執行、牢番役、囚人送迎などを国家的な役として担わされた。

かかる国家の制度的身分に直接編成されたのは各家の当主であり、それ以外の者は、たとえば「〇〇国〇〇郡〇〇村百姓某女房〇〇」「百姓某下人《げにん》（名子《なご》）〇〇」というふうに、当主との親族関係や主従関係にもとづいて把握された。当主になるのは男性が原則であるから、女性は男性との関係において国家に把握されたことになる。庶民の家では女性も当主になることはあったが、その場合でも、宗門人別改帳には「百姓某後家〇〇」というふうに前当主である男性との関係で表示される。

身分は当主に付いたものであるとはいえ、その地位＝身分は世代的に継承されるものであるから、結局のところ家ごとに身分が固定されたことになる（ただ、犯罪で非人になった者は、赦にあえば元に復される）。そして、身分と一体化した職能（職業）もまた、「家職（家業）」として代々継承される。中世において特定の官職や技芸を家職として世襲・相伝していた公家も、近世には江戸幕府の統制下におかれ、家職の権利も幕府によって保障された[2]。また僧侶・神職をはじめとする宗教者やその他の種々の生業従事者たちも、それぞれの職能に応じて身分編成され、それを家職として伝えるようになった。つまり、幕藩制社会は、家制度を通じて階級関係、身分制秩序、社会的諸分業が固定的に再生産される仕組みになっていたわけである。

家が社会の単位をなしていたこの時代にあっては、人々はいずれかの家に属し、その家職（家業）を維持することによってのみ生存を保障された。と同時に、それぞれの家職が有機的に結び合わさって社会・国家は成り立っていたのであるから、家職に励むことはそれぞれの身分に応じた社会的責務＝「職分《しょくぶん》」とされた。そして、この「職分」は「天道《てんとう》」によって定められた「天職」であるとイデオロギー化されることになった。

家はメンバーの生死を超えて永続する制度的機構であり、これを維持することは体制的に要請された社会的規範であったが、家によって生存を保障された当事者自身、これを存続させていかねばならないという主体的な自覚を強く持つようになり、小営業者の家の自立性の強まりとあいまって、いわゆる「家」意識が庶民の間にも広く成立することになった（本稿では家の観念的・規範的側面を強調するときは「家」と表記する）。それに伴い、自らの家職、したがって労働のもつ社会的価値に目覚めるところとなった。

その場合、自らの家職に励み国家・社会に貢献することが自らの身分に応じた「職分」と観念している限りにおいては、身分制秩序を維持する方向に作用する。だが、自らの家職の社会的価値の自覚は一方で、上下に序列化された身分制的な職業観、人間観に対する批判意識を胚胎させる契機をもはらむことになるし、また「職分」論は、政事・軍事の担い手である武士が「国土安全、万民快楽」を実現すべき自らの職分を怠ったとき、民衆がそれを批判する根拠ともなった。

商人の立場から思想形成した石田梅巌、農民の立場から思想形成した二宮尊徳など、近世中・後期の民衆指導者の思想には、職業同価値観、人間平等観が顕著にみられる。(3)

この時代の家族は家という永続的な機構の中に存在した。本章においては、武士と農民の家を取り上げ、それをとりまく社会的諸関係を踏まえて、それぞれの家の存在形態、その中での家族のあり方と家内の秩序、および日常の生活規範、人生観などについて考察していこう。

註

（1）勝俣鎮夫『一揆』（岩波書店、一九八二年）一七九〜一八〇頁。
（2）山口和夫「近世の家職」（『岩波講座　日本通史』第一四巻、一九九五年）。
（3）拙稿「関東農村の荒廃と尊徳仕法」（『史料館研究紀要』第一四号、一九八二年）。

第一節　武士の家と社会

(一)　武士社会の編成原理

戦闘者たることを本来的な性格とする武士の基本的な結合関係は主従制的関係である。これは、主君が従者（臣下）に知行《ちぎょう》（封禄）を与え、従者は主君に対して軍事的勤務（軍役）を中心とする奉公を尽くす、という形の結合関係である。

主従制

戦国期においては、有力な武将＝大名のもとに主従関係によって編成された独立の軍団が各地に割拠し、自律的に領国を経営する一方、他の諸大名と抗争をくりひろげていた。しかし、徳川氏による天下統一後は、諸大名は将軍に服属し、その間に主従の関係が取り結ばれた。諸大名はそれぞれ家臣を従えており、大身の家臣はさらに自己の家臣を抱えている。こうして幕藩制下においては、統一的な知行―軍役体系を軸にして、すべての武士が将軍を頂点としたピラミッド型の重層的な主従制秩序に編成されるところとなった。統一的な知行―軍役体系を成り立たせるためには、全国の土地が同一の基準で把握されていなくてはならない。豊臣政権下で全国的に実施された検地（いわゆる太《たい》閤《こう》検地）で確定された石高制が、その基礎となっていた。これは土地を米の生産量である抽象的な石高で表示したもので、知行の規模は石高で示され、それに応じて軍役をはじめとする諸役が課された。

統一的な知行制は「預かり」の論理でもって正当化されていた。すなわち、将軍は国土と人民を天より預かって天下統治の任を負い、将軍はそれを大名・旗本に、大名・旗本は家臣にそれぞれ分割して預けたのであり、土地と人民は決して個々の領主の私有物ではない、という論理である。実際は、戦国大名に出身する外様大名の場合、その領国は先祖の実力によって形成されたものであり、それゆえ彼らは、領国は「先祖よりの預かり物」という観念を強く有していた。幕藩制的秩序は、こうした外様大名の領国も将軍が宛行《あてが》ったという形式をとって主従の関係を設定したところに特徴がある。一方、大名側は、内心では領国は先祖より預かった物という意識を強く持ちながらも、家臣に対しては「天—将軍よりの預かり物」であることを強調することによって、家臣の自律的な知行地支配を制約し、家臣団統制を強めていった。

ところで、主従関係はもともとは主君と臣下の個別的な人格的結合関係であったが、幕藩制下においては家と家との関係に転化したところに大きな特徴がある。その画期となったのは、寛文四年（一六六四）、四代将軍家綱の時、一万石以上のすべての大名に対して一斉に知行給付の判物《はんもつ》・朱印状（一〇万石以上は将軍の花押《かおう》を署した判物、一〇万石以下は朱印状）と領知目録が発給された、いわゆる「寛文印知《いんち》」である。近世においても当初は、個々の大名にまちまちに領知判物・朱印状が発給されていた。それが一斉に発給されたということは、将軍と諸大名との主従関係がもはや個別的なものではなく、国家的制度として確立されたことを意味する（三代将軍家光の時にも統一的な知行給付がなされたが、その対象はいまだ五万石以上および城持ちの大名に限定されていた）。

「寛文印知」以後、将軍の代替わりごとに領知判物・朱印状を改め、新たに発給した（これを継目安堵《つぎめあんど》という）。それに対して大名は、忠誠を誓った起請文《きしょうもん》を提出した。こうして徳川将軍家と大名家との主従関係が代々更新されつづけていったのである。他方、大名と家臣との主従関係も同様に、家と家との関係として超世代的に固定化されていった。

四代将軍家綱の時に殉死の禁止令が発せられたが、それは、泰平の世では主従の結合関係はもはや属人的なものではなく主家と従家の関係であるべきこと、そして主君個人よりも「御家」に対する忠誠と奉公が求められたからにほかならない。

家格階層制

中世における武士の社会的結合には、主従という上下の結合様式だけでなく、一揆という同等の立場での横の結合様式も存在しており、それが上位の権力者に対する抵抗の手段となっていた。将軍を頂点にすべての武士が上下の秩序に統一的に編成された幕藩制的秩序は、まさに一揆的な社会構造を否定、克服したところに成立したのである。大名が幕府への忠誠を誓った起請文においても、「邪儀之一味仕《つかまつり》間敷《まじき》事」、つまり一揆を結ばないことを誓約した条項がみられる。中世においては神に誓って一味同心し一揆を結んだのにたいし、近世では一揆結合をしないことを神に誓約しているのであり、幕藩制的秩序の原理を端的に示していよう。

幕藩制下においては、上下の秩序を安定させ、一揆の再生を防ぐために、各家の間に整然たる家格の階層制が形成された。近世の主従制は家を単位としている以上、それも一種の家格制であるが、従臣の家の間にも家格区別の体系がつくり出されたところに、その特徴がある。

たとえば、同じ大名身分の家であっても、将軍家との親疎の程度を基準に御三家、御三卿、御家門、譜代、外様の別が立てられ、また領地の規模の点から国持《くにもち》、准国持、城主、城主格、無城の格式に分けられていた。こうした家格の相違によって、江戸城に登った際の詰所や天皇から授与される官位も区別され、それがまた大名家の格式を示す標識ともなった。さらに大名の家臣の間にも、大名家との親疎関係や知行高などを基準に細やかな家格階層制がつくり出されていた。このような家格階層制によって武家相互間に差別の体系をもちこみ、従臣相互が一揆を結んで主君に反逆するのを防止したのである。

官僚制

近世の武士は単なる戦闘者ではなく、「公儀」権力＝国家公権の担い手として国家的統治にあたっていた。この側面においては、武士は「公儀」の役人として官僚制的に編成されていた。国家権力の中枢機関である幕府（中央の「公儀」）、および国家的統治権を分有していた諸藩（地域的「公儀」）は、統治遂行のために官僚制機構を整えていった。

各々の武士が官僚制機構におけるどの役職に就きうるかは、それぞれの属する家の格式によって制約されていたが、しかし特定の家が特定の役職を専有して代々相伝していくといった役職の家職化は回避するシステムがとられていた(1)。一部には特定の譜代門閥の家筋の者が藩の家老職を代々務めたように、役職の家職化現象もみられたものの、一般的には役人の配置転換や能力にもとづく昇進システムを導入することによって役職と家との結びつきは断たれていたのである。もっとも、昇進できる範囲は家格階層に対応していた。しかし、一方では、軽格の武士であっても、主君に能力を見込まれて幕府や藩の要職に登用されることも少なからずあった。また家内部においても、家長の地位の継承には血筋や嫡庶長幼の序が尊重されながらも、他方では、家を治め主君に奉公を尽くしうる能力が家長たる者の要件とされていた。

近世における武士の奉公は、もはや武芸に秀でているだけでは務まらなかった。行政官としての職務を全うしうる能力も同時に求められた。しかも幕府や藩の行政は文書主義によってなされたので、文書処理能力を身につけておくことが不可欠であった。当初はそれぞれの家庭において武士として必要な教養や技能の手ほどきをしていたが、幕藩体制の動揺しはじめた一八世紀半ば以降、諸藩は藩校を設立して、藩として有為な人材の育成に取り組むようになった。

ところで、家格階層制や家内部の上下の秩序は、ともすれば武士集団内部の人間関係を硬直化させ、頽廃を招きやすい。事実、そうした現象も少なからず生じていたのであるが、しかし官僚制機構における役人の登用・昇進、および家の相続に一定度の能力主義をもちこんでいたことが、幕藩領主階級による国家統治がともかくも長期にわたって存続しえた一つの要因をなしていたと思われる。

もちろん能力主義の導入は家格階層制秩序を損なわない範囲内のことで、格式を無視した登用は部分的にとどまっていたのであるが、一九世紀に入り、経済構造の変化と民衆闘争の高揚、欧米列強の外圧などによって幕藩体制が危機に瀕するようになると、それを乗り越えるために伝統的な格式よりも武士の職分を遂行しうる能力を重視する傾向が強まり、下級武士が大量に要職に進出するところとなった。また、百姓・町人の家出身者を武士に取り立てることも、決して珍しくはなくなった。そして、幕藩制的秩序にとらわれていてはもはや日本国の存続と発展は期しえないと自覚されたとき、武士自らがそれを否定する結果ともなった。こうして、武士身分に固着していた政事・軍事の職能は、四民平等原則のもと建前上は能力によって登用された者が担うことによって、近代国家の建設が進められていくことになった。つまり、職分の論理を優先させることにより身分制は廃止されるところとなったのである。

官位制と姓氏の秩序

幕藩制下の武士は将軍を頂点として知行恩給を媒介にピラミッド型の主従関係に編成されていたことは先に述べたとおりであるが、その一方で、将軍以下諸大名と上級の旗本（幕府直参の士で知行高一万石未満の者）は天皇から古代律令制以来の官職・位階を授与され、朝臣となっていた。将軍（征夷大将軍）職自体、古代国家の職制に由来するものであり、徳川宗家の当主は天皇よりこの官職に任ぜられたことにより、はじめて自らの権力を国家公権として発動しえたのである。

大名と上級の旗本も家格、幕府の職制上のランク、年齢、年功などに応じて天皇より官職・位階を授与されていた。したがって彼らは、将軍と天皇のそれぞれとの間に原理を異にする君臣関係を取り結んでいたことになる。その際、臣下としての姓も異なっていた。将軍より下付された知行宛行状の宛名には苗字としての姓が用いられているのにたいし、位階・官職叙任の際に朝廷より賜った位記《いき》・口宣案《くぜんあん》・宣旨《せんじ》では源・平・藤原・橘といった古代の名族に由来する姓が宛名に記されている。つまり、将軍との君臣関係は中世において武士自らが創出した苗字（本宅所在地の地名をとって自己の家を表示したもの）で、一方、天皇との君臣関係は、古代天皇制国家のもとで朝臣であった由緒をもつ姓（それらは天皇より賜与された姓である）で結んでいたわけである。

古代律令制下の官職・位階制度は律令制の解体に伴いその実を失っていたとはいえ、人々の社会的地位を表示するものとして存続していた。この官職・位階を天皇より賜るためには、朝臣としての由緒を有する特定の尊貴な姓を持っていることが前提条件である。武士は、自己の系譜を古代の名門の氏に結びつけ（ときには系図を偽作してまで）、苗字としての姓の他に源・平・藤原などを本姓として名乗っているが、それは氏素姓＝父系血統を重んじる種姓の観念、およびそれと一体化した官職・位階制の残存と深くかかわっていた。家康自身、永禄九年（一五六六）に三河国を統一したあと、三河の一土豪にすぎなかった松平氏の系譜を由緒づけるために、清和源氏の嫡流である上野国新田氏の支族得川《とくがわ》氏の系図を借り受け、これに自家の系譜を結びつけて「徳川」に改姓しているのである。

徳川氏は天下統一後、伝統的な種姓の観念、姓氏の秩序、官職・位階制などを幕藩制的秩序の中に再編成して取り込むことによって、自らの支配体制の安泰をはかっている。

幕藩体制における最高権力者は将軍であるが、これは官職である以上、理論的には徳川氏が独占する必然性はない。この職を徳川氏が独占的に世襲するためには、武士たちに対する統帥能力を維持するとともに、系譜的にも武門の棟《とう》梁《りょう》としての正統性を天下に示す必要があった。寛永一八年（一六四一）から同二〇年にかけて、三代将軍徳川家光の命により、大名・旗本諸家の系譜集である『寛永諸家系図伝』が編纂されているが、これは武家の姓氏＝父系血統の秩序を徳川氏中心に再編成することを企図したものであった(2)。そこでは、清和源氏、平氏、藤原氏、諸氏に類別されたうえで、清和源氏義家流の筆頭に「新田嫡流得河松平家」の系図がおかれている。こうして徳川氏の系譜を権威づけ、徳川宗家の当主が「源氏の長者」としての正統性をもって将軍職を世襲するところとなったのである。

その一方で、武家に対する位階・官職の叙任システムは、将軍にとって都合のよいように改変していた。すなわち、家康は朝廷に働きかけて、武家の官位は将軍の推挙によって叙任すべきこと、そして武家官位は公家官位とは別系統とし、武家官職には定員を設けない、という原則を確立していたのである。これは、諸大名が直接天皇に結びつくことによって反幕勢力が形成されるのを防ぐとともに、将軍へ忠勤を励むことが官位獲得・昇進の条件とすることにより、主従関係の強化をはかった措置であった。

だが、諸大名が将軍と天皇の両者と君臣関係を取り結んでいたことは、どちらが日本国の真の君主であるか、という難問を不可避的に抱え込まざるをえない。幕藩制擁護のイデオローグたちも、この問題を整合的に理論づけるのに苦慮した。現実政治においても、幕末期には天皇の意志と将軍の意志とが分裂し、天皇の命令＝詔勅を盾に幕府に反逆するという事態が生起したことは、周知のところである。

(二) 武士の規範

右に述べたように、近世の武士は統一的な知行制を軸に将軍を頂点にした重層的な主従制に編成されていた。そして、主従の関係は家と家の関係として超世代的に固定されていた。

忠と孝

主従関係を結んでいる武士は、それぞれの家の時の家長、つまり当主である。家における絶対的な規範は、先祖より受け継いだ家産を保持し、家業に励んで家名と先祖の祭祀を絶やさないことであり、これが先祖およびそれに連なる父母に対する「孝」と観念されていた。(3) 当主は、時の家の管理者として、それを子孫に伝える責任を先祖に対して負っている。だが、近世の武士は、中世におけるように在地領主として先祖伝来の本領地を自律的に支配していた存在ではなく、兵農分離によって在地性を否定されていた。家の物質的基盤は主君より給付された知行地あるいは禄米である。それが代々相続されたことにより、「先祖よりの預かり物」という観念、つまり「家産」観念も生じてはいたが、しかしそれは主君に対する忠勤の反対給付として相続が認められたものである。

したがって、主君に忠誠を尽くすことが、家を存続させること、すなわち自己の先祖および父母に対して孝を尽くす前提条件にならざるをえない。幕藩制的秩序のもとに編成された武士の規範として、「忠」と「孝」が結びつけられて説かれたゆえんは、まさにここにある。

いま一つ、幕藩制下の忠と孝の性格について考えるにあたっては、個々の武士の家は大名家の「家中」に統合・編成されていた側面を考慮に入れる必要がある。すなわち、主君である大名とその臣下は家における家長と家人の関係に擬制され、大名とその家臣団からなる集団・組織自体が一個の「御家」と観念されていた点である。そこにおいては、家臣の主君に対する忠そのものが同時に、「御家」の長に対する孝としての意味合いをも帯びることになる。そして、この「御家」は先祖より子々孫々に超世代的に伝えられるものであるから、「御家」における忠と孝は時の主君＝家長のみならず、歴代の主君＝家長をも対象とすることになった。主家の先祖法要には家中の者どもも列席が義務づけられたが、それはそうした意識を家中に植えつけるためのセレモニーでもあったのである。だが、忠＝孝が「御家」の歴代の主君＝家長にも向けられるようになったことは、時の主君＝家長が「御家」の存続を危うくするときには、強制的に廃除してでも「御家」を守ることが代々の主君＝家長への忠＝孝だとして、現実の主君＝家長への反逆を正当化する契機をはらむこととなった。

「御家」存続の規範

時の主君と家臣は「御家」を存続させる責任を負っている。「御家」の物質的な基盤は領土と領民である。近世の武士集団は兵農分離によって生産から遊離していた以上、「仁政」を施して領民の生産を安定させ、農業生産力を高めることが「御家」の存続・繁栄の条件とならざるをえない。大名の家訓・遺訓では、「仁政」を施すべき責任を二つの異なる系列の論理でもって説いている。一つは領土と領民は先祖よりの預かり物であるという論理、いま一つは、それは「天―将軍」よりの預かり物であるという論理である。いずれにしても領土と領民は時の大名の私有物ではないことが強調され、それを我が物とみなして暴政を行うことが戒められる。つまり、幕藩制下の大名とその家臣団は、「御家」の先祖と「天―将軍」の両者に対する責任をまっとうしようとすれば、「仁政」に努めざるをえない条件下におかれていたわけである(4)。

大名の「御家」の本質は人民支配のための階級的権力機関であるが、それは幕府を中心とする「公儀」権力＝国家公権の一環に編成されており、領国の安寧を保ち、領民の生活を安定させる「職分」を負っていた。この職分を果たさず、領国を衰弊させ、人民の反乱をひき起こすことは、領主階級全体の存亡にかかわる。したがって、職分への背反は、幕府より「御家」とりつぶしの処分を受ける理由になった。大名とその家臣団からなる「御家」は幕府の前には運命共同体なのであり、家臣からすれば、「御家」の安泰に尽くすことは単に主家のためのみならず、自己の家を存続させる前提条件でもあったわけである。

大名は、「公儀」を名分として、家臣の個別領主としての恣意的な知行地支配を規制し、主要な権限を藩の官僚機構に吸収する一方、役職に任じた家臣に対しては、親子・兄弟・縁者・知音などあらゆる縁を超え、私利私欲を排して、公正に職務を遂行することを求めた(5)。たとえば、下野烏山城主板倉重矩はその遺書の中で、「家老并気に入遣者《いりつかふ》のゑこ贔屓《ひいき》して、おのれが縁類などとりなし、其人にあはざる役などさせ、欲にふけり音物《いんもつ》にめでなどする家老は、逆心同前と知べし」(6)と断じている。

一方、大名は、「御家」の最高責任者として、身を正し、家臣の才智を見きわめて、依怙贔屓なく人事を行い、(7)「政道ニ私曲ナク、万民ヲ撫育」(8)することが求められる。

藩政は外見上、主君である大名の命によって遂行されているが、しかしそれは必ずしも大名が専制的に藩政をとりしきっていたことを意味しない。実質においては、大名と家老・重役が一体となって指導者集団を構成し、合議によって権力意志が形成されていた。(9)それが理想的な藩政運営のあり方と考えられ、主君にしろ、家老・重役にしろ、一人の人物が恣意的に権力を行使することは政道を私するものとして指弾の対象とされていたのである。それは、藩政は「公儀」としてなされるべきだという規範にもとづいていよう。その点では幕府の政治運営も同様である。

もし、主君の身持ちが悪かったり、あるいは恣意的に専権をふるって、家中の団結や治政を乱した場合、臣たる者は身命を賭しても主君を諫めるのが真の忠である、とされていた。ことに主君を補佐して「御家」の安泰と治政の安定に尽くすべき重責を担っていた家老・重役は、諫言して主君を正させる責務を負っていた。しかし、諫言の義務・権利は家老・重役のみが専有していたわけではない。たとえば「酒井家教令」（安房勝山城主酒井隼人が元禄一二年〈一六九九〉に制定）には、「我等行跡并に政務の儀等、何事にても諫むべき事これ有るに於いては、諸士雑人によらず、書付封印仕り、目付方へ指出すべし。第一の忠節たるべき事」(10)（読み下し文）とみえる。また主君の側も、家臣の諫言に耳を傾け、我が身を正しくすべきことが、大名の家訓・遺訓にうたわれている。

諫言と主君押込

諫言しても聞き入れないときは、家老をはじめとする重臣たちが実力行使でもって主君を座敷牢などに幽閉し、強制的に隠居―廃位せしめる、いわゆる「押込隠居」がなされることもあった。(11)それを正当化したのは「御家」安泰のためという論理である。つまり、「御家」への忠誠、いいかえれば「御家」の代々の主君＝先祖への忠誠が、現実の主君に対する反逆として機能することもあったのである。幕府も大名家の主君押込隠居を黙認する態度をとっている。

「御家」の秩序を乱し、大名としての職分の遂行に支障をきたすような振る舞いのある者は廃除されたほうが、幕府としても都合がよかったからであろう。ただ、実際には家臣による強制隠居であっても、幕府への隠居願いでは「病気」という理由づけがなされている。

以上のように、大名が「公儀」としての職分をまっとうしているか否かが、外（幕府）からも、内（家中）からもチェックされていたのであり、これが幕藩制的統治をともかくも長期にわたって存続せしめた一つの要因をなしていたのではなかろうか。と同時に、日本国の対外的独立と国内の安寧に最高の責任を負う将軍、およびその権力の執行機関である幕府が、一九世紀中期の内憂外患の中で、もはやその職分を果たしうる能力を喪失していると諸大名および一般の武士、さらには人民に判断されたとき、職分論は討幕を正当化する論理ともなったのである。

(三) 相続

武士相続の特質

中世の武士は、主君より恩給された所領の他に、先祖が開発し代々相伝してきた本領（私領）を持ち、たとえ恩地を取り上げられても存続しうる経済的基盤を有していた。これに対し近世の武士は、主君より宛行われた知行（封禄）の他に私領を持つことは否定され、封禄が家存続の唯一の基盤となった。封禄を召し上げられることはとりもなおさず、武士身分を喪失して浪人に転落し、生計の途を断たれることを意味したのである。したがって、武士にとって家を継承することは主君より封禄の世襲を許されることと同義になり、世封世禄が「家督」と観念されるようになった。

近世武士の家督相続については、被相続人の封禄が主君より再恩給されることであり、再給許否の決定権は主君の手に握られていたのであるから、武士には正確な意味での相続権はなかった、とする中田薫氏の見解(12)が従来の定説となっていた。これに対し鎌田浩氏は、原則論としては中田説を認めつつも、しかし主君といえども再給許否権を自由に行使できたわけではなく、むしろ家臣の側に強力な相続期待権があり、それは事実上、相続権といってよいものであって、相続保障の度合は主君対家臣団の力関係に規定された、という新見解を打ち出された(13)。

その後、服藤弘司氏が、従来の近世武士相続に関する諸説を網羅的に再検討された、詳細な研究を発表されている(14)。氏は、当時の武士にほぼ相続権と称してさしつかえない強大な相続期待権が付与されていたとする点では鎌田説に賛成されつつも、家中武士に対する相続保障の問題を主君対家臣団の力関係から考察することには同意されない。服藤氏の見解の核心は、武士相続の本質を、中田氏のように単なる封禄の相続とはみなさず、先祖の勲功に根拠をおく封禄の相続と規定するところにある。したがって、相続保障の問題についても、相続人の先祖の主家に対する勲功の度合と、相続人が先祖の血筋を正しく受け継いでいるか否かによって相続期待権に強弱が生じ、先祖の勲功ある譜代の家臣であれば、血筋の正しい男子が存する限り、ほぼ無条件に封禄の相続が認められた、と説かれることになる。

この主張は、先述したような、大名の「家中」として「御家」の構成員に編成されていた近世武士の、家相続の本質をよく言い当てているように思われる。主君の「御家」は従家の代々の忠誠・奉公に支えられてこそ存続しうるものであり、そこでの主従関係は主家と従家の超世代的な関係である以上、先祖の勲功ある家臣の家を、時の主君の恣意によってとりつぶすことはできないわけである。

一方、将軍と大名の関係も、一七世紀半ばまでは徳川氏の支配体制確立のための政略から多くの大名の家がとりつぶされたが、幕藩体制の確立した一七世紀後期以降は、大名の側に越度がない限り、領知の相続が保障されている。

分割相続から単独相続へ

近世前期においては、分知すなわち分割相続が大名・旗本およびその家臣層ともに広くみられた。(15)もちろん分知を行うためには主君に願い出て許可を得ることを要件としたが、この願い出は形式的なものにすぎず、分知か単独かという相続形態の決定については被相続人にほぼ完全な自由裁量権が付与されていた。だとすると、分知には、それを行う側に相応の事情があったことになる。

服藤氏は、第一の理由として二・三男などの厄介者対策のための分知、第二の理由として嗣子不在の危険に備えての同姓親族の確保、をあげられている。近世における武士相続の本質が先祖の勲功に基礎をおく家禄の相続にあった以上、当然、相続人には先祖との血筋のつながりが強く要求された。実男子があれば問題はなかったが、これがなく養子をとって相続させる場合には、男系の血筋を引く同姓親族より迎えることが原則とされていた。他姓の者を養子にした場合はしばしば減知処分をこうむった。したがって、男系の血筋を絶やさず家の永続をはかるためには、分家を創設して同姓の親類＝同族をふやしておくことが必要となったわけである。

しかしながら、分知を行うには、それ相応の経済的条件が存することが前提になる。その点、近世初期には、幕府の大名統制策によって没収された領地を基礎に知行加増もあり、また新田開発も盛んに行われ、かつ本田畑自体の生産力の向上も著しかった。したがって、分知をしても、家の経済的基盤にはさほど影響を及ぼさなかったのである。だが、一八世紀前後頃より、このような条件はしだいに減退していった。そればかりか、藩財政の逼迫によって、諸藩は「借知」という名目で家臣の封禄の削減さえ行うようになった。こうした外的要因に規制されて、近世中期以降、急速に単独相続へと転換してゆくことになったのである。

単独相続制が定着してくると、武家に生まれた男子の人生にも大きな影響を及ぼすことになった。生家の家督を相続した者以外は、他家に養子に入ってその家督を継がないかぎり、武士としての職を得ることはできなくなった。しかも、養子の口とて、俗に「一人娘に聟八人」といわれたように志望者数に比べればはるかに少なく、なかなかの狭き門である。あぶれた者は、生家に留まり、職にも就けず、家長の扶助を受けながら一生を部屋住みの「厄介」として終えざるをえなかった。中期以降、こうした「厄介」が増加し、家臣の家計を圧迫する一方、我が身をもてあました厄介者たちが不行跡を働いて風儀をみだすという社会問題をも生み出している。

女性の知行

知行は本来、主君への奉公に対して恩給されるもので、武士の奉公は軍役を中心としていたから、必然的に女性は知行制から排除されることになった。しかし、女性独自の奉公も存在した。将軍家や大名家の「奥」に仕える正・側室、乳母、御局、女中衆などの奉公がそれで、それに対しては知行や諸手当が与えられた。(16) 近世の武家社会においては女性も「御家」の一員に編成されており、「御家」に奉公を尽くせば知行を与えられたのであり、しかも男性の知行取りと同様、養子を取って「家禄」として相続させることも認められていた場合もあった。

また、将軍や有力大名の娘あるいは養女が嫁いだ際には、「化粧料（田）」と称する知行地を付けるのが一般的であった。化粧田は持参財産としての性格を持つもので、中世の慣習を引き継いだものと思われる。初期には本人の自由意志で譲渡できた例もみられたが、しだいに本人死去後は里方に返還される一期《いちご》分に変わっていったようである。この化粧田については、軍役をはじめとする公役《くやく》負担はどうなっていたかなど、今後の実証研究にまつ点が多い。

このほか、相続人なくして当主が死亡し、家が断絶した場合、それが譜代家臣の家か、あるいは当主の奉公抜群であれば、残された母や妻、娘などに「助扶持《すけぶち》」（家族扶持）が支給され生活が保障された例も諸藩でみられ、養子を迎えて相続させることも認められていた。主君を長とする「御家」のために尽くせば、遺族の生活保障も得られたのである。また、萩藩（毛利家）では、嫡子が幼少で中継相続が行われた場合、中継相続人に遺知全額は相続させず、その一部を「後家堪忍分」として被相続人の後家に分知する慣行が存在した。この後家分知の分は任務を終えた中継相続人が継承している。

以上のように、女性に知行が与えられ、しかもそれが相続対象とされることもあった。しかし、留意しなくてはならないのは、その相続人はあくまで男性（養子、中継相続人）であり、女性に相続資格が付与されることはなかった点である。つまり、近世武家社会においては、女性に知行が付与されることはあっても、それを女性に相続させて女系の家筋を立てることはできなかったのである。

相続序列

中田薫氏は、近世の武士相続法にあっては、相続人の決定にあたり血統の自然的順位が重視されたことを指摘されている。(17) この中田説はその後、近世武士相続の本質を先祖の勲功に基礎をおく封禄の継承と解する服藤弘司氏の説によって、理論的により精密化された。すなわち、相続の主対象たる封禄は先祖の勲功によって主君より恩給されたものである以上、その相続人には当然、先祖の血筋を正しく引いていることが要請されることになるわけである。

中田氏は、血筋の自然的順位に従った相続序列を次のように説かれる。第一順位は「法定嫡子」と称されるもので、嫡出の長男子または彼の死後生まれた二男以下の男子は、出生届により嫡子すなわち推定相続人たる地位を取得した。第二順位は「届出嫡子」で、法定嫡子がいないかあるいは廃嫡された場合、嫡出長男子出生前に届け出られた妾腹の男子があれば、彼が嫡子となった。第三順位は「願出嫡子」で、第一、二位の嫡子が存しないときは、被相続人の願い出によって嫡子が定められた。まず先嫡子の子すなわち嫡孫が優先され、次いで二男以下の諸子がこれに続いた。嫡孫を相続人に選ぶ場合、近世初期には、幕府をはじめ諸藩でも古来の慣例が踏襲されて「養子」という形式がとられていた。しかし、幕府が宝暦五年（一七五五）に祖父・孫の間の相続を「嫡孫承祖」とすべきことを命じて以来、諸藩でもこの形式を採用している。

庶民の場合、家内に男子がいないか、いても幼少のときは、後家や姉が中継的に当主になることはあったが、武士の当主は主君と主従関係を結び軍事的勤務（軍役）をはじめとする奉公義務を負っていたので、女性当主は絶対に認められなかった。直系血族に男子がいないか、いても奉公能力を欠いたり身持ちが悪く当主として不適格の場合は、養子を迎えて相続させた。

養子相続　養子は同姓の親族中より選ぶのが原則であった。これは儒教の説く異姓不養主義の影響もあるが、服藤氏のいわれるように、封禄の相続資格を有する者は勲功を立てた先祖の血筋を正しく引いていなければならないという観念にもとづいていよう。ただ、血筋といっても同姓であることが条件であるから、結局のところ男系の血筋が重視されたことになる。異姓の家に嫁いだ娘の子は近親ではあるが、正統な血縁者とは見なされなかったのである。たとえば、磐城平城主内藤義泰が延宝五年（一六七七）に制定した家訓では、万一実子がなければ同姓の子を養子とし、血縁が近くても他姓を立ててはならない、と説いている。(18)しかし、一七世紀後期以降になると、幕府・諸藩とも臣下の家の断絶を回避する方針から、他姓養子についても、先祖の勲功が顕著で、かつ養子の家柄・筋目もよければ、これを認めるようになっている。先述したように、この頃より分知による分家（同姓の家）の創設が困難になってきていたのであるから、これは現実的な措置であったといえる。

また、近世初期には、死の直前になってあわてて養子を迎える、いわゆる末期《まつご》養子も、幕府・諸藩ともこれを厳禁していた。末期養子の場合、養父と養子とが生活をともにするという経験がまったく欠けていたからである。しかし、幕府は慶安四年（一六五一）に、養子を願い出る者の年齢に一七歳以上五〇歳未満という制限を加えながらも、末期養子を認める方針に転化している。しかも、この年齢制限自体も、没年を偽って幕府に届け出、また幕府が派遣した判元見届という検査役人もこれを黙認したことにより、有名無実化していった。(19)なお、当主の死後、養子を選定して願い出ることは一貫して禁止されていたが、これも、幕府に提出する公式書類上は死期を実際よりも遅らせて生前に養子を決めていたようにとりつくろうことによって、実質的には骨抜きにされている。

幕藩領主が養子の条件を緩和したのは臣下の家の存続を保障せんがためであったが、末期養子の許可が由比正雪の乱を契機としているところからして、浪人の増大による社会不安を予防する意図もあったであろう。だが、養子条件の緩和は一方で、家督相続の筋目の紊乱を招くことともなった。一つには、近世中期以降、家計の逼迫した武士は、その持参金を目当てに血筋や身分・格式を無視した養子縁組をしばしば行うようになったことであり、(20)幕府や諸藩はその取り締まりに苦慮している。いま一つは、同姓の又甥や又従弟のような遠い血続きの者よりも、他姓であっても娘の子や姉妹の子のような近親者を養子に選ぶ傾向も強かったことである。(21)

また、家禄は筋目の正しい者に継がせるのが原則であったとはいえ、家禄相続人は主君に対する奉公義務と家内を安穏に治める責務を負うのであるから、たとえ嫡出の長男子であっても、病身あるいは虚弱で奉公義務に堪えられないか、身持ちの悪い者は廃嫡され、二男以下の実男子もしくは養子が嫡子に立てられることもあった。

隠居　ところで、相続の開始原因としては、被相続人の隠居と死亡の二つがあった。いずれにしてもそれを契機に家禄の相続がなされるわけで、実質的には異なるところはなかったが、幕府および諸藩は法制上両者を区別し、隠居によるものを「家督相続」、死亡の場合を「跡目相続」と称していた。(22)ただ、隠居には厳格な規制が加えられており、主君に対して奉公義務を負う当主の地位を自らの自由意志で退くことはできなかった。この点は庶民の隠居と決定的に異なるところである。

隠居には病気（病免）隠居と老衰（老年）隠居とがあった。幕臣の場合、病気隠居は四〇歳以上でなくては請願できず、さらに一九世紀初期には、たとえ身に難治の疾病があっても、嗣子が一七歳以下で未だ「御目見」をすまさないうちは隠居願いを許さないこととされ、いっそうその条件が厳しくなっている。老衰隠居についても、幕末までは七〇歳以上でなければ認められなかった。諸藩では隠居許可年齢に差があるものの、概して高齢であり、なかには高知・鳥取両藩のように原則として隠居を認めない藩さえあった。

隠居を認めないか、認めてもかなりの高齢を条件にしているのは、泰平の世となった近世においては実際の軍事的勤務は減少したことと、奉公の中心をなすようになった役職の任務遂行には熟練を要したことによろう。また隠居料の支給を抑える意図もあったと思われる。だが、対外的にも対内的にも軍事的緊張の高まった幕末期には、実践に役立つ少壮堅固な武士を確保する必要に迫られ、隠居制限を緩和している。と同時に、血筋・嫡庶・長幼の序にかかわらず軍事的能力を持った者に家督を継がせることが要請されるようになり、こうした面からも相続の筋目主義は根底から揺さぶられることになった。

規定の年齢まで勤めあげれば、主君より隠居料が恩賜され、老後の生活が保障された。しかし、藩財政の窮之化が深刻化した近世後期には、それもあまり行き届かなくなる。近世前期には本知（家禄）の一部を割いて隠居料とすることも広くみられたが、家禄が固定化し、あまつさえ藩による借知もたびたびなされるようになった中期以降は、それも困難となっていた。必然的に隠居後は家禄相続者の扶養に頼る度合が大きくなる。だが、大身の武士ならともかく、家禄の少ない下級武士の家では、隠居後も傘張りなどの内職をして生計を補わざるをえず、楽隠居には程遠いのが実情であったようである。もっとも、高齢の隠居許可年齢まで勤めあげる者は当時の寿命からしてそう多くはなかったであろうから、老いてもなお公務に勤めて一家を支えつつ生涯を終えるのがむしろ一般的であったかもしれない。

㈣ 家の構成と秩序・規範

家の構成員の中心は、当主とその配偶者、および子や孫、父母の直系親族である。ただ、妻は一人と決まっていたとはいえ、江戸時代においては妾を持つ風が武家の間に広まり、[23] ことに上級の武家では数名、ときには数十名の妾を抱え（豊臣政権は武士の妾を二、三人に限定していたが、江戸時代には武士は何人妾を抱えようと自由とされた）、したがって子女の数も多数にのぼることも珍しくなかったので、一口に直系親族といっても、その構成はかなり複雑であった。つまり、上級武家では、父親は同じでも、母親を異にする子どもが多数いたわけである。

嫡出子と庶子

妾腹の子も父の血を引く存在であり、それゆえ父の家の正規の成員とされていた。幕府が武士を対象に制定した服《ぶっ》忌《き》令でも、妾腹の子も妻の子と同様に父との間に服忌関係を有する「親類」（親族）としている。とはいえ、妻の子（嫡出子）と妾の子（庶子）とでは、家内における地位に格差があった。既述のように、家督も嫡出の男子に継がせるのが原則であった。しかし、妻に男子がないか、あっても嗣子としての適性に欠ける場合は、庶子に継がせることも認められていたのであるから、家継承のラインからまったく除外されていたわけではない。いな、妾を蓄えることは、家の血筋を絶やさないため、家名断絶を避けるため、という名目で正当化されていたのである。将軍家や大名家の場合は、有力者と姻戚関係を形成しておくことが「御家」安泰をはかる上で重要な意味をもっていたので、婚姻・養子縁組の材料として多くの子女をもうけておく必要があったかもしれない。もっとも、多数の妻妾と子女を養うためには相応の経済力を要するわけだから、下層にいくほど家族構成は単純化し、下級武士の家庭では一組の夫婦に子供きり、時に隠居親がそれに加わる程度の小家族形態が一般的であった。

武士は別個に妾宅を構えることは許されず、また芸娼妓を妾とすることも認められず、身分は低くとも血筋の正しい、良家の娘を、少なくとも形式上は妻の同意のもとに同居させることになっていた。身分の上位の家に娘を入らせることは光栄と考えられていたこの時代には、富有の町家が嫁入同様の支度をととのえて実家より貧乏な武士の家に娘を妾にやるということは珍しくなかったのである。妻妾が同居するということは今日の常識では考えにくいが、当時はそれが常識であり、『女大学』に「子なき女は去るべし……妾に子あらば、妻に子なくとも去るに及ばず」とあるように、無子は離縁の理由となっていたこの時代にあって、妾に子があれば妻は離縁を免れたのであるから、妾を置くことは妻たる地位の保全にもつながっていたのである。むしろ、武家の妻たる者は、妾が何人いようとそれをうまくたばね、家の中にいざこざを起こさせないのが務めであるとされていた(24)。

妻と妾

妻と妾とでは、実生活においてその地位に上下があったことはいうまでもないが、法制上も明確に区別、差別されていた。まず、正妻の婚姻には主君の許可を要したが、妾を抱えるのに願い出は不要であった。幕府制定の服忌令でも、妻は夫との間に服忌関係を有する「親類」(親族)としているが、妾については服忌なしと定めている。つまり、法制上は妾は主人の親族には入れられていなかったのである。ただし、貞享三年(一六八六)の同令改定以後は、子を生んだ妾は主人に対し「遠慮」三日と定まった。妾を置くことを公認したのは家の血筋を絶やさないためだったのであるから、その任を果たした妾については特例的な扱いをしたわけである。そして、素姓の正しい妾であれば、その生子の親類書に生母およびその親類を書き載せることが認められ、子は親類書記載の母方親類の服忌を受けた。ただし、素姓の卑しい妾についてはそれは認められていない。系図には「母……氏」と生母の父方の氏が示されるのが通例であるが、それは「腹は借り物」と考えられていたこの時代、その腹の氏素姓(父系血統)が重視されたことの反映にほかならない。

妾は身分上、妻とは厳然と区別されたにもかかわらず、貞操義務においては妻と同等とされていた。公事方御定書制定以前は妻の不貞に比べて妾の不貞の刑罰は軽かったのであるが、寛保三年（一七四三）に御定書の「密通御仕置之事」の追加として規定された条項では「妻妾差別無し」とされ、妾の密通も妻の場合と同様に、相手の男ともども死罪に処されることになった。大竹秀男氏は、妻の姦通は血統を乱すということが姦通罪処罰の理由であったのであるから、同じく家の血統維持のために置いた妾についても、妻と同等の刑罰に処することにしたのではなかろうか、と推測されている。(25)

ところで、近世における妾の地位については、これまで法制史家の間で、配偶者として扱われていたとする見解と、奉公人の地位にあったにすぎないとみる見解とが対立していた。近年の大竹氏の研究では、「江戸時代の妾の身分は、たとえ家を継ぐ子を生んで本妻とかわらぬほどの優遇を受けた妾であっても、法律的には、妻に準ずる配偶者だったのではなく奉公人であった」と結論づけられている。(26) 名分を重んじる法制上の建前からすれば、確かにそうであったであろう。しかし、大竹氏も認められるように、現実の生活においては、子を生んだ妾が妻同様の扱いを受けていたことは決して例外ではないのであって、ことに生子が家督を継ぎでもすれば、生母たる妾の地位も高まった。将軍や大名の妾で、その子が将軍・藩主の地位に就いたがゆえに隠然たる権勢をふるった例もみられる。

また大竹氏は、妻が夫の親類とされ、夫の家の成員として遇されたのにたいし、妾は親類とされないから主人の家の成員としては扱われなかったとされるが、はたしてそうであろうか。そもそも家は、家族と違って、家長の親族だけでなく非親族の者も必要に応じて成員に加えうることを特徴とする。子を生んだ妾は主人の家の系譜にも記載され、その家の先祖の菩提寺に葬られているのが通例であるから、子を生めば主人の家の成員権を獲得し、死後はその家の先祖として祀られたとみてよいのではなかろうか。

家はこのほか、当主の親族ではあるが「厄介」と称された存在を含むことがあった。生家の家督を継いだ男子、および聟養子の家督相続人の妻となった女子以外の者は、分家させてもらうか、あるいは他家に養子や嫁として入るかするのが基本的な人生コースであったが、分家の経済的条件がなく、さりとて養子や嫁の口もなければ、成人後も生家に留まって当主の扶養を受けざるをえなかった。また、いったんは嫁・養子として他家に縁づきながら、離縁されれば、生家に身を寄せるしかなかった。こうした傍系の成員は本来なら居るべからざる存在であるから、当主の直系に連なる成員に比べて家内における地位は当然低く、「厄介」と呼ばれた。

「厄介」と奉公人

当主の兄弟姉妹だけでなく、それ以外の親族を「厄介」として引き取り扶養することもあったが、「厄介」の主たる発生源は家督を継げなかった二・三男以下の男子であった。先に述べたように、封禄の単独相続が定着した近世中期以降、「厄介」として生家に留まり日陰の人生を送らざるをえなかった傍系男子が急増し、大きな社会問題になっている。庶民の家の場合は農家にしろ商家にしろ傍系成員も家業の労働力として家の役に立ったのであるが、武家にあっては武士としての業務を果たし収入を得るのは原則として当主のみであり（一部には当主とは別に嫡子その他の男子が特に召し出されて禄を受けることもあったが、あくまで主君の意向による例外措置である）、成人しても職のない傍系男子は当主の扶養を受けるだけの、文字どおり、その家にとって「厄介」な存在であったのである。

近世社会においては男性に比べ女性の人生がいかに悲惨であったかがとかく強調されるが、家制度のもとでは男性であっても、家督にありつけなければ、結婚さえもままならず、社会的に能力を発揮する機会も与えられない、閉塞的な惨めきわまる一生を送らざるをえなかったことも、忘れてはなるまい。

武士の家は、親族成員（家族）のほか、非親族の奉公人を抱えていた。先の妾も法制上は一種の奉公人であったのであるが、これ以外にも、家事労働に従事する女中や、足軽、中間《ちゅうげん》、小者《こもの》などの男子奉公人が存在した。男子奉公人は、平時においては乗物かき、水汲み、薪割り、米舂《つ》き、縄ない、草履《ぞうり》作りなどの雑役に従事する一方、主人が普請役を課されたときは人足として働き、軍事動員の際には兵卒として主人に従った。武家奉公人のなかには生涯主家に仕える譜代の者もいたが、多くは短年季の奉公人で、農村の余剰労働力や城下町・江戸に滞留した「日用取《ひようとり》」と呼ばれる労働力販売者層がその供給源となっていた(27)。年季奉公人はあくまで一時的に主家に雇用される存在で、永続的な家成員ではない。商家の奉公人は長年主家に仕えたならば別家させてもらえ、主家の系譜を引く同族の一員に組み込まれたが、近世の武家奉公人はそれとは性格を異にする。

先祖と子孫

以上が現実に家を構成したメンバーであるが、家は先祖より子々孫々へと超世代的に永続していくことを志向する制度的な組織体であるから、観念的には、その家の代々の家長夫婦を中心とする先祖と将来の子孫も成員に含まれる。家族はその時々の家の構成員であり、現実に生活を共にしているわけであるが、観念上は先祖との共生感を強く持ち、先祖に見守られているという意識、および家を自分の代に絶やすことなく子孫に継送しなくてはならないという責任感のもとに、日々の生活を営んでいた。先祖との共生感、「家」意識、家存続に対する責任感を家のメンバーに植えつける機会となったのは、家長の主宰のもとに執り行われた先祖祭祀であった。

こうした「家」に規定された生活観、人生観は、家の永続を念じてしたためた家訓や遺訓に端的に表現されている。たとえば、幕府の御小姓組番士であった伊勢貞丈は、宝暦一三年(一七六三)に家訓(28)を著し、次のように言う。

子孫をおもふは家を思ふ故也。家を思ふは先祖を思ふ故也。先祖を思ふは、その家をつぎたる者の本意也。物の本意といふ事を知らざるは、うつけ者ともたわけ者とも云也

そして、家の安穏を保ち、家を永続させていくための要件として、①「先祖をばあがめうやまひて、……忌日にはかたく精進し、膳部をそなへ拝礼し、墓へ参り、年忌とぶらひ、怠らず祭る」こと、②武家の家業である武芸に精を

出し、武士の心を持ち、武士の身持ちを致すこと、を説諭している。貞丈に言わせれば、武士の心とは「五常の心」(仁義礼智信の五つの根性)であり、武士の身持ちとは「五倫の法」(父子、君臣、夫婦、兄弟、朋友間の守るべき道)を守り、神仏を敬い、酒色に溺れず、金銀の「利徳」を好まず、博奕をせず、身を慎み、堪忍の心を持ち、正直・質素倹約を旨として生活することである。

貞丈がこのような生活規範を「子孫へ申置く遺言」として説いたのは、あくまで自己の家の永続を願ってのことであるが、のちにこの家訓が刊行され広まったのは、「家」という枠組みの中で生活し、それを存続させるべき責任を負っていた当時の人々の共鳴するところがあったからにほかならない。

家の特質と家長

日本の家は単なる個々人の集合ではなく、個々人を超越し、個々人を折々の質料とする形式的・永続的な機構としての性格を強くもつ。そして、それ自体の社会的機能を有し(家業)、それ自体の名を有し(家名・屋号)、それ自体の名誉を有し(家名・家柄)、それ自体の象徴を有し(家紋)、それ自体の財産を有し(家産＝家督)、その折々の代表者を有した[29]。

このような家の特質は必然的に、一家の長たる当主の地位を権威づけ、家の存続・繁栄という至高の目的を達成するために特有の権限を付与することになる。時の家長である当主の権限は、①対外的な家代表権、②祖先祭祀権、③家産管理権、④家業経営権、⑤家内統括権、に要約できよう。だが、こうした権限を持つ当主は反面、家のメンバーを保護・扶養し、先祖および子孫に対し家を存続させる義務・責任を負う。家長権の源泉はその者の個人的な権威ではなく、あくまで「家」の伝統的な権威にあり、家の存続・繁栄という目的のために行使されてはじめて正当性を持ちうるのであって、その意味では当主も「家」の規範に規制され、恣意性は否定される[30]。

家内部の支配関係を当主の父あるいは夫としての権利で説明し、家長としての固有の権利を認めない見解も存するが（代表的なものは中田薫氏の説）[31]、父権や夫権はあくまで家族原理にもとづくものである。だが、家はこれまでみてきたように決して家族と同義ではなく、先にあげたような家長の諸権限がなければ、そもそも家という組織体は成り立ちえない。

家族は家という枠組みの中に存在する以上、父としての権威も当主の地位にあってはじめて強まるものであり、部屋住み身分にある場合、あるいは隠居した場合は、子に対する支配力は弱いのが一般的である。逆に、当主の権威は原理的には「家」の権威にもとづくとはいえ、父・夫としての権威と結合することにより、当主の権威もより強まったものと思われる。そのことは家内部の主従関係についてもいえよう。つまり、現実の家の内部秩序は「家」固有の原理と家族の原理および主従の原理とが一体化した形で成り立っていたのではなかろうか。

それは倫理面にも反映しており、たとえば「孝」の教説にしても、単に父母個人に対する孝養という意味においてだけでなく、家を存続・繁栄させることが代々の先祖およびそれに連なる父母に対する孝である、というふうにも説かれる。同様に「忠」も代々の家長＝主人にも向けられる。このほかの儒教倫理にしても、それが我が国の近世の人々に受容されたときには、多分に「家」的な意味合を帯びているのが一般的である。

ところで、当主は同時に父であり、夫であり、主人でもあるのが常態で、そこでは家長権と父権（親権）、夫権、主人権は分かちがたく一体化している。しかし、父が隠居して子に当主の地位を譲ると、当主たる子に対する隠居した父の親権と当主の家長権との間に相剋を生じる可能性が出てくる。現に、戦国期および近世初期には両者が対立した事例も見出だせる。もっとも、父がいったん子に当主の地位を譲りながら、その地位から廃除しようとするとき、子が一家の長としてふさわしくなく家を危うくするおそれがあるという、あくまで「家」の論理によって正当化された。

だが、幕藩制下の武家の当主は主君と主従関係を結び、奉公の義務を負っているので、たとえ正当な理由があろうとも、隠居が勝手に当主を交替させたので、主君としては政治上、軍事上、きわめて不安定な状態におちいることになる。そこで幕府・諸大名は、隠居の権力を抑制し、当主の地位・権限を体制的に保障する政策をとるところとなった。[32]その結果、武士では、隠居親が当主たる子を勘当あるいは離縁（養子の場合）することはできなくなった（この点は、それが認められた庶民の家と大きく異なるところである）。そもそも当主にふさわしいか否かは相続させる前に見きわめるべきことで、いったん家督を譲り出仕させたならば、たとえ当主としての適性に欠けたとしても、もはや家内部で私的に処理することは許されず、主君に訴え出て、建前上は主君の命令によって当主を交替させてもらうというシステムがとられることになったのである。それは、各家の当主である武士は「公儀」権力の体系に編成され、したがって当主の地位は公的な性格をもつにいたっていたからにほかならない。

そして、近世における武家にあっては、武士としての職分を果たすのは原則として当主のみであり、経済的基盤も主君より賜る封禄に限定されていたため、その家族は全面的に当主に頼らざるをえないことになった。こうした面からも当主の家内支配権は強まったと思われる。さらに、近世中期以降、封禄の単独相続制が定着し、その相続人の決定には嫡庶長幼の序が重視されたので、おのずから実生活における男子間の地位に格差を生じさせることになったであろう。しかし一方で、家を存続・繁栄させる責任は当主一身に重くのしかかり、先述のように、家の先祖および父母に孝を尽くさんとすれば主君に忠を励まざるをえない立場におかれることになったのである。

また、家の安泰は、その家のメンバーのみならず、同族・親類縁者にとっても重大な関心事であった。幕藩の法制上も、婚姻・養子縁組、離縁、廃嫡、隠居、跡目相続など家の重要事項に関しては、同族・親類縁者が熟談すべきことを要請し、また相互扶助・扶養の責務、犯罪に対する連帯責任を負わせている。その一方、勤務奉公面では、職務

の厳正・公平を確保するために縁故関係を排除している。(33)

女性の役割と規範

近世においても、女性が幕政や藩政に隠然たる影響力を発揮した例はかなりみられる。だが、彼女らはあくまで将軍や藩主の妻・側室あるいは生母・乳母《うば》としての立場において政治的力を持ちえたのであって、自ら公的な役職に就いて政治を動かしていたわけではない。近世においては、女性の仕官は幕府・藩の奥向きの女中や宮廷の女官に限られ、政治上、軍事上の役職は男性によって占められていた。そして、原則的には、女性が政治向き（表向き）のことに口をはさむことは禁じられていた。大奥の女中として仕官するに際しても、表向きの願い事は一切取り持たないことを誓約させられている。また磐城平藩主内藤家の家訓にも、「牝鶏《ひんけい》ノ晨《あしたす》ルハ家ノ禍ヒ也、外事ハ婦人ニ告グベカラズ」(34)（原漢文）という定めがみられる。つまり、女性が政治向きのことにとやかく口をはさむのは家の禍いの元になるので、政治に関する事柄を女性にしゃべってはならぬ、というのである。

近世においては男女の役割分担が明確化されており、表向きの公的な仕事に携わるのは男性に限られ、女性はあくまで「奥」すなわち家の内の存在であった。そして、夫が表向きの仕事に専念できるよう家内の諸事全般を切り盛りし、生涯夫のために貞淑に尽くすことが、武士の妻たる者の務めとされていた。このことは先の伊勢貞丈の著した家訓の次の一節に端的に表現されている。

一、夫婦の法は、夫はをっと也、婦は妻《さい》也。夫は表に居て、表向の世話をやき、妻は奥に居て、奥向の世話をやき、奥表差別を正しくして家を治るを、夫婦の別と云也

一、妻は夫をあがめうやまひ、大切にして、食物衣服などの内証の世話をやき、夫に対してりんきねたみの心なく、夫一人の他には、他人といたづら事せず、夫のしかたはいかほどわろくとも、それをうらみず、心がはりせず、死ぬ共夫の家を出ずして、一すじに夫の為を思ふを貞女と云也。是妻の法也

一方、夫は妻に慈悲をかけねばならないとされるが、それは、「夫は男なる故、諸事に心行わたれども、妻は女の事なれば智恵たらず、ふつゝかなる事多かるべし。そのたらぬ事をばとがめず、それぞれに心をつけてやり、むつましくするは夫の慈悲也、夫の法也」というように、女性は男性に比べて能力の劣った存在であるという観念を前提にしていた。

子の教育においても、父と母の役割分担が説かれる。貞丈は次のように言う。

一、父は、子をきびしくそだて、行儀を直し、芸能ををしへ、物事を能くいひ教しへ、悪《あし》き事をしかりいましめ、よき人がらにそだてあげて、人にもほめさせる様にと世話をやき、其子の為になる様にしつけをするは、父の慈悲にて父の法也

一、母は、物やはらかにして、子をいたはり、父のきびしきを、子の心にはらたゝず、わろく思はぬ様に、能々《よくよく》道理をいひ聞かせて、子の心をやはらげて、教へそだつるは、母の慈悲、母の法也

つまり、父は子に行儀と芸能（武士として必要な技能）をきびしく教え込み、母は父のきびしいしつけに子が腹を立てぬよう、父がなぜそうするのかをよく言い聞かせ、子の心をやわらげるように接しよ、というのである。父のきびしさと母のやさしさとが程よく調和することによって子の教育の実をあげうる――こういう考えに立っているわけである。

ただ、教育の主体は父親で、母親の役割はそれを補助するものと位置づけている点に、留意せねばなるまい。こうした考えは近世の父子訓や家訓の類に共通してみられる。そこでは、母親は「情」に溺れやすく「理」にくらいゆえ、父親が「理」をもって子の教育を指導しなくてはならない、しかしながら「理」だけでは子の情緒が安定しないので、母親が適度の「情」をもってそれをカバーする必要がある、と説いているのが常である。これは、男は理性的な存在、

それに対して女は情緒的な存在、という男女観に立っての教育論である。

育児については、上級武家では乳母が担当していた。つまり、子を産む母性と育てる母性とは分離していたわけである。それは単に、母親が育児に煩わされないようにするという配慮からだけではなかっただろう。おそらく、上級武家では妻妾は子を産むことのみが求められ、子育ては別の適任の女性を選んで担当させたところに、その本質があったと思われる。

一方、下級武家では、母親が手ずから育て、父親も協力していたようである。真下道子氏が桑名藩の下級武士の日記を通して子育ての実態を明らかにされているが、(35)それによると、母親だけでなく父親も育児にかなり携わっており、近隣の人々も産育を支えている。武家といえども、下級の場合は一般庶民の産育の仕方とさほど変わらなかったようである。ただこの日記は藩士が妻とともに柏崎に赴任していた時のものなので、子の祖父母も一緒に暮らしている場合には、祖父母も子育てに協力していたものと思われる。現に当該の事例では、長男は祖父母のもとに残し、そこで育てている。

下級武家であっても、子どもの節目の祝には男女差、長幼差があった。真下氏が分析された事例では、「男児の祝は家の祝として、とりわけ長男のそれは盛大なものとなるのに対し、女児の祝は、親しみのある内輪のものとなっている」(36)。

女性の生活空間

先に女性は家の内なる存在とされていたと述べたが、それは単なる役割分担の原則にとどまらず、日常生活において女性が家屋敷の外に出ること自体をタブー視する風潮まで生み出していたようである。山川菊栄の著した『武家の女性』は、幕末期の水戸藩武家の女性の日常生活を母（水戸藩士青山延寿の娘）や故老よりの聞き取り、および文献資料にもとづいて描いたものだが、その中に次のような興味深い記述がみえる。

平士の身分では、女中はおかない家が多くても、家来はなるべくおくことになっていました。そして主人の供や走り使いはいっさいその家来がやるので、女中たりとも女はほとんど外に出ず、往来で女の姿を見かけることは稀でした。買物も家来の仕事ですが、大体が物を買うことの少ない時代ですから、それで不便もなかったのでしょう。どこの家でも邸が広く、野菜ぐらいは作りますし、百姓婆さんも売りに来ますから、八百屋の店先に立つ必要もなく、海岸に近い処ですから、魚売りも毎日のように来ます。……良家の婦人が外へ出るのは盆暮に実家への挨拶、親戚の吉凶、親の命日の墓参り、神社の参詣ぐらいのもので、ほかにはまず出ませんでした。女の一人歩きは、主人の顔にかかわる、はしたないこととされていた時代のことで、出るとなれば伴《つ》れか、お供がなければなりません。女中があれば女中、なければ家来をつれ、駕籠に乗ってもあとからお供がつきます。(37)

武家の女が外を一人歩きすることは、主人の体面にかかわる、はしたないことだ——こうした観念が武家の女性を家という空間の中に閉じ込めていたのである。農家の女性が自ら野良仕事に出かけ、また野菜を売りに行商したのとは、鮮やかな対照をなしていよう。

武家の女性は、農家や商家の女性のように家族協働で家業に従事することはない。武家としての家業を務めるのは一家の主人たる男性のみであり、おのずから女性の仕事は家事に限定されてくる。当然、男子と女子とでは教育のされ方も異なり、男子は一人前の武士となるべく育てられたのにたいし、女子は主婦となるのに必要な女性倫理、教養や裁縫、料理などの技術を修得させられた。先の『武家の女性』によると、女子は満六歳になると手習いの師匠に弟子入りして、『百人一首』や女性倫理を説いた『女今川』『女大学』『女庭訓《ていきん》』『女孝経』といった本を手本に読み書きを習い、一二、三歳の頃からはお縫子として裁縫の師匠にも弟子入りしたという。(38)もっとも、読み書きといっても、公務に携わらない女に学問は不要、平仮名さえできればよい、というのがこの時代の考え方であった。

上級の武家の娘が嫁ぐ際には先述のように「化粧料（田）」と称する知行地が付されることもあったし、持参金、持参道具も多額にのぼった。また実家からの経済的援助も期待できた。こうしたごく一部の上級武家の娘は他家に嫁いだのちも独自の経済的基盤を有していたのであるが、大多数を占める中・下級の武家では、妻は夫の授かる禄に全面的に頼らざるをえなかった。いな、下級の家では、それのみで家計を賄うことすら困難であった。妻や娘も機織りなどの内職をして家計を助けねばならなかった。「家」を内から支えるのが妻たる者の務めである以上、それぞれの家の経済力に応じて家計をやりくりすることが要請されたのである。

他家に嫁げば、妻も夫とともにその家の維持に責任を負った。家の存続は女性にとっても重大関心事であった。たとえば、旗本の井関家に嫁いだ隆子という女性の日記をみると、天保一四年（一八四三）の幕府の上知令《あげち》に、家の先祖の戦功によって獲得した知行地を喪失し、累代の墓所を失うことの危機を感じとり、もっぱら家の存続という観点から幕府の政策への批判意識をつのらせていたことが知られる。(39)もちろん、この時代には男性であっても時の政策と自己の家の利害との関係に関心を寄せていたのであるが、女性の場合、政治向きに関わらず、家の内にあって「家」を支えていたので、政治や社会の動きを家に立脚してとらえる傾向はより強かったのではなかろうか。

近世後期・維新期の女性

以上のような、生活空間の上でも役割の面でも家の内に限定されていた幕藩制下の武家の女性のあり方に、懐疑の念を抱き、それを徹底的に問いつめることによって、幕藩制社会の仕組みとそれを支えるイデオロギー自体への批判に到達した女性も、近世後期には現れた。仙台藩医工藤平助の娘として生まれ、同藩士只野伊賀の妻となった真葛《まくず》（一七六三〜一八二五年）はその代表的な人物である。(40)また、文芸活動に励むことによって自己を表現し、家長に従う「家婦」とは異なる主体的な生き方を追求した女性もいる。はたまた、当時の秩序や規範から逸脱した行動を意識的にとることによって、幕藩制的女性像への挑戦を試みた女性もいる。(41)

さらに幕末・維新期には、政治運動に参画する女性も現れた。(42)

近世後期、幕末・維新期には、武家、庶民を問わず、自我に目覚め、一人の人間としての主体的な生き方を模索しようとする女性の営みは、さまざまな形をとって表出していた。だが、それはまだ大きな社会的潮流を形成するまでにはいたらなかった。大多数の女性は政治的・社会的激動の中で必死になって家を守らんとした。一面では、それを通じて、強靭な生活力、生命力を持った人間へと鍛冶されもしたのである。ことに下級武家の女性は、生計を支えるために手内職をしたり手習いの師匠をしたりしたので、それによって培った技術・教養は、変革期の荒波を漕ぎぬけて、自分を救い、家族を救う上で役立ったし、さらには新しい時代を育てる教育者に人材を輩出することにもなった。明治維新によって武家の禄が否定されたとき、最も没落が甚だしかったのはそれまで特権にあぐらをかいていた上級武家で、その娘のなかには芸娼妓や妾奉公に出る者が多かったのに比べ、下級武家の家族たちはたくましい生活力を発揮して持ちこたえた。日本の教育界に大きな貢献をした明治初期の女教員の大多数は、貧乏士族の娘であったし、最初の紡績女工の仕事を進んで引き受けた義勇労働者もまた、それらの娘であったのである。(43)

註

（1）水林　彪「近世の法と国制史研究序説（二）」（『国家学会雑誌』第九〇巻五・六号、一九七六年）。

（2）宮沢誠一「幕藩制期の天皇のイデオロギー的基盤」（北島正元編『幕藩制国家成立過程の研究』吉川弘文館、一九七八年）、本書第一部第三章参照。

（3）「家」における「孝」と儒教の説く「孝」との原理的相違については、渡辺　浩『近世日本社会と宋学』（東京大学出版会、一九八五年）一四〇～一四七頁で考察されている。

（4）田原嗣郎「『仁政』の思想と『御家』の思想」（『思想』第六三三号、一九七七年）。

（5）朝尾直弘「『公儀』と幕藩領主制」（『講座　日本歴史』近世Ⅰ、東京大学出版会、一九八五年。同『将軍権力の創出』岩波書店、一九九四年、再収）。
（6）日本思想大系27『近世武家思想』（岩波書店、一九七二年）三四頁。
（7）「板倉重矩遺書」、同前三四頁。
（8）「黒田長政遺言」、同前二〇頁。
（9）石井紫郎『日本人の国家生活』（東京大学出版会、一九八六年）二〇七頁。
（10）前掲『近世武家思想』五四頁。
（11）石井・前掲書一七九頁、笠谷和比古『主君「押込」の構造』（平凡社、一九八八年）。
（12）中田　薫「徳川時代の家督相続法」（同『法制史論集』第一巻、岩波書店、一九二六年）。
（13）鎌田　浩『幕藩体制における武士家族法』（成文堂、一九七〇年）第二章。
（14）服藤弘司『相続法の特質』（創文社、一九八二年）第一章。
（15）以下、鎌田および服藤・前掲書同章、竹内利美『家族慣行と家制度』（恒生社厚生閣、一九六九年）第二章、林由紀子「近世武家の家のあり方」（『歴史と地理』第三二八号、一九八二年）参照。
（16）以下、服藤・前掲書第一章二六九〜二七〇頁、脇田　修「幕藩体制と女性」（『日本女性史』第三巻、東京大学出版会、一九八二年）、城島正祥「佐賀藩成立期の内儀方知行」（『社会経済史学』第三八巻第三号、一九七二年）、宮本義己「武家女性の資産相続」（『国学院雑誌』第七六巻第七号、一九七五年）、高原三郎「江戸時代の『分知』と『化粧料』」（『大分県地方史』第八五号、一九七七年）、長野ひろ子「幕藩制成立期の家と女性知行」（津田秀夫編『近世国家と明治維新』三省堂、一九八九年）、同「幕藩制国家の政治構造と女性」（近世女性史研究会編『江戸時代の女性たち』吉川弘文館、一九九〇年）、柳谷慶子「近世武家女性の知行と相続」（横山昭男教授還暦記念会編『山形地域史の研究』文献出版、一九九〇年）、同「近世大名家の女性知行」（『宮城歴史科学研究』第三二号、一九九〇号）参照。このうち長野、柳谷両氏の論考は、幕藩制的な政治・権力構造、「御家」の論理との関係で女性知行の問題を考究しており、新たな視点を打ち出したものとして評価できる。

(17) 中田・前掲論文（註12）。
(18) 前掲『近世武家思想』四〇頁。
(19) 小紫良介「末期養子の禁緩和に関する一考察」（『皇学館史学』第二号、一九八七年）。
(20) 鎌田・前掲書（註13）第二章、服藤・前掲書（註14）第一章三三一～三五七頁。
(21) 林・前掲論文（註15）。
(22) 以下、中田・前掲論文、服藤・前掲書第一章二三一～二六二頁参照。
(23) 妾については、大竹秀男『「家」と女性の歴史』（弘文堂、一九七七年）八一～九三頁、同「江戸時代の妾」（高柳真三先生頌寿記念論文集『幕藩国家の法と支配』有斐閣、一九八四年）参照。
(24) 山川菊栄『武家の女性』（岩波書店〈文庫版〉、一九八三年）一三四～一三七頁参照。
(25) 前掲（註23）「江戸時代の妾」。
(26) 同前。
(27) 吉田伸之「日本近世都市下層社会の存立構造」（『歴史学研究』第五三四号、一九八四年）。
(28) 前掲『近世武家思想』八六～一〇三頁所収。
(29) 渡辺・前掲書（註3）一一八頁。
(30) この点は、日本の家の特質として社会科学の諸分野でつとに指摘されてきたところであり、共通認識が形成されている。しかしながら、そうした特質を有する日本の家にマックス・ウェーバーの家父長制概念が妥当するか否かについては意見が分かれ、その概念の解釈も含めて諸氏の間で論争がくりひろげられてきた（ただし、武士の家と庶民の家とでは論点に相異がある）。この論争に関しては鎌田・前掲書第一章第一節、大竹秀男『封建社会の農民家族 改訂版』（創文社、一九八二年）第四章第二節、「家父長制家族に関する諸問題」を特集した『比較家族史研究』第二号（一九八七年）所収の諸氏の論稿、藤井　勝「近世農民の家と家父長制」（比較家族史学会監修『家と家父長制』早稲田大学出版部、一九九二年）で整理されているので、参照されたい。従来の論争ではウェーバーの家父長制概念をせまく解釈しすぎているきらいがあったが、藤井論文では、ウェーバーの指摘する「ヘルのペルゾーンに対するピエテート」と「伝統に対するピエテート」の両者を座標軸にすえて、家父長制のあり方を四つの類型に分け、それぞれの社会・時代・階層における家や家族の秩序をいずれかの類型に位置づけることを試みている。これは、その通文化的な共通性とともにそれぞれの特質をも把握しようとしている点で、有意義な方法論的提起と評価したい。

(31) 中田　薫『徳川時代の文学に見えたる私法』(岩波書店〈文庫版〉、一九八四年)、同「徳川時代の親族法相続法雑考」(前掲『法制史論集』第一巻)。

(32) 鎌田・前掲書(註13)第一章第一節。

(33) 同前書第一章第四、五節。

(34) 前掲『近世武家思想』三九頁。

(35) 真下道子「出産・育児における近世」(女性史総合研究会編『日本女性生活史』第三巻、東京大学出版会、一九九〇年)。

(36) 同前一六三頁。

(37) 山川・前掲書(註24)二二一〜二二三頁。

(38) 同前書三二〜五一頁。なお、桑原　恵「近世的教養文化と女性」(前掲『日本女性生活史』第三巻)では、近世における女子教育と女性の教養文化について検討している。

(39) 浅倉有子「『井関隆子日記』にみられる武家の『家』観念」(『比較家族史研究』創刊号、一九八六年)。

(40) 関　民子『江戸後期の女性たち』(亜紀書房、一九八〇年)第二部I。

(41) 脇田晴子他編『日本女性史』(吉川弘文館、一九八七年)一七三〜一九〇頁(関　民子氏執筆)。

(42) 同前、高木俊輔「草莽の女性」(前掲『日本女性史』第三巻)。なお、高木氏は、幕末・維新期における女性の政治へのかかわりは、一般的には裏方あるいは受動的なものにとどまり、政治的激動の中で奔走していても、それは政治家として、あるいは国事=体制変革のためというよりも、同志や一族のため、夫のため、愛人のため、子供のため、という発想をそれほど出ていなかったと指摘されている。この指摘が正しいならば、近世社会において女性が置かれていた立場、および日常生活での役割が、幕末・維新期の政治運動へのかかわり方をも規定していたと解することができよう。

(43) 山川・前掲書一八四頁。

第二節　農民の家と村社会

(一) 幕藩制下の家と村

村と家を通じた支配

近世においては兵農分離によって武士は城下または陣屋所在地に集住したので、村落は農民たちが農業生産と生活を営む場として純化することになった。一方、武士は、太閤検地および徳川時代初期の検地によって徴税・行政の単位として設定された村を媒介に農民を支配したが、空間的に隔たって居住していた両者の間の意思の相互伝達は文書によってなされた。すなわち、幕藩権力の命令は文書にしたためられて庄屋（名主《なぬし》）などの村役人を通じて村民に示達され、他方、村民の願いごとや訴えごとも文章化され村役人を経て幕府や藩の役人に上呈された。こうした文書による支配は、少なくとも庄屋（名主）に任命されるような村落の支配者層では読み書きの能力を有していたことが前提条件になる。その意味では、中世末における村落上層民の識字能力の向上が兵農分離を可能にしたともいえる。と同時に、文書による支配は、権力側も明文化した自らの意思に規制されざるをえない。たとえば、幕藩領主は年ごとの年貢量を年貢割付状に記して村単位に課し、納入の連帯責任を負わせたが、それは一方で、自ら明示した額以上に取り立てることを不可能にする。また、領主が年貢を増徴しようとしたとき、農民側が過去の年貢負担量を基準にしてその非分を指弾した例は、枚挙にいとまがない。「年貢さへすまし候得ハ、百姓程心易きものハこれ無し」（慶安二年〈一六四九〉発布仮託の幕府触書《ふれがき》）と領主が説き、農民に年貢の皆済を奨励するとき、領主側は同時に、農民が百姓身分としての役儀を果たす以上、その生活を保障せねばならない責務を自らに課すことになるのである。

「地頭（知行主）ハ替《かわる》もの、百姓ハ末代其所の名田《みょうでん》を便《たより》とするものに候」（同前）というように、近世の百姓は検地によって土地に緊縛され、移動の自由は剝奪された。そのかわり、知行主（領主）への人身的隷属関係は断ち切られ、領主に随身して他所に連れて行かれることはなくなり、検地帳に登録された土地（名請地《なうけち》）を末代まで相伝し耕作することを公認された。つまり、特定の村の中で自己の家を代々継承していくことを体制的に保障されたわけで、そうしたもとにおいて、代々相伝の名請地が先祖伝来の「家産」と観念されることともなったのである。近世において農民の間にも広く「家」意識が成立してくるのは、以上のような支配体制を前提に小経営農民の家が自立性を強めてきたことが契機になっている。

村内部においては、幕藩領主は家を単位に個々人を把握し、当主に家内成員の異動についての届け出義務、名請地と家業（農業）の管理義務、百姓としての役儀（年貢の上納や労働奉仕）を勤める義務を負わせた（ただ、幕藩制下にあっては村の請負的統治であったため、当主の包括的な家支配権を法的に規定していたわけではない）。近世初期にも夫役《ぶやく》（労働力）徴発のための基礎調査として人別改めが随時実施されていたが、人別改めが戸口掌握を目的とした国家的制度として確立したのは、寛文一一年（一六七一）以降、全国の村や町ごとに原則として毎年宗門人別改めを行うようになってからである。その際に調製された宗門人別改帳が戸籍簿としての機能を果たすことになった。

この帳簿では、有力な百姓に身分的にも経済的にも隷属していた名子《なご》・被官《ひかん》といった農民は、たとえ現実生活においては一応分家はしていたとしても、独立の家としては登録されず、主人の家に付属させる形式で把握されるのが一般的である。つまり、幕藩領主は、隷属農民についてはその主人を通じて把握、統制しようとしたわけで、この段階では、彼らは支配の貫徹のために上から編成された五人組の構成員にも加えられていない。しかるに、彼らも身分的・

経済的に自立してくるに伴い、領主も独立の家として把握し、五人組にも編入するようになる。農村には農民の他に「えた」「非人」と称された卑賤視された身分の者も存在したが、一七世紀末以降、人別改めに際し彼らはしだいに農民とは別個の帳面に登録されるようになった。良民と賤民とは浄・不浄の観念にもとづき人別帳においても明確に区分されたわけで、これが農民たちの「えた」「非人」に対する差別意識を強めていくことになったのである。

農民の生産・生活上の共同関係は行政単位としての村を越えて取り結ばれていることもあるし、また逆に村内部のいくつかの小集落が中心的な共同機能を果たしていることもある。しかし、村という枠組みが設定され、村単位に年貢や夫役負担の連帯責任が課されたことにより、村民の側もその責務を果たすために、村として生産・生活上の諸権益の確保、百姓経営の維持をはかり、また村としての意思を形成する仕組みを創り出さざるをえなくなる。それは、村単位の山野・用水の管理と用益、村内の生産・生活条件の整備のための共同作業（村役）、百姓の土地所持に対する村としての保障と規制、村単位の氏神＝鎮守の創出と祭祀、村の寄合、村掟の制定、一村財政、等々となって具現する。すなわち、村請制支配に規定された共同体秩序がしだいに形成されていくのである(1)が、それはそれぞれの村落特有の身分階層関係、本家・分家関係、小農民の自立化動向などと複雑に絡み合いながら進行する。村共同体の形成に伴い、農民たちは村を自分たちの領域として強く意識するようになった。村の境界や山野・水の用益をめぐって村ぐるみで他村と激しく争った例は各地でみられる。村境に道祖神《どうそじん》を祀って、外から邪悪なものが入り込むのを阻み、村人の生産・生活を守ろうとしたのは、村を領域とする意識の端的な表れである。

外部世界との交流

農民にとって「世間」とは、第一義的には村であった。しかし、農民の生活は村の内部だけで充足しえたわけではない。村で自足しえない生産・生活上の必需品は都市や漁村から買い入れなくてはならない。また、自分たちの生産物を売りに近くの町場に出かけもした。生業の身分的・地域的分化は、必然的に商品の流通を促さずにはおかないのである。ことに一七世紀末以降、農業においても商品として販売することを目的とした生産が盛んになり、商人化する農民さえ現れるようになった。農村も江戸・大坂・京都を中心とする全国市場の一環にしだいに組み込まれてゆき、農民の生産・生活も市場の動向に大きく左右されるようになる。また、農民が都市へ出稼ぎに行ったり、寺社参詣の旅に出ることも多くなった。逆に、商人ばかりでなく、民間布教者や文人、旅芸人、時には博徒さえも村にやってきた。

人や物資の交流に伴い、さまざまな情報ももたらされ、それが農民たちの視野を広げることになった。いな、一八世紀半ば頃になると、農民自ら積極的に商品相場の変動や政治的・社会的出来事に関する情報を収集し、それを記録するようにさえなった。それは、市場や政治・社会の動向を正確に認識し、迅速に対処しなければ、もはや生産・生活の場である家と共同体を維持しえないような時代になっていたからである(2)。また、商品経済の進展に伴い特定地域の村々が利害を共有するようになると、当該の村々が支配関係を超えて連合し、地域の生産・生活を保障する機能を果たすようになる。たとえば、凶作時に食料を確保するため地域外への米雑穀の移出を規制したり、逆に他地方からそれを買い入れたり、あるいは商品流通をめぐって都市特権商人と対抗したり、治安の維持をはかったりしており、地域独自の掟も制定した(3)。

家の構成

家の成員数は基本的には家の再生産条件に規定され、家業・家事を営むうえで必要とあらば親族(家族)以外の者も収容するところに特徴がある。農民の家にあっては当然、農業生産の形態、ことに労働力需要の特質に左右される。近世初期にはいまだ、当主の直系親のみならず、既婚の傍系親(兄弟姉妹)および家内奴隷的存在であった譜代下人をも包摂した家も少なからずみられた(4)。譜代下人は主人に所有された労働力であり、人格を認められず、売買譲渡の対象ともなり、財産同様に扱われていた。しかし、地域的な差異はあるものの、農業経営の集約化に伴い、しだいに直系親を主体とした小家族から成る家が一般化していったことは、これまで検証されてきたところである。(5)大高持の家も手作《てづくり》部分を縮小して小作に出すようになるので、家の構成自体は小家族化していった。近世中期以降も下人はみられるものの、実態は年季奉公人である。彼らは譜代下人と異なり、本来自己の帰属している家を持ちながら一時的に他家に雇用されているにすぎない存在である。ただ、長年主家に奉公を尽くせば、主人より恩恵として分家させてもらえることもままあった。

近世の農民家族の形態については、「単婚小家族」と規定されるのが通例である。しかし、この見方は現象面しかとらえておらず、この時代の家族の存在条件を無視しているきらいがある。現象的には確かに、一組の夫婦とその子供から成る家族が多い。(6)だが、近代の核家族と違い、この時代の家族は永続的な制度的機構である家という枠組みの中に存在しており、直系のラインでもって世代的に連続していくことを特徴とする。したがって、隠居分家しないかぎり、家族周期の上で同一家内の直系親に二組以上の夫婦が存在する事態も生起するのは必然である。したがって、概念としては、社会学や人類学でいうところの「直系家族」が妥当しよう。

直系家族は、譜代下人を分家させ、子女についても、家の継承者のみを残して、他は分家あるいは嫁、養子、他家奉公人という形で家から出し、逆に後嗣の配偶者を他家から迎えることによって発現する。それはとりもなおさず、主従関係、血縁・姻戚関係が家の外に拡大していくことを意味する。こうした人間関係、そしてそれにもとづく家と家の関係を組織化したのが同族団と親類である。

同族団と親類　人類学的観点から世界諸民族の親族の組織化を考察した場合、大別して二つの方法が見出だせるという。第一は自己中心的な組織化であり、第二は祖先中心的組織化である。(7)わが国の親族組織のあり方に即してみれば、第一の方法にもとづくものが親類関係、第二の方法にもとづくものが同族団、といえよう。

親類関係は原理的には個人を起点とした血縁（養子のような擬制も含む）および姻戚関係のネットワークであり、双系的あるいは多系的に広がる。しかし、家が社会の構成単位をなしていた段階では、それは家と家との関係として発現し、家の成員のうち家長を起点とした親族関係のネットワークがとりわけ重視されることになろう。

一方、同族団は、系譜の本末関係にもとづいて本家・分家の関係で結びついた家々の集団である。そこでは、究極の先祖を同じくするという意識が、系譜の本源である総本家を中心に分家筋の家々を一つの集団に統合する力として働いている。だが、その先祖はあくまで家の系譜上の先祖であり、個人を起点とした血筋における先祖ではない。したがって、同族団は系譜上の出自を同じくする家々の集団ではあっても、個人単位にみれば決して出自集団とはいえない。なぜなら、同族以外の家に嫁や聟として入れば、生家の同族のメンバーからはずれ婚家の同族の一員となるからである。この点、他民族の出自集団とは性格を異にする。それはつまるところ家の特質に由来するものである。

また、家が非親族者をも包摂しうるのと同様、同族団も非親族の奉公人分家もメンバーに加えるので、必ずしも親族のみの集団・組織ではないが、親族分家の場合は同族関係は親族関係（分家の主体は男子であるので男系の親族関係）と重なり合うことになる。同族は家相互の系譜的つながりを原理とする以上、理念的にはその関係は家成員の生死を超えて永続する性格のものであるわけだが、現実には、世代を重ねて親族としての関係が疎遠になれば家同士の結びつきも弱まってゆくのが趨勢であった。それゆえ、同族結合の維持・強化を志向している場合には同族間で婚姻・養子縁組が重ねられることも多く、結果として姻戚関係とオーバーラップすることになった。

(二) 同族団と家・村

近世的同族団の形成

中世の土豪的農民は比較的広い地域にわたって支配力を及ぼしており、支配圏内の所有地や開墾地を基盤に分家を創設し、同族結合を背景に地域支配の維持・強化をはかっていた。だが、近世においては、農民は初期検地の際の村切りによって画定された村の内に封じ込められた。それゆえ、以降、この村内部で自家の勢力を拡張して村政上の主導権を握るとともに、労働力の恒常的供給源を確保しようとすれば、村内の名請地や新開地を基盤に同族団の形成・拡大をはからねばならなくなった。つまり、近世における農民の同族団の形成は村請制下の村内部で進行することになったわけで、必然的に近隣集団としての性格をも濃厚に帯びるところとなったのである。

分家創設の姿態、分家の存在形態、本家に対する分家の従属度等は、農業生産力の水準、それに規定された本家の経営形態と規模、分家創出の意図などによって、おのずから種々の型を示すことになる。ここでは、竹内利美氏の提起[8]に従い、本家の経営体内における分家創設、本家の経営体外への分家創設、の二類型に大別して、以上の点について瞥見しておこう。

本家の経営体内における分家創設

これは本家地主の大手作経営に対応する型で、生産力の低位な地域あるいは段階において発現する。主として非血縁者の分家形態で、主人の家内に包摂されていた譜代下人が田畑屋敷の一部を分与ないし貸与されて一個の家を構えるにいたったものの、分与地・貸与地の経営のみでは再生産できず、むしろ本家の手作経営の労働組織の一環に編成されていた面の方が大きく、その代わりに本家の庇護を受けることによって生活していた形態である。身分的にも「名子」あるいは「被官」「家抱《けほう》」「前地《まえち》」といった身分呼称を付せられ、本家の強い人身的支配の下に置かれていた。つまり、日常生活の単位としては一個の家を形成しているものの、いまだ独立の経営体をなすにはいたっておらず、経済的にも身分的にも本家に強く従属していた存在である。

本家の奉公人はこの奉公人分家の子女が供給源となっており、彼らは一定の奉公ののち自己の家を継ぐか新たに分家させてもらった。すなわち、奉公人→奉公人分家→奉公人……というサイクルの中に位置づけられていたわけである。

こうした型の分家は近世初期にはかなり広くみられたが、一般的には一七世紀後半以降、農業生産力の向上に伴い彼らの家も一個の小経営体として自立化し、身分的にも「名子」「被官」抜けし、「百姓」(高持) あるいは「水呑」(無高) となった。ただ、無高であっても、生産物形態の小作料を前提にした小作経営という形で、自らの家を一個の経営体として確立するにいたっている。しかし、東北地方を中心とする、特に山間部に位置する地域では、本家地主の大手作経営とその下での名子 (被官) 制度はのちのちまで存続し、一部の地域では明治以降にも持ち越された。有賀喜左衛門氏が調査された南部二戸郡石神村の名子制度(9)はその典型例である。かかる地域では血縁者の分家はまれで、二男以下の男子は他家に養子に出す形で処置され、時には生家に残留して複合家族の型を示すことも少なくなかった。(10)

本家の経営体外への分家創設

これは一応独立して経営を行うに足るだけの土地分与を伴った分家形態で、主として血縁者の分家である。近世前期には土地の分割相続が支配的で、分家に対する土地分与率は一般に高く、均等に近い例もみられた。このことが、先の「名子」「被官」の自立化とともに、小農経営の一般化をもたらす契機となった。

ところで大竹秀男氏は、本家と分家の関係の態様として、本家支配型と本分家仲間型の二類型を設定されている。(11)前者の典型は「名子」「被官」としての分家で、後者は田畑分与額が均等に近く、分家もそれ自身独立の経営単位をなしていた場合に発現する、とされる。だがはたして、田畑の均等分割がただちに本分家間の対等性に結びつくであろうか。この問題を考える場合、村内の政治面、経済面、祭祀面での権利関係のあり方、およびそれと密接不可分の身分階層制をも視野に入れる必要があると思われる。(12)また、一対一の本分家関係だけでなく、同族団全体、さらには村全体の秩序を考察せねばなるまい。

なぜなら、「公儀」との関係においては百姓としての役儀を勤める限りにおいては「百姓」身分であっても、村内では同族団の総本家やその有力分家が、たとえば「長《おとな》(乙名)百姓」「年寄百姓」といった特権的身分階層を形成し、他の分家百姓を「平百姓」「脇百姓」「小百姓」などと称して差別していた例は多いからである。具体的にいえば、村内の上層身分の者が、農業生産に不可欠な刈敷《かりしき》肥料用・牛馬飼料用の草の採取源である山野や水の用益において特権を有し、また村政の運営権、村の氏神＝鎮守の祭祀権なども独占していた例は、近世前期にはかなり普遍的にみられたのである。それに、均等に近い土地分割をするのは主として分家筋の家であり、同族団の総本家は他に卓越した土地を保留しているのが普通である。総本家は、分家筋の家々を一方的に支配するだけでなく、同族団の成員の生活を保障する責務(「役」)を負っていた。(13)そのためにも相応の経済力を保持しておく必要があったのである。おそらく、当初の同族団は村内の身分階層制、種々の権利関係と絡まって総本家を頂点にしたヒエラルヒッシュな構造を形づくっていたのが一般的で、個々の分家の自立性が強まり、そうした構造が崩れてきた段階で、本分家仲間型が発現したのではなかろうか。

拡大した「家」としての同族団とその機能

分家は家内部における家長と家人との間の支配・従属関係が外延的に拡大したものであり、同族団自体が拡大した一個の「家」と観念されていたことは、社会学や民俗学で指摘されているところである。本家の苗字を分家に与えて一族たることを表示し(苗字の公称は幕藩権力によって禁じられていたが、村内部では私称していた）、同族団を「イッケ（一家）」と称する例が多かったことが、このことを裏付けていよう。同族団の総本家の家長は、こうした「家」観念を背景に、実態的にも生産・生活上の諸権利を留保することにより、分家筋の者たちに支配・統制を及ぼしていたわけである。

　農民の同族結合の物的基盤はいうまでもなく土地である。「本家・分家という、家の本末系譜に沿って成立する同族団が、所によってアイヂ（合地・相地）、ヂルイ（地類）、ヂワカレ（地分れ）などの通称で呼ばれることからもわかるように、地縁の同一ということは同族団の存立する上に決定的な要因であった」のであり、同族の家々を成り立たせているところの土地は同族の祖霊に安寧を守護されていると考えられていた。[14] したがって、個々の家に土地を分割したとはいえ、それらは全体として「一族共有の財産」であるという観念が強く支配していた。同族団が本家の「家」の拡大であるなら、当然、分家への分与地は観念的にはいまだ本家の「家産」の範疇内にあったと考えられる。

　武州多摩郡連光寺村を開発したと伝えられる富沢家では、慶安元年（一六四八）に三郎兵衛が父・忠右衛門より田畑七反余を分与されているが、高反別書抜帳には「但、是ハ三郎兵衛ニ出し候田地ひかへ、我等相果候後、三郎兵衛六ケ敷申候ハヽ、田地取かへし可被申候、為後日ニ如此、重而書付也」（傍点、大藤）という但書が付されている。[15] つまり本家継承者に悔い返し権を留保させているわけである。こうした例は草分百姓層においてはかなりみられるが、その背後には右のような観念が存在したものと思われる。

　同族結合が強固な段階では総本家の統制のもとに一族として土地の確保をはかっており、一族内に潰《つぶれ》百姓が出た時は一族の有力者がその跡式《あとしき》を請け込み、一族の者をして立ち替わらせている。[16] こうしたもとにおいては、村請年貢も同族団が皆済の連帯責任を負っていた。だが、個々の家が名請地に対する「家産」観念を強め、かつ質地地主・小作関係が展開するようになると、土地は同族団の枠を越えて移動するところとなる。それはとりもなおさず同族団の物的基盤の動揺を意味するのであり、このことが同族結合を弛緩させる一つの要因となったのである。

以上は同族結合の物的基盤であるが、精神的には、同族共同の祖神＝同族神に対する崇拝が紐帯として機能しており、その祭祀を司る同族の長を権威づけていた。同族結合が強固な段階では、死者の葬儀・供養も総本家の家長の指揮下に同族として執り行っていたようである。今日では個々の家ごとに墓を設けるのが一般的な姿となっているが、かつては同族などの共同墓という形がむしろ普通であった(17)。今日に至るも同族共同の総墓制を持続している例は、秋田県や長野県下でいくつか見出だされている(18)。それを支えているのは「一族は死ぬと一緒になる」という観念である(19)。

また、民俗学の分野の研究成果で注目されるのは、家や同族は同じ系統の稲を栽培しており、その稲には祖霊が宿っていると観念されていた、という坪井洋文氏の指摘である(20)。氏のように「稲の系統がすなわち苗字であり、苗字の共通が家筋であった(21)」と解するならば、同族が同じ苗字を名乗り「同苗」と称していたことは、農民層にあっては、同一系統の稲を栽培する家々の集団という特有の意味合いがこめられていたことになる。種子を管理し、苗代《なわしろ》に播種したのちに分家に苗分けすることも、同族団の長の大きな役割の一つであったのである。

以上のような物的・精神的基盤に立って結合していた同族団は、生産・生活のあらゆる面において、総本家を中心に儀礼的・互助的機能を果たしていた。一族内の家の相続、婚姻、養子縁組にも、当然、同族団の長の意向が重きをなしたであろう。

村が同族団の連合体として構成されている場合には、いずれかの同族団に加わることによって村の成員として認められ、生活を保障された。このような村では、他所からの入村者はいずれかの家に本家になってもらうよう頼み込み、自分はその分（別）家にならなければならなかった。「タノミホンケ（頼み本家）」と「ワラジヌギベッケ（草鞋脱ぎ別家）」「ツケタシベッケ（付け足し別家）」といった関係がそれである。また、同族団の長の位置にある家同士が互いに本家役を務める「アイホンケ（相本家）」の関係を取り結び、儀礼面だけでなく政治的・社会的にも連携して村内における自らの支配的地位の安定化をはかることもあった。こうした慣行については社会学や民俗学で検証されているところである。

三　村の秩序の変化と小農民の「家」意識の成立

村の秩序の変化　同族の長が種々の権利を独占して分家筋の農民に支配・統制を及ぼすような構造は、一部の地域では明治以降も存続したとはいえ、一般的には、「名子」「被官」の経済的自立、身分的解放を達せんとする動き、分家筋の一般百姓の諸権利獲得運動を通じて徐々に崩れていった。こうした運動は、彼らが小経営農民として成長せんがためのものであった。そして、「百姓」身分として「公儀」に対し年貢・諸役を負担している限り、村内での地位・権利も同等であるべきだという論理にもとづき、新たな村共同体秩序を形成していった。

たとえば、山野・水の用益面においては、一般の百姓までもが比較的公平に用益する「村中入会」「番水」（各耕地への順番配水）の制度が成立し、また村の運営について合議する村寄合、さらには村の氏神祭祀にも惣百姓（すべての百姓の家の長）が参加するようになる。村役人の構成も、従来の名主（庄屋）・組頭の他に一般の百姓の惣代として前二者を監視する役目を負う「百姓代」が新たに登場し、いわゆる村方三役制が成立する。そして、名主・組頭についても、特定の家筋による世襲制を廃し、百姓全員の談合や入札による公選制を実現した村さえ現れた。村請制の運用面においても、従来村内での年貢・諸役の割付、算用を名主が専断していたことから生ずる不正を一般の百姓たちが追及する動きが顕著となり、その結果、百姓全員の立ち合いのもとで割付がなされるようになり、算用帳簿も公開が原則となった。こうして村請制は惣百姓請としての内実を具備するようになったのである。(22)それは、一般の百姓も識字能力を有するにいたっていたことが前提になっている。

以上のような惣百姓の利害にもとづいた村共同体の秩序は、生産力の高い近畿地方などでは一七世紀中・後期にはその形成がみられたが、生産力の低い東北地方などでは一八世紀以降に下る。(23)

小農民の「家」意識の成立

右のような過程を経て自立性を強めた小農民たちは、それぞれ独自に墓碑を建立し、仏壇を設け位牌・過去帳・回向《えこう》帳を安置して、自己の家の死者・先祖を主体的に供養祭祀するようになる。(24)家が先祖祭祀の単位となった段階では、家を保つことはとりもなおさず自己の死後における魂の安住の場を確保することにつながる。

先祖の霊に見守られながら家族が力を合わせて百姓仕事に精を出し、死後はその家の先祖として子孫に祀られ、子々孫々の生業《なりわい》を見守ってゆく――今日も根強く残っている、こうした人生観、死生観が、ここに農民の間に広く形づくられることになった。

また、祖霊祭祀の一つとされる屋敷神祭祀も、直江広治氏の研究(25)によると、本家を中心とする一門屋敷神の形態から、分家の実力の台頭に伴い各戸屋敷神へと分化していっている。すなわち、先祖祭祀が同族単位から家単位へと分化していったのと軌を一にしているわけである。村武精一氏は「〈いえ〉の〈万世一系〉を希求するその根底に、祖先崇拝の在り方と深く関連した〈ヤシキ地〉への執着・保持とそれへの崇敬の観念が強く規制している」(26)と指摘されているが、個々の家が屋敷神を祀るようになったことにより、屋敷地は祖霊に守護された聖なる場、空間と観念され、「家」意識を支える重要な要素になったであろう。

近世においては、質地、質流地を元金を返済しさえすれば質入れから何年経過していようとも請け戻すことができる在地的法慣習が存在し、村議定、村法によって村がその実効力を保証している例が広くみられた。(27)この慣行は小百姓の高所持を維持再生産する機能を果たしていたとされるが、その場合、請け戻しの対象となる田畑が単なる検地帳名請地の一部というのではなく、百姓株式の中核的要素である屋敷や墓所と一体のものとして観念されていたという白川部達夫氏の指摘(28)は注目されよう。このことからも、屋敷や墓所が農民の「家」意識において中核的な位置を占めていたことがうかがわれるのである。

さて、自ら主体的に先祖を祀るようになった小農民たちの自意識は、家長の地位の承継とともに父祖名＝通名《とおりな》を襲名することによって、自己の家の個別性を社会的に表示すると同時に超世代的な永続性を示すという行為となって表出してもいる(29)。近世の農民は苗字の公称を禁じられていたので、公的に自己の家を表示する手段を持たなかった。私的には苗字を称していたが、それは同族の標識でもあった。そこで通名の襲名によって自己の家の個別性と永続性を表示せんとしたのであろう。したがって、それは「家名」相続観念の表れと解しうるもので、この慣行が広く形成されてきたところに、従来拡大された総本家の「家」意識のうちに包摂されていた分家筋の小農民も、主体的な「家」意識を持つにいたっていたことをうかがいうるのである。

通名相続が社会的・一般的慣行として成立すると、通名は「公儀名」として公的な性格を持つものとなる。ことに、財産の所持、および財産関係の行為においては通名が公式的名義とされ、法律上重要な意味を付与された。何らかの理由で襲名しなかった場合でも、「高帳」「名寄帳」等の土地台帳の名義はあくまで通名で示された(30)。

ところで近世においては、キリシタン禁制のため寺請寺檀制度が国家的制度としてしかれたが、個々の家が先祖祭祀の単位となることによって、家と寺はそれを媒介に内面的に強く結びつき、檀家制度が成立した(31)。幕藩体制が崩壊したのちも檀家制度は存続したが、それは、家にとって寺は先祖の霊の管理場所として欠くべからざる存在となっていたからにほかならない(32)。

小農民の「家産」観念の成立

同族結合が強固な段階では、個々の分家に土地が分与されていたとしても、それらは総本家の統制下に置かれ、全体として「一族共有の財産」と観念されていた。しかし、分家筋の小農民の家の自立性が強まるに伴い、彼らは自己の名請地に対する権利を強め、それを自らの「家産」と観念するようになる。[33] 超世代的な通名が名請の名義とされたことも、そうした観念の生成を促進する契機になったであろう（ただ、個々の百姓の「家産」観念の背景には、村内の土地は村民の共有財産という観念も存在し、そうした観念にもとづき、村は個々の百姓の土地所持を保障もし、また規制もした）。[34] 幕藩領主は百姓経営維持のために、一七世紀後期以降分地を制限したが、一方の百姓も「家」意識を持つに伴い、家の物的基盤である「家産」保持への内的規制が強く働くようになり、田畑屋敷の単独相続が一般化していった。[35] ここに、「家名」「家産」「家業」および祖先祭祀権を一体として一子に単独継承・相続させる慣行が、広く農民の間に定着するところとなったのである。いわゆる「家」の理念型を、固有の「家名」「家産」「家業」を持ち、祖先崇拝を精神的支柱として世代を超えて永続していくことを志向する制度的機構と措定するならば、小農民の家も理念型的な「家」としての内実を具有するにいたったわけである。

こうした段階では、同族関係は分家の自立性、自主性を前提にした関係になる。そして、従来同族団が果たしてきた生産・生活上の共同機能の多くは、小経営農民たちが同族団の枠を越えて結成した講や組といった共同組織、あるいは親類に代替されるようになり、同族団の機能はしだいに同族神祭祀を中心とする儀礼面に限定されていくのが一般的趨勢であった。

ところで、近世中・後期においては、大高持層でもなかなか分地しなくなる。それは、旧来の特権的な身分階層制度が崩れた段階では、村落での支配的地位を維持していく上で経済力が決定的に重要な要件となったからである。そのため彼らは、「家産」を保持・拡大し、地主経営を拡大していくことを強く志向するようになる。巨大な地主的土地所有は、まさにかかる方向性において形成されていくのである。そしてそれは、小百姓の高所持を維持再生産する機能を果たしていた無年季的質地請け戻し慣行と対立していくところとなった。

小農民の「主体性」の確立

小農民が分家として総本家の「家」的な支配下に編成されていた段階では、総本家に対して忠誠・奉公を尽くし、その発展に寄与することが彼らにとって第一義的な生活規範とされていたにちがいない。しかるに、小農民がその支配下から自立し主体的な「家」意識を持つようになったことは、自己という存在を先祖から子孫へという時間的流れの中に位置づけ、自己の「家」を守り発展させていくべき責任主体としての自覚を持つようになった、ということを意味している。柳田国男が「元来百姓仕事の辛苦と忍耐とに向つて、報償としては何物があつたかと尋ねると、具体的に謂へば家の永続の保障であつた。……祖先を祭り又子孫に祀られる国風としては、盆と彼岸とに家の者が、自分を祭つてくれると云ふ確信が無いと、楽々とは老い又死ねなかつた(36)」というごとく、百姓仕事に精を出して「家」を存続させることは、自己の死後における魂の安穏の保障を得るためにも必要であったのである。

小農民の「主体性」なり「能動性」は、自立化過程における彼らの苛酷な労働と闘争を通じて徐々に培われていったのであろうが、自己の「家」意識を持つにいたって、それはより強固なものとして確立したものと考えられる――もちろん、それは自我意識にもとづく近代的な主体性ではなく、「家」に枠づけられたものである――。なぜなら、「家」意識を持ったことにより、彼らは自らの勤労に精神的拠りどころと、内面的価値を得たことになったのだから。したがって、以後この「家」意識が彼らの生活意識の核心となり、膨大な生産エネルギー、強靭な闘争力を生み出す源泉ともなったと考えられる。それゆえ、この「家」意識の一般的成立は、農民の意識・思想および運動を研究するうえできわめて大きな意義を持っていたものとして歴史的に位置づけなくてはならないだろう。

「家」を守りぬくためには、まず何よりも、その構成員たる家族が当主を中心に和合するとともに、個々人の「主体性」「能動性」を強化しなくてはならない。ことに近世中期以降、農村も商品経済に深く巻き込まれ、「家」の没落の危機と隆盛への機会とが表裏をなして増大しただけに、その必要性はいっそう強まった。そこに、「和合」「勤勉」「倹約」といった徳目を自覚的・主体的に自らの生活規範として樹立し、その実践を通じて自己を規律・鍛練しなくてはならないという、いわゆる「通俗道徳思想」(37)が広く農民の間に定着するところとなったのである。それは都市民についても同様であった。

個人として自立しうる条件に乏しく、「家」を維持することによって生存を保障するしかなかったこの時代においては、民衆の「主体性」は「家」意識を媒介に形成されたのである。それゆえ、逆に「家」が個々人に対して強い内面的規制力を及ぼし、自我の形成を妨げるところともなった。

小農民と村との内面的結び付き

小農民の自立化過程においては、自分の耕地と村を捨て他所へ逃亡するという闘争形態が一般的にとられた。近世初期にはいわゆる「走り百姓」が多発したことは周知の事実である。

小農経営の未成熟な段階においては、彼らはこうした闘争を通じて、領主に対しては小農経営維持政策の施行の要求を、主（本）家に対しては自らの地位の向上と生産諸条件獲得の要求を突きつけたのである。しかし、かかる闘争形態においては、自己の「家」を守るという意識は基本的に欠けている。自己の経営が未確立で、村内における諸権利関係においても差別されていた段階では、自己の家と村を捨てても損するところは少ないし、新田開発の盛んであった近世初期には、走り百姓は他村において労働力として迎え入れられることも期待できた。また、建設途上であった城下町や鉱山などで新たな生業につける可能性も存在していた。そもそも自己の家の祖先祭祀権を獲得していなかったから、先祖に対する道義的責任を感じることもなかったであろう。

しかるに、小農民が自己の家を独立した経営体として確立し、祖先祭祀権も獲得して主体的な「家」意識を持つようになって以降は、先祖から受け継いだ「家産」「家業」を守り、先祖の祭祀を絶やさないため、まさに「家」を守るべく、「家」を拠りどころとして抵抗を展開するようになる。そして、小農民の「家」の存続は、彼らが自らの生産・生活を保障するための仕組みを創りあげたところの「村」共同体に支えられてはじめて可能であったことから、「村」を守ることが要請され、「村」が農民結集の単位となった――もちろん、村請制支配下における利害の共通性にももとづいている――。その精神的紐帯となっていたのが村氏神=産土神祭祀であった。すなわち、小農民たちは「家」意識を媒介にして「村」と内面的に強く結び付くところとなったのである。

寛文期（一六六一～一六七三年）には宗門人別改め制度が全国的にしかれ、「家」と「村」を通じた人別管理体制が確立したのであるが、小農民たちの定住性の強まりをそれのみで説明するのは一面的であろう。彼ら自身、自立した「家」意識を媒介に「村」と内面的に強く結び付くようになっていたことを押さえておかないと、「家」と「村」が彼らの抵抗の拠りどころともなったことの意味をよく理解できない。

小農民たちは相互の横断的連帯にもとづき、自分たちの要求を「村」の意思として集約し、村役人を通じて領主に突きつけるようになる。つまり、幕藩領主の支配機構である「村」を、小農民たちが自分たちの闘争のための機構として主体的に転用するところとなったのである。

また、村内においては、自己の「家」を守るべく上層農民の地主・高利貸的支配に抵抗する。一方、上層農民は、村内における自己の地位を安定化するため領主権力との結び付きを強め、領主への献金によって武士に準じた身分を獲得することにより自家を身分的に権威づけようとする。しかし、自らの「家」の経済的基盤が村落にある以上、その共同体としての利害に規制されざるをえない。したがって、「村」の利害の代弁者=惣代として行動したり、凶作時には村落の維持のために一般農民に救米を施すなど、領主権力と一般農民との中間に位置して現象的には一見相反するようなさまざまな行動をとることになるのである。

「百姓」株の固定化

「家」を保持しようとする意識は、他の家々と共同関係を取り結ぶことによって自家の存続を保障せんとする連帯の契機と同時に、自家の権益を確保しようとする排除の契機をも伴う。都市の商工業者の間に結成された株仲間と農村における百姓株の固定化は、まさに両方の契機の具現したものである。商工業者は同業者の間で仲間を結成して、成員の家業経営を連帯で保全すると同時に、営業権を「株」として固定化し、仲間以外の者の営業を排除しようとした。農民も「百姓」身分としての同質性にもとづいて相互に連帯し、先述したような村の共同体秩序をつくりあげたのであるが、同時に、「百姓」身分と村内での生産諸条件、すなわち土地所持、山野・水の用益権を一体化して、「株」として固定化しようとする傾向を示すようになる。村という限定された空間の内部においては、おのずから生産諸条件も限界を持つ。そうしたもとにおいて「家」を維持していくための方途として、「百姓」株の固定化によって生産諸条件の確保をはかったのである。

かかる段階の村社会においては、「百姓」株を持つことによってはじめて一軒前の家として認められ(38)、逆にそれを有しない「水呑」は、「公儀」に対する年貢・諸役、および村役を負担しないかわりに、村内の諸権利からも排除された。だが、無高の「水呑」といえども村内の居住権まで否定されたわけではない。地主にとっては彼らは小作の担い手であったし、一般の百姓にとっても年季奉公人あるいは日雇労働の供給源として、自己の家の再生産に欠くことのできない存在であった。一方、「水呑」も、自己の家の経済的基盤である小作地に対する権利（小作権）を強め、経営を安定させるに伴い、通名の相続によって自己の家を表示するようにもなっている。「家産」を持たないので、理念型的な「家」としては不完全であるが、彼らも先祖の祭祀は営んでおり、「家」意識は持つにいたっていたのである。そして、小作権を世襲し、実質「家産」化する傾向もみせた。もちろん彼らは、なんとかして「百姓」株を取得し、一軒前の「百姓」身分に上昇したいという希求を強く持ち、それを夢みて日々の労働に励んでいたにちがいない。

㈣　親類と家・村

田畑屋敷の単独相続が支配的になり分家をあまり出さなくなると、家と家を結び付ける契機として婚姻や養子縁組が以前にも増して重要性を帯びるようになる。その意味では、近世の農村における族縁関係の中心が同族から親類に転換していったとする大竹秀男氏の想定[39]は蓋然性をもっていよう。

親類の形成と構造

先述したように、親類関係は原理的には個人間の血縁ないし姻戚関係であるが、家が社会の構成単位をなしていた段階では双方の属する家相互の関係として発現した。しかし、もともと個人に立脚している以上、家相互の関係も成員の交代によって流動的にならざるをえない。したがって、同族団のようなメンバーの限定された、範域の明確な固定的集団を形成することはない。それぞれの家が自己を起点とした独自の親類関係を持つ。しかもその範域は必ずしも明確ではなく、世代的に変動してゆく。どの範囲の家を親類として認知し、生活上の付き合いを持つかは、家長相互の意向に左右される度合が大きかろう。同族団が単系性を原理として構成された集団であるのに対し、親類関係は原理的には双系的ないし多系的であるが、現実には家筋の継承者（多くは男子）の親族関係の方がその配偶者の親族関係よりも重視され、家筋（一般的には男系）に傾斜した、構造上の非対称性を示すのが普通であった。また、機能面からみると、日常生活の上で密接な共同関係を取り結んでいる中心的親類と、臨機的に訪問贈答の儀礼上の義理を果たすにすぎない周縁的親類との二重構造を成していた。以上の構造上の特徴は民俗学や社会学でつとに指摘されているところである[40]。

親類が日常生活の上で密接な交渉を持つためには、地理的にある程度近接して居住していることが前提になる。その点、近世の農民の場合は村内あるいはその周辺の村の農家との間で婚姻・養子縁組を取り結ぶのが一般的であったから、おのずから交際も密になったであろう。親類同士の交際は本家・分家という上下の関係においてではなく、対等の立場で行うのを特徴とする。したがって、婚姻・養子縁組は家柄、経済力の釣り合いのとれた家同士の間でなされるのが普通であった。

家柄や経済力は上層農民ほど重視する。村内や周辺に釣り合う相手がいない場合は、かなり遠隔の富農や富商と縁組を通じる。それはまた、自家の家業を営む上でも、地域社会における支配的地位を維持する上でも、現実的な意味をもっていた。(41) 近世中期以降の上層農民は質地地主、在郷商人、高利貸資本としての性格をもつようになり、広域的に地主・小作関係、商業関係、金融関係を形成していた。それは同時に広範囲にわたって中・下層農民との間に経済的矛盾・対立をはらむことになる。したがって、家業経営の上でも、社会不穏に対処する上でも、富農・富商相互が広域的に連繫する必要があったのであり、その手段として婚姻・養子縁組が用いられたわけである。

支配と親類の機能

農民の親類がどのような機能を果たしたかは、農民自身の再生産条件もさることながら、彼らが置かれていた政治的・社会的条件、そして権力が親類にいかなる役割を求めたかに規定される度合が大きい。

幕藩制社会は、農民を特定の村と家に緊縛し、農耕に専念させて貢租を領主に納めさせることによって成り立っていた。五人組帳前書に列記された領主の法令をみると、こうした支配体制を維持するために、村役人、五人組とともに親類にもさまざまな面で連帯責任、相互扶助義務を負わせていたことが知られる。

たとえば、①欠落人が出たときは村中より尋ね出だし、もし帰らない場合は五人組・親兄弟親類縁者を籠舎あるいは科銭に処す。(42) ②代官に断りなく他領に奉公に出たときは、親兄弟親類縁者をして帰るよう努めさせ、帰らざる場合は妻子または親類縁者を籠舎に処す。(43) ③年貢不納者が出たら、親類・五人組ならびに庄屋・年寄が弁納すべし。(44) ④親類・五人組は平素より仲良くし、吉凶時には助け合い、また病気その他の理由で耕作なりかねる百姓がいるときは、その田畑を親類・五人組で耕作すべし。(45) ⑤「百姓之子幼少に而親に別れ当分跡敷立兼候ハ、」、その親類が田畑家財等を預かり、成人したらそれを返して「御百姓」にせよ。(46) ⑥跡式については存生のうち名主・組頭・親類立ち会いのうえ譲り証文を認むべし。跡目なく不慮に死した場合は、名主・組頭・親類が所持の品々を改めて訴え出るべし(47)――等々。

こうした諸規定はつまるところ、貢租源である百姓経営を維持せしめんがためのものである。この目的のために生産・生活面において親類が相互扶助機能を発揮することを期待し、和合の精神を説くのであるが、逆に治安維持の観点からは、たとえ親類の者であっても他所者を勝手に泊めることは禁じ、親類中に悪事を働く者がいれば申し出ることを義務づけている。(48)

幕府法では伯叔父母・甥・従弟までの親族に重要な法的意味を付与していたが、(49) 民間においても従兄弟以内の親族が親類中の中心をなしていたらしいことは、『全国民事慣例類集』(50)の記事や「葬礼の儀は本寺限り、供送り酒代三十二文限り、普吟相止め、譬へ親類たりとも従弟限り五人組限り、其余懇意者たりとも野送り致間敷候事」(51)（傍点、大藤）といった在地法にうかがうことができる。

家に対する親類・村の干渉

個々の小経営農民の家の自立性、個別性が強まり、家を維持する上で小家族成員の主体的努力が第一義的に重要となったとはいえ、親類や村の互助機能に支えられなければ、その存続は期しえなかった。それだけに逆に、家内部の人間関係や婚姻、養子縁組、相続、「家産」の管理・処分など、家の重要問題について親類や村の干渉を受けることになった。(52)

家の存続を危うくするような身持ちの悪い者、あるいは非法を働く者がいれば、村請制、連帯責任制の下では親類や村にも難儀を及ぼすことになる。そこで、その者の家長や親のみならず親類・五人組・村役人も教導にあたり、それでも聞き入れないときは、関係者相談のうえ、「勘当」（父母が同居の子に対し）、「久離」（父母が失踪せる子に対し、あるいは兄弟が弟妹に対し、あるいは伯叔父母が甥姪に対し）、「義絶」（目下の親族から目上の親族に対し、あるいは同等親族間において）、「離縁」（夫婦間、養親子間）などの親族関係断絶処分、あるいは村からの追放処分に付した。(53)

家内部、親類間、村人間においては何よりも「和」が重視される。それを乱す者は家族、親類、あるいは村人としての「縁」を切られたわけである。離縁にしても、近世においては当事者間の問題にとどまらず、家の問題、ひいては親類の問題、村の問題でもあった。たとえば夫婦や養親子間の不和は、とりもなおさず家内の和に支障をきたす。そこでは、双方の実家・親類や仲人・五人組・村役人らが協議のうえで、場合によっては「離縁」という措置がとられることになるわけである。また、たとえ夫婦仲はよくても、嫁あるいは聟が家、親類、村にとって好ましくない人物と周囲から判断されれば、強制的に離縁させられることもあった。

他村から嫁あるいは養子として入る場合、婚家・養家の属する村にとっては新住民を迎え入れるわけであるので、その人柄が気にかかった。そこで、その村の役人が実家の属する村の役人や口入人（仲介者）から身元請負の一札を取っている例が、村方文書には多く見出だせる。とりわけ養子については、将来養父より家督を譲り受け、その家を代表して村の運営に参画することになるので、その人物性により大きな関心を寄せた。

庶民の離婚は周知のように、夫から妻に宛てて離縁状を発給し、妻がそれを受理することを法的要件とした。この離縁状の授受があってはじめて双方ともに再婚が可能となり、それなくして再婚すれば重婚罪に問われた。江戸時代の離婚については、かつては「夫専権離婚」という見解が通説化していたが、近年、高木　侃氏が多くの庶民の離婚事例を検討され、実態においては夫の恣意的な離婚権の発動は社会的に抑制され、多くは夫婦（夫婦をとりまく両家）間の協議による「熟談離婚」であったという見解を導かれている。[54]

家々の共同関係を基礎として成り立っていた近世の村落社会にあっては何よりも、人間関係、正確にはそれぞれの人間の属する家相互の関係の情誼を損なわないことが重んじられる。離婚に際しても、婚家と実家の関係があとあと気まずくならないよう、夫婦および両家の当主の合意が重視されたに相違ない。この時代の婚姻は日常の生活圏内で取り結ばれるのが一般的であったので、なおさらその点に配慮せざるをえなかったであろう。したがって、江戸時代の離婚の基本形態を熟談（協議）離婚とみる高木氏の見解は妥当性をもっていると思われる。現実には離婚をめぐるさまざまな形のトラブルも発生しているのだが、それは夫婦ないし両家の合意が成立せず、一方の意思・都合で離婚に持ち込もうとしたときに発生したものと位置づけることができよう。

高木氏にあっては主として女性史の観点から江戸時代の庶民の離婚を考察されているのであるが、[55]家族史、社会史の観点からは、夫婦をとりまく家族関係、社会的人間関係を踏まえて、離婚の理由、および離婚に至る過程での個人の意思、「家」の論理、親類の論理、村の論理それぞれの絡み合いを注意深く分析していくことが求められよう。江戸時代の離婚をめぐる個我の問題にしても、こうした視角からアプローチすることによって、その歴史的性格を把握することができるのではなかろうか。[56]

なお、養子と入嫁とでは、その離縁に際して村が介入する度合に差があったようである。駿河国駿東郡山之尻村（静岡県御殿場市）の名主を世襲していた家に伝わる安永二年（一七七三）から安政二年（一八五五）に至る約八〇年間の日記をひもとくと、[57]離縁に関する記事が頻繁に出てくる。その大部分は入嫁の離縁であり、しかも、特にそれがこじれた場合に名主が調停に入った事例以外は、[58]ただ離縁の事実のみを簡単に記しているにすぎないのが特徴である。

おそらく、入嫁の離縁に関しては、それが夫婦および両家の合意のもとに成立しさえすれば名主はそれを事後承諾するのみで、いちいち介入はしなかったのであろう。それにひきかえ養子の離縁については、名主が介入してそれを回避させようと努めた経緯が詳しく記録されており、関心度の差がうかがえる。養子の離縁には村の同意を要した。それは、養子は家の継承者として迎え入れたものであり、その離縁は家の存続、ひいては村の存続に直接かかわるがゆえであっただろう。当地域では家付き娘や養親の意向で養子を離縁する際には高額の慰謝料を支払うのが慣例となっているが、これも地域社会としてそれを規制する措置であったと解される。跡取りの実子の勘当にも村の関心度、介入度が高いのも、同様の理由によろう。そして、跡取りの実男子がいない家に対しては、名主が養子縁組を周旋してもいる。

もちろん、再婚が困難であれば入嫁の離縁といえども家の存続にかかわってくるので、村としてもそれを規制せざるをえなかったであろう。しかしながら、近世においては離婚の多さと表裏をなして再婚もまた多かったことは、すでに明らかにされているところである。キリスト教の影響で処女性の重視されるようになった明治以降と違い、江戸時代には離婚女性を疵物視する観念は強くはなかったと考えられ、再婚にイデオロギー的な障害はそれほどなかったであろう。また、離婚が多ければそれだけ、家存続の必要上、嫁の口も多くなるのである。

ところで、親類間の付き合いは「義理」の規範に裏付けられていた。だが、村が親類間の「義理」に介入し、規制することもあった。倹約の観点から冠婚葬祭に参加する親類の範囲を限定した村掟は多くみられるし、なかには「五節句祝ひ之義ハ近親たりとも音物取遣之義一切無用之事」[59]といった掟さえ存する。[60]また、他村と入会相論をしているようなときには、村の協議内容を他村の親類にしゃべったり、「一味」することを禁じる掟を制定することもあった。[61]

近世の農民は、家、同族・親類、村、および領主それぞれの利害の複雑な絡み合いの中で生活していたのである。

(五) 家の継承と家長・主婦の役割

幕藩法は嫡長男子相続主義を建前としているものの、形式的な相続序列の杓子定規な厳守を押しつけてはいない。領主の関心はあくまで貢租の源泉である百姓の家の維持にあり、そのためには、それぞれの家の再生産条件に適応した形で、家業である農業の経営能力のある者が家を継ぐ必要があったからである。したがって、農民の家相続の具体なあり方は、各地域の慣行にゆだねられていた面が大きい。

誰が家を継いだか

明治初年に全国の民間習俗を調査して集成した『全国民事慣例類集』の「相続の権」の項をみるに、地域によりかなり差異がある。しかし、全体的には長男子相続慣行が一般的である。大竹秀男氏が分析した摂津国武庫郡（兵庫県）の農村、[62]筆者が分析した出羽国村山地方（山形県）の農村[63]でも、長男子相続が支配的である。長男以外の相続事例もかなりみられるが、その場合の相続開始原因発生時の家族構成上の事情を検討すると、そこには家の血筋の尊重、直系優先、男子優先、長男優先などの諸観念、したがってそれに裏打ちされた相続序列がある程度存在したことが判明する。当主夫婦を中心とする家族労働の完全燃焼によって営む小経営形態が一般化してくると、家族労働力の世代的維持・継送ということが、農業経営の再生産の上で絶対的な必要条件となる。この面でも、「長男は次三男よりも早く補助的労働力として役立ち、それだけまた農事に習熟したものとして相続人たる条件をよりよく充足する」[64]と大竹氏が説かれるように、長男子に家を継がせるのは合理性を備えていたのである。

ただ、長男であっても、身持ちが悪かったり、家業担当能力に劣ると判断されたときは、二男以下に継がせたり、養子をとって継がせたりした。また、比較的手作規模が大きく、早く家族労働力の補充をはかる必要がある農家では、男女にかかわらず初生子に家を継がせ、嫁や聟をとった。もっとも長子が女子のときは聟養子に継がせているのであるが、「姉家督」と呼ばれるように、潜在的には家付きの娘に家督を継がせていると観念されていた(65)。それゆえ、養子を迎えても、家付き娘が数年間当主の座にすわり、養子の家産管理・家業経営能力を見極めたうえで家督を譲るということもあった(66)。そこに、家付きの娘の家存続に対する責任と家内における権限の大きさを見て取ることができよう。入聟の場合も離婚は夫から妻への離縁状の交付を成立要件としたが、家を出ていくのは夫の方である。そこには「家」の原理が強く支配しているわけで、この時代の結婚や離婚を単に男女間の関係のみから考察することはできない。この「姉家督」慣行は、東日本、特に東北地方や北関東で多く検出されている。地主・小作関係を成り立たせている生産力の高い地域では、大高持は手作規模を縮小して小作に出すので、この慣行はみられない。

他方、極零細規模の農家の多い南九州では、過剰労働力を排し口減らしをする必要から、上から順に成人するとともに家を離れさせ、末子に家を継がせる慣行が形成されていた(67)。

武家と比べ庶民の場合は、死後養子や女性による家の継承も認められていたのが大きな特徴である。これは年貢・諸役を負担する家を維持せしめんがためである。長男子相続が支配的な地域にあっても、相続開始原因発生時に家内に男子がいないか、いても幼少の場合は、後家や娘が中継ぎ的に相続した。しかし、近世後期には、中継相続にとどまらない女性相続の事例も大口勇次郎氏によって検出されており(68)、それは、男性優位のイデオロギーによって相続序列を律していては、もはや家産を維持するのが困難な事態を迎えていたからだと説明されている。

当主が死亡した時、遺留家族が皆無の場合は、親類や村が遺跡を管理し、しかるべき筋目の者に継がせた。

要するに、庶民の家にあっては、それぞれの家の経営の再生産条件や家内の事情に応じ、家の存続にとって最も適切な相続形態がとられたわけである。家相続についての一定のイデオロギー的規範がそれぞれの地域や家の伝統的文化として形成されていたとしても、それを杓子定規に墨守するのではなく、家の永続という至高の目的にそって柔軟に対処していたのである。

家・村の規範と家長

下総国香取郡松沢村（千葉県佐原市）の名主で平田篤胤の門人としても有名な宮負定雄は、天保二年（一八三一）に著した『民家要術』の中で、次のように子孫に説いている。

さて親より富貴の家財を譲受けたる子孫の心得は、田圃家財は先祖父母より預り物にして己が物には非ずと思ふべし、之を己が物と思ふ時は心に怠り起て終には身の奢に耽り、他に売果し先祖の譲物を種亡しにする様になりて不孝に当るなり、譬ていはゞ其家を起したる先祖父母は主人の如く、其子孫は手代番頭の如くなる理にして、其時は支配人なれば先祖の財を預りて其余沢を以て先祖の霊を祭り年回を弔らひ、妻子奴らを養育し、先祖の志を継ぎ財を全くして子孫に譲り継げば孝行といふべし(69)

「田圃家財」は先祖・父母よりの預かり物である。これを「己が物」と思い違いをすると、身の奢りに耽り、ついには他人に売り果たして「先祖の譲物を種亡しにする」ところとなってしまう。それは先祖・父母に対する「不孝」に当たる。当主たる者は時の「支配人」であって、先祖より預かった家産を保ち、先祖の霊を祭り、妻子・奉公人らを養育し、「先祖の志」を継いで「財を全くして子孫に譲り継」ぐ責務を負っている。それが先祖・父母に対する「孝行」というものである。

これは農民の「家」意識、およびそれに規定された生活規範を端的に表現したものとしてよく知られている一節であるが、こうした内容の教説は、近世中期以降農民の間でも作られるようになった家訓・遺訓の類に遍くみられる(70)。一般の小経営農民の家でも、自立性、個別性を強め主体的な「家」意識を持つようになるに伴い、かかる規範が定着していったものと思われる。それは民俗学の分野の「家」研究からも知られるところである。

家を存続させる最高責任者はいうまでもなく時の家長たる当主であり、当主は「家」の権威の体現者として家内において特別の地位と権限（家長の一般的権限については武士の家のところで述べたので再論を省く）を持つことになる。家長を中心とした家内の秩序は、イロリ（炉）を囲んで座る位置に端的に示されている。すなわち、イロリの上座は家長の座であるヨコザ（横座）とされ、その左側が主婦の座＝カカザ（嬶座）、右側が客や長男の座＝キャク座（客座）、向かいが他の者が座るシモザ（下座）というふうに、家内の地位に応じて座る場所が固定されていた。家長の座をヨコザと呼ぶのは、特に筵《むしろ》を横に敷いたからで、余人の座るべからざる神聖な場所とされていた。

農民の家屋についてふれておくと、玉井哲雄氏によれば、近世前期において地方的特色を示す民家はいずれも村落の上層の家に限られており、他はおしなべて零細な掘立小屋程度であったものが、村落を構成する本百姓層がそれぞれ家を持てるようになり、地域間交流も盛んになると、全体として最大公約数的な特色のない形式が普及していったという(71)。その標準化した民家とは、土間以外の床上にちょうど「田」の字のように台所、居間、座敷、納戸を配したものである。この田の字型平面の最大の特徴は、床の間つまり書院風の座敷の付いた主室を中心に、続き座敷のとれることであり、この続き座敷で、人を集める婚礼や葬式はもちろんのこと、村の中で交代で行う寄合も催していた(72)。このことから玉井氏は、田の字型平面の家屋は、基本的には対等な農民で構成される近世の村共同体の成立と軌を一にして成立、普及していったという推定を導かれている。

本家や主家の屋敷内に小屋住みしていた段階から、独立の家屋敷を構え、自ら冠婚葬祭を主宰するようになる段階へと進むに伴い、当然一般の百姓の家においても家長の地位が高まり、その権威・権限が強まっていったであろう。家長の支配力はやがて伝統的な婚姻習俗にも及んでいった。中・下層農民の子女は若者組と娘仲間との集団交際を通じて結婚に至るのが伝統であったが、近世後期になると、中・下層農民においても婚姻に家長の意向が強く働くようになり、若者組の機能は衰退していっている(73)。

だが、家長の権限が強まったとはいえ、それは家の永続という至高の目的のために行使されて、はじめて正当性を持つのであって、家長自身も「家」の規範に拘束される。家長たる者は、先祖伝来の「家産」を保ち、家内を統括して「家業」をつつがなく営み、家のメンバーを保護・扶養し、家を永続させて先祖の祭祀を絶やさない責務を、先祖および子孫に対して負っている。この時代の家長は、家業経営はもとより家政全般について最終的な責任を負い、家内の者たちを適切に指導して事に当たりうるだけの知識・技能を身につけておくことが求められた（近世の家政学関係の書物は、男性が男性に向けて書いているところに特徴がある）。それゆえ、たとえ当主の地位に就いたとしても、隠居した父母から一家の長としてふさわしくないと判断されれば、勘当されたり離縁（養子の場合）されたりした。この場合、親権はあくまで「家」のためという名目で発動されるのであって、単なる親権と家長権の対抗という観点からのみ解釈することはできないだろう。しかも、実子の勘当にしろ、養子の離縁にしろ、村がそれを正当な措置と承認することを要件としていたのであり、親の恣意によって親権を発動しえたわけではない(74)。

当主はまた親類や村からも監視を受け、時には強制的に隠居させられることもあった。たとえば、駿河国駿東郡山之尻村の百姓代藤次右衛門親子は、安永二年（一七七三）一一月下旬より不仲になって「身代不如意」に至ったため、一二月五日晩に親類・村役人が相談して、両親を蔵に押し込め、隠居させている(75)。親子喧嘩の場合、子の不埒が原因であれば勘当となるが、ここでは親の方が押込隠居に処せられているのは、父親が当主としての適格性に欠けると判断されたからであろう。また、同村では天保一一年（一八四〇）にも、藤右衛門なる者が「不法者ニ付」、「村方一同ニ而押込隠居ニ致し置」くという事件が起きている(76)。この二例と同様な事例は同村の名主日記にいくつかみられる(77)。

一家の長たる当主は、家内を安穏に治め、家を存続させる責務を、その家の先祖・子孫のみならず、村請制下の村に対しても負っていた。また、家を代表して村の運営に参画する村の公人でもあった。おのずから、その地位に座る人物には、家と村における責務を全うしうる能力と品行方正さが求められる。それゆえ、自らの非で家内紛争をひき起こして家の存続を危うくさせたり、不法を働いて村の秩序を乱したりすれば、村の意思と強制力でもって当主の座から退けられ、隠居させられたのである。

商家の例であるが、下総国豊田郡水海道（茨城県水海道市）の商人鈴木頂行は、文政八年（一八二五）に著した「万代家宝記」の中で、伴頭支配人の心得の一つとして、「主人正しからず道に背ける事多くば身を引く抔《など》の不忠すまじ、主人を押し込め隠居さす迄に身を正敷《ただしく》すべし、武士の忠にかわる事なし」と説いている。(78) 主人が正しくないときは「押込隠居」に処せ、と言っているわけで、それはつまるところ、奉公人が忠誠を尽くすべきは「家」に対してであるからであって、「家」の安泰のためには奉公人が時の主人に反逆することも許されたのである。また、商人の三井高平は、享保七年（一七二二）にしたためた遺書(79)の中で、家業をおろそかにする者は、「同苗」（同族）相談のうえ、隠居させるか、三井家発祥の地である伊勢松阪に押し籠めてしまえ、と説いている。

武家の当主は主君と主従関係を結び、奉公義務を負っていたので、その廃立には主君の承認を要したのであるが、庶民の場合は、領主の許可を得ずとも、家の者、および親類・同族・村・町の自由裁量によって当主を廃立できた。それはとりもなおさず、家、ひいては親類・同族・村・町の安寧を保つためのシステムであったのである。以上の事例は、家内部の秩序と人間関係を、家をとりまく社会関係を踏まえて考察する必要性を我々に求めていよう。

主婦の役割

武家にあっては武士としての職分を勤めるのは当主のみであるが、庶民の家は、それ自体が農業や商業を営む経営体である。「公儀」権力から「百姓」身分、「町人」身分として編成され、それに応じた「役儀」を負わされているのは各家の当主であるとはいえ、それ以外の成員も働ける限りは老若男女を問わず、家業を営む上で何らかの役割を果たしている。そこでは女性といえども社会的分業（したがって、それを通じた社会的な職分）

の重要な担い手であり、ことに一家の「主婦」たる地位に就けば、家長である夫と力を合わせて家業を維持・発展させるべき重要な責務を負った。それゆえ、夫の死後、家内の事情によっては後家自らが当主になり、一身に家業を支えることもあったのである。

先述のように近世には直系家族によって構成される家が広く成立したが、それは多くの男女に一家の主人・主婦となる可能性を開いた。下男・下女として主人の家に包摂され、その家業経営に使役されていた者や成人後も生家に留まっていた傍系親も自己の家を形成し、家業経営の主体となり、死後は先祖として自らの子孫によって永続的に供養祭祀されるようになったことは、我が国の民衆の歴史において大きな意義をもっていよう。従来、近世には女性の地位が低下したことが強調されてきた。確かに、上層女性の財産権や社会的地位・役割に目を向ければ、中世に比べてそう評価することもできる。だが、底辺女性に視点を据えるならば、隷属的な境涯から脱し、一人前の人間としての人生コースを歩める可能性が近世には大きく開かれたのである。家が生産・生活の基本的な単位をなしていた歴史段階においては、男は一家の主人、女は主婦の座に就き、自らの子孫をもうけ、死後は先祖として永続的に祭祀されることが、一人前の人間としての正規の人生コースであり、人生の目標であった。それを実現しうる可能性が下層民にも大きく開かれたのが近世であったのである。

女性も主婦の座に就けば、家長の夫とともに家の維持・発展に責任を負ったのであるが、主婦としての役割は階層によって異なる。町家の中でも豪商と呼ばれるような上層の場合、日常の家事を含めて直接主婦が仕事をすることは少なく、もっぱら家内奉公人のたばねをし、冠婚葬祭などで親族や知人、別家などとの交際に気を配るという役割を務めた(80)。農家でも、下人や名子を使って地主手作経営を行う初期の上層農家では、主婦の役割は、家長＝夫とともに名子や下人をうまく扱うと同時に、家の中の諸事全般を切り盛りすることにあり、田植えを除くと農作業にはあまりかかわらなかったようである。(81) 近世後期の豪農の家でも、主婦は家族・奉公人ら家内の者たちの食生活・衣生活の面で主導的役割を果たし、家業労働に携わるのは諸部門のうち製茶・養蚕労働に限られていたことが指摘されている。(82)

本来、主婦固有の役割は、主婦権の譲渡が「ヘラ（シャモジ）渡し」「センダク（洗濯）渡し」といわれたように、食料と衣料の調製・管理にあった。(83) 台所を預かる主婦は、食料を確保し、家族の食生活を維持する責務を負っていた。それゆえ、凶作・飢饉時には、主婦たちは自ら立ち上がって米屋や豪農の家、領主役所に徒党を組んで押しかけ、米の借用や施しを強要したりした。(84) また、女性の衣料生産に税が新たに賦課されたときには、その撤廃を求めて強訴に及んだりした。(85) 一揆・騒動に女性が直接参加するのは稀であったのであるが、食料・衣料の調製と管理という日常生活における女性の役割・責務に直接かかわる事態に直面した場合には、自ら立ち上がることもあったのである。家の祭祀でも、祖先祭祀の主宰が家長権に属していたのにたいし、カマド（竈）神の祭りだけは主婦の管理下にあった。家計の管理権も、のちには家長が握る傾向が強まったとはいえ、もともとは主婦がサイフを握り、家計を切り盛りしていた。(86)

小家族成員の労働によって農業や商業を営む家では、右のような主婦固有の役割のほか、家業労働にも従事しなくてはならなかった。農作業において田植えだけはもともと女性の仕事であったのであるが、小農経営の一般化に伴い、農作業全般に女性もかかわるようになった。それとともに、田植えも自然と男女共同の作業となり、とりたてて女仕事とされることもなくなった。

家族の着る衣服の調製は主婦の重要な仕事で、糸を紡ぎ、それを織りあげ、裁縫するといった自給的生産に長く携わっていたのであるが、一八世紀に入ると、生産物を販売して家計の足しにすることも広く行われるようになった。ことに一八世紀半ばには、農間余業の域を脱し、京都より高級の技術を導入し、女工を雇って製糸・織物業を営む地域も各地に現れた。衣料生産はもはや家事ではなくなり、社会的分業の一環に組み込まれた農村工業として展開するようになったのであり、女性がそれを支えたのである。(87)女性の経済活動の領域が広まるに伴い、夫が家事や子守を分担することも珍しくはなくなった。

家計、さらには農村経済を支える上で女性労働の占める比重が大きくなったとはいえ、村社会の政治的領域からは女性は排除されていた。それはすでに中世において進行していた。脇田晴子氏によれば、中世村落において行政機能を担っていた宮座組織にはもともと男座と女座が一対として存在していたのが、しだいに男の構成する大座や本座が行政権を掌握するようになり、それに伴い女性の地位が低下して付属物化し、女座自体も「女の座」から「女房座(妻の座)」へと変質していったという。(88)近世においては女性が当主となっても村社会では一人前の家の代表者とはみなされず、村寄合への参加も認められなかったようである。(89)領主へ提出する願書類にも、現実には女性が当主であってもその家の通名(男子名)が用いられるのが通例で、女性名が記されても通名が肩書きされる。村役人となって公務をとりしきるのも男性であるのが原則である。(90)村社会においては、性別、年齢別の役割分担が決まっており、それが全体として村の生活を成り立たせるシステムを構築していた。今後、村社会の全体的なシステムの中での女性の地位・役割、そして農村構造の変化、および女性自身の意識の変化に伴い、それがどのような変遷をたどっていったかを、実証的に検討する必要があろう。

(六) 幕藩制の動揺と農民の「家」意識

「家」意識と「御百姓」意識

幕藩制下の農民の身分的自己認識として深谷克己氏より「御百姓」意識なる概念が提示されている。(91)それは、幕藩領主＝「仁君」が「百姓」成立《なりたち》のために種々の「御仁政」＝「御救」（助成米金、年貢未納分用捨、引免、土地丈量の縄延、治水工事など）を施すのに対して、「御百姓」は年貢・諸役を上納してそれに報いるという、イデオロギー的な関係意識である。

深谷氏は、こうした幕藩制的「仁政」イデオロギーが農民層に浸透し、「御百姓」意識が農民の生産・生活上の意識と闘争の意識の両面を支える土台の意識となったと措定され、この前提に立って、幕藩制国家支配の下での農民の日常的・平均的な意識構造と関連させて一揆の思想を把握することを試みられている。確かに、幕藩制下の領主に対する農民の身分的関係意識としては「御百姓」意識は成立し、一揆を遂行する場合の、自己の行動に対する正当性の意識ともなっていたであろうことはうなずける。しかし、はたしてそれが生産・生活意識の中核となるまでに農民の意識を把握しえていたのであろうか(92)。いいかえれば、領主の「仁政」に報いるために「御百姓」を「相勤」――年貢・諸役の上納――めなければならないという意識で、日々の辛苦の生産労働に励んでいたのであろうか。否、むしろ第一義的には、子孫の繁栄のため、先祖の祭祀を絶やさず自らも死後先祖として子孫に祭祀してもらうため、先祖伝来の「家」を守らねばならないという意識こそが、彼らの生産エネルギーを生み出す根源だったのではなかろうか。

では、こうした生産・生活意識の中核としての「家」意識と、領主に対する身分的関係意識である「御百姓」意識とは、どのような関係にあったのであろうか。「御百姓」の所持地はイデオロギー的には「公儀」よりの預かりものとされているのに対して、農民自身は自らの所持地を先祖よりの預かりものである「家産」として第一義的には観念している。もちろん、農民の所持地＝「家産」は制度的には保有権を領主から公認されることによって法的に保障されたものとなったのであるが、その土地に対する観念の面では「御百姓」意識と「家」意識とでは矛盾した関係にある。ただ、領主のいわゆる「仁政」＝「御救」によって農民の所持地＝「家産」と「家業」である農業経営が維持されている間は、両者の矛盾は農民に自覚されることはなかったであろう。領主の小農民自立・維持政策の下で、自らの「家」を確立し保持してきた小農民には、自らの「家」の存続を保障してくれる存在として領主権力に対する恩頼感も生じていたかもしれない。

また、幕藩制下の身分制は、社会的諸分業を家についた家業＝家職として世襲的に固定し、それを各々の身分と統一したものとして編成されている。こうした幕藩制国家の社会編成の一環としての固有の身分制の下で、小農民が「家」意識を持つようになり、自らの生業である農業経営を「家業」として主体的に観念し、それに精励して維持・発展させていかねばならないという内的規制を強めるようになったことは、この「家業」観念が身分意識と結び付き、農業の営みを自らの社会的職分として観念している限りにおいては、身分制支配を維持・強化する方向に機能することになる。

しかし、一八世紀に入ると、領主財政の逼迫から、収奪強化がはかられる一方で、「仁政」の不可欠の実証である「御救」米金が限定あるいは放棄されるようになった。このように「仁政」支配の理念と支配の現実とが乖離してきたことにより、農民の「家産」維持、「家業」の存続が脅かされるところとなった。このことは、農民をして「仁政」イデオロギーの虚偽性を見破らせ、領主を「仁君」としてではなく、自己の「家」の存続を脅かす存在としてその階級的本質を認識させる契機とならざるをえない。

この段階になると、小農民たちは自己の「家」を守るという意識を根源にして惣百姓強訴という従来の村役人越訴よりも激化した形の闘争を展開することになる。その場合、訴状においては、「御百姓」であるという立場から「公儀」権力を担う領主に対して「百姓」成立（農民の生活意識に即せば「家」成立）のための「仁政」の実践を要求するのであるが、それはあくまで建前であり、「御百姓」意識の虚偽性は自覚されつつあったと思われる。

こうした闘争の蓄積はしだいに農民の身分制的秩序意識を変容させていく。一八世紀後半以降、日常的にも武士身分に対する感服感が弱まり、士分に対する無礼行為が増大し、多くの藩で無礼禁止令がくり返し出されるようになるのは、その表面化の一例である。[93]特に「家業」観念が身分観念から乖離しはじめるようになると、両者が一体化した形で成り立っている幕藩制的な身分制秩序意識は根底から揺らぐことになる。たとえば、川越藩領前橋分領一揆の頭取とされて永牢処分をうけた林八右衛門の獄中記『勧農教訓録』には、身分と家業を切りはなし、身分を「政道ノ道具」とみなして相対化し、どの「家業」にも差別なしとする思想が萌芽していたことが、深谷克己氏によって紹介されている。[94]

身分制秩序の動揺

だが、こうした意識の変化がみられたとしても、現実に農民が領主権力そのものを打倒するほどの力量を持つにいたらない限り、その身分に固有の諸負担を拒否すれば、領主の強権発動によって「家」を取り潰されてしまう。したがって、領主権力の存続を前提にして闘っていた百姓一揆の段階では、「百姓」身分であることを拒否する要求は掲げず、あくまで「御百姓」であるという建前的な立場から自らの要求を突きつけるのである。

領主と地主・高利貸資本の二重の収奪下に置かれ、しかも商品貨幣経済の渦に巻きこまれた小農民たちは、自らの保有地＝「家産」を質入れないし売却することを余儀なくされ、一八世紀中期以降、「本百姓」の没落が進行した。「御百姓」であることの物質的条件である保有地の放棄、すなわち「本百姓」体制の動揺は、幕藩制的身分制秩序を成り立たせていたところの基盤そのものの動揺を意味している。しかも、農業だけでは再生産を維持しえず、日雇労働や雑業などによって生計を補充する半プロレタリアート的な存在が村内に大量に生み出された。こうして、土地保有、「本百姓」身分、農業経営＝家業の一体性は現実に崩れてきたのである。

「家」意識と「世直し」意識

幕末・維新期には、広範な民衆の間に「世直し」の意識が高揚した。この意識は、民衆が安定的な小生産者、小営業者として存続するためには、もはや幕藩制的な世界（世）の秩序そのものを直さなければ不可能だと自覚するにいたったところに生まれた社会変革の意識であったことは、諸家の指摘しているところである。この意識にもとづく「世直し騒動」は、半プロレタリアの小生産者への回帰、および小生産者の生産と生活の維持・安定を目的としていた。「世直し騒動」の主体が実態的には半プロレタリアであったにもかかわらず、その要求は質地・質物の取り戻しを基本としていたように[95]、あくまで小生産者の論理に立脚していたのである。そこに、先祖伝来の「家産」を取り戻し、「家業」である農業経営を立て直そうとする「家」意識が貫いているのを見て取ることができよう。つまり、社会経済構造の変化に根ざした農民層分解の進行によって、半プロレタリア化を余儀なくされたとしても、彼らはプロレタリアートとして成長することを望むのではなく、あくまで農業経営を「家業」として自らの「家」を存続させたいという希求を強く持っていたのである。こうした農民の「家」意識の特質を理解することなくしては、半プロレタリア層の小生産者への回帰願望と行動を内面的に把握することはできまい。

小生産者としての意識を持っている限り、半プロレタリア層は村落共同体から離脱しようとはせずに、あくまでその構成員としての立場と論理で行動するのは当然である。「世直し騒動もまた、小生産者・共同体の論理を超えた闘争の論理をもちえなかった[96]」理由も、幕藩制下における小農民たちの「家」意識と「村」共同体意識の特質との関連で理解する必要があるのではなかろうか。

註

（1）深谷克己「幕藩制における村請制の特質と人民闘争」（歴史学研究会編『歴史認識における人民闘争の視点』青木書店、一九七二年。同『増補改定版　百姓一揆の歴史的構造』校倉書房、一九八六年、再収）、同「近世の家族と共同体」（『歴史評論』第四四一号、一九八七年。歴史科学協議会編『歴史における家族と共同体』青木書店、一九九二年、深谷克己『百姓成立』塙書房、一九九三年、再収）参照。

（2）本書第二部第四章参照。

（3）同前。なお、近世における地域的結合のあり方と構造、機能などについては、近年、組合村や国訴の研究を中心にその解明が進みつつある。その研究動向に関しては、渡邊尚志「日本近世における地域」（『歴史科学と教育』第一〇号、一九九一年。同『近世の豪農と村落共同体』東京大学出版会、一九九四年、再収）で要を得た整理がなされているので、参考になろう。

（4）ただ、近世初期に複合大家族が制度として存在していたとみることはできない。夫役徴発のための基礎調査としてなされた近世初期の人別改めでは、屋敷地単位にそこに居住する人数を把握しているので、屋敷地単位にみれば確かに複合大家族となる。しかしながら、同一屋敷地には家屋と竈を別にする複数の世帯が居住しているのが実態であり、それぞれの世帯単位にみるならば、直系親主体の小家族形態が支配的となる。

この点は古島敏雄氏がつとに指摘されていたところであるが（『日本農業史』岩波書店、一九五六年、一九九～二〇六頁）、氏は一方で、近世初期には血縁家族自体、有配偶者の傍系親を同居させる複合家族形態をとっている例や、多数の譜代下人を抱えている例も、全国的にみれば決して少なくないことも指摘されている。

近年では、斎藤　修氏が同様の視点から、近世初期においても家族制度としては直系家族型が支配的であり、かかる家族形態をとる世帯が複数同一屋敷地に居住して農業経営集団兼開発集団を構成していたのが、開発の進行に伴い、それぞれの世帯が独立の農業経営単位となり、小農経済が成立した、というシェーマを打ち出されている（「大開墾・人口・小農経済」、『日本経済史』1、岩波書店、一九八八年）。

近世初期の家族形態と農業経営形態については、史料学的な検討を踏まえて実証的研究を深めていく必要がある。なお、最近発表された鈴木ゆり子「百姓の家と家族」（『岩波講座　日本通史』第一二巻、岩波書店、一九九四年）では、新たな視角から一七世紀の農民の家族形態を地域的差異を踏まえて分析している。

（5）大島真理夫「近世農民支配と家族・共同体」（『日本史研究』第三〇八号、一九八八年）では、農民支配のあり方が家族形態を大きく規定したという観点から、近世を通じて石高基準で夫役を課した所では一貫して小家族、役家制から石高基準に変化した所では複合大家族から小家族へ転換、近世を通じて役家制が存続した所では一貫して複合大家族、と類型化している。ただ、大島氏の場合、戸口帳簿での家族の編成形態と領主の農民支配様式との対応関係に着目して立論されており、役家制下の帳簿上の複合大家族を即、実態とみなしているわけではない。

なお、戸口帳簿上の家族の編成形態を問題にするにしても、大島氏のシェーマが成り立つかどうか、史料学的にみて疑問がある。この点については、同論文を収めた同氏の『近世農民支配と家族・共同体』（御茶の水書房、一九九一年）に対する筆者の書評（『史学雑誌』第一〇二編八号、一九九三年）を参照されたい。

（6）「単婚家族」の「単婚」を一夫一婦制という婚姻形態の意味で用いるのならば近世の農民家族の実態に妥当するが、近世史家は本文で述べたような意味でこの概念を使用しているのが通例である。

（7）光吉利之「親族の構造と機能」（『講座　家族』第六巻、弘文堂、一九七四年）二三七頁。

（8）竹内利美『家族慣行と家制度』（恒星社厚生閣、一九六九年）第五章。

（9）有賀喜左衛門『日本家族制度と小作制度』（河出書房、一九四三年。『有賀喜左衛門著作集』Ⅰ、Ⅱ、未来社、一九六六年、再収）。

（10）竹内・前掲書三五二頁。

（11）大竹秀男『封建社会の農民家族　改定版』（創文社、一九八二年）第二章。

（12）大島真理夫氏も、土地を均分相続していた場合でも本家分家の上下関係および村落における地位の格差はあったとして、大竹氏の所論に疑問を呈せられている（「近世初期の屋敷地共住集団と中後期の本分家関係」、『歴史評論』第四一六号、一九八四年。前掲『歴史における家族と共同体』再収）。

（13）一方、分家筋の家々は、直接の本家および総本家に対し、生産・生活面で種々の奉仕をする「分家役」を負っていた。

尾藤正英氏は、近世の社会組織の基本原理として「役」の体系に着目され、近世社会においては人々は自らの身分＝職業、地位に応じて固有の「役」（義務・役割）を果たすことが求められたとされているが（「徳川時代の社会と政治思想の特質」、『思想』一九八一年第七号。同『江戸時代とはなにか』岩波書店、一九九二年、に「江戸時代の社会と政治思想の特質」と改題して再収）、全体社会のレベルにおいてのみならず、村、同族団、家などの種々の集団・組織体内部においても、それぞれの地位に応じた「役」は存在していたと思われる。

(14)　竹田聴洲『日本人の「家」と宗教』（評論社、一九七六年）六四〜六五頁。
(15)　安澤秀一『近世村落形成の基礎構造』（吉川弘文館、一九七二年）六七二〜六七三頁。
(16)　たとえば筆者が分析した出羽国村山郡（山形県）の村の事例（本書第二部第一章第一節）。また、竹内利美氏の分析された信州水内郡の相地仲間＝本分家集団（前掲書第三章第二節）、大島真理夫氏の分析された甲州都留郡のイッケ集団＝本分家集団（同『近世における村と家の社会構造』御茶の水書房、一九七八年、第三章）においても、同族団として土地の確保をはかっている。
(17)　竹田・前掲書六四頁。
(18)　森　謙二「秋田における同族・総墓・村落」（『茨城キリスト教短期大学研究紀要』第二五号、一九八五年）。
(19)　同前六四頁。
(20)　坪井洋文「家の象徴」（『講座　家族』第二巻、弘文堂、一九七四年）。
(21)　同前三七一頁。
(22)　高牧　実『幕藩制確立期の村落』（吉川弘文館、一九七三年）第三章、水本邦彦「初期『村方騒動』と近世村落」（『日本史研究』第一三九・一四〇合併号、一九七四年。同『近世の村社会と国家』東京大学出版会、一九八七年、再収）、門前博之「村請支配と近世村落の形成」（歴史学研究会編『民族と国家』青木書店、一九七七年）等参照。
(23)　本書第二部第一章参照。
(24)　竹田・前掲書（註14）六四〜六八頁、同『祖先崇拝』（平楽寺書店、一九五七年）一九六頁、同「近世社会と仏教」（『岩波講座　日本歴史』第九巻、一九七五年）、中根千枝「『家』の構造」（『東京大学公開講座「家」』東京大学出版会、一九六八年）、本書第二部第一、二章等参照。
(25) 直江広治『屋敷神の研究』（吉川弘文館、一九六六年）。
(26) 村武精一『家族の社会人類学』（弘文堂、一九七三年）四〇頁。
(27) 白川部達夫「近世質地請戻し慣行と百姓高所持」（『歴史学研究』第五五二号、一九八六年。同『日本近世の村と百姓的世界』校倉書房、一九九四年、再収）、落合延孝「世直しと村落共同体」（『歴史学研究』一九八二年度大会報告別冊特集号）、神谷　智「近世中期における高請地把握と質地慣行の変化」（『日本史研究』第三六二号、一九九二年）。
(28) 白川部・同前論文二七頁（同前書四〇頁）。なお、神谷・同前論文でも、質地が請戻される場合の証文文言に屋敷地の請戻しが含まれていることから、「小農の『家相続』において屋敷地相伝が重要な役割を果たしていると思われる」（七五頁）という見解を導いている。
(29) 大竹・前掲書（註11）一八七頁、本書第二部第一章第二節参照。
(30) 本書第二部第一章第二節(四)参照。
(31) 大桑　斉『寺檀の思想』（教育社、一九七九年）。
(32) 檀家と菩提寺との緊密な結びつきは、阿部善雄氏が陸奥国守山藩の「郡方御用留」にもとづいて叙述された『駈入り農民史』（至文堂、一九六五年）の中に、罪を犯して菩提寺に駈け込んだ檀徒を保護して陣屋の追及を阻止したり、あるいは入獄処分になっている檀徒の赦免請願を菩提寺が行っている事例がみられるところからもうかがえる。檀那寺を単に国家支配の末端機関と理解したのでは、民衆生活の上でそれが果たしていた様々な役割は見えてこない。
(33) 近年の神谷　智氏の研究はこの点を論証するものである。すなわち、氏は、近世初中期の質地証文の土地表示様式を分析して、近世初期にはいまだ検地帳も名寄帳も土地台帳としては機能しておらず、寛文・延宝期頃から両帳簿を台帳として質地証文が作成されるようになったことを明らかにしている。そして、その理由を、小農民の「イエ」の成立に伴い、彼らが検地帳・名寄帳での高請地を明確に自己の所持地であると意識するようになっていたことに求め、それを近世的な百姓高請地所持意識の成立と評価している（「近世初中期における質地証文と百姓高請地所持」、『歴史学研究』第六五五号、一九九四年）。

(34) 詳しくは渡辺尚志「近世村落共同体に関する一考察」(『歴史評論』第四五一号、一九八七年。〈註3〉前掲書に「土地と村落共同体」と改題して再収)参照のこと。

(35) 大竹・前掲書(註11)第三章、本書第二部第一章第三節参照。近世後期にも分家事例はみられるが、大半は無高分家であり、高持分家の場合でも、本家の持高そのものは減少していない例が多い。つまり、その分家持高は、本家当主が自分の代に取得した土地を分与したものか、あるいは分家人が自力で取得した土地であって、前当主から承継した土地は分割していないのである。そこに、前当主から承継した土地は「家産」と観念され、この分については減ずることなく次代に継送すべきであるとする内的規制力が働いていたことを読み取りうる。

(36) 柳田国男「日本農民史」(定本『柳田国男集』第一六巻、筑摩書房、一九六九年、二一八頁)。

(37) 安丸良夫『日本の近代化と民衆思想』(青木書店、一九七四年)第一章参照。

(38) 社会学の分野で近年、長谷川善計氏とその門下生の方々が、近世の村落社会においては権利・義務の主体としての一軒前の家が「株」ないし「百姓株」という形をとって存在していることに着目して、独自の家理論を展開されている(長谷川善計他『日本社会の基層構造』法律文化社、一九九一年、藤井　勝「近世農民の家と家父長制」、比較家族史学会監修『家と家父長制』早稲田大学出版部、一九九二年、他)。すなわち、家を村落制度や支配制度のもとで設定された権利・義務を担う主体としての公的単位と規定し、家が非親族の成員を含むのも、有賀喜左衛門氏のように経営の論理から説明するのではなく、百姓株を持たない農民が村落で生活するためには、それを持ついずれかの家に帰属しなければならなかったからだと説かれる。家を村落制度や支配制度との関連で考察する視点は重要であるが、しかし、百姓株を持っているか否かということと、生活実態として家を形成していたかどうかということは別次元の問題である。したがって、一軒前としての家もあれば、そうでない家も近世村落には存在したのであり、後者をすべて前者に包摂されたものととらえることはできない。例えば水呑は、生活実態においても他家に包摂された存在ではないし、宗門人別改帳においても一打ちで把握され、水呑も含めて村内の家数が書き上げられている例が多い。また、長谷川氏らの視点からは、主人の家に包摂されて従属している譜代下人と、別家したうえで主家に従属している名子・被官などとの実態面での相異もまったく無視され、一律に一軒前の家に包摂された存在と把握されることになる。

百姓株は安定的に存続することを希求する家経営体の論理と村の論理、および領主支配の論理とが絡み合って生じた一つの現象形態にすぎず、あくまで農民自身による家の形成が歴史的に先行しているのである。したがって、百姓株＝一軒前の家という確立した社会制度の枠組みのみに着目して、家と株を等式で結び、無前提に上から設定されたものとしてとらえるのは、あまりにも硬直した見方といわざるをえない。

(39) 大竹・前掲書（註11）第二章。
(40) 光吉・前掲論文（註7）、福田アジオ「『家連合』としての親類」（前掲『講座　家族』第六巻）。
(41) 大石慎三郎『近世村落の構造と家制度　増補版』（御茶の水書房、一九七六年）二七六～二七七頁。
(42)・(43) 穂積陳重『五人組法規集』（有斐閣、一九二一年）一〇五頁。
(44)・(45)『地方凡例録』（近藤出版、一九六九年）巻之下。
(46) 穂積重遠『五人組法規集』続編上（有斐閣、一九四四年）一一五頁。
(47) 同前書三二八頁。
(48) 同前書四七、一六四、二一二頁。
(49) 中田　薫「徳川時代の親族法相続法雑考」（同『法制史論集』第一巻、岩波書店、一九二六年）。
(50)『全国民事慣例類集』（青史社、一九七六年復刊）二七七頁。
(51) 天保一四年「摂津国西成郡中島組十八ヶ村村々取締方約定一札」（前田正治『日本近世村法の研究』有斐閣、一九五〇年、二二五頁）。
(52) 詳しくは大竹・前掲書（註11）第二章参照。
(53) ただ、近世においては村追放は幕藩権力によって禁止されていたので、勘当、久離、欠落などの形をとって合法性を装った（水本邦彦「公儀の裁判と集団の掟」、『日本の社会史』第五巻、岩波書店、一九八七年。同『近世の郷村自治と行政』東京大学出版会、一九九三年、に「公儀の裁判と村の掟」と改題して再収）。
(54) 高木　侃『三くだり半』（平凡社、一九八七年）、同『縁切寺満徳寺の研究』（成文堂、一九九〇年）、同『三くだり半と縁切寺』（講談社、一九九二年）。なお、同様な見解は先に鎌田　浩「江戸時代離婚法の再検討」（『牧健二博士米寿記念　日本法制史論集』思文閣出版、一九八〇年）で提示されている。

(55) 高木氏は、江戸時代の庶民女性の生活力のたくましさに着目して叙述されている。このこと自体は、イデオロギー的な建前ではなく、生活実態に即して当時の女性をとらえようとした視点として評価できる。ただ、夫に忍従する妻という旧来のイメージを覆そうとするあまり、妻の我意、わがまま、したたかさがやや一面的に強調され、それにふりまわされ、おろおろする男どもという構図でもって当時の離婚事例を解釈しすぎている感がする。氏は、江戸時代の離婚の多さの原因を、妻の自発的な「飛び出し離婚」の多さに求められている。確かにそれはこの時代の嫁が必ずしも夫や舅・姑に忍従していたわけではないことの一つの証左であろうが、一方で、飛び出さざるをえなかった嫁の婚家における地位や家族関係、家族をとりまく社会的な人間関係も問題にしなくてはなるまい。

(56) 藪田　貫氏は、高木　侃氏の研究に依拠して、江戸時代の「離婚と再婚は、すべての身分を通じてかなり自由であった」と述べられている（「比較史としての日本近世」、『歴史評論』第五一五号、一九九三年、八八頁）。こうした見解は最近とみに目につくが、しかしこの時代の離婚、再婚における個人の問題をただ「自由」という言葉で評価しただけでは、何ら歴史的に考察したことにはならない。現代とは個人の置かれている社会的条件が異なる以上、江戸時代における個人の「自由」をいうならば、その内実・歴史的性格はいかなるものであったのかを、当時の個人をとりまく家族関係、社会的諸関係を踏まえて究明しておかないと、超歴史的な評価になってしまうであろう。藪田氏にあっては、個人の「自由」の要因を「イエ」に求められているのであるが、しかし「イエ」のいかなる原理が個人の「自由」を保証したのかについての説明は甚だ説得性を欠く。氏は次のようにいう。「その要因は先に述べたイエであり、女訓書を取ってみても実家の父母よりも婚家の舅・姑を重んじよというように、血の繋がりよりも義理を強調する」（同前八八頁）と。だが、婚家の舅・姑を重んじることが、どうして嫁の離婚の「自由」につながるのであろうか。

なお、再婚の多さについては、結婚の有無を基準とした死後の霊魂の格差＝供養の厚薄、および現世・来世を通じたこの時代のライフサイクル観との関係においても考える必要がある（次章第三節の(二)、第二部第二章第四節の(二)参照）。

(57) 御殿場市史史料叢書二『山の尻村の「名主日記」』として、一九七七年に同編さん委員会より刊行。

(58) 注目されるのは、村役人の離婚出入の調停の仕方は、離婚にしろ帰縁にしろ夫・婚家側の意思を優先させ、それに沿って嫁とその里方を説き伏せる形でなされていることである（詳しくは拙稿「夫婦喧嘩・離婚と村落社会」、渡辺信夫編『近世日本の生活文化と地域社会』河出書房新社、一九九五年、を参照されたい）。つまり、夫・婚家の方に離婚の意思があるか否かがまず重視され、たとえ嫁・里方が離婚を希望しても夫・婚家が同意しなければ諦めるほかない、逆に夫・婚家が離婚を希望すれば嫁・里方はそれに同意するのが筋だ、という論理に立って調停がなされているのである。それは当時の社会通念を踏まえたものであったに相違ない。だとすると、夫婦および婚家と里方の間で合意が成立し出入に及ばなかった離婚にあっても、実際は夫・婚家の意向に妻・里方が不承不承同意を与えざるをえなかったケースも少なくなかったのではなかろうか。したがって、近世の離婚の基本形態が熟談（協議）離婚であったとしても、それをもってただちに妻の意思が十分に配慮されていたとみるのは危険であろう。

近世には熟談（協議）離婚が原則であったのであるならば、なぜ、離婚を望む妻が婚家を飛び出して寺院、神社、地域の有力者の家などに駆け込み、その社会的威信を借りて自己の願望を夫や婚家に受け入れさせようとした事例が多く発生したのか。従来、両者の関係が必ずしも整合的には説明されていないが、離婚協議といっても、夫・婚家の離婚意思の有無を優先するのが筋だとする社会通念を前提としていたとするならば、妻が離婚を渇望しても夫・婚家の同意が得られる見込みがなかった場合、かかる非常手段に訴えざるをえなかったのも容易に理解しえよう。

(59) 嘉永七年「石見国邇摩郡温泉村申会議定書」（前掲〈註51〉『日本近世村法の研究』二六七頁）。
(60) もっとも、親類間の贈答儀礼の簡素化ないし禁止や冠婚葬祭に招く親類の範囲の限定を村法で規定したことにより、贈答・饗応を節約あるいは省略したとしても、「義理」を欠くとの謗りを周囲から受けなくてもすむという効用もあった。
(61) 宝暦三年「播磨国加東郡上木住村定」（前掲『日本近世村法の研究』七〇頁）。
(62) 大竹・前掲書（註11）第三章第二節。
(63) 本書第二部第一章第四節。
(64) 大竹・前掲書二三三頁。
(65) 「姉家督」慣行については法社会学、社会学、民俗学などの分野で少なからぬ研究蓄積がなされているが、比較的近年のまとまった著作としては前田　卓『姉家督』（関西大学出版部、一九七九年）がある。なお、従来の研究は壬申戸籍の分析や民俗学的・社会学的調査によるものであったが、菊池（柳谷）慶子「仙台藩領における姉家督慣行」（『石巻の歴史』第六巻、一九九一年）は初めて江戸時代における実態に宗門人別改帳の分析を通じて迫っており、貴重な成果である。
(66) 菊池・同前論文。
(67) 内藤莞爾『末子相続の研究』（弘文堂、一九七三年）。
(68) 大口勇次郎「近世後期における農村家族の形態」（『日本女性史』第三巻、東京大学出版会、一九八二年）。
(69) 『近世地方経済史料』第五巻（吉川弘文館、一九六九年）三〇八頁。
(70) 本書第二部第二章第一節㈢を参照されたい。
(71) 玉井哲雄「農家の間取りと村共同体」（『週刊朝日百科　日本の歴史』八〇、朝日新聞社、一九八七年）、同「近世における住居と社会」（『日本の社会史』第八巻、岩波書店、一九八七年）。
(72) 日本の民家においては間仕切りは板戸や襖でなされ、それを取りはずせば続き座敷となった。今日の住宅のように壁でもって完全に遮断してはいなかった。伝統的な「家」における家族生活は家長の監督下での共同性を特徴としており、個々人のプライバシーは確立していなかった。それは住居の構造にも表れているのである。
(73) 瀬川清子『若者と娘をめぐる民俗』（未来社、一九七二年）。
(74) 本書第二部第三章参照。
(75) 前掲（註57）『山の尻村の「名主日記」』五二頁。
(76) 同前三二六頁。
(77) それらの事例については、本書第二部第三章で詳しく紹介し、分析している。
(78) 岡田　博編『小谷三志門人著作集』Ⅰ（鳩ケ谷市教育委員会、一九八五年）一二九頁。
(79) 『三井事業史』資料編一（三井文庫、一九七三年）所収。
(80) 町家における女性の役割については、林　玲子「町家女性の存在形態」（『日本女性史』第三巻、東京大学出版会、一九八二年）、同「京都町家女性の存在形態」（『論集　近世女性史』吉川弘文館、一九八六年）、『日本女性史』（吉川弘文館、一九八七年）一五五～一五九頁（林　玲子氏執筆）参照。

(81) 農村女性の労働については、長島淳子「近世女性の農業労働における位置」(『歴史評論』第三八三号、一九八二年)、同「幕末農村女性の行動の自由と家事労働」(前掲『論集　近世女性史』)、菅野則子「農村女性の労働と生活」(前掲『日本女性史』第三巻)、前掲『日本女性史』一四〇〜一五〇頁、一六五〜一七二頁(菅野則子氏執筆)、長野ひろ子「農村女性の役割と諸相」(『日本女性生活史』第三巻、東京大学出版会、一九九〇年)参照。

(82) 長野・同前論文。

(83) 和歌森太郎「家長権・主婦権の習俗」(『講座　家族』第二巻、弘文堂、一九七四年)。

(84)・(85) 保坂　智「一揆・騒動と女性」(『歴史評論』第四六七号、一九八九年)。

(86) 和歌森・前掲論文。家計の管理権がいつ頃、どのような契機で主婦の手から家長の手に移ったかを具体的に明らかにすることは、史料的制約もあるが、女性史、家族史にとって重要な課題であろう。

なお、家産の他に女性独自の所有財産も存在したが、その形態の変化について、宮下美智子氏が次のように指摘されている。「中世から近世への女性の経済的地位を、女性の土地所有・財産権についてとらえると、近世初期においては、中世的複合家族における後家・母の土地分割所有が浮かび上がった。その一部は太閤検地において公的に認められたが、寛文―延宝期ごろからの施政者の方針は分割所有を認めず『家』単位に把握するものであった。そのため、後家・母などが持っていた土地所有権は、家父長的『家』の中に統括され、その中での作徳米・利銀収得へと変質していった」(「近世前期における『家』と女性の生活」、前掲〈註81〉『日本女性生活史』第三巻、三三頁)。ここで述べられているのは後家・母分の財産であるが、妻のそれについては持参財産が問題になる。近世前期には田畑を付けて嫁に遣ることもあったが、中期以降は原則的にはなくなる。しかし、経済的に余裕のある家では、諸道具の他に金子も持参させていた。この持参金は、夫の都合で妻を離縁する際には返還の義務があり、妻の方から離縁を請求する場合には夫妻の相対次第とする法的定めであった(高木・前掲〈註54〉『三くだり半』一〇六〜一〇七頁)。

妻の持参財産が婚家においてどのように運用されていたかについては、具体的な研究はほとんどなされておらず、今後の課題となる。ただ、原資は明らかでないが、幕末期の武蔵国多摩郡の豪農の家の妻が家計を管理する夫とは別に財布を持ち、独自に金融活動を展開していた興味深い事例が報告されている(河野淳一郎「『公私日記』よりみた柴崎村の女性」、『鈴木平九郎公私日記』第一九冊、立川市教育委員会、一九八三年。同「『公私日記』にみる幕末期名主の妻」、『多摩のあゆみ』第三七号、多摩中央信用金庫、一九八四年。大口勇次郎「近世庶民女性の財産」、『比較家族史研究』第六号、一九九一年）。また、一九世紀前半の例であるが、武蔵国橘樹郡生麦村（横浜市鶴見区生麦町）の豪農関口家では、隠居した女性が当主である息子から定期的に小遣いを渡され、それを貯蓄して金融を行っている（長島・前掲〈註81〉「幕末農村女性の行動の自由と家事労働」）。

なお、民俗学の分野では柳田国男以来早くから「家産」の他に家族員個々の「私財」が存在することに注目し、その形態と性格について論じてきた。近年では、中込睦子氏が先行研究を踏まえて新たな視角から「私財」論を展開している（「私財論ノート」、『ふぉるど』創刊号、一九八六年。「家族と私財」、『比較家族史研究』第六号、一九九一年）。歴史学においても、女性の財産権のみを問題にするのではなく、家族個々人の「私財」に問題視角を広げる必要があろう。そうすることによって、女性（娘・妻・隠居それぞれ）の財産の特質と意味を浮き彫りしうるのではなかろうか。

(87)　農村工業への女性の進出が、女性自身のある程度の「私財」の形成に結びついたのかどうかを明らかにすることは、女性史研究にとって重要な課題であると考える。

(88)　脇田晴子「日本中世史・女性史より（コメント）」（『歴史評論』第四四一号、一九八七年。前掲〈註1〉『歴史における家族と共同体』再収）。

(89)　本書第二部第一章の（註82）、水本・前掲書（註22）一九七頁参照。なお、京都の町においても、女性当主は会合の種類によっては招かれなかった事例が紹介されている（安国良一「近世京都の庶民女性」、前掲〈註81〉『日本女性生活史』第三巻、八〇頁）。

(90)　農村に比べて女性の地位が相対的に高かったとされる海村では、備中国真鍋島で寛永一五年（一六三八）から同一七年まで女性が正式の庄屋となっていた興味深い事例が紹介されている（細野善彦『増補　無縁・公界・楽』平凡社、一九八七年、二〇六頁）。こうした女性の村役人の事例を今後とも発掘していかなくてはならないが、通例は近世の町・村の役人は男性である。

なお、政治領域からの女性の排除は文章表現にも反映している。女性の書いた書状や日記には、話し言葉の方言が用いられている例もみられる。近世社会においては公的な活動を行うのは男性であり、それゆえ男性は公的文書に接する機会が多く、そこで用いられている標準的な書き言葉を身につけたのに対し、女性の活動は家の内に限られ、方言を用いる話し言葉の言語空間の中でのみ生活していたため、文章を書く際にも話し言葉が使われていたのではないかと考えられる（藪田貫「話しことばと古文書」、『歴史評論』第四二四号、一九八五年、参照）。

(91) 深谷克己「百姓一揆の思想」（『思想』第五八四号、一九七三年。前掲〈註1〉『増補改定版　百姓一揆の歴史的構造』に「百姓一揆の意識構造」と改題して再収）。

(92) 幕藩制的「仁政」イデオロギーが農民層に浸透していた根拠として願書・訴状の文面が例示されるが、領主に提出されるこれらの文書は建前的文言で記されるのは当然であり、それが必ずしも農民のホンネを表現しているとは限らない。もっとも、支配イデオロギーを農民が自らの要求貫徹のための論理としてどのように用いているかを検討することにより、彼らの意識の成長を探ることは可能である。

(93) 深谷克己「百姓一揆」（『岩波講座　日本歴史』第一二巻、一九七六年。前掲〈註1〉『増補改定版　百姓一揆の歴史的構造』に「百姓一揆の運動構造」と改題して再収）。

(94) 深谷克己『八右衛門・兵助・伴助』（朝日新聞社、一九七八年）九六頁。

(95) 佐々木潤之介「世直しの状況」（『講座　日本史』第五巻、東京大学出版会、一九七一年）。

(96) 同前一〇六頁。

おわりに　―日本の「近代」と「家」―

近代日本の家族制度について概説的に論じた磯野誠一・磯野富士子『家族制度』は、一九五八年に刊行されたものであるが、今日においても多くの読者を得ている名著である。その中で両氏は次のように述べられている。

「家族制度で強調された『家』の個人に対する優位は、庶民の間でも、家族共同体への個人の埋没という形で見出された。もちろん、祖先とか家名などによって支えられる『家』の観念は庶民の生活から縁遠いものであったし、武士的家族におけるような格式ばった礼儀や上下の別は、庶民の家族関係を律するものではなかったが、家族集団の維持存続が、家族員に対する至上の価値であり、これに反する個人の自己主張が極力排せられたことは、敗戦までの日本の家族全体に共通していえることである。(1)」

つまり、庶民にあっては、先祖とか家名などによって支えられる「家」の観念は存在しなかったものの、家族集団の維持存続は至上の価値をなしていたというのである。しかしながら、すでに近世において、小農家族も経済的・社会的自立性を強めるに伴い、先祖祭祀の主体となり、また家名相続も行うようになり、それに支えられた「家」観念をもつようになっていたことは、本論で述べてきたところである。家族集団の維持存続への志向も、「家」観念を前提にしてはじめて生まれるものである。

磯野氏に限らず、「家」観念なり「家」意識なりというものは、明治に入って「家」制度が国家の法制度として全国民に強制されたことにより庶民の間にも芽生えたのであり、近世においてそうした意識・観念をもっていたのはせいぜい武士と庶民の上層に限られていたとする見解は、従来より根強いものがある。近年の高木　侃氏の江戸時代の離婚に関する研究もそうした理解に立っており、「家」とその意識なるものは明治時代の産物であって、江戸時代の庶民は女性も含め個々人が自由に伸びやかに生きていたとイメージしている。(2)確かに、国家権力が「家」を介して結婚や離婚など庶民の私的生活領域にまで法的規制を強く及ぼすようになったのは、明治以降のことである。だが、戦後、国家法制としての「家」制度は廃止されたものの、農村においては「家」や「家」意識は根強く残っているが、それが単に明治以降の国家法制のもとでの産物にすぎないのならば、はたしてかくまでも「家」が農民の間に深く根づき、それを守ることが至上の価値として生活上の規範にまで内面化するであろうか。

以上のような見解は、つまるところ、明治以降の国民統治の装置としての「家」のみに目を奪われ、庶民の間でそれが形成されてきた歴史的経緯と契機、そして生産・生活を営むうえで果たしてきた役割を見落としているのである。庶民にあっては、「家」は何よりも自らの生産・生活を保障するシステムとして形成され、機能してきた。それゆえ、「家」を守ることが生活上の規範となり、そうした意識に媒介されて個々人の「主体性」も形成され、その存続を脅かす存在に対する抵抗の拠りどころともなったのである。

明治政府は明治四年（一八七一）四月に戸籍法を制定して、「家」を国民統治の装置として戸籍上に確定し、それぞれの「家」の戸主を通じて家族を把握・統制しようとした。そして、紆余曲折を経て、明治三一年（一八九八）公布・施行の民法によって戸主権と長男子単独相続制を骨子とする「家」制度の体系化を完成した。もとよりそれは、全国一律に規格化され、しかも資本主義の原理に適合するように編成されたものである。(3) 庶民の間で形成されていた慣行としての「家」制度は、それぞれの地域・階層の生産・生活条件に応じてバリエーションがあり、またその時々の家の再生産条件や家内の事情に柔軟に対処して、その存続をはかっていた。とりわけ農民の家は農業経営体であり、それぞれの置かれた再生産条件を無視して国家権力が全国一律の規格化した「家」制度を押しつけることは、本来的に実情にそぐわない施策であったといえよう。しかしながら、一般農民の家にあっても、武家のような格式ばったものではないにせよ、当主を中心とした家内秩序はある程度形づくられていたと思われ、また家相続においても全国的にみれば長男子相続を原則としていた地域が多く、国家の法制化された「家」制度に連関する面もあった点を、無視することはできないだろう。

明治政府が、近代的国家の建設を標榜しながら、個々人に平等な地位と権利を付与して直接統治の対象とするのではなく、「家」（戸主）を介して統治し、国民統合をはかったのも、当時の民衆の存在形態および生活意識からみて、それが最も効果的な方法と判断したからにほかなるまい。国民統治・統合という国家の根幹にかかわる政策を実施するのに、その現実的基盤を欠いていたとしたら、そもそもそれは政策としては無意味であったことになろう。

政府は、民衆の生活意識の核心をなす「家」意識に着目し、それを媒介にして国民を精神的に統合しようとした。すなわち、「家」意識を支える先祖崇拝を利用し、「家」の先祖↓村氏神↓伊勢大神というふうに連結する「敬神崇祖」の体系への組織化をはかった。そして、天照大神を天皇家の皇祖神に仕立て、その一系の子孫としての天皇を国民の「大御親」として、同様に先祖代々の祖霊を祭る民衆の心情の中に「家父長主義的」にわりこませようとした。こうして、国民それぞれの「家」における先祖の威信を体する家父長への「孝」と、「家」になぞらえた国家の家父長である天皇に対する「忠」とを有機的に結び付け、国民の「家」が天皇＝国家に忠誠を尽くす臣民の育成所としての役割を果たすことを求めたのである。

もとより民衆の「家」意識はあくまで現実の生産・生活に根ざしたものであり、それを支える祖霊＝「神」観念も土俗的・非政治的なものであって、これを異質な天皇制の「神」観念に結び付け、民衆の「家」と「国家」を一体化させることは、色川大吉氏のいわれるように(4)、容易なことではなかったであろう。だが一方で、近世の農民の間にも、さしたる由緒がなくても、経済力を増して村落社会における地位を高めると、意図的に系譜を作為して皇族やそれに連なる源平藤橘などの名族に結び付け、自らの「家」を由緒づけ権威づけることも、広くみられた(5)。また、村落共同体の社の祭神を在来の習俗神から記紀神話の神々や天皇の功臣などに転換させる動きも、すでに前近代に存在した(6)。民衆の「家」意識および「神」観念と「家」的国家観、天皇制的「神」観念との異質性と連関性を内在的に分析することは、今後の大きな課題である。

国家を一つの「家」に見立てる国体論は、明治二三年（一八九〇）公布の教育勅語に示され、日清戦争以降、国民統合のイデオロギーとして鼓吹された。近年の鈴木正幸氏の論考では、[7]この国体論の歴史的原型を、近世の藩が大名を家長とする「家」に擬制されていた国制に求められている。だが、近世の藩＝「家」にあっては、大名はその家長として「家」の安泰に責任を負い、もしその安泰を危うくするような所業をすれば、家中の者たちによって強制的に家長の地位から退けられることもあったことは、すでに明らかにされているところである。[8]ところが、近代の天皇制国家にあっては、天皇は「家」の家長に見立てられたにもかかわらず、明治憲法第三条の「天皇ハ神聖ニシテ侵スヘカラス」という規定により、その政治的行為に関する一切の問責を免れた。[9]すなわち、近代の「家」国家論が近世の「家」的藩国制を継承していたとしても、「家」の論理に本来的に内在していた家長の責任をめぐる重要な契機が、そこでは欠落せしめられていたのである。この点を見落とすと、近代天皇制の本質が不明になってしまうであろう。まさにこの点こそが、昭和天皇の戦争責任問題をめぐり、制度と国民感情との間にギャップをもたらした根因となったのである。

また、近世の庶民の「家」にあっても、当主が一家の長としてふさわしくないと家の者および親類・同族や村人などに判断されたならば、強制的にその地位から退けられたこと、本文で述べたとおりである。しかしながら、近代天皇制国家にあっては、それぞれの「家」の戸主の地位と権限は国家の法制によって保証され、戸主権は契約や親族会の決議にも左右されない強大な権利として確立された。近世のような村・町の請負的統治ではなく、それぞれの「家」の戸主を国民統治機構の末端機関として直接に定置している以上、「家」・親族や地縁共同体などが自律的に戸主を退けたのでは統治が不安定になるからである。[10]

近世の藩＝「家」および庶民の「家」における「忠」「孝」は、時の主君・家長個人に対する絶対的服従ではなく、主君・家長が「家」の存続を危うくするならば、実力行使してでもその地位から追放し「家」を守ることが、代々の主君・家長＝先祖への「忠」「孝」であるとされていた。しかるに、近代天皇制国家における国民道徳とされた「忠」「孝」は、天皇・家長個人への絶対服従を強要するものであり、「家」本来の規範からは明らかに変質せしめられていたのである。(11) そこでは、近世の「家」にはらまれていた、「家」という組織への忠誠と家長個人の人格への忠誠との相克の契機は、両者を合一することで止揚せしめられていた。そして、「家」国家観のイデオロギーにより、国民個々の「家」＝家長への忠誠を「国家」＝天皇への忠誠に収斂することが企図された。しかしながら、それはそうたやすくはなかった。

明治政府は、近世を通じて民衆の間にも広く形成されていた「家」を踏まえつつ、それを改編して国民統治・統合の媒介装置として機能させようとしたのであるが、しかし「家」は、統治・統合の装置として機能しうる側面と同時に、抵抗の拠りどころともなる側面をも有している。後者の側面は、地租改正、徴兵などの新政に対する反対闘争として発現した。戸主は国民統治機構の末端に位置づけられ、徴兵事務などを担わされた代わりに、徴兵免除などの特権を与えられていた。しかし現実の生活においては、一家の長として、家族に対しては彼らを扶養・保護し、先祖に対しては「家」を存続させる責務を負っている。したがって、国家権力の手先として政府の思いどおりには動かなかった。家内の男子を徴兵から逃れさせるために、「家」維持への配慮から設けられていた徴兵免除規定を利用してさまざまな合法的な工作を行ったことは、(12) よく知られているところである。このことは軍当局の頭痛の種となり、ついに明治二二年（一八八九）、「家」に関する徴兵免除条項を全面的に廃止し、戸主をも徴兵の対象とするに至った。この徴兵令改正は、「家」保持の観点から元老院で廃案とされたにもかかわらず、軍部の意向を容れた政府によって断行されたものである。(13) すなわち、「家」の保持よりも、国民皆兵原則の徹底による国家軍隊の創設の方が優先されたのである。
また、上から資本主義の育成をはかる政府の政策、ことに明治一〇年代の松方財政による原蓄の強行は、多くの農民をして先祖伝来の「家産」を失わしめ、小作人に転落させた。その一方で、政府と資本家は、「家」に対して資本主義を支える機能を期待した。すなわち、「家」の扶養機能に依拠して低賃金を押しつけ、恐慌に際しては失業救済機関としての役割を求めたのである。[14] だが、急速な資本主義化の中で大多数の農民が貧窮化を余儀なくされ、しかも一家の長まで徴兵の対象とされるようになったもとで、農民の「家」がはたしてどれほどの扶養機能を発揮しえたのであろうか。

政府は、一方で「家」制度の再編・補強によって国民統治と統合をはかりながら、他方で近代化を進める諸政策を強行した。両者の間には幾多の矛盾が存在し、それは農民の「家」崩壊の危機を不断に醸成し、農民をして「家」を守るために国家権力に立ち向かわしめる危険性をはらんでいた。それゆえ、天皇制国家は、警察・憲兵組織による暴力的弾圧体制とそれに支えられた地主支配体制の強化、そして絶え間ない教化および種々のイデオロギー戦略を遂行していかねばならなかったのである。イデオロギー戦略としては、「家」国家観にもとづく天皇制イデオロギーの鼓吹だけでなく、安丸良夫氏が指摘されるように、近世中期以降民衆自らが生活規範として確立してきた通俗道徳の支配イデオロギーへの編成をはかった点が、[15] 重い意味をもっている。そのことにより、「家」の没落という経済的・社会的な現実問題が、民衆自身の生活態度・道徳性に起因しているがごとく幻覚させるという虚偽意識を生み出し、経済的劣等者は人間的にも劣等であるという烙印を捺されることになったのである。こうしたイデオロギー支配のもとで民衆が、その虚偽のカラクリを見破り、権力支配と社会・経済問題の本質をリアルに認識する眼をどこまでもちえたか、この点の検討は近代民衆史にとって重要課題であろう。[16]

註

(1) 磯野誠一・磯野富士子『家族制度』(岩波書店、一九五八年)七三〜七四頁。

(2) 高木・前掲書(第二節註54)。上野千鶴子氏もまた、「家」が明治政府の発明になるきわめて近代的な産物であることをことさらに強調される(『家父長制と資本制』岩波書店、一九九〇年、一八一〜一八三頁)。

(3) 福島正夫『日本資本主義と「家」制度』(東京大学出版会、一九六七年)二三五頁。

(4) 色川大吉「天皇制イデオロギーと民衆意識」(『歴史学研究』第三四一号、一九六八年)。

(5) 第一部第三章第二節㈣、第二部第二章第四節㈣参照。

(6) 平川　新「神社縁起と伝説の変容」(『日本歴史』第五三二号、一九九二年、五九頁)。のちに同前他の関連論稿をもとに書き下ろされた『伝説のなかの神』(吉川弘文館、一九九三年)を刊行されている。

(7) 鈴木正幸「国家・家・近代天皇制」(『歴史評論』第五〇四号、一九九二年)。

(8) 第一節の(註11)参照。

(9) 尾藤正英「日本史上における近代天皇制」(『思想』一九九〇年第八号。前掲書〈第二節註13〉再収、二四〇頁)。

(10) かかる制度のもとにおいては、戸主権の濫用に対しては、家族が国家の裁判所に訴えて規制してもらうという手続きがとられることになる。その判例については、森　實「戦前家族法判例の一斑」(福島正夫編『家族　政策と法』第六巻、東京大学出版会、一九八四年)で分析されている。

(11) 天皇を日本民族の家長とする「家」国家論を唱えた穂積八束は、かの有名な「民法出でて忠孝亡ぶ」(明治二四年八月)の中で、次のように述べている。

「我国ハ祖先教ノ国ナリ。家制ノ郷ナリ。権力ト法トハ家ニ生レタリ。不羈《ふき》自由ノ個人ガ森林原野ニ敵対ノ衝突ニ由《よ》リテ生レタルニアラザルナリ。氏族ト云ヒ国家ト云フモ家制ヲ推拡シタルモノニ過ギズ。権力相関ヲ指摘スルノ呼称ハ異ナリト雖《いえども》、皇室ノ嬖臣《へいしん》ニ臨《のぞ》ミ、氏族首長ノ其族類ニ於ケル、家父ノ家族ヲ制スル、皆其権力ノ種ヲ一ニス」(『日本近代

思想大系』第二〇巻、岩波書店、一九八九年、三九一頁）。

「何ガ故ニ家父権ハ神聖ナリヤト問ハゞ、之ヲ祖先教ノ国風ニ帰一セザルベカラズ。祖先ノ肉体存セザルモ、其ノ聖霊尚《なお》家ニ在リテ家ヲ守護ス。各家ノ神聖ナル一隅ニ常火ヲ点ジテ家長之ニ奉祠ス。是レ所謂《いわゆる》家神ナリ、祖先ノ神霊ナリ。事細大ト無ク之ヲ神ニ告グ。是レ幽界ノ家長ニシテ、家長ハ顕世ニ於キテ祖先ノ霊ヲ代表ス。家長権ノ神聖ニシテ犯スベカラザルハ祖先ノ霊ノ神聖ニシテ犯スベカラザルヲ以テナリ。家族ハ長幼男女ヲ問ハズ、一ニ其威力ニ服従シ、一ニ其保護ニ頼ル」（同前書三九二頁）。

「家」においては本来、家長は祖先によって権威づけられると同時に、家長自身も祖先に対する「忠」「孝」の規範（「家」保持の責務）に拘束され、その規範に背いたならば家長の地位から強制的に退けられることもあったのであるが、右においては、祖先が家長権に神聖な絶対性を付与していることが一方的に強調され、それへの家族の絶対服従が説かれている。したがって、「家制ヲ推拡シタルモノ」とする「国家」の家長たる天皇もまた、神聖にして絶対的な存在として位置づけられることになる。

(12) 福島・前掲書第五章、大石慎三郎「徴兵制と家」（同『近世村落の構造と家制度』御茶の水書房、一九六八年。一九七六年増補版）参照。丸山真男氏も、国家意識が伝統的な家族＝郷党意識の組織的な動員によって注入された反面、家族的エゴイズムが国策遂行の桎梏をなす場合も少なくなかったことを指摘する（「日本におけるナショナリズム」、同『増補版　現代政治の思想と行動』未来社、一九六四年、一六三頁）。

(13) 大石・同前論文三〇四頁。

(14) 福島・前掲書一四頁。

(15) 安丸・前掲書（第二節註37）第二章。

(16) また、対外戦争が国民の「家」意識と「国家」意識の関係にどのような影響を及ぼしたのかも、重大な問題である。なぜならそれは、「家」と「国家」を運命を共同にする状況下に置くことによって、両者の一体感を植えつける契機となる一方、「家」の働き手を奪い、その存続を危機に陥れることにもなるからである。

〈付　記〉

本章は、鈴木国弘・大藤　修他共著『日本家族史』（梓出版社、一九八九年一一月）の筆者執筆になる「近世」部分を骨子とし、それに「身分と家」（『講座　日本近世史』3、有斐閣、一九八〇年三月）と「家族と親族」（『日本村落史講座』7、雄山閣、一九九〇年五月）の一部を加え（第二節）、原論文初出後に発表された諸氏の論稿も参照して補筆したものである。

第二章　近世農民のライフサイクルと家・村・国家

はじめに

近世の家と村に生きた男女それぞれの描いた基本的なライフサイクルの軌跡はどのようなものであったのだろうか。そしてそれは、どのような人生観に支えられていたのだろうか。また、家、村、およびこの時代の国家公権を担っていた幕藩領主は、個々人の人生にいかなる関心からどのような形で関与していたのか。本章では、以上の諸点を基軸にすえ、それとかかわる諸問題をも視野に収めつつ、歴史学と隣接諸科学の分野における関連研究を参照しながら総論的に叙述し、今後の検討課題も提示してみたい。

もとより、現実に生きた男女それぞれが描いた人生の軌跡は多様であったに相違ない。それを、それぞれの時代・地域における政治的・社会的・経済的および文化的な諸条件を踏まえて具体的に明らかにすることは、農民生活史の大きな課題である。しかしながら、当時の農民の基本的なライフサイクルとそれを支える人生観を踏まえておかないと、個々の人生の意味を理解しえない。近世史において関心が高まっている結婚・離婚・再婚の問題にしても、当時のライフサイクル観とのかかわりでその意味を考えなければ、ややもすれば現代的感覚でもってする解釈に陥りかねない。実際、最近、そうした見解が目につく。また、正規の人生コースからはずれることがどういう意味をもっていない。

たのかということも、農民生活史を深めていくうえで重要な問題である。

歴史学にあっては、ライフサイクルへの問題関心は近年ようやく芽生えはじめたところである。本稿は、筆者自身、これからこの問題に具体的素材をもって取り組んでいくための前提作業として草するものである。その際、近世の人々のライフサイクル観は現世と来世を一貫して成り立っていたと思われるので、現世の人生のみならず、死後の問題をも対象としてみたい。

第一節　家と村における産育・教育

(一)　子供の誕生と社会化

子育てへの関心の強まりと広まり

子供は家を存続させていく人的資源である。家の存続・繁栄を希求するとき、子供を家職の継承者としてどう一人前に育てあげるかが必然的に自覚されることになる。すでに中世の武家家訓や能役者世阿弥の著した家訓『風姿花伝』にも、子育てへの言及がみられる。近世においては、中世末の社会的分業（職業の分化）の進展を踏まえて身分制度が体制的に編成され、それぞれの身分固有の職業は家職として相伝されるところとなった。家の存続は社会・国家の存続の基礎ともなったため、子育ては、各々の家においてのみならず、社会的・国家的見地からも関心事となった。そのことは、この時代にあらゆる身分階層を通じて広く成立した家訓はもちろんのこと、幕藩領主、儒学者、医者、心学者等々、さまざまな立場の者が子供をいかに育てるべきかを説いていることに示されている。(1)

なお、近世の子育て書は、もっぱら男性により男性に向けて書かれているところに特徴がある。それはこの時代には育児・教育の責任主体は父親であると考えられていたためであり、その根底には、女は理にくらいゆえ、男性が理性をもって育児・教育を主導しなくてはならないという、女性を劣等視する観念が横たわっていた。つまり、妻には家の存続のために子供を産むことは求められても、その子供を一人前の人間に育てあげる責任は父親に課せられていたのである。近世の女訓書では、もっぱら嫁および妻としての心得が説かれ、母親としての役割には言及されない。しかるに、明治に入ると子育てにおける母親の役割の重要性が識者の間で認識され、国家にとって有用な人材に育てるためには母親を啓蒙して賢明にしなくてはならないとする、いわゆる賢母論が唱えられるようになる。

ところで、教育学の観点からは、中世の子育て論では少青年期の教育に主眼をおいていたのに比べ、幼少期の教育の重要性が強調されるようになったところに近世の子育て論の特徴があることが指摘されている。(2) 幼い子供にも人々の熱い眼差しが注がれるようになったのである。それは、単に教育効果への認識の深まりというだけでなく、多産多死の中世社会に対し、近世には一部の上級武家を除けば少なく産んで手塩にかけて育てる風潮が広まったことも背景をなしていよう。また遊びにおいても、近世には大人の遊びと子供の遊びとが分化し、子供の遊びに教育的効果を認める意識も芽生えてきたという。(3) それゆえ、教育的観点あるいは社会秩序維持の観点から好ましくないとみなした遊びについては、これを禁じるべしとする主張もなされたし、幕藩権力が子供の遊びに統制を加えることもあった。子供向けの絵草紙や赤本が普及したのも、この時代の特徴である。

さて、前章第二節で述べたように、地域差はあるものの一七世紀後半から一八世紀にかけて、一組の夫婦とその子を中核とし、それに家族周期の上で当主の親も加わる時期もある直系家族形態の家が広く成立していった。そうした直系親中心の小家族から成る家が農業経営の主体となり、社会的・経済的自立性の強まりに伴い死者・先祖の供養祭祀の主体ともなって、子々孫々へと永続していくことを希求する主体的な「家」意識をもつようになった。それは、子供を家を連ねていく存在として強く意識する契機となったに相違ない。こうした事態を社会的背景として、この時代には「子宝」意識が普遍化していくところとなったのである。

主人の家に包摂されて隷属していた下人の子供は、「親のもの」というより主人の所有物であって、扶養を受ける代わりに主人の家の労働力として使役され、売買譲渡の対象ともなっていた。黒田日出男氏の研究によれば、中世の絵巻物には、主人に召し使われている童の姿を多く目にすることができるという(4)。また、戦国大名の分国法には、異なる主人に属する下男・下女の間に生まれた子供をどちらの主人が引き取るかについての規定もみえる。例えば、伊達氏の「塵芥集」では男子は下人の主人が、女子は下女の主人が引き取ることにし(5)、「結城氏新法度」は、一〇歳・一五歳まで育てあげた場合は男女にかかわりなく育てた方の主人の所有に帰すべしと定めている(6)。後者は、扶持も恩も施さずして使役権を主張するのは無理の申し分であるとしており、扶養の事実を重視したわけである。このような境涯におかれていた下人も、近世に入るとしだいに主人の家から分立してゆき、自己の家を形成するところとなった。ここに至って、その子供ははじめて「我が子」「我が家の子」となったのである。

傍系親が結婚後も生家に留まっていた場合、その子供は家長の扶養・管理のもとにおかれていたであろうが、近世前期には彼らも分家し、自らの責任において子供を養育・教育し、自己の家を継がせるようになった。坂田　聡氏の研究(7)によれば、畿内では一五世紀以降、農民層においても永続的な家の形成が進んでいたという。中世において農民の家の形成がいつ頃、どのような契機で始まり、どの階層にまで及んでいたかは地域差もあろうが、ともあれ近世には下人や傍系親も自己の家を形成するところとなったのである。それにより、人々の間に一家の主人・主婦となる途が大きく開け、子供は生みの親の庇護のもとに大切に育てられ、将来主人・主婦として一家を切り盛りしうる一人前の能力をもった人間へと教育されていくのが一般的なあり方となった。このことは、農民の歴史および子供の歴史において画期的な意義をもっていよう。

個々の小家族の家が農業経営と先祖祭祀の単位となった段階では、子孫を残すことは、自己の老後の生活保障、さらには死後の供養の保障のためにも不可欠の条件となる。否、自己のためだけではない。家は先祖より子々孫々へと永続していくことを志向する組織体であるので、跡継ぎの男子をもうけ、家の継承者としてふさわしい人格・能力を備えた人間に育てあげることは、先祖に対する「孝行」として要請される責務でもあったのである。

家族計画と産児制限

一方で、小農経営が一般化し、かつ単独相続が支配的になった段階では、家の再生産に必要な範囲内に家族員数・産児数を人為的に調節するようにもなった。その方法としては、女子の晩婚化や、跡継ぎの子のみを親の世帯内で結婚させ、他の子は養子、嫁、あるいは奉公人として生家から出すという方法のほかに、避妊技術の未熟なこの時代にあっては堕胎、間引き(嬰児殺し)などの直接的な産児制限の手段もとられたことが、歴史人口学で指摘されている。(8) 家族労働を主体とする小農経営にあっては、家族員数を適正規模にコントロールすることが、その再生産にとって不可欠の要件となる。多すぎても少なすぎてもいけない。そこには、必然的に家族計画意識が芽生えることになったであろう。堕胎や間引きについては、かつては貧困に窮した農民がやむにやまれず行ったものと解されていたが、近年では、小農家族が家の存続と生活水準向上を志向する家族計画にもとづいて選択した行為と、その積極的な意義に目が向けられるようになっている。(9)「少なく産んで大切に育てる」、これが小農家族の子育ての論理であったのである。(10)

土佐藩領では、一家に男子二人、女子一人ばかりを産み育て、それ以上は間引くのが風習であったという。(11) 男子二人というのは、長男が死亡する事態に備えて家の継承者のスペアーを用意したのであろう。この子供数と男女比は、土佐藩領に限らず、おそらく広く小農家族が理想としたものと思われる。そして、これよりもさらに少数に産児制限をせざるをえなかったとき、その家は経済的に不安定な状態にあったといえよう。

ところで、子供の数の多寡は村にとっても関心事であった。直系家族の家存続と生活向上のための出産コントロールは、地域によっては村の規範ともなっていた。(12) 土佐藩領では、己が分をも顧みずして多く子供を産む者は、「他日の困却を顧みらざる不覚悟者なり」と周囲から嘲笑されたという。(13) 太田素子氏は、この伝承から、「貧乏人の子沢山」という諺は、単に現象を語ったものというよりは、計画性の欠如を貧困の要因とみなして揶揄した諺ではなかったろうか、という興味深い見解を導かれている。(14) 逆に子供の数が少なくなりすぎても、村にとっては一大事である。一八世紀半ば以降、人口の減少から手余り地が増大して荒廃化をきたした北関東農村では、村役人の主導のもとに子供の養育を村が援助し保障する仕法を実践した例もみられる。(15)

生を否定される子

「間引く」という言葉はもともと、農作物をよりよく成育させるために、若芽のうちに不要な分を抜いて適正な数にしておくという、農作業上の用語であった。嬰児殺しにこの言葉が用いられたのも、その目的が、子供を大事に育てるために、その家にとって不要な子供はあらかじめ省いておくことにあったが故であろう。妊娠五カ月目に帯祝いを行うことは、生まれてくる子を育てることのその家の意思表明であり、親族や村人に生児の生存権を承認してもらい、多くの人たちの力でこの世に迎え入れる準備の儀式であった。そして、帯祝いをすませた胎児はもはや間引かれることはなかったとされている。(16) だが、あらかじめ男なら間引くと決めて産婆に頼んでおいたという事例もあり、(17) その場合、出産前の祝いはなされたのかどうか問題になろう。

また、たとえ帯祝いをしてもらえたとしても、生児の生存権が否定されることもあった。双生児や奇形児、虚弱児の場合である。(18) 双子を祝う所もあったが、一般的には忌み嫌われ、一方が間引かれた。子供数の調節、および育児の負担という点からすれば、双子は確かに都合の悪い存在であったにちがいない。また、双子を産んだ母親は世間から「畜生腹」と蔑まれたという伝承もあるので、世間体を気にして一方を間引くこともあったであろう。医者にして進歩的な社会思想家でもあった安藤昌益でさえ、双子出産の原因を母親の淫乱に帰しているくらいである。[19] 奇形児や虚弱児も、文化八年（一八一一）以来二年三カ月松前に幽閉されていたロシア艦長ゴローニンが、「貧乏な親たちは、自分の子が身体薄弱とか奇形の兆候があると、赤坊のうちによく殺す」と記していることや、幕末開国とともに来日して神奈川に施療所を開設したアメリカ宣教師ヘボンが、「(日本に) 奇形児は見当たらなかった。というのは、こうした子供は生存を許されなかったからである」と述べていることからして、間引かれるのが一般的であっただろうと加藤康昭氏は推測されている。[20]

この時代の養育・教育の目的が一人前の一家の主人・主婦に育てあげることにあった以上、出生当初から奇形の顕著な、あるいは虚弱な子供がその対象から除外されるのは、いわば必然的ななりゆきであっただろう。そして、そうした子を産んだ母親もまた、双子の場合と同様、異常視、欠陥視されたのである。女児ばかり産んだ女性、不妊女性についても同じであった。[21] このほか、親の厄年の子を嫌って間引くこともあった。[22]

近世の家制度のもとでの手厚い子育ての裏側には、生児と母親をめぐる暗部も潜在していたのである。

誕生・成育を支える人々と神々

生を承認された子は手塩にかけて育てられた。近世中期以降農村の幼児死亡率が低下したの[23]も、少なく産んで大事に育てるという小農家族の子育ての仕方によるところが大きかったであろう。小農経営の特質は、少ない耕地に家族労働力を集約的に投下し、農作物を丹精をこめて成育させるところにある。田畑と同じく家の宝であった子供もまた、まさに農作物と同様の仕方で育てあげられたのである。

ところで、近世の村落社会においては、子供は「家の子」であると同時に「村の子」でもあり、村も村内の子供の産育・教育に関与していた。その目的は子供を一人前の村人に育てあげることにあった。伝統的な共同体的村落社会が独自の産育・教育のシステムと文化を形成していたことは、民俗学で明らかにされている(24)ところであり、近年は教育史の分野においても、前者の成果を踏まえ、さらに農村文書や種々の文献・石碑等も用いて、近世の家と村における産育・教育の具体相を明らかにしつつある。(25)

生を承認した子については、妊娠の知らせ、帯祝い、出饗《できょう》、産立《うぶた》て飯、三日祝い、七夜、宮参り、食初め、初正月、初誕生、初節句、七五三とつづく一連の産育儀礼を執り行った。(26)その度ごとに、当該の家と同族や親戚、村人との間で贈答と共食がなされた。それを通じて、子供の誕生と成長を社会的に確認し、祝い、さらなる健やかな成長を多くの人々の連帯の力でもって保障しようとしたのである。食物の共同が儀式の中心をなしたのは、柳田国男によれば、「食物が具体的に、分れて各自の身に入って、連鎖の役」をし、それによって形成された「一族一郷の意思の集合が、我々の生活力を支持する」ものと考えていたからである(27)という。

さらに、生みの親以外にさまざまな仮の親子関係を取り結ぶことにより、子供の生命を保護し、成長を保障してもらおうとする風習も、かつては広くみられた。出産時および幼年期の仮親には、取り上げ親、初めて乳付けする乳親、名付け親、拾い親（厄年の子、病弱な子、先の子がうまく育たなかった後の子などの場合、儀礼的に捨てて、丈夫に子供を育てた人にあらかじめ頼んでおいて拾ってもらい、仮親になってもらう）、守り親（子守の親）などがあり、成人後には元服親、鉄漿《かね》親、契約親、烏帽子《えぼし》親、仲人《なこうど》親、草鞋《わらじ》親、寄り親などを頼んだ。前者は呪術的宗教的性格が濃く、後者は社会経済的性格が強いことが指摘されている。(28)

このように、子供がこの世に誕生し成長していく過程で、新たな人間関係が創造されるとともに、当該の家・家族をとりまく既成の人間関係もまた再確認され、その絆が強められていったのである。

ところで、農耕、漁撈、狩猟など自然との密接な関係の中で生業を営んでいた伝統的な社会にあっては、人の誕生・成長には常に神々の力があずかっていたことは、人類に普遍的な現象であった(29)。日本の農村社会では出産は産神《うぶがみ》の管理のもとにあり、嫁が姑に妊娠を告げた日から産神（その神体は山の神、田の神、女神など一定しない）が産の忌みの垣根の中に入り込んできて、忌み明けまで懇ろに母子を見守った。そして、無事に育って、三〇日目前後に村落共同体の守護神である氏神（産土神《うぶすな》）に挨拶に参る、いわゆる「宮参り」をすませると、以後は氏子として氏神の保護のもとに成長していくことになった。地域によっては七歳までは産神の管轄下にあり、七歳になって氏子入りする所もある。このほか、その家の守護神＝祖先神もまた、子孫の誕生と成長を見守りつづけた。

子供は、家族のほかに、血縁、姻戚、族縁、地縁、擬制的親子関係などさまざまな「縁」に連なる人々、および産神、氏神、祖先神などの神々に支えられ見守られながら、異界からこの世に迎え入れられ、成長していったのである。しかし、手厚く子供を育て、しかも産育儀礼とその際の贈答・饗宴が慣行化するとなると、当該の家にとっても、周囲の人々にとっても、経済的負担が大きくなる。あまつさえ近世後期には育児文化にも商品経済の波が及び、また子女を寺子屋や私塾に通わせることも一般化した。そこには、世間体を気にして、人様に恥ずかしくないようにと子育て、教育に金をかけてしまう風潮も生まれたに相違ない。また、他人の子供の祝いにも相応の金品を贈らざるをえなくなる。一八世紀半ば以降の間引きに関する文書には、子育てには金がかかるので不要な子供に金をかけたくないという民衆心理も反映しているという(30)。とりわけ商品経済の浸透が激しかった中部日本以西の地域にあっては、田畑に投入する日雇い労働の労賃の計算と対比して、子供を一人前にするまでの衣食代と手間賃を計算するような事例さえも現れている。子育てを、それにかける労力や採算との関係で意識する態度も生まれているのである(31)。また、一八世紀半ば以降の村規約には、産育儀礼も含めて冠婚葬祭の簡素化を取り決めた条文も多くみられるようになる。それはとりもなおさず、儀礼に伴う贈答・饗宴の奢侈化に村としても対処せざるをえなくなっていたことを示しており、その簡素化を村として申し合わせておけば、世間体を憚ることなく実行しうるのである。

「神」から「人」への旅立ち

「七ッ前は神のうち」。民俗社会にあっては、七ッ前の幼児はいまだ「神」の世界に属していると考えられ、人間界の存在とはみなされていなかったことは、民俗学がつとに指摘しているところである。子育てとは、いわば、「神の子」を人間社会での一人前の「人」に育てあげる行為であったのである。民俗語彙で「ひとなす」「ひとなる」というゆえんである。

「人」への第一歩は名前を付けられることに始まる。これによってはじめて、一個の存在として認められることになったのである。とはいえ児童はいまだ人間界の成員とはなりきっていない存在である。成人した、すなわち「人」と成った段階で改めて付けられる名前が一人前の「人」としての名前であって、それまでは幼名である。ところが女性の場合は、出生時に付けられた名前を大人になってからも変えない。成人男子を中心に成り立っていた中世社会にあっては、子供・老人・女性は一人前とはみなされず、神に近い存在と考えられていたことは、黒田日出男氏の指摘されているところである。(32)近世には男性中心の社会構造はさらに徹底されており、女性は、家においては主婦として一人前の地位と役割が与えられても、社会的には一人前の扱いはなされていなかった。それが名前をめぐる男女の差異にも反映しているのであろうか。今後考察を深めるべき課題であろう。

名付けは、生後七日目、七夜にするのが一般的であったが、三日目あるいは一七日目の場合もあった。いずれにしても奇数の日が選ばれたのは、偶数を陰とし、奇数を陽とする易学思想の反映だとされている。七日目の名付けが多かったのは、生まれて七日間健在ならば、無事「人」へ到達する見通しがある程度立ったからであろう。もっとも、正式の名付け以前に産婆が産神様の許しを得て仮名を付けることもあった。それは、赤子をこの世に繋ぎ留めておくための一種の呪術であったと思われる。仮名は民俗学で指摘されているところであるが、文書にもそうした事例は出てくる。例えば、甲州山梨郡下井尻村の地主であった依田家の祝儀簿を分析された太田素子氏は、宝暦一三年（一七六三）の七夜の記録に「七夜之祝儀仕候、且男子　菊松と改名仕候」と記されている例を紹介されている。(33)「改名」とあるので、その前に仮名が付けられていたことになる。この依田家の場合、その後、出産の管理が産婆から医師に移るに伴い、仮名付けは姿を消す。

柳田国男によれば、子に正式に名前を与えるのは家長の権能であったとされているが、(34)家によっては命名法が先祖よりの決まりとして定まっていた。例えば、先の依田家では、嫡男は父方の祖父の幼名が交互に付けられている。(35)名付け親は、庶民にあっては、「子供が弱くて、最初の名前が悪かつたのではないかといふ不安のある場合、又はさういふ懸念が始めから有る場合」に頼まれ、拾い親や養い親を兼ねることもあった。(36)

近世には、寛文一一年（一六七一）以降の宗門人別改め制度の確立に伴い、子供が生まれると、その名前を村・町の役人に届け出て宗門人別帳に登録する義務が各家の当主に課せられた。何歳から登録されるかは領域や時代によって異なるが、ともあれ幼児の時から個別の存在として幕藩権力に把握されたのである。それをみると、末子は、男子ならば例えば「留吉」「末吉」「捨松」、女子ならば「とめ」「すえ」「すて」「しめ」などと命名されていることが多い。これは、子供を産むのはこれが最後、以後妊娠しないようにという呪法であった。また、男女の名前を対比すると、男性は漢字で表記されているのに対し、女性は平仮名や変体仮名で表記されているのが特徴的である。男性の名前は使用する漢字自体に意味がこめられている場合が多いが、女性の名前は発音表示でしかないのである。それは、男性は漢文、女性は仮名文という文章表現の男女差に対応したものとも考えられるが、男性の名前に比べ女性のそれは軽んじられていたことは確かであろう。女性の名前に有意味の漢字が用いられるようになるのは近代になってからの現象である。

ところで、七ツ前の幼児はいまだ神のうちの存在と考えられていたため、中世においては、死亡しても葬儀も仏事もなされず、袋に納められて山野に捨てられるのが通例であったという[37]。しかし、近世中・後期になると、幼児の死亡に際しても簡単ながら葬儀も営まれ、しかも墓碑も建てられ、戒名を授けられて個別に供養を受けるようになる。そのことは、旧家に伝来している冠婚葬祭関係の記録や墓碑、過去帳などから知られる。前者には、幼児の葬儀に際して親族や近隣の人々が手向けた香典の記録もみえ、幼児の死が社会的にも関心事となっていたことがうかがえる。高橋　敏氏が分析された上州勢多郡原之郷村の一小農民の家の家族諸儀礼の記録にも、幼児の葬儀について記してある[38]。前章第二節㈢で述べたように、自立性を強めた小農民は独自に死去した家族の墓碑を建て、過去帳を作り、主体的に供養祭祀するようになったが、それには地蔵の形をした幼児の墓碑および「・・童子」「・・童女」という幼児に与えられた戒名も一般的にみられる[39]。幼児の墓が地蔵の形にされたのは、地蔵には幼児をあの世で救う力があると信じられていたためであるが、幼児はいまだ人間社会の成員にはなりきっていない、いわば境的な存在であるので、地蔵もまた人間社会の境の象徴ともなった。それゆえ、一七世紀末以降、地蔵は幼児の神であると同時に、塞の神（道祖神）の代わりとして村や集落の境を象徴する存在になっていったのである。

多産多死の段階にあっては、幼児の死に対し人々は比較的無頓着であっただろう。それが、それぞれの小家族の家において少なく産んで大事に育てるというのが一般的な産育形態になってくると、親および家族全員の子供への関心・情愛が強まるのは必然である。たとえ幼児であろうと、その死は親・家族に深い悲しみをもたらす。それが前記のような現象の背景をなしていたことは言をまつまい。

子供のしつけ

太田素子氏の研究[40]によると、七五三の通過儀礼が農村に浸透するのは化政期以降のことで、それ以前の農村社会では乳児期と元服とに儀礼が限定されていたという。出生前後の霊魂の安定と大人として共同体に加入する時期とが、通過儀礼にふさわしい重大な区切りとして人々に意識されていたのが、誕生と成人という二つの節目の間のプロセス、つまり成長のプロセスに対する人々の関心の高まりに伴い、七五三の通過儀礼もなされるようになったのだと、氏は解釈されている。生命の確保を基本的な課題としていた段階から、子供の成長のプロセスに細かな関心を払う段階へと進んだのである。

ヨーロッパの中世農村でも七歳で自立しなくてはならなかったとされているが[41]、日本の農村にあっても、数え七歳を過ぎると神の世界から人間の世界へ移行した存在となり、一人前となるための準備、仕事と行儀作法の両面での「しつけ」が開始された。民俗学では、七歳頃を境に子供の管理が祖父母から父母に移されたことが指摘されている[42]。心身の不安定な幼児期の面倒を経験豊かな祖父母がみるのは、確かに理にかなっている。また、老人も七ッ前の幼児と同じく神に近い存在であったことも関係しているのかもしれない。そして、人間社会の一員となったのちは、父母の責任において一人前の「人」へと育てあげられていくことになったのである。

男子は父親の農作業を、女子は母親の家事をそれぞれ手伝わされ、見よう見まねでその技能を習得させられたことは、民俗学で常に説かれているところである。しかし、奉公人を雇って家業経営を行ったり、小作に出したりする一部の上層農家はともかく、大多数の小農家族にあっては、女性も農作業に携わらなければ経営が成り立たない。女子も農作業の技能を身につけておかなければ、将来嫁にいったときに困る。おそらく、女子についてもある程度の農作業の訓練はなされたであろう。

民俗学者の宮本常一氏が故郷、山口県大島郡の一村落での幼少時よりの体験を綴った『家郷の訓』によれば、家庭における「しつけ」の眼目は、村人から笑われないような人間に育てることにあったという。[43] 仕事に取り組む姿勢と能力、対人関係での行儀作法などが一人前であるかどうかは、村人によって評定されたのである。村社会での人と人との付き合いの背後には「家」が存在する。決して個々人の人格相互の関係ではない。そのため氏は、母親から、「自分の家が村の中でどのような位置にあるか、また歴史を持っているか」を教えられる一方、「村の家の一軒一軒について、その家がどういう家であるか」を語り聞かされている。こうしたことを心得ておくことにより、人の前で言うべき言葉、言ってはならぬ言葉の判断がおのずからできたのであり、「村落内の共同生活にはぜひとも必要なことであった」のだという。[44]

それぞれの家における「しつけ」は常に村を意識してなされたのである。「かつてのよき村人といわれるものは先ず何よりも村の風をよく理解してこれに従うことであった。つまりその村の色に最もよく染まることであった。これは一見自らの個性をなくするように見えるけれども、それによってむしろ個性が生かされもしたのである。村人として共通のものを持ちつつ、十人集まって見れば十人十色であった。そして家々の風というものは皆少しずつ違っていた。村人としてはそういうことを知りつくしていないと新しい改革も新風の移入ももとは出来難かった」[45]。この宮本氏の言は、家と村を背後に負った人と人との関係をよく言い表していよう。

遊び仲間と子供組

家の風はそれぞれの家での「しつけ」と日常生活を通じて内面化していったのであるが、村の「しきたり」と文化の総称ともいうべき「村の風」は、子供組と若者組での集団活動を通じての教育、柳田国男のいうところ[46]の「群れの教育」によって身につけていった。

子供は外に出て遊べるようになると遊び仲間をつくる。[47] かつての地域の遊び仲間は男女が交じっており、年齢的にもかなりの幅があり、個性もまたバラエティーに富んでいた。その中で年長の統率力のある子がおのずとガキ大将になり、内部の対立を調整してまとめあげ、集団で行動した。それを通じて、子供の遊び文化が伝承され、また新たな遊びが創造されもした。集団生活でのルールも体得し、子供なりの知識や情報の交換もなされた。子供が成長していくうえで、それがもっていた教育的意義は大きなものがあったと思われる。

　遊び仲間は日常の遊びを中心とした自生的な集団であったが、これに対し村の教育システムの一環に位置づけられた制度的な集団として子供組があった。これは村の特定の年中行事を中心に組織されたもので、「子供仲間」「子供連中」「子供契約」「オンベ仲間」「小屋仲間」「わらし仲間」「道祖神（さいのかみ）仲間」「塞（さい）の神講」「三九郎仲間」等々、地域によって多様な名称で呼ばれている。子供組には七歳から加入し一五歳で若者組に移る所が多く、子供組への加入によって正式に村の一員として認められることになった。そして、村の中で一定の社会的役割を果たし、それを通じて村の一人前の成員になるための社会的訓練を受けた。

　子供組は年齢序列で編成されており、「大将」「親方」「頭（かしら）」などと呼ばれる最年長者が組の指揮統制をとり、自治的に運営されていた。年齢に応じた役割分担があったので、それを一つひとつこなしつつ成長していったのである。子供組が関与する行事には、自ら主催するものと、祭礼の際に子供神輿や山車ひきという形で付随的に参加するものとがあった。

　子供組が主宰するのは小正月・盆・節句の時の行事が中心で、その他に七夕行事、夏季の天王祭・水神祭・虫送り、秋の十五夜・十日夜《とうかんや》・山の神祭・天狗祭など、村によってさまざまな行事があった。子供組の行事はほとんど男子によって行われ、女子の担当する行事は三月節句の雛流しや野山遊び、盆の盆釜・盆踊りなど少なく、野外に竈を作って共同飲食するというママゴトの原型をなすものが目立つ。(48)これは男子が担う行事が野性的な荒々しさを備えているのとは対蹠的であり、将来一家の主婦として家事を担うことになる女子の立場が行事にも反映しているわけである。

また、子供組の行事は、「神」に近い神聖性を備えた子供が禊ぎ祓いの行為でもって村（この世）の秩序を更新する機能、および来訪神としての子供の荒々しい振る舞いによって異界からの過剰な生命力を社会に導入し、活性化させる機能を果たしていた、という指摘もなされている。(49)

子供組自体は村の秩序性を体現した組織でありながら、それが行う来訪神行事では、反秩序的な振る舞いをする。それは、七歳以上の子供は一応人間界に参入した存在であり、したがって子供組への加入を通して村の秩序に組み込まれながら、他方、大人に比べれば「神」に近い存在であったことに由来する。そして、こうした両義的性格を備えた存在であったがゆえに、村の年中行儀においては、人間界と神の世界を媒介し、村を活性化する役割を担ったのである。

(二)　若者と娘

若者組の構成と役割

村によって差異はあるが、一般的には数え一五歳の正月に男子は成人式の通過儀礼を経て子供から大人への仲間入りをした。成人式は若者組への加入という形式をとる所が多く、これをすませると、前髪をとり、褌《ふんどし》をしめ、名前を変えるなどのけじめをした。また近世には、成人儀礼として伊勢参宮をすることも慣例化していた。実際に参宮した年齢はまちまちであるが、家と村を離れ長期にわたって異郷を旅することは、視野を広め、さまざまな知識や情報を獲得する機会であり、教育的にも大きな意義をもっていた。若者組は、「若連中」「若衆組」「若者仲間」「若勢組」など地方ごとにさまざまな名称をもつ、成人男子を成員とする年齢集団である。近世の村にはいくつかの集落＝村組から構成されているものもあるが、その場合は村組ごとに若者組が組織され、そのうえで村単位に連合していた。(50)

ところで、中世社会にあっては一五歳から六〇歳までが大人であったとされているが、(51)この年齢区分は近世社会にも引き継がれている。領主が夫役を徴発する際にはこの年齢の男子が対象になっているのが通例であるし、村役（村の公共的な共同作業）を人別に課す場合も同様である。「ゆい」のような労働力の交換に際しても、この年齢の成人男子が一人前の労働力として計算されていたようである。幕府の制定した公事方御定書でも、一五歳以下の者が殺人や火付けをした場合、一五歳になるまでは親類に預けておき、これに達した段階で遠島に処する、一五歳以下の者の盗みについては大人の仕置よりも一等軽い処罰にする、という定めになっていた。このように、一五歳になれば一人前の労働力と刑事責任能力があるものと社会的にみなされていたのである（ただ、中世では一五歳未満の童の犯罪についてはまったく刑事責任を追及されなかったのとは異なることが、黒田日出男氏によって指摘されている）。(52)

一人前の基準には、性、年齢、労働能力、技能、司祭能力、家・村における地位、結婚等々さまざまなものがあるが、男子の場合、一五歳になれば家にあってはもちろん、村においても、また領主に対しても一人前の労働義務を果たすことが求められたので、とりわけ労働能力が一人前たることの要件として重視されたようである。村で一人前の成人男子として認められるためには、例えば米一俵を担げるといった具体的な条件をクリアーしなくてはならなかった例は、民俗学で多く報告されている。先の宮本常一氏の『家郷の訓』にも、「十五になれば米一俵を背負わされる。これが負えるなら一人前として若衆仲間に入る値打があるものとされた」(53)と述べられている。

先の子供組は一定年齢に達した子供全員が加入したが、若者組の場合、一般的には村の中で該当する年齢層の男子すべてが加入したものの、地域によっては身分階層や長男か否かで制限していた。例えば、漁村では船主や網主の子弟は加入せず、網子の子弟に限ったり、逆に農村では源・平・藤原・橘などの姓氏をもつ特定身分の子弟、あるいは長男に限ったり、長男は一五歳、次男以下は一七歳で加入させたりしている例もある。(54)東日本では長男のみ加入する例が多い。[55] 子供組には、子供の属している家の身分・格式や長男・次男以下の序列は反映していないのであるが、若者組にはそれがみられる例もあることは注目してよいだろう。なぜなら、そうした事例は、子供に比べて成人男子は村と家の秩序に強く規定された存在になっていることを示しているからである。若者組への加入資格を長男に限っていた例では、将来家を継ぎ村を運営することになる者のみを、村の正規の教育レールに乗せたわけである。なお、被差別民を抱えていた村では、彼らは百姓の子弟の若者組からは排除されていた。[56] 子供組でも同様であっただろう。

若者組を抜けるのは結婚を機にしている場合が多いが、結婚にかかわらず四〇歳くらいまで加入している例など、地域によってバリエーションがある。興味深いのは、他村から来た養子や婿に対しては、年齢にかかわらず若者組に入り、これから同じ村人として生きるための修練を積むことが義務づけられていたことである。[57] 新参者をその村の風に染めあげる役割も若者組は果たしていたのである。村外からの年季奉公人は加入していないが、しかし若者組が彼らを管理・統制下に置き、村の秩序に従わせていた例もみられる。[58]

若者組は村の共同生活を守り営んでいくうえでの実行部隊として位置づけられており、村の祭礼の執行、普請への労働奉仕のほか、村内の警備、犯罪や災害が発生した際の出動など村を自衛する役割を担い、若者頭の指揮・統率のもとに活動した。教育学者の大田　堯氏は、「習俗社会での『一人前』は何よりも、一人ひとりの人の子が、直立二足歩行にはじまり、言語を獲得し、人と人とのつき合い関係の手ごころを内面化するしつけの獲得、それらを土台としながらの労働、そしてヒトとしてきわめて重要なことですが、神事―眼に見えない生命力との対話―などを遂行する能力を獲得していくことなどを含みます」[59] と述べられている。自然の中で生活を営んでいくためには、時として自然のもたらす脅威＝災害に対処しうる知恵と能力とともに、自然を司る神と対話しうる能力をも備えておかなくてはならない。若者は、若者組の右のような村での役割を通じてそうした能力を獲得し、一人前の村人へと育っていったのである。

若者組に対する規制

若者組はまた、村での公的役割のほか、「寝宿」「泊まり宿」などと呼ばれる施設での集団生活を営んでいたことはよく知られているところである。それは、社交性を身につけるとともに、性知識なども仲間から学んで結婚に向けてのトレーニングを積む場であった。結婚そのものにも、かつては若者組が関与するところが大きかった。若者組は村内の娘は自分たちの管理下にあるという意識を強くもっており、他村へ嫁にいく際に若者たちが行った石打ち、水祝いなどの儀礼化した妨害行為は一種の制裁であって、村内婚を維持したいという心意に発していたと解されている。(60) また、村外婚の場合、婚姻の成立には貰い方の村の若者仲間が出方の村の若者仲間に承認を得る儀礼を要した、という武州多摩郡の事例も紹介されている。(61)

昼間それぞれの家での家業労働に従事し、夕食後に若者宿に集まって営む集団生活は、家長・親から自由になれる場であり、若者の精神発達のうえで大きな意義をもっていたことは、教育学で指摘されているところである。(62) しかし一方、若者の管理をめぐり、家長・親と若者組との間で相克も生じた。とりわけ結婚に際して両者が対立することが多く、結婚に家長・親が反対したときには、若者仲間が嫁盗みなどをして強制的に承諾を迫ったことはよく知られている。一般的には、前章第二節(五)で述べたように、近世後期になると中・下層農民においても婚姻に家長の意向が強く働くようになり、若者組の機能は衰退していっている。米崎清実氏が、村外婚に際しての前記のような若者仲間相互の伝統的儀礼慣行と家を主体とする婚姻儀礼との対立に発した、文化一五年（一八一八）の武州多摩郡農村の出入り一件を紹介されているが、(63) これもそうした趨勢の中で発生した事件と歴史的に位置づけてよいだろう。

若者組はまた、近世後期には村役人とも対立するようになった。彼らは口伝あるいは成文化された独自の掟をもち、違反者には制裁を加えて集団の秩序と結束を維持していた。そして、若者頭の統率のもとに自治的・自律的に組織を運営していた。こうした若者組の体質は、若者に集団の秩序に服従する心性を植え付けるとともに、将来村の自治を担うに必要な能力を培わせるうえで、大きな役割を果たしていたに相違ない。村が若者組に期待していたところもそこにあり、自治・自律性を認めたうえで村における先のような公的役割を与え、それを通じて一人前の村人に育てようとしたのである。しかし、近世後期になると、若者組の自律性は村共同体の秩序をも脅かすようになる。

村役人が若者組に最も頭を悩ませたのは、彼らの新たな祭日＝遊休日の要求である。村の祭礼の執行主体である若者組は、祭礼の賑わいを欲して祭礼興行の拡充を推し進め、村さらには領域をも超えた交歓遊興の場としていった。(64)それはまた、自ら芝居を演じるようになった彼らの自己表現の場でもあった。そのため彼らは、一八世紀末以降、村役人に対して新規の祭日を集団示威行動によって強要するようになり、年間遊休日数は大幅に増大していった。(65)祭礼の執行はもともとは村における若者組の義務・役割であったのであるが、祭礼興行の適正日数と規模を超えた拡大は農業労働を基盤とする村共同体を揺るがすところとなり、その開催をめぐって若者組と村役人はしばしば対立した。

若者組の掟は本来は自主的に定めていたのであるが、一九世紀になると、公儀の法度と村の法度の遵守を強調する若者組条目が村役人の主導で他律的に定められるようになる。(66)それは若者組の自律性が村共同体の秩序から逸脱しないように枠をはめたものであるが、しかし実際に若者組の行動規範となっていたのは若者たちの間で口伝されてきた掟の方であり、その実効性については疑問視されている。(67)また、若者頭の権限を公認したうえで、村役人がそれを通じて集団統制をはかる一方、個々の若者に対する村役人―五人組―家長の監視・統制をも強めていった。(68)さらに、村役人をはじめとする上層の家は子弟ないし長男を若者組に加入させなくなったり、あるいはもともと年齢序列で規律されていた若者組に家格原理を持ち込んで、内部秩序を上層の家の子弟中心に編成替えしたりする傾向も現れた。(69)村の秩序を維持していくうえで、若者組対策は大きな課題となっていたのである。

幕府が文政一〇年(一八二七)二月に関東地方の治安維持を目的に着手した取締改革でも、若者組の行状を問題にしており、翌年四月にはその廃絶を命じている。(70) 無宿、悪党、浪人、博徒などと並んで、若者ないし若者組が幕藩制的支配秩序を根底から揺るがしかねない存在として、幕府に認識されるに至っていたのである。古川貞雄氏によると、関東のみならず信州でも天保期以降、若者組の禁止に乗り出す領主が続出している。(71) だが、村内では依然として若者組は存続しており、公然と活動をつづけていた。そして、慶応三年(一八六七)の「ええじゃないか」の華々しい祭礼興行や踊りにおいても、若者組が主体となって企画、推進していた。(72) また、幕末維新期の世直し一揆にあっても、その参加者に占める若者ないし若者組の比重は大きかったことが指摘されている。(73)

若者組はもともと村の子弟の教育システムおよび役割分担のシステムの一環に位置づけられた組織であったのであるが、その強い自律性に貫かれた活動は、一八世紀末から幕末維新期にかけて、村の秩序、さらには幕藩制的支配秩序をも根底から揺るがしていったのである。注目すべきは、現実には反秩序として機能することになった若者組の活動は、祭礼執行という村の中で彼らが担っていた公的・正統的な役割・権限にもとづいていたことである。祭礼興行の増大を単に若者組の我が儘・放恣によるものと解したのでは、その背後に進行していた事態を見落とすことになる。一八世紀後半以降、全国各地の町村では、商品経済の発展によってもたらされた階層分化の進行、そして自然災害の続発という社会状況の中で高まった民衆の現世利益の欲求から、新規の神社勧請が盛んになされていた。新たに勧請した神々に対し祭礼を行うのは町村住民の責務でもあり、祭礼執行の役割を担う若者組が新規の祭礼興行を要求したのも、その意味では正当性をもっていたのである。「ええじゃないか」において多量の御札が降り人々を参詣に引き寄せた神々も、ほとんど例外なしに、一八世紀後半より各町村で新規に勧請されて新たな祭礼を生んだ神々であった。(74)

近世後期には、祭礼を中心とする民俗行事、そしてその主たる担い手である若者組が反秩序的契機を生み出す温床となっていたことは、安丸良夫氏が指摘されているところである。[75] 幕藩制下においては、祝祭日はそれぞれの町村が自律的に管理しており、[76] 祭礼の執行主体である若者組も、町村内では制度的に位置づけられていたとはいえ、幕藩制的支配秩序の中に組み込まれた組織ではなかった。それゆえ、近代天皇制国家の形成過程において、祭礼と若者を国家の管理・統制下に置き、反秩序的契機の生成を防止することが、民衆統治のうえで重要な課題となったのである。周知のように、明治政府は、全国の神社を伊勢神宮を頂点に位階化、系列化して神社祭祀を国家的規模で統一的に体系化し、国家の管理下に置くことをもくろんだ。また、国家の定めた祝祭日を民俗行事の中に割り込ませ、それを中心に編成替えすることを企図した。若者組も、明治二〇年代に学校教育の進展によって生まれた新しい青年を中心に同じく部落単位に結成された青年会に、しだいに取って替わられるようになった。そして、日露戦争後の地方改良運動の一環として行政町村単位に青年団が結成され、各部落の青年会はその支部となった。この青年団は官製的自治組織に組み込まれており、国家にとって望ましい青年を培養する装置として国家体制のもとに位置づけられ、国家主義イデオロギーを民衆レベルで受容するうえで大きな役割を果たすことになったのである。[77] 日本の近世から近代への歴史を考えるうえで、安丸氏のいわれるように、若者組から青年団への転換のもつ意味は大きいのである。[78]

女子の成人と娘仲間

女子は、男子のように年齢を基準に子供と成人に区分されていたわけではなく、初潮を迎えることが成人して娘となったことの証しとされた。したがって女子の成人の祝いは個別的になされたのであり、男子の成人式が村の農事暦に組み込まれて集団的に行われたのとは異なる。

また、成人男子については村の公的制度として若者組が組織されていたのに対し、それに類する娘組はほとんど存在せず、任意に形成された私的な仲間集団がみられたにすぎない。[79] したがって、村の中で公的な役割を担うこともなかった。子供組も男子のみで構成されているのが一般的で、女子が参加することは少なく、[80] 加わっていても既述のように子供組の行事はほとんど男子によって行われていた。以上の点から、村の教育システムが対象にしていたのは、将来一家の主人として家を代表して村の運営に参画することになる男子であり、村の公的領域から除外されていた女子の教育には村は関与しないのが通例であったことが知られる。

なお、福田アジオ氏の若者組類型論(81)によれば、西日本では長男・次三男の区別なく加入、東日本では長男のみ加入する例が多い。福田氏は、これを近世以降の家制度や相続形態に規定されたものと解されている。すなわち、東日本の農村では一七世紀末以降単独相続が一般化し、村の家数も固定化されたため、長男単独加入制が登場した。それに対し西日本では、近世を通じて分割相続あるいは分立が理念として存続し、現在は末子相続制や隠居分家制としてつづいており、次三男も村内で家を持ち村の構成員になる可能性が強いため、男子は平等に若者組に加入した、というのである。若者組が村の運営を担いうる一人前の村人を養成する機能を担っていたことを考えれば、首肯できる見解である。民俗学ではまた、村の制度としての若者組の他に若者の仲好しグループ的な仲間集団も存在し、娘仲間とも交流していたことが明らかにされている。(82)村の正規の若者組に加入する資格のなかった者も、決して孤立していたわけではなく、任意の仲間を形成して集団的な活動を営んでいたようである。ただ、近世の文書史料のうえで制度的な若者仲間か否かを弁別するのは困難なこともあって、両者の違いを踏まえた歴史的分析はいまだなされていない。

娘仲間についても、歴史学の分野での研究は皆無であり、民俗学で多少その事例が報告されている程度(83)で、若者組に比べればその研究蓄積ははるかに少ない。西日本では娘宿も多くみられたことが知られており、未婚の娘たちが集まって針仕事や糸繰りなどの手仕事をして、主婦となるための訓練をしていた。また若者たちも彼らの寝宿から娘宿を訪れて、夜なべを手伝ったり、一緒に遊んだりしており、それが婚姻を媒介する男女交際の場となっていた。このほか、お針仲間も娘たちの集団教育の機能を果たしていた。これは同じ師匠について一緒にお針の稽古をしている一

三、四歳から一七、八歳頃の娘たちの仲間で、針仕事の習得だけでなく、先輩たちから生理のことや性、結婚、男性などについての知識を得る場ともなっていたという。(84) そうした知識は当然、娘宿での集団生活を通じても得ていたであろう。

以上にみてきたように、伝統的な村落社会にあっては、家における「しつけ」のほかに、公的あるいは私的なさまざまな集団も大きな教育機能を果たしていたのであり、今日問題になっている性教育についても、そうした集団での交流を通しておのずとなされていたのである。

第二節　文字教育の普及と産育・教育への公権力の介入

(一)　文字教育と村の教育慣行

文字教育の普及　以上、村落社会における習俗的な教育のあり方について述べてきたが、近世には一方で民衆の間にも文字教育が広く浸透していた。その事実自体は教育史の分野での多くの研究によって明らかにされているところであるが、その理由と意義については、文化面はもとより、この時代の民衆統治の文書主義および社会生活への文書主義の浸透の面からも、もっと掘り下げて検討する必要がある。(85)

武士・百姓・町人が身分的にも空間的にも隔絶されていた幕藩制社会においては、幕藩領主の百姓・町人に対する統治は、村・町の役人を通じて文書によって遂行されていた。それは村・町の役人が読み書き計算能力を備えていることが不可欠の条件になっている。網野善彦氏の論考(86)によれば、一三世紀後半には侍の下層はもとより平民百姓の上層にまで文字は普及しつつあり、南北朝期から室町期にかけて識字層は飛躍的に増大し、村落の上層および商人の世界においても文字が自由に駆使されるようになっていたという。こうした中世後期における文字の社会への普及が、兵農分離を原理とした近世幕藩制社会の成立、そして村・町を媒介にした幕藩領主の文書による統治を可能にした歴史的前提条件となっていたのである。それは、民衆の間に文字をさらに普及させ、かつ読み書き計算能力を高める契機ともなる。

村・町の役人は読み書き計算能力を身につけておかなければ職務を遂行できないので、後継者の男子に対するその面での教育には当初より熱心であっただろう。一方、一般の百姓・町人にも、そうした能力は求められた。彼らも文書を読めたほうが、領主の命令を浸透させやすい。実際、幕府・諸藩は近世中期以降、民衆教育を奨励し、法度や教諭書を読み書きのテキストに使わせるなどして、支配の徹底をはかっている。民衆の多くが文字を解するようになれば、確かに文書による統治は遂行しやすくなる。しかしながら、文書による統治は、権力側も文書に明示した自らの意思に規制されざるをえない側面を不可避的にもつ点を、看過してはならないだろう。民衆の識字能力が高まれば高まるほど、統治の円滑化の反面、下からの規制力は強まらざるをえない。つまり、民衆側が権力側の明示した規範・規準を正当化の根拠として自らの要求を突きつけたり、あるいは権力側が自ら示した規範・規準に背くような非法・非分を犯したとき、民衆が権力の示達した文書を拠りどころに指弾・抵抗することが多くなるのである。

網野氏は、近世において民衆が文字によって自らの意思を表現しうるようになったことの積極的な意義、その身につけた知恵と独自な文化の成長を評価しつつも、結局は国家による文書主義の枠組みをついに突破しえず、世界でも稀にみるといわれるほどの専制的な国家を三〇〇年にわたって支えつづけたという事実を見すえなくてはならないことを強調される(87)。確かにそれは一面の真理ではあろう。しかしながら、近世の民衆の文字社会が幕藩制国家の文書による専制的支配を長きにわたって支えつづけたと断ずるのみでは、不十分ではなかろうか。なぜなら、国家支配の文書主義と民衆との関係を考える場合、民衆が国家の文書による統治システムを、逆に自らの権利・生活を守るためのシステムとしてどの程度機能させえていたか、という視点をも組み込む要があるからである。さもないと、結局のところ、民衆は国家の文書による統治に馴致され、専制的支配に服従していたという一面的理解に陥り、文書による統治システムの民衆にとっての意義が見落とされることになる。

今日、近世に村・町の役人を勤めた旧家や区（部落）に伝来している大量の近世文書の大半は、幕藩領主が統治のために下達した文書である。だが、それをもって支配が貫徹していたことの証しとみなすだけでは、民衆がそれを保存したことの意味が十分には理解できない。近世の民衆が統治にかかわる文書を自らの権利・生活を守るための根拠としてどのように活用していたのか、そして幕藩制国家の統治システムを下からの規制力でもって自らの利益擁護のためにどの程度機能させえていたか、という点を注意深く検証していくことが求められよう。

村・町の役人との関係においても、一般の百姓・町人が読み書き計算能力を身につけておくことは必要であった。領主が村・町に課した年貢・諸役および村・町の財政入用は個々の百姓・町人に割り付けられるので、読み書き計算ができないと、過分に負担させられてもわからない。近世前期には周知のように、村役人に対し小百姓たちが年貢・諸役や村入用の勘定関係の文書の公開を迫り、不正を糾弾する村方騒動が各地で頻発した。この事実は、識字層が村役人に比較的限られ、村政の運営にかかわる文書が彼らの独占管理のもとにあった近世前期には、村役人の不正が発生しやすかったと同時に、小百姓たちの中にも文字を解する者が出現しつつあったことを示していよう。村政を民主化し、惣百姓の参加と合意によって村政を運営する体制を確立するためには、小百姓たちも読み書き計算能力を獲得し、村政運営および村の権益にかかわる文書の惣百姓への公開を保証させることが不可欠なのである。したがって、

村落自治論を発展させるためには、識字および文書管理の問題についても考察を深めていくことが求められよう。(88)

読み書き計算能力はまた、家業・社会生活を営むうえでも要請された。桜井英治氏(89)によると、商人の世界では一三世紀までは音声の世界に属する「古法」「古実」（口頭で伝承された商い慣習）によってその秩序が保たれていたのが、一四世紀以降、商人の世界にも文書主義が浸透していったという。近世に入ると商業はいっそう発展し、商取引の仕組みも複雑化した。商取引は各種の文書の取り交わしによってなされ、帳簿記録にもとづいて経営管理が行われた。したがって、商家の子弟や奉公人は早くより読み書き計算の訓練を受けていたに相違ない。

一方、一七世紀末以降、農村にも商品貨幣経済が浸透し、農家経営も商業的色彩を帯びるようになった。農家に伝来した近世文書の中には商業活動にかかわる文書も多く含まれている。また、金銭の貸借、土地の質入も盛んになり、その際には証文が取り交わされた。小作契約や奉公契約も証文によってなされるようになった。こうしてあらゆる社会的・経済的行為に文書主義が浸透していくと、文字を識らなければ不利益をこうむり、自己の利益・権利を守れなくなる。例えば、証文に不利益なことを書かれても、それを読めなければ、後で気づいても泣き寝入りせざるをえないわけである。

以上のように、支配の仕組みの面からも、社会生活の面からも、人々は読み書き計算能力をもつことを要請されることになったのである。青木美智男氏の論考によると、近世前期の村落においては、そこに定住するようになった僧侶や神官らが手習いの指導を行っていたようであり、それが寺子屋教育の原初形態であったらしい。(90)一八世紀に入ると寺子屋（手習い塾）が普及しはじめ、ことに一八世紀後半より急増している。このことは明治一六、七年頃の調査資料の統計的分析によって指摘されてきたところであるが、(91)近年の寺子屋関係文書の発掘や筆子塚の調査から、近世中・後期の村落には我々の予想を超える寺子屋が開設されていたことが明らかになっている。筆子もしだいに全階層に広まってゆき、男子に比べれば少ないものの女子の筆子もみられた(92)。それは、読み書き計算ができないと一人前の人間として家業や社会生活を営めないような社会状況となり、子女にその能力を身につけさせることは親としての責務だという自覚が社会的に広く生まれていたことを物語っていよう。

入退塾の年齢は近代の学校とは異なり一律ではないが、七歳以上一五歳未満の子供が寺子屋での教育対象であった。

文字を介した人間関係の形成

民衆への文字の普及は、地縁、血縁、本家・分家関係、姻戚関係などにもとづく人間関係、社会集団とは異質な、文字を媒介とした新たな人間関係、社会集団を形成させていった。寺子屋師匠と筆子が情誼的に深く結ばれていたことは、筆子たちが師の遺徳を偲んで建てた筆子塚が各地に多く残っていることから知られるし、また筆子中という共に学んだ機縁で結ばれた集団も生まれた。先の子供組は村内限りの集団であったが、寺子屋には複数の村々から子供が通ってくる。子供の世界にも村を超えた交流と集団形成が始まったのである。また、近世後期には村さらには領域をも超えた学問・文芸サークルが各地に形成されていたことは、よく知られているところである。一揆集団という非日常的・臨時の社会集団の広域的形成にも、文字が介在していた。近世後期の広域にわたる一揆集団は、それへの参加を呼びかける廻文によって形成されたのである。

さらに、書状を通じた遠隔地間の人と人とのコミュニケーションも、近世中期以降、全国的な商品流通の発展に伴い活発に展開した。それによって遠隔地の商品相場をはじめさまざまな政治的・社会的事件も伝達され、人々の社会的視野は急速に広まった。家業あるいは村・町の役人としての公務にかかわる書状のみならず、儀礼的な書状も多くやりとりされており、その書き方を心得ておくことは、一人前の社会人たる要件ともなっていた。そのため寺子屋教育においても、年始状をはじめ冠婚葬祭時の挨拶文、病気や災害の際の見舞い文などの文例を教えている。生活の折々において、文字は人と人とを結ぶ媒介として大きな役割を果たしていたのである。

寺子屋教育と村の教育慣行

ところで、寺子屋教育の普及は先に述べた村の共同体的教育慣行とどのような関係にあったのであろうか。教育史家の田嶋一氏は、次のように述べられている。

「子どもが寺子屋に通うようになることは、子ども組をはじめとする村の集団的な人間形成の仕組みから一時的にであれ離れて個人的な学習の機会をもつことである。このことは、村の一人前の人間をつくろうとしてきた共同体の教育慣行からはずれる者があらわれはじめてきたことを意味する。共同体的人間形成の原理は天神講、七夕祭りや席書の行事などを通して寺子屋にももち込まれることになるのだが、しかし同時に非文字文化と文字文化の間の、また『群の教育』と個別化された学習との間の本質的な確執もここにはきざしてくることになるであろう。農村のブルジョア的発展は共同体秩序からの家の自立の過程であると同時に、また子育ての変化の過程でもあった。かくして、近代に向けて子どもはムラの子からしだいにイエの子としての性格を強めていくことになるであろう。[93]」

田嶋氏に限らず教育史の分野にあっては、近代的な教育の萌芽を近世に探るという問題意識から、農村のブルジョア的発展→村落共同体からの家の自立→寺子屋などでの個別的教育の進展→共同体的教育慣行の衰退という図式を提示しているのが一般的である。単線的なブルジョア発展論的教育史観に対してはすでに高橋敏氏が批判されている[94]ところであるが、しかしながら高橋氏自身にあっても、次のような見解を示される。

「手習塾の惹起した社会変動の波は、これらの（若者組などの村落の――大藤註）社会組織から小農家族を自立させ、子どもを分離させて文字文化の影響下におこうとするものであった。かつては村落共同体の内部に埋め込まれていた子どもを小農家族の掌中におさめ、文字文化の担い手にしようとするものであった[95]」と。

教育史家は一般に村落共同体からの家の自立をあまりにも安易にいいすぎるきらいがあるが、はたして寺子屋教育は村の共同体的教育慣行とは相容れない対立するものであったのであろうか。

先に述べたように、近世中期以降においては、読み書き計算能力を備えておかなくては、一人前の人間として家業と社会生活を営み、村を運営することが困難になりつつあった。したがって、村の子供にそうした面での教育を施すことは村の責務であると自覚されるようにもなっていた。一七世紀末期に百姓身分に属する者の手によって書かれたとされる『百姓伝記』に、青木美智男氏の紹介されているように(96)、手習いの師匠を村に招き、村人が共同で扶持して「幼少の子ども先いろはをならわせ、知恵の付古き小文等よますべし」と説かれているのは、そのことを示す一例である。

実際に村が手習い師匠を雇い入れていた例も見出だされている。例えば、信濃国諏訪郡芹ヵ沢村では、安永六年（一七七七）に備前国出身者に手習い師匠を依頼し、住居を村で用意したのみならず、病気の時の医療費と死後の葬儀費用まで村が負担している(97)。この事例を紹介された青木歳幸氏は、寺子屋のない村では子供を他村まで遠距離通学させねばならなかったので、その不便を解消するため村が他所から手習い師匠を雇い入れたのだとされている。また石川松太郎氏も、信濃国諏訪郡笹原新田村では文政六年（一八二三）に、村人の要望によって村外から寺子屋師匠を招き、村がその生活の面倒をみていたことを紹介されている(98)。寺子屋には村役人の経営になるものがきわめて多かったのも、文字教育に対する村人の要望の高まりを背景にしていたに相違ない。利根啓三郎氏によれば、村役人経営の寺子屋は、筆子からの経済的報酬は期待せず、村民一統への社会奉仕としてなされたところに特徴があるという(99)。

以上の例からすれば、寺子屋教育の普及をもって、村落共同体からの家の自立を背景とした教育の個別化の進展と評価するのは、性急といわざるをえない。それは、文字教育の必要性の増大に応じた村の新たな教育機能の発現形態としての性格をも多分に備えていたのである。おそらく、子供組・若者組を通じた教育と寺子屋での文字教育とは、相互補完的な関係にあり、両者相俟って一人前の村人を養成する機能を果たしていたというのが、実状に近かったのではあるまいか。高橋　敏氏が分析された上野国勢多郡原之郷村の手習い塾[100]は農村荒廃のどん底にあった天保期に創設されたものであるが、それは農村を復興させるためには未来の村の担い手である子供に科学的・合理的な実用の学問を施さねばならないという自覚に支えられていたことは、高橋氏も指摘されているところであり、村落共同体から子供を分離させて文字文化の担い手にしようとしたという結論を氏の実証から導くのには無理がある。

そもそも、寺子屋教育が村にとって望ましい人間の養成を阻害し、共同体的秩序を破壊する性格のものであったならば、村内にそれを開設することは認められなかったはずである。村落にも寺子屋が普及していったのは、それが村・地域の課題に応じるものであったがゆえに相違ないのである。そこでの教育に地域の歴史・地理・産業などに即した独自の教材が用いられたところにも、それが村・地域の振興を担いうる人材の養成を目的としていたことが示されている。一方、子供組・若者組は村の行事において固有の役割を果たす制度的組織であり、村を運営していくうえで不可欠の存在であった。寺子屋通学者と年齢的に重なるのは子供組であるが、子供組は既述のように村の特定の年中行事に際して組織されたもので、日常的に活動していたわけではない。したがって、両者を対立的にとらえるのは当を得ていないであろう。

ところで、文字教育の普及は、先に述べたような文字を媒介とした新たな人間関係を形成させたし、文字文化を開花させるところともなった。一般的に、文字文化と非文字文化とは矛盾・対立するものとして考えられる傾向が強い。しかしながら、そこには多分に近代人の価値観や先入観が投影されてはいまいか。前近代社会にあってはむしろ、川田順造氏や大田　堯氏がいわれるように[101]、両者は相互に浸透し合う関係にあったと思われるのであり、そうした観点から近世の村落社会の文化を考察していかないと、さまざまな要素が複合した文化の総体とその意味を把握しえないし、文字文化の生成・発展を安易に近代化の文脈に引き寄せて解釈することにもなるだろう。

文字教育の普及との関連で留意すべき点について付言しておくと、読み書き計算能力を身につけておくことが一人前の人間たる要件となってくるに伴い、それを備えない者を蔑視、差別する風潮も生まれたことが予想される点である。女子の寺子屋入門者は男子に比べてはるかに少ないことが明らかにされているので、女性はこの面でも劣等視されることになったのではあるまいか。また、識字層が拡大していくと、村落指導者層は一般農民に対して自らの威信を保ちつつ指導力を発揮するためには、より高度な文字文化を身につけておかなくてはならなくなる。それはまた、村落指導者層相互の学問・文芸を通じた交際のためにも必要であった。近世後期になると彼らの子弟を都市の私塾に遊学させることが多くなったのは、そうした事情を社会的背景としていただろう。これについては村落共同体から遊離した教育の個別化現象とみなしてよいだろうが、ただその基本的目的は村およびより広域的な地域社会における地位・威信と指導力を保つことにあったのであり、明治以降のように都会で立身出世させるためではなかった。

(二)　産育・教育への公権力の介入

捨て子の禁止と養育　幕藩「公儀」権力は、みなし児については、親類・五人組および村・町の責任で養育することを義務づけていた。五代将軍綱吉の代になると、生類憐れみ政策の一環として捨て子対策に力を入れるようになる。(102) 貞享四年（一六八七）四月、幕府は、捨て子があったならば、その所の者が養育するか望みの者に養子に遣わすよう全国に布告した。さらに元禄三年（一六九〇）一〇月には捨て子禁止令を発し、養育困難の際には、奉公人はその主人、御料は代官・手代、私領は名主・五人組に届けるよう命じている。以後も江戸では捨て子禁止令がたびたび出され、元禄九年には妊婦と三歳以下の子供の登録制度も創始されている。こうした幕府の方針を受けて、諸藩も捨て子対策には積極的な姿勢をみせた。
捨て子は特に都市において問題となっていた。三都や各地の城下町は農村部からの人口流入によって肥大化が進み、その結果、都市細民層が形成されたことが、その背景をなしていた。彼らは雑業によってその日暮らしをしており、特定の職業を代々継承するような家を形成していなかった。したがって生活が不安定で、しかも子供を家を連ねていく存在として意識することもなかった。また、独自に町共同体を形成して相互扶助に支えられることもなかった。それゆえ捨て子が発生しやすかったのである。また、非人が我が子を非人の身分から抜けさせるために、町人身分の者に拾われ養育されることを期待して捨てることもあった。捨て子は、実の親が我が子を捨てただけではない。養育料を受け取って里子に取った者がその里子を捨ててしまう例、しかもそれを常習として養育料稼ぎをする悪質な例もあった。(103)

ところで、捨て子は自分に代わって子供を養う親を見つける一つの手段、一種の押しつけ養子であると説いたのは有賀喜左衛門氏であるが、(104)塚本　学氏は、そうし捨て子だけでなく、川に投げ捨てられる捨て子、犬の餌になる捨て子もあったことを指摘され、それゆえ幕府は生類憐れみの観点から捨て子禁令、捨て子養育令を出したのだとされる。(105)菅原憲二氏の研究(106)によると、京都では綱吉の捨て子禁令を契機に、捨て子を拾った町の責任で養子先を見つける制度が成立している。

農村においても、近世前期には主人のもとから自立しつつあった譜代下人が逆に主人の保護を得られなくなったがために子供を捨てた例がみられるし、(107)また飢饉時には捨て子が発生しやすかった。しかしながら都市部ほどそれが問題になってはいない。それはおそらく、農村においては既述のように家の形成が最下層にまで進み、しかも小経営農民たちは家の存続のためにあらかじめ産児を制限するようになっていたこと、そして都市よりも共同体的相互扶助が機能していたことによろう。ただ病弱な子供などを丈夫に育てるために儀礼的に捨てて依頼しておいた人に拾ってもらう呪術的な習俗はみられたが、それは養育の放棄ではない。

堕胎・間引きの禁圧　農民の産育に幕藩権力が管理・統制の手を及ぼしてくるのは、一八世紀半ば以降の農村人口増加政策を契機としている。北関東から南奥羽にかけての農村は、一八世紀中期より戸口が減少して不耕作地が増大し、荒廃化が進行した。これは、凶作・飢饉が相次いだこと、土地生産力に比べ貢租が過重であったこと、商品貨幣経済の浸透によって農民層の分解が進み、貧窮した農民が都市に流入したこと、こうした諸要因が複合的に作用した結果の現象である。これに対し、幕府・諸藩は農村人口増加政策の一環として、堕胎・間引き禁止令を発する一方、妊娠・出産の届け出制を実施した。

従来はそれぞれの家族が自己の家の再生産条件に合わせて子供の数を調節していたのであるが、公権力がそれを否定し、出産を自らの管理・統制下に置こうとしたのである。その代わりに、赤子養育を扶助している。村としても、村内の戸口を適正規模に回復させることは村の存続にとって緊要の課題となっていた。そのため村役人たちも、堕胎・間引きの撲滅のために教諭活動を展開する一方、領主・代官とも連携しつつ赤子養育を援助・保障する公共的制度の創始に乗り出した(108)。

「七ッ前は神のうち」と観念していた民衆の間では、間引きも「子返し」「子戻し」といわれたように、今のところは育てる余裕がないのでひとまず赤子の魂を神の世界にお返しする行為と考えられており、罪悪感は乏しかった、と民俗学では説かれる。田嶋　一氏はこれを受けて、間引きが人倫にもとり、それをする者は地獄におちるといくら教諭されようと、民衆には説得力がなかったとされている(109)。確かに、それによって間引きが根絶したわけではなかっただろう。しかしながら、領主・代官、村役人、宗教者などがこぞって堕胎・間引きについての教諭活動に熱をあげ、とりわけ母親に罪業が一身に負わされ批判の集中砲火が浴びせられた中にあって、はたしてその心性に何らの影響もなかったのであろうか。

関東の利根川および桜川流域に結成されていた子安講（婚姻・懐妊・出産・子育てを契機に結ばれた女人講）を人口対策との関連で検討された西海賢二氏[110]によると、近世後期の子安講は堕胎・間引きなどによって生を抹殺された嬰児に対する供養をも行うようになっており、常総地域では一八世紀に入ると十九夜供養塔や二十三夜供養塔が子安講によって造立されることが顕著になっているという。神の世界にお返しした水子の魂を供養することはもともとはしなかったのであるが、女人講でそれを行うようになっているところに、堕胎・間引きをめぐる母親たちの心性に変化が生じていたことがうかがえよう。

教育への介入　ところで、領主や幕府代官は、産育を自らの管理下に置こうとしたのみならず、親の子供に対する教育内容についても事細かに教諭している。一方、寺子屋での子供の教育への公権力の介入はすでに幕府の享保改革を機に始められており、幕府・諸藩の出した法度集や教諭書をテキストに使用することを奨励していた。

以上のような民衆の産育・教育への公権力の介入は、「子供は公のものであって、親が私すべきものではない」という論理でもってなされていた。例えば文政元年（一八一八）の上野国沼田藩主の教諭では、「そもそも土地ハもと公儀のものなれハ、わが領分とてもあつかりたてまつる所なれハ、領内のひとはすなはち、公のひとゝ思ふなり、されハうまるゝ子も親のわたくしの物とおもふへからす」と説いている。[111]こうした論理は、明治以降の、子供は国家のものとする産育・教育政策の論理につながっていく面をもっていると思われる。明治政府は、富国強兵のために「産めよふやせよ」をスローガンとして当初より堕胎・間引きを厳禁する方針を打ち出し、明治一五年（一八八二）の刑法では堕胎を犯罪として定めた。明治以降、いわゆる「貧乏人の子沢山」が現実化したのは、家族の産児選択権が奪われたことが大きな要因になっていたと思われる。そして一方、周知のように、学校制度を通じて国家が教育権を一元的に掌握していった。

近世後期から近代にかけての産育・教育をめぐる動向の中での家・村・国家の関係について考察を深めていくことは、今後の大きな課題であると考える。

第三節　老後と死後

(一)　大人から老人へ

ここまでは、村落社会における産育・教育のシステム、およびそれに対する公権力の関与・介入の仕方について述べてきた。

一家の主人・主婦への途

近世中・後期には子女を結婚させる前に他家に奉公に出すことが多かったが、これも一種の教育としての意義をもっていた。もっとも、貧農層にあってはそれは口減らしと家計の補助を主目的としており、なかには家族の生活をしのぐために遊女として身売りされる娘もいた。他方、上層の家の娘たちの場合、純然たる花嫁修行として武家屋敷に奥奉公にあがることも広く行われていた。関東では江戸に出稼ぎする者が多かったが、南伊豆の東子浦の若者組には「江戸世話人」という役割があり、江戸に出稼ぎ中の村の若者たちの取り締まりや故郷との連絡、村の氏神への醵金の取り扱いなどの世話にあたっていたという報告もある。(112)また、旅稼ぎや奉公に出た若者の中には、無宿者と交わり、アウトローの世界に足を踏み入れる者もいたらしく、それを防止しようとする若者組の条目もある(113)。村外に出た若者と若者組との関わり合いは家と村の存続とも結びつく問題であり、さらに具体的事例を発掘し、検討を深めていく必要があろう。

さて、当時の若者と娘はどのくらいの年齢で結婚していたのであろうか。歴史人口学の研究成果によると(114)、近世中期以降、初婚年齢は男女ともに晩婚化が進み、女子は二〇歳前後、男子は東北以外では二〇代半ばから後半で結婚するのが平均となっていたという。夫婦の年齢差は現代よりも大きい。概して男女ともに東日本で早婚、西日本では晩婚であった。明治初期の平均世帯規模は、一般に東日本では大きく、西日本では小さい傾向にある。これは農業経営の規模に対応していただろう。比較的手作り規模が大きければ、早く家族労働力を補充しなくてはならないので、いきおい早婚とならざるをえないのである。

直系家族制度が支配的になった段階では、家の後継者のみしか家内で結婚させないのが原則となる。したがって、他の子女は、他家に嫁・養子として入るか、分家して一家を構えるか、あるいは奉公人制度を確立している都市の商家に子供の時から丁稚奉公し、番頭まで勤めあげて別家させてもらうしか、結婚して一家の主人・主婦になる途はなかった。分家をあまり出さなくなった近世中期以降にあっては、嫁入り、養子入りするのが跡継ぎ以外の子女の最も一般的なコースであった。

家督が譲られるのは当主の隠居または死亡を契機とするが、他家に嫁・養子として入った者は養父母・舅姑からその家の風を仕込まれる。その家の主人・主婦とするにはふさわしくないと判断されれば、離縁されることもあった。嫁として適性であるか否かは、家事・農作業での労働能力のほかにも子を産み育てる能力も勘案された。それゆえ、子ができなければ離縁の理由ともなったのである。一九世紀初頭から幕末維新期までの武蔵国荏原郡太子堂村の村人のライフサイクルを分析された森　安彦氏の研究(115)によると、離婚事例一五件のうち子の出産なしを理由とするものが八件にものぼっている。また、所によっては、嫁が子を産んではじめて夫の家の成員として認められるという足入れ婚のような習俗もみられた。

農民の間でも既述（前章第二節(三)）のように、小農民の家の経済的・社会的自立性の強まりに伴い、一家の主人の地位に就くとその家の「家名」である通名を襲名して、家の連続性と個別性を社会的に表示することが一般化した。宗門人別帳をみると、当主以外の者の名前には一村内に同じ名前が複数存在することは珍しくないのに比べ、当主名は重複していないのが通例である。当主名は村内の個々の家を識別する標識（家名）であるので、その名前が重複しないよう村としての規制が働いていたに相違ない。また、身分階層制が強固であった村にあっては、当主名（家名）がどの身分階層に属するかを表示する機能をもっていたので、その面での村の規制も働いていた。例えば河内国若江郡長田村では、草分け百姓一〇三軒のみが「何右衛門」と名乗ることができ、しかも氏神の宮座の構成員になりえた。これに対し、後から入ってきた百姓は「何兵衛」という名前を強制され、宮座にも入れなかった。ところが、一八世紀半ばになると、経済的に上昇した兵衛方の百姓の中には勝手に「右衛門」を名乗る者も現れ、これをめぐって訴訟沙汰が起きている(116)。明治三年（一八七〇）一一月、政府は、国名や律令制の官職名にちなんだ名前を名乗ることを禁じた。その意図はともあれ、これによって、名前を村内の家格表示の手段とすることができなくなったという社会的効果はもたらされたのである。なお、近世にあっては、将軍や殿様の実名に用いられている字を勝手に名前に使うことも禁じられていた。それが許されたのは、主従関係にあってその実名の一字を賜った者だけである。

ところで、年少者が当主にならざるをえなかったときには、襲名しないで、宗門人別帳にも後見にあたる親類の者の代判が捺され、成長した暁に襲名してその家の実印も継承している例もみられる(117)。すなわち、家名を襲名することはその家の一人前の主人となったことの証なのであり、それにより実印を行使する権限、いいかえれば社会的に法的行為をなしうる権限を持ったのである。一家の主人・主婦となれば前章第二節(五)で述べたような役割を担い、家族を扶養し、家を存続させる責務を負うことになる。男性の当主は家を代表して村の運営にも参画する村の公人でもあり、したがって一家の長としてふさわしい振る舞いをすることが家のみならず村からも求められ、家・村の規範に背いたならば、家の者および村人の意思として強制的にその地位から退けられることもあったのは、先述したところである（前章第二節、七九〜八〇頁）。もっとも、村の運営に参画できるのは百姓株を持つ本百姓に限られているのが通例であるので、それを持たない水呑は、たとえ一家の主人になっても、村社会の公的場においては一人前の扱いを受けていなかったことになる。

また女性も、主婦の地位に就けば家においては一人前になったことになるが、村社会にあっては一人前の人間として公的場に出ることは認められなかった。のみならず、宗門人別帳では、子供・娘時代は名前が記されているのに、結婚すると「女房」とのみしか登録されていない例が多い。公権力からは、結婚した女性は個としては認識されず、夫の付属物とみなされていたのである。

老後の扶養と介護　大人として家と村を支え、やがて六〇歳の還暦を迎えると大人から老人へと移行し、地域の慣行や家の経済的条件、家族構成上の事情などにもよるが、隠居する者が多くなる。隠居者は宗門人別帳では例えば「父　浄仙」「母　栄性」、「父　道昌」「母　妙昌」というふうに出家名で記されている例が多く、[118]人間世界からは退いた存在となっていたことを示している。その一方、隠居した前当主がひきつづき家名を名乗り、彼の死後当主がそれを襲名している例もみられるが、[119]この場合、隠居後も何らかの権限の留保を伴っていたのかもしれない。

歴史人口学によれば、一七世紀初めには平均寿命は三〇歳そこそこだったのが、一八世紀には三〇歳代半ばに、そして一九世紀には三〇歳代後半にまで延びたとされている[120]。ただ、乳幼児期を無事乗り切れば六〇歳以上まで生きることは決して珍しくはなく、宗門人別帳をみても六〇歳以上の者は多く見出だせる。この時代の人々の長寿への願望の大きさは養生論に対する関心の高さにも示されているし、現実に長寿への可能性が拡大したことは、自己の老後の生活に強い関心を向けるところとなった。近世には、家産・家業を跡取りに譲った後は自身のために悠々自適の生活を送りたいという楽隠居への願望が、都市の武士・商人からしだいに農民の間にも広まっていった[121]。それを実現するためには相応の資産を蓄え、安心して家産と家業の管理を任せられる跡取りがいることが前提になる。それが労働と子育ての励みにもなっていたであろうが、一方で、公的扶養制度の未整備なこの時代にあっては老後の生活は家と家族に頼らざるをえず、楽隠居願望の裏では不安感にも付きまとわれていたにちがいない。とりわけ商品貨幣経済の波に洗われ、家の浮沈が大きくなっていた段階にあってはなおさらである。

老衰者や病人あるいは身障者の扶養・介護を担う責任主体は家族であったが、小家族化したうえに老齢者が増えたこともあって、その役割は家族にとって大きな負担となったであろうことは、容易に察しがつく。奉公人を抱える余裕のあった一部の富裕な家はともあれ、大多数の中・下層民にあっては、生計のための労働に従事する傍ら老衰者などの介護にもあたらなければならなかったのである。家と職業労働の分離が進んだ近代以降には介護はもっぱら家を守る女性の役割となったが、家と職業が一体化していた近世には、男女にかかわりなく介護にあたっていたようである。このことは、仙台藩が延宝五年（一六七七）より嘉永元年（一八四八）までの一七二年間に表彰した五六四件の善行者の記録を編纂した「孝義録」のうち、老人・病人・障害者の扶養・介護にかかわる事例（全件数の七六％余を占める）を分析された柳谷慶子氏の研究[122]からうかがい知ることができる。

柳谷氏によると、夫婦や複数の家族員の共同で扶養・介護できるのは恵まれているほうで、なかには跡取り息子が高齢の親や病人を抱え、一人で生計を維持しながら介護も行い、嫁の来手もなかった例や、妻帯していても介護をめぐる事情から離縁に追い込まれたりした例なども珍しくはないという。後者のケースではやがて、老齢者の単身世帯の発生にもつながるのである。もちろん、「孝義録」であるので、困難な条件のもとで扶養・介護に努めた事例が多いのは当然であるが、老衰者・病人・障害者などの扶養・介護が家族にとって重圧となっていたことはうかがえる。

家内に扶養・介護者がいない場合は、親類の者が引き取ったり、あるいは通って面倒をみた。それもかなわなければ、親類もいないときは、五人組や村・町が世話をする義務を負っていた。それもかなわなければ、公権力に扶助を願い出た。[123]幕府・諸藩は個別的・単発的な扶助のほかにも、近世後期には七、八〇歳あるいは九〇歳以上の超高齢者に対しては毎年一定額の扶養米を支給したりもしているが、それは自ら敬老の模範を民衆に示すというイデオロギー的性格の強いものであった。概して幕府・諸藩は老人や病人・障害者の生存保障には積極的ではなく、一八世紀半ば以降人口増加策のために赤子養育の扶助に力を入れたのとは対蹠的である。それは、柳谷氏も指摘されているように、[124] 老人・病人・障害者は赤子とは異なり労働人口の確保にはつながらなかったことによろう。それらの扶養はもっぱら家族・親族や村・町に負わせるのがこの時代の公権力の方針であり、それを奨励するイデオロギー政策として孝子・貞女の表彰は盛んに行い、褒美として米銭を賜与するという施策をとったのである。村も、一八世紀半ば以降の荒廃化の危機に直面して、復興の手段として産育を扶助・保障する公共的な制度づくりに力を入れはじめたのであるが、老人・病人・障害者の生存保障の制度化にはどの程度取り組んでいたのか、今後の検討課題となろう。

(二) 老人の役割と死後

もちろん、老人も働ける限りは働いていた。家と家族に支えられながら、余生を文芸・学問活動に専心したり旅をしたりして自適に過ごし、独自の文化を創造した老人もいたが、大多数の老人は隠居するしないにかかわらず健常なうちは働き、また長年にわたって蓄えた経験と知識を生かし、家の後継者を後見、指導していた。

東北・北陸地方では隠居慣行が成育していなかったことが民俗学や社会学で指摘されているが、これは、この地方では手作り規模が比較的大きく、それだけ多くの家族労働力を要したことにもよろう。この場合、家長の労働能力が減退すると、相続予定者に農作業の指揮を委ねて経験を積ませつつ、重要事項については指導していた。[125]それは家の後継者を一人前にするための教育でもあったに相違なく、この地方の家長権の強さに収斂させて論じるのは生産的ではない。

老人から先祖（神）へ

隠居慣行が形成されていても、その形態は地域によって多様であったことは、竹田旦氏の民俗学的研究[126]から知られるところである。また、同じ村にあっても、歴史的に隠居形態は変化していた。例えば大竹秀男氏の研究[127]によると、畿内農村では、近世前期には長男に家督を譲ったあと他の子女を連れて隠居分家し、自ら働きながら養育して次三男に分家を継がせる形態が広くみられたが、家産の単独相続化に伴い家内隠居に転化している。家内隠居にも、当主夫婦と同じ母屋に同居する形態と、同一屋敷内の隠居屋に移り住み、隠居分の田畑を耕作して自活する形態とがあり、後者は西日本一帯から東日本の茨城・福島県あたりまで広く分布している。竹田氏は、この別居型が隠居の主流をなしているとされる。近世文書にも、隠居料について跡継ぎとの間で取り決めた証文は多くみられる。別居隠居はお互い気がねなく暮らしつつ必要に応じて家族として助け合えるので、確かに理想的な形態であっただろう。そこにはまた、老後にあってもできる限り自立して生活を営みたいという志向性もうかがえよう。

ところで、老人を情緒面で支えるうえで年齢的意味での子供の存在が大きな意義をもっていることが、老人問題についての議論でしばしば指摘されている。その点、近世においては、同居はもちろん、別居隠居にあっても同じ屋敷内に祖父母と孫が住んでいるので、両者の交流は当然密であったに相違ない。また地域においても、老人と子供は関わり合いが深かったものと思われる。一九世紀の日本農村における老人女性の死亡率を分析されたL・L・コーネル氏(128)は、同居する孫のいない老人女性よりも孫と同居している老人女性の方が長生きしているという興味深い指摘をされており、このことからも老後の生活における子供の存在の重要性がうかがえる。

ところで、近代科学が発達した社会にあっては、それへの信奉から老人の蓄えてきた経験的知識・技術は顧みられなくなってしまったが、前近代社会においては、家族生活のうえでも、社会生活のうえでも、後者のもっていた意義は大きなものがあったに相違ない。近世中期以降、農民の間でも長年にわたる人生経験のなかで得た知識・教訓や技術を子孫のためにしたためた家訓・農書が多く現れ、子孫もそれを家の宝としていた事実が、そのことをよく物語っている。また、老いても当主の地位にあった場合はもちろん、別居隠居した場合でも家の後継者に対し後見的立場にあって指導力を発揮しえたのも、老人のもつ知恵と知識・技術が家の経営にとって重要な意味をもち、それゆえ家族もそれを尊重していたからにほかなるまい。

村社会にあっても、老人のそれは重んじられていたのではなかろうか。とりわけ村役人を勤めた経験のある老人は、村政を運営するうえで折りにふれて相談を受けたり、あるいは自ら忠告していたかもしれない。志摩国府では、家督を譲って隠居屋に移ったのちは、村や組の通常の寄合には新当主が出るものの、重要な寄合には隠居が出席することもあったという(129)。また、駿河国駿東郡山之尻村の世襲名主家の当主および隠居が安永二年（一七七三）から安政二年（一八八五）まで代々書き継いだ日記(130)には、隠居衆が村内のもめごとの仲裁に入っている例も多くみられる。隠居者は世俗から一応身を引いた存在であり、現実社会の利害関係からはある程度超越している。しかも、人生経験豊かで、人情の機微にも通じている。したがって、もめごとの仲裁には適任であったといえよう。おそらく隠居者は、家内においても、村社会においても、人間関係の潤滑油的な役割を果たしていたのではなかろうか。

老人はまた、神仏に近い存在とみなされており、家と村の神事・仏事において重要な役割を果たしていた。それを通じて家と村の安穏と繁栄に寄与するのが老人の務めであった。先の志摩国府の別居隠居の例では、年忌・法要は仏壇のある本屋で営まれたものの、それを主宰しているのは隠居である。(131)日常にあっても、神に家内安穏と子孫繁栄を祈るとともに、仏に自己の来世における冥福を願うのが務めとされていたようである。安永六年（一七七七）に筑前地方で生まれたとされる『農業横座案内』という農書では、年齢および家内での地位に応じた心構えを説いているが、老いて隠居した者のそれについては「神前に向てハ家内息才（災）延命子孫栄久を祈るへし、仏を拝しては御教のごとく後世菩提をも願ふへし」(132)と述べている。筆者の調査した三重県鳥羽市菅島では、六〇歳以上の男子より選挙で選ばれた者と役職経験者によって構成される元老会が村の祭祀を司り、一方、女性は六〇歳以上になると「梅花講」に入り、村の仏事で念仏を唱和する役割を務めている。(133)

明治以降、資本主義化に伴う労働の商品化が進み、しかも富国強兵が国家の目標に掲げられたもとでは、労力、兵力としての能力が人間の価値基準として重視されるようになる。また、近代科学の知識・技術があらゆる分野で絶大な力を発揮しはじめる。そのため、労力としても兵力としても能力の衰えた、しかもその蓄えてきた知識・技術まで社会的に顧みられなくなった老人は、社会的劣等者として扱われるようになっていく。しかし、伝統的な家や村落共同体にあっては、たとえ労働能力は衰えても、劣等者とはみなされず、何らかの役割が与えられるようなシステムになっていたものと思われる。近世の家と村における老人の位置・役割および老人観を、階層差、性差を含めて具体的に明らかにしていくことは、今後の大きな課題である。

さて、やがて死を迎えると、「ホトケ（仏）」になったとして戒名が与えられる。現世における死は同時に、来世における霊魂の誕生を意味する。戒名は来世での名前である。名付けされるということは、個として認識されることにほかならない。個としての霊魂は、三年忌、一三年忌、一七年忌と個別の法要によって供養され、年忌を重ねるに従いだんだんと個性を失ってゆき、また穢れも浄まり、三三年忌もしくは五〇年忌で弔い上げとなって、無個性の清浄な祖霊に融合し、「カミ（神）」としての「先祖」に昇華する。このことは、つとに柳田国男の説いているところである。[134] オームス・ヘルマン氏は、生者の成長過程と死者の祖霊化の過程とは対応関係にあることを指摘している。[135]「神（祖霊）」の世界からこの世に生まれ、成長して一人前の一家の主人・主婦となり、死後はあの世で再び「神（祖霊）」に帰っていく——これが民俗社会における現世と来世を一貫するライフサイクル観であったのである。このようなライフサイクル観は、小農民の家も主体的に自己の先祖を祭るようになった段階で、広く農民の間に成立したものと想定される。

「厄介」と「無縁仏」

このライフサイクルは家と村を基盤として成り立っている。それゆえ、家の没落、絶家、ましてや一八世紀半ば頃より関東とその周辺農村で進行した荒廃化のごとき村ぐるみの崩壊の危機は、農民たちに言い知れぬ恐怖を与えたのである。それは、家と村の復興に向けての思想形成、農事改良とその実践の契機となった。二宮尊徳の創始した報徳仕法は、当時の農民たちが直面していた課題に即し、人間と自然、そして家と村と国家の関係を原理的に省察した結果、考案された、「興（富）国安民」を実現するための具体的方策であった。[136]

ところで、家が絶え、祭ってくれる子孫のいなくなった霊魂は、「無縁仏」となってしまう。しかし、たとえ家が存続していたとしても、すべての者が死後、「先祖」となりえたわけではない。第二部第二章第四節(二)で述べるように、「先祖」となるには、結婚すること、すなわち子孫をもちうる条件を満たしていることが前提となっていた。近世においては、農民の家は直系親を主体とする小家族で構成されるのが一般的となり、跡継ぎのみを家内で結婚させるのが原則化した。したがって、結婚を「先祖」となる要件とするとき、事実上、「先祖」は直系のラインに連なる代々の家長とその妻の霊によって構成されることになる。そして、たまたま未婚のまま死去した者の霊は、偶然的に発生した例外的な霊として「先祖」の周縁に位置づけられる。未成年あるいは未婚のまま死んだ者の霊が「無縁仏」として扱われている例は、各地で認められている。

跡取り以外の子女が何らかの理由で成人後も生家に留まらざるをえなかったときは、家内では「厄介」として位置づけられ、死後は「無縁仏」として扱われる。彼らは、一家の主人・主婦→「先祖」という正規の人生コースからはずれた存在なのである。また、たとえ跡取りに予定されていた長男であろうとも、不行跡あるいは心身の障害のため一家の主人としての責務を果たせそうもないと判断されれば、後継者の地位から退けられる。それは、正規の人生コースからはずされることを意味したのである。のみならず、不行跡が甚だしく、「厄介」として家に留めることすら認められなければ、勘当されて家と村から追放された。

心身障害者は百姓・商人・職人の家の主人・主婦への途からははずされたが、盲人の場合は芸能、医業、呪術的宗教などによって自活する者が多かったことは、加藤康昭氏の研究[137]で明らかにされているところである。盲人の職業教育は徒弟制度によってなされ、彼らは盲僧仲間、座頭仲間、瞽女仲間などの独自の社会集団を形成していた。また、飛騨高山町の宗門人別帳には盲人が当主となり、その家族や弟子から構成される家が多くみられ[138]、自らの家族や家を形成していた盲人もいたことが知られる。自活しえない障害者は、「厄介」として生家あるいは親類・五人組や村・

町に扶養してもらうしかない。

健常者であっても、生家を継げず、分家もできず、養子・嫁の口もなければ、単身のまま生家に「厄介」として留まらざるをえなかった。彼らは、家においても村においても一人前の扱いは受けず、いわば日陰の存在であった。近世後期における小田原藩領の村々からの欠落人を分析された内田哲夫氏は、その大半が傍系の男子であったことを明らかにされているが(139)、それが彼らが家と村において置かれていた境涯に起因していたことは間違いないだろう。欠落人は、その家族や親類、五人組、村・町の役人らが一八〇日間探索しても見つからなければ人別帳から除籍され、家と村・町からドロップアウトした無宿者となる。否、自らの意思で欠落した者ばかりではない。不行跡者は村の制裁として強制的に村から追放され、合法性を装うため「欠落」として処理されることもあった(140)。

成人後も未婚のまま生家の厄介になっていた女性も、社会的に疎外され、侮蔑を受けていた。それは、彼女らが「エイタイオバ」「イカズゴケ」「イカズオバ」「ヘッツイ」などと蔑称されていたことによく示されている。「ヘッツイ」という呼称は、生家の厄介者としてヘッツイ(竈)の番ぐらいしかできないという軽侮の意をこめたものである。また、結婚しない女性は、無毛、無月経、性器の奇形などの身体的欠陥があるからではないかと周囲からいろいろ憶測され、あれは「アナナシ」であるとか、「カワラケ」(無毛症)であるとかの隠微な悪口を言いふらされもした。さらに、結婚できない女性は一人前ではないとして、人前に立つことさえ遠慮しなくてはならず、婚礼の席にさえ出させてもらえなかった地方もある(141)。

田畑の単独相続制が定着した近世中期以降、田畑を付けて嫁にやることは原則的には否定されたものの、明治初年に全国各地の習俗を調査して集成した『全国民事慣例類集(142)』の「婚資」の項には、入嫁の際に田畑も持参する例も稀にはあったことが報告されている。注目すべきは、それは「身体不具面貌醜悪ノ償料ニ充ル」もので、それゆえ世間体を憚って内密に行っているとされていることである。この事例は未婚女性をめぐる当時の社会通念とその境涯を背景としていたことは疑いなく、そこには、なんとかして娘を正規の人生コースに乗せてやり、世間から後ろ指をさされないようにしてやりたいという親心が働いていたのだろう。また、たとえ結婚しても、離婚して実家に戻れば、再婚しない限り「厄介」→「無縁仏」のコースをたどらざるをえない。近世には武家も庶民も再婚率が高かったことが指摘されているが、(143)それは、実家から厄介払いをするとともに、本人を正規の人生コースに再び乗せてやる意味をもっていたのではなかろうか。(144)したがって、再婚率の高さをもって、近世においては離婚、再婚があたかも自由であったがごとく解するのは、あまりにも皮相にすぎよう。当時の人生観との関係で結婚、離婚、再婚のもつ意味を考えなくてはならないのである。

なお、詳しくは第二部第二章で述べるが、未成年あるいは成人後も未婚のまま死亡した者は「無縁仏」になるとはいえ、その家において供養は受けた。また、家が絶えて「無縁仏」になった霊は、村落共同体によって供養された。死後においても生前の家内における地位に規定された差別の体系が存在していたとはいえ、家と村落共同体は死後における霊魂の安穏を保障する機能も果たしていたのである。葬送についても、それを扶助する様々な形のシステムが地域社会には創り出されていた。

ところで、近世を通じて民衆の間にも死後の祭祀を希求する心性が広く形成されていた歴史的前提条件に立って、近代天皇制国家が国民を精神的に統合しようとするとき、国家のために殉じた者の霊を国家として祭祀することが不可欠とならざるをえない。靖国神社はそうしたものとして歴史的に位置づけられるだろう。それは、国家による死の管理、死の価値づけにほかならない。(145)

註

（1）石川松太郎「育児についての構想・思想」（『日本子どもの歴史』3、第一法規出版、一九七七年）、山住正己・中江和恵「子育てと子育ての書」（同編注『子育ての書』1、平凡社、一九七六年）参照。

（2）(A)太田素子「近世子育て論への道標」（『保育学年報』一九八七年版）。

（3）同前、(B)太田素子「近世あそび文化と子どもへの教育関心」（『玩具文化』第三号、一九八八年）。

（4）黒田日出男「『童』と『翁』」（同『境界の中世　象徴の中世』東京大学出版会、一九八六年、二二六頁）。

（5）『中世法制史料集』第三巻（岩波書店、一九六五年）一七八頁。

（6）同前二三一頁。

（7）坂田　聡「中世村落の構造と家」（『歴史学研究』第五九九号、一九八九年）、同「氏連合的村落から家連合的村落へ」（『歴史と地理』第四二一号、一九九〇年）他。

（8）速水　融・鬼頭　宏「庶民の歴史民勢学」（『日本経済史』2、岩波書店、一九八九年、二七八頁）。

（9）堕胎・間引きの研究史については、同前二七六〜二七九頁、太田素子「『一七〜九世紀日本の小家族化と子育ての意識の変容に関する心性史的研究―マビキ慣行を手がかりに―』についての総括的報告」（『近世マビキ慣行関係史料集成』刀水書房、一九九六年）を参照されたい。特に後者に詳しい（太田氏の御厚意により刊行前に原稿を拝読させていただいた）。間引きや堕胎を小農家族の家族計画にもとづくものとする見解は、歴史人口学で提起されたものであるが、この見解はその後の近世の子供および産育・教育に関する研究に継承されている。田嶋　一「民衆社会の子育ての文化とカリキュラム」（叢書『産育と教育の社会史』2、新評論、一九八三年）、高橋　敏「近世村落における子どもの存在状況」（同『近世村落生活文化史序説』未来社、一九九〇年）、(C)太田素子・同前論文、(D)同「少子化と近世社会の子育て―マビキの社会史―」（シリーズ変貌する家族1『家族の社会史』岩波書店、一九九一年）、(E)同「少子化傾向と子育て―近世日本」（叢書『産む・育てる・教える』1、藤原書店、一九九〇年）等。

（10）高橋・同前論文一一五頁。

（11）太田・前掲(D)論文一六九頁。

(12) 太田・前掲(C)論文。
(13) 太田・前掲(B)論文一六九頁。
(14) 同前。
(15) 太田・前掲(C)論文。
(16) 例えば、田嶋・前掲論文（註9）五五頁、飯島吉晴「子供の発見と児童遊戯の世界」（日本民俗文化大系10『家と女性』小学館、一九八五年、二四一頁）。
(17) 太田・前掲(D)論文一六九頁。
(18) 青柳まちこ「忌避された性」（前掲『家と女性』四四四頁）参照。
(19) 安藤昌益『統道真伝三　人倫巻』（『安藤昌益全集』一〇復刻四、農山漁村文化協会、一九八三年、四〇一頁）。
(20) 加藤康昭『日本盲人社会史』（未来社、一九七四年）四三頁。
(21) 青柳・前掲論文参照。
(22) 太田・前掲(D)論文一六八頁。
(23) 速水・鬼頭・前掲論文二八七〜二八八頁、速水　融『近世農村の歴史人口学的研究』（東洋経済新報社、一九七三年）第一二―一表参照。
(24) 柳田国男「社会と子ども」（『家閑談』所収。『定本柳田国男集』第一五巻、筑摩書房、一九六九年）、大藤ゆき『児やらい』（三国書房、一九四四年。改訂版、岩崎美術出版社、一九六七年）、同「民俗における母親像」（前掲〈註16〉『家と女性』）、宮本常一『家郷の訓』（岩波書店〈文庫版〉、一九八四年）、直江広治「農民の子」（前掲〈註1〉『日本子どもの歴史』3）、飯島吉晴・前掲（註16）「子供の発見と児童遊戯の世界」等。
(25) 久木幸男他「一九世紀前半江戸近郊農村における女子教育の一研究」（『横浜国立大学教育学部紀要』一九八一年）、高橋敏『日本民衆教育史研究』（未来社、一九八一年）、同・前掲「近世村落における子どもの存在状況」、同「近世小農の消費生活と教育・文化の創造」（前掲書〈註9〉）、田嶋　一「近世社会の家族と教育」（『講座　日本教育史』2、第一法規出版、一九八四年）、同・前掲「民衆社会の子育ての文化とカリキュラム」、中内敏夫「家族と家族のおこなう教育」（『一橋論叢』九七—四、一九八七年)、同『新しい教育史』(新評論、一九八七年)、吉田　勉「文書・絵馬・石造物に見る近世大宮の生活・文化・教育」(大宮市立博物館、一九八九年)、同「農民家族のおこなう教育」(叢書『産む・育てる・教える』2、藤原書店、一九九一年)、Ⓕ太田素子「宮負家『祝義簿』の研究——近世農民家族の通過儀礼と子育て意識——」(『国立歴史民俗博物館研究報告』第三一集、一九九一年)、Ⓖ同「近世農村社会における子どもをめぐる社交——甲斐国山梨郡下井尻村依田家文書を手がかりに——」(同前第五四集、一九九三年)、高井　浩『天保期、少年少女の教養形成過程の研究』(河出書房新社、一九九一年)、大田　堯『子育・社会・文化』(岩波書店、一九九三年)。

(26) もっとも産育儀礼には、時代、地域、階層、性、長幼による差異が当然ながらあった。太田素子氏の同前Ⓕ・Ⓖ両論文は、その点に着目して、近世農民の子ども観および子育て意識の差異と変化を具体的に追究した先駆的研究である。

(27) 柳田・前掲(註24)「社会と子ども」(前掲書二〇八頁)。

(28) 大間知篤三「呪術的親子」(同『神津の花正月』六人社、一九三三年)、飯島・前掲論文(註16)二四三頁参照。

(29) 以下、太田　堯・前掲書(註25)六五〜七〇頁参照。

(30) 太田・前掲Ⓒ論文(註9)。

(31) 同前。

(32) 黒田・前掲論文(註4)。

(33) 太田・前掲Ⓖ論文(註25)。

(34) 柳田・前掲(註24)「社会と子ども」(前掲書二二〇頁)。

(35) 太田・前掲Ⓖ論文。

(36) 柳田・前掲「社会と子ども」(前掲書二二〇頁)。

(37) 黒田・前掲論文(註4)二二六頁。

(38) 高橋・前掲(註9)「近世村落における子どもの存在状況」二二〇〜二二二頁、同(註25)「近世小農の消費生活と教育・文化の創造」一四九〜一五〇頁。

(39) 本書第二部第一、二章、谷川章雄「近世墓標の変遷と家意識」(『史観』第一二一冊、一九八九年)参照。

(40) 太田・前掲(G)論文（註25）。
(41) 大田　堯・前掲書（註25）七五頁。
(42) 例えば、宮本・前掲書（註24）七九頁、大藤ゆき・前掲（註24）「民俗における母親像」四〇三頁。
(43) 宮本・前掲書（註24）七八〜一二〇頁参照。
(44) 同前八七〜八九頁。
(45) 同前一八七頁。
(46) 柳田国男「教育の原始性」（『定本柳田国男集』第二九巻、一九六四年）。
(47) 遊び仲間と子供組については、飯島・前掲論文（註16）二三六〜二三九頁、二七一〜二八二頁で、先行研究を踏まえて詳しく叙述されている。
(48) 同前二七三頁。
(49) 同前二七四、二七九頁。
(50) 多仁照廣『若者仲間の歴史』（日本青年館、一九八四年）三六頁。
(51) 黒田・前掲論文（註4）。
(52) 同前二二三〜二二四頁。
(53) 宮本・前掲書（註24）一一三頁。
(54) 大田　堯・前掲書（註25）六九頁。
(55) 福田アジオ「若者組の諸類型と『家』の構造」（『茨城県史研究』第二四号、一九七二年）、同『日本村落の民俗的構造』（弘文堂、一九八二年）一二〇〜一三一頁、多仁・前掲書（註50）一九頁参照。
(56) 多仁・前掲書四〇頁。
(57) 大田　堯・前掲書（註25）七九頁。
(58) 多仁・前掲書三九〜四〇頁。
(59) 大田　堯・前掲書九九頁。

(60) 瀬川清子『若者と娘をめぐる民俗』（未来社、一九七四年）二六八〜三三一頁。
(61) 米崎清実「近世後期の婚姻儀礼慣行と村社会」（『関東近世史研究』第二二号、一九八七年）。
(62) 大田　堯・前掲書（註25）八一頁。
(63) 米崎・前掲論文。なお、川鍋定雄「近世の婚姻慣行」（『講座　日本近世史』第一〇巻、有斐閣、一九九二年）では、甲州郡内地方を事例に、領主・村の婚姻習俗への規制と自由意思による婚姻を求める若者とのせめぎあいのなかで、一八世紀中葉を境に新たな「連出し」慣行が成立してくる経緯を分析しており、興味深い。
(64) 古川貞雄『村の遊び日』（平凡社、一九八六年）六二〜六九頁。
(65) 同前一三九〜一五一頁。
(66) 多仁・前掲書（註50）一六六〜一六七頁。
(67) 高橋　敏「幕藩体制社会と若者組」（前掲〈註25〉『日本民衆教育史研究』）。
(68) 米崎・前掲論文（註61）、古川・前掲書（註64）二五九〜二六六頁。
(69) 多仁・前掲書一六一〜一六二頁。
(70) 同前一一九〜一二三頁、古川・前掲書二四三〜二四四頁。
(71) 古川・前掲書〈註25〉二四七〜二五一頁。
(72) 同前二八〇頁。
(73) 同前二八一〜二八三頁、高橋　敏「幕藩制村落と若者組の動向」（前掲〈註25〉『講座　日本教育史』2）。
(74) 古川・前掲書二七五頁。
(75) 安丸良夫『近代天皇像の形成』（岩波書店、一九九二年）第三章。
(76) 古川・前掲書、阿部　昭「遊日の編成と共同体機能」（津田秀夫編『近世国家と明治維新』三省堂、一九八九年）。
(77) 多仁・前掲書（註50）二四七〜二六二頁、安丸良夫『日本の近代化と民衆思想』（青木書店、一九七四年）二五七頁。
(78) 安丸・同前書二五七頁。
(79) 福田・前掲（註55）『日本村落の民俗的構造』一三二頁。

(80) 同前一一七〜一二〇頁。
(81) 同前一二〇〜一三六頁参照。
(82) 瀬川・前掲書（註60）一三六〜一三七頁、福田・同前書一三二〜一三三頁。
(83) 瀬川・同前書、福田・同前書一三一〜一三三頁他。
(84) 大藤ゆき・前掲（註24）「民俗における母親像」四〇五頁。
(85) 筆者も、民衆への文字の普及の問題を近世文書論の一環として述べたことがあるので、詳しくは拙稿を参照いただきたい（「近世文書論序説（上）」、『史料館研究紀要』第二二号、一九九一年）。
(86) 網野善彦「日本の文字社会の特質をめぐって」（『列島の文化史』第五号、日本エディタースクール出版部、一九八八年）。
(87) 同前。
(88) 近年、近世の村方文書の管理形態について、ようやく具体的な検討が加えられはじめた。冨善一敏「近世村落における文書整理・管理について」（『記録と史料』第二号、全国歴史資料保存利用機関連絡協議会、一九九一年）、同「近世村落における文書引継争論と文書引継・管理規定について」（『歴史科学と教育』第一二号、一九九三年）、保坂裕興「村方騒動と文書の作成・管理システム」（『学習院大学史料館紀要』第六号、一九九二年）、同「近世五郎兵衛新田の文書管理と村政」（同前第七号、一九九三年）、大友一雄「近世社会における文書管理と文書認識」（『史料館研究紀要』第二三号、一九九二年）、吉本一雄「近世地方文書の作成と管理」（『山口県文書館紀要』第一九号、一九九二年）、田中康雄「近世名主文書の保管引継形態について」（西垣晴次先生退官記念『宗教史・地方史論纂』刀水書房、一九九四年）。
(89) 桜井英治「日本中世商業における慣習と秩序」（『人民の歴史学』第九四号、一九八七年）。
(90) 青木美智男「近世の文字社会と村落での文字教育をめぐって」（『信濃』第四二巻第二号、一九九〇年、八六頁）。
(91) 石川　謙『日本庶民教育史』（玉川大学出版部、一九七二年復刻）二五九〜二七七頁。
(92) 利根啓三郎「民衆の教育需要の増大と寺小屋」（前掲〈註25〉『講座　日本教育史』2）。
(93) 田嶋・前掲（註25）「近世社会の家族と教育」三四〜三五頁。
(94) 高橋　敏「近世村落と手習塾」（前掲〈註9〉『近世村落生活文化史序説』）。

(95) 同前二〇八頁。

(96) 青木・前掲論文（註90）八九頁。

(97) 青木歳幸「医師の村方引請をめぐって」（『実学史研究』第五号、一九八八年）。

(98) 石川松太郎『藩校と寺子屋』（教育社、一九七八年）一七八頁以下。

(99) 利根・前掲論文（註92）一八七頁。

(100) 高橋・前掲論文（註94）。

(101) 川田順三『無文字社会の歴史』（岩波書店、一九六七年）、大田　堯・前掲書（註25）四七〜四八頁。

(102) 捨て子対策については、塚本　学『生類をめぐる政治』（平凡社、一九八三年）二一九〜二四八頁、池田敬正『日本社会福祉史』（法律文化社、一九八六年）一一五頁参照。

(103) 塚本・同前書二二三頁。

(104) 有賀喜左衛門「捨て子の話」（『有賀喜左衛門著作集』Ⅷ、未来社、一九七三年）。

(105) 塚本・前掲書二二九頁。

(106) 菅原憲二「近世京都の町と捨子」（『歴史評論』第四二二号、一九八五年）。

(107) 塚本・前掲書二三〇頁。

(108) 堕胎・間引き対策については、以下の文献参照。高橋梵仙『堕胎間引きの研究』（第一書房、一九八一年復刻）、谷田部真理子「赤子養育仕法について」（『宮城の研究』第四巻、清文堂、一九八三年）、太田・前掲(C)論文（註9）、高橋・前掲論文（註9）、西海賢二「江戸後期の女人講」（『仏教民俗学大系』7、名著出版、一九九二年）。

(109) 田嶋・前掲（註9）「民衆社会の子育ての文化とカリキュラム」八〇頁。

(110) 西海・前掲論文（註108）。

(111) 高橋・前掲論文（註9）一一〇頁。

(112)・(113) 多仁・前掲書（註50）一一四〜一一五頁。

(114) 以下、速水・鬼頭・前掲論文（註8）二八〇〜二八二頁参照。

(115)　森　安彦「村人の一生」(『日本村落史講座』7、雄山閣、一九九〇年、一五七頁)。
(116)　井戸田博史『「家」に探る苗字となまえ』(雄山閣、一九八六年)一三三〜一三六頁。
(117)　第二部第一章第二節、一二九頁。
(118)　享保一五年三月「泉州大鳥郡上神谷豊田村宗旨御改帳」(小谷家文書、国立史料館所蔵)にみられる例。この帳簿では隠居者はほとんど出家名である。
(119)　第二部第一章第二節、一三〇頁。
(120)　鬼頭　宏『日本二千年の人口史』(PHP研究所、一九八三年)一三一〜一五二頁。
(121)　太田素子「老年期の誕生―十九世紀前期農村の『楽隠居』を手がかりに―」(叢書『産む・育てる・教える』3、藤原書店、一九九二年)。
(122)　柳谷慶子「近世家族における扶養と介護」(渡辺信夫編『近世日本の民衆文化と政治』河出書房新社、一九九二年)。なお、同「近世社会における介護役割と介護思想」(『総合女性史研究』第一〇号、一九九三年)では、近世社会にあっては看病・介護の知識はもっぱら家長となるべき男子に向けて説かれていたことが指摘されている。
(123)　同前、大竹秀男「江戸時代の老人観と老後問題」(比較家族史学会監修『老いの比較家族史』三省堂、一九九〇年)。
(124)　柳谷・前掲「近世家族における扶養と介護」二〇九頁。
(125)　玉城　肇『近代日本における家族構造』(酒井書店、一九五六年)二七四頁以下、竹内利美『家族慣行と家制度』(恒星社厚生閣、一九六九年)二六〇頁参照。
(126)　竹田　旦『民俗慣行としての隠居の研究』(未来社、一九六四年)、同「隠居」(『講座　家族』第二巻、一九七四年)。
(127)　大竹秀男『封建社会の農民家族　改定版』(創文社、一九八二年)第三章。
(128)　L・L・コーネル「嫁・姑・姥捨山―十九世紀農村における老人女性の差別死亡率」(速水　融他編『徳川社会からの展望』同文館出版、一九八九年)。
(129)　姫岡　勤・長谷川昭彦・土田英雄『むらの家族』(ミネルヴァ書房、一九七三年)五七〜六〇頁。
(130)　御殿場市史史料叢書『山の尻村の「名主日記」』(一九七七年)。

(131) 前掲『むらの家族』六〇頁。
(132) 『日本農書全集』第三一巻（農山漁村文化協会、一九八一年）、一〇七頁。
(133) 第二部第二章第一節(二)参照。
(134) 柳田国男「先祖の話」（『定本柳田国男集』第一〇巻、一九六二年、一五四頁）。
(135) オームス・ヘルマン『祖先崇拝のシンボリズム』（弘文堂、一九八七年）九六〜一〇三頁。
(136) 拙稿『関東農村の荒廃と尊徳仕法』（『史料館研究紀要』第一四号、一九八二年）。
(137) 加藤・前掲書（註20）参照。
(138) 小椋喜一郎「近世社会のなかの障害者について」（第三一回近世史サマーセミナー報告、一九九三年）。
(139) 内田哲夫「『山の尻村の名主日記』から」（『御殿場市史研究』第八号、一九八二年）。
(140) 水本邦彦「公儀の裁判と集団の掟」（『日本の社会史』第五巻、岩波書店、一九八七年、三〇七〜三〇八頁。同『近世の郷村自治と行政』東京大学出版会、一九九三年、再収）。
(141) 以上、青柳・前掲論文（註18）四二〇頁参照。
(142) 司法省蔵版、一八八〇年刊、一九七六年に青史社より復刊。
(143) 高木　侃『三くだり半』（平凡社、一九八七年）一七頁、鬼頭・前掲書（註120）一〇九頁、脇田　修「幕藩体制と女性」（『講座　日本女性史』第三巻、東京大学出版会、一九八二年）、浅倉有子「武家女性の婚姻に関する統計的研究・試論」（近世女性史研究会編『江戸時代の女性たち』吉川弘文館、一九九〇年）。
(144) 第二部第二章第四節(二)参照。
(145) 近代天皇制国家は、死のみならず、国民のライフサイクル全体を管理するシステムをつくりあげていた。それは、それぞれの家の戸主を通じた家族の管理体制、学校教育制度、在来のさまざまな年齢別・性別団体の官製団体への編成替えによる国家管理体制等を組み合わせたもので、日露戦争後に体系化がはかられた。ことに男子に対しては、小学校→青年団を通じて国家にとって有用なる人材に育てあげんと力が注がれた。靖国神社はその延長線上に位置づけられた。そして、天皇のために忠死すれば国家によって神として祀られる一方、国家から「非国民」と認定されたならば、暴力的に生を抹殺された。

つまり、近代天皇制国家のもとにおいては、人々の人生は、家のため、村のためという伝統的な価値基準を超越して、天皇＝国家への献身というただ一点においてのみ、その価値を認められるところとなったのである。

〈付　記〉

本章は新たに書き下ろしたものである（一九九三年九月成稿）。成稿後にも関連の論著がかなり発表されているので、参考までに次に列記しておく（ただ、近世の村方文書の管理形態に関する論文は〈註88〉に付け加えた）。

森　安彦『古文書が語る近世村人の一生』（平凡社、一九九四年）。林　玲子編『日本の近世15　女性の近世』（中央公論社、一九九三年）所収の諸論文。江戸子ども文化研究会編『浮世絵のなかの子どもたち』（くもん出版、一九九三年）。太田素子『江戸の親子』（中公新書、一九九四年）。同「家族農耕と少子化への意志の発生」（『比較家族史研究』第九号、一九九四年）。沢山美果子「近世農民家族における『子産み』と『産む』身体」（『日本史研究』第三八三号、一九九四年）。深井甚三「近世在町の私生児と男女関係」（『日本史研究』第三八五号、一九九四年）。落合恵美子「近世における間引きと出産」（脇田晴子／S・B・ハンレー編『ジェンダーの日本史』上巻、東京大学出版会、一九九四年）。浅見　隆「老幼の力」（『日本の近世16　民衆のこころ』中央公論社、一九九四年）。菅原憲二「老人と子供」（岩波講座『日本通史』第一三巻、一九九四年）。妻鹿淳子「若者連中と村の娘」（『日本史研究』第三七六号、一九九三年）。岩上真珠「『家』婚入者の家族役割経歴―『嫁―姑関係』再考―」（比較家族史学会監修『縁組と女性』早稲田大学出版部、一九九四年）。高橋　敏編『朝日百科日本の歴史別冊20　村の手習塾』（朝日新聞社、一九九五年）。樋口政則『不思議の村の子どもたち』１・２（名著出版、一九九五年）。

第三章　近世の国家・社会と苗字・姓氏

はじめに

本章では、次の諸問題について、関連の諸研究を参照しつつ少しく述べてみたい。

① 中世に成立した苗字は、近世に入ってどのように展開し、いかなる政治的・社会的機能を果たしたか。

② 近世においても、武士階級や庶民の上層では源平藤橘などの古代的姓氏を本姓として名乗っている例は広くみられるが、それはどのような意味をもち、政治的・社会的機能を担っていたのか。

③ 他家に嫁いだ女性は夫方の姓と実方の姓のどちらを称していたか。

以上の問題を近世の国制と社会の特質との関連で考察すること、それが本章の課題である。

近世の幕藩制社会は兵農分離を原則として成立しており、支配階級である武士身分と被支配階級たる農・工・商の身分とを区別する標識として、苗字の使用は武士身分の特権として制度化されていた。しかし、このことは決して、庶民が苗字を持っていなかったことを意味するものではない。庶民も私的には苗字を称していた例は広く検証されている。

以下、このことを前提にして右の諸問題について述べることにするが、近世においては苗字は氏《うじ》や姓と厳密には区別されず、むしろ混同して表現されていたことを、あらかじめお断りしておく。

氏の名称が先祖を同じくすると信じている父系血縁集団の標識として生まれたのに対し、苗字はもともと家を表示する家名として発生したのであるが、一方では父子相承されて父系血統の標識ともなり、氏の名称としての性格をも帯びるようになった。近世においては苗字を冠して「……氏」と表現されることが多いのも、そうした性格の変化の表れである。それゆえ苗字は「姓」とも表現されたが、この場合、苗字の姓に対し源平藤橘などの古代の氏の名称としての姓は「本姓」と観念されていた。

第一節　武士階級における苗字と古代的姓氏

(一)　苗字の機能

武士の苗字は、庶民に対しては身分の標識として機能していたのであるが、武士階級内部においては、家の標識（家名）であると同時に同族結合の象徴として機能していた。また、武士階級は将軍を頂点に主従関係を原理として上下の序列に編成されていたところから、苗字はおのずから家の格式を表示するようにもなっている。主君が臣下に恩恵として自らの苗字を賜与し、主従の結合を強化する手段に利用しているのも、そうした苗字の序列化が前提になっていた。臣下の側からすれば、主家の苗字を賜ることは自家の格式を高めることになったわけである。

徳川氏の場合、徳川の苗字は宗家および御三家、御三卿のみに固定し、これ以外の将軍家の分家と御三家の分家には以前の苗字である松平を称させて、一門内部での格式の差を表示している。

このほか、本家・分家関係にない家に対しても松平姓を賜与しており、そのなかには外様大名も含まれている。すなわち、前田、島津、伊達、浅野、黒田、蜂須賀、備前池田、因幡池田、毛利、鍋島、山内、中村（二代で絶家）の諸家である。外様大名への松平の賜姓は近世初期、特に二代将軍秀忠の時に集中的に行われており、徳川将軍家と有力外様大名との間に鋭い緊張関係が存在していたこの時期、松平の賜姓によって同族に擬制的に組み込むことによって主従関係を補強せんとしたことが知られる。その際、たいてい将軍家と外様大名との間に姻戚関係がとり結ばれており、のちには徳川一族の氏神的性格を有していた東照大権現の分祀も行われている。

松平姓が賜与されると、それは代々世襲され、将軍や幕府との間で授受される文書には松平姓が用いられた。ただ、氏の系譜そのものまで改変することはしていない。松平氏の系譜は清和源氏に結びつけられているが、例えば伊達氏、前田氏の系譜は、松平を称するようになってのちもそれぞれ藤原氏、菅原氏に結びついたままである。

賜姓と似たようなものに偏諱《へんき》の賜与があり、将軍の偏諱（諱《いみな》の一字）を賜ったのは、御三家、越前松平家、国持大名などである。それは将軍の御前で元服をした際に与えられた。

(二) 古代的姓氏と官位制度

次に、武士階級における源平藤橘等の古代的姓氏の残存の意味について考えてみたい。

中世末の下剋上を通じて、身分的に下位にあった者が大名にのし上がった例は多いが、それによって古来の伝統的な尊卑の秩序が崩れたかというと、必ずしもそうとはいえず、成り上がった大名たちは系図を偽作してまで源平藤橘等の由緒ある氏に自己の系譜を結びつけ、貴種化をはかっている。これは、氏素姓によって尊卑が決まるという種姓の観念の反映である。

それはまた、古代律令制下の位階・官職制度の残存ともかかわっていた。

古代律令制国家の衰退によって官位制度はその実を失ったとはいえ、人々の社会的プレスティージを公的に表示する標識として、その後も存続していた。そして、この官位を天皇から賜るには、朝臣としての由緒を有する特定の尊貴な姓氏を持っていることが前提条件になっていた（「姓」はもともと日本では天皇が賜与するもので、古代律令制国家においては良民・賤民の区分は賜姓の有無を基準にしており、姓を与えられた良民はすべて「王民」であって、賜与する主体である天皇自身は姓を持たなかった）。

そこで武家領主たちは、自らの系譜を由緒づけ、源平藤橘など天皇の賜姓に由来する「姓」を本姓として名乗るとともに、京都の権門勢家に画策して官位を得んと努めた。それは、大名が領国内部で自己の権力を「公儀」＝公権として確立するためには、実質面では、民衆に対する撫育・勧農、支配階級内部の矛盾・対立の調整といった社会的公共機能を果たしうることが前提になっていた[1]とはいえ、形式的な側面においては官位を有することがいまだ重要な意味をもっていたからである。

家康の場合を例にとってみよう。彼は永禄九年（一五六六）に三河国を統一したあと、三河の一土豪にすぎなかった松平氏の系譜を由緒づけるために、清和源氏の嫡流である上野国新田氏の支族得川氏の系図を借り受け、これに自らの系譜を結びつけて「徳川」に改姓している。こうして源氏の姓氏を得、それを前提にして、誓願寺の慶岳、吉田兼右、近衛《このえ》前久《さきひさ》らの仲介により「従五位下三河守　源　家康」の宣下《せんげ》を得ている。そして、天下統一後、慶長七年（一六〇二）には従一位に昇り、翌年、「征夷大将軍・源《みなもとの》氏《うじの》長《ちょう》者《じゃ》・淳和奨学両院別当・右大臣」に任ぜられた。[2]

かくして家康は、天皇から源氏長者と認証され、令制官職の流れを引く征夷大将軍に任ぜられたことにより、はじめて自らの権力を国家公権として発動しうるようになったのである。[3]しかし、将軍職はあくまで官職である以上、理論的には徳川氏が独占する必然性はないわけであり、この職を徳川氏が世襲的に独占するためには、武士階級に対する統帥能力を維持するとともに、系譜的にも武門の棟梁としての正統性を示す必要があった。

寛永一八年（一六四一）から同二〇年にかけて、三代将軍家光の命により、大名・旗本諸家の系譜集である『寛永諸家《しょけ》系図伝』が編纂されているが、これは武家の姓氏の秩序を徳川氏中心に再編成することを意図したものであった。(4) そこでは、清和源氏、平氏、藤原氏、諸氏に類別されたうえで、清和源氏義家流の筆頭に「新田嫡流得河松平家」の系図が置かれている。

こうして、徳川宗家の当主が正統性をもって将軍職を世襲するのであるが、武士階級は将軍を頂点に知行恩給を媒介にピラミッド型の主従関係に編成されていた一方では、将軍以下諸大名と上級の旗本は天皇から官位を授与され、朝臣となっていた。幕藩制国家は「公」と「武」の合体によって成り立っていたが、両者を頂点において媒介していたのが天皇であったのである。

(三) 武家の官位

ただ、武家に対する位階・官職叙任のシステムは、幕府にとって都合のよいように改変させられていた。すなわち、慶長一一年（一六〇六）に家康は、武家の官位は将軍の推挙によって叙任すべきことを朝廷に奏請し、同一六年（一六一一）には武家官位は公家官位とは別系統のものとされ、武家官職には定員なしとなった。そして、この原則は、同二〇年（一六一五）の「禁中並公家諸法度」で明文化されている。こうして、これまでの公武一体の官位体系から武家官位が別個の体系として独立させられ、その叙任は将軍の推挙を要件とすることとなった。(5) これは、諸大名が直接天皇に結びつくことによって反幕勢力が形成されるのを防ぐとともに、将軍へ忠勤を励むことが官位獲得・昇進の条件とすることにより、主従関係の強化をはかった措置である。

武家官位は、石高、将軍家との親疎関係、幕府の職制上のランク、年齢、年功などと組み合わされて、大名・旗本の身分・格式の標識として定立されていたため、彼らの官位への関心は強いものがあった。

大名・旗本からすれば、将軍と天皇の両者と原理を異にする君臣関係を取り結んでいたわけであるが、臣下としての姓も異なっていた。例えば常陸国土浦藩主の土屋氏の場合、将軍より交付された領知朱印状の宛名は「土屋能登守」というふうに「土屋姓＋官職名」となっているのにたいし、位階・官職叙任の際に朝廷より賜った位記・口宣案・宣旨では、宛名は「源寅直」というように「源姓＋実名」となっている。ただ、官職が侍従であったときのみは、領知朱印状の宛名には「土浦侍従」と居城の地名が用いられる(6)。

このように、土屋氏の場合、将軍との君臣関係は侍従のときを除けば苗字としての土屋姓で、一方、天皇との君臣関係は本姓である源姓で結んでいたことが知られる。このことは、他の大名・旗本についても同様である（官職が侍従以上であれば、将軍発給文書の宛名には居城の地名が用いられる）。

以上のごとく、幕藩制下の上級領主階級は、単に封建的な主従関係のみで編成されていたのではなく、古代律令制国家以来の伝統的な国制である官位制度によって国家的な礼的秩序にも編成されており、この礼的側面においては、源平藤橘等の古代的姓氏が現実的な意味を今なお持ちえていたのである。ただ、主軸はあくまで将軍との主従関係にあり、将軍に忠勤を励んで石高を加増されたり、あるいは幕府の重職に登用されたりすることが、官位昇進、すなわち国家の礼的秩序における地位を高める条件となっていた。

第二節　庶民における苗字と古代的姓氏

(一)　苗字公称の禁止と免許

近世においては、国家の制度としては、庶民が苗字を公に名乗ることは禁じられていた。それを前提にして、村役人・町役人の職に精励した者、献金その他の奇特の行為をした者、徒党・強訴の企てを密告した者、孝子などに、褒賞として苗字が特に免許されている。つまり、体制維持のために苗字免許が運用されていたわけである。

農民や町人は宗門人別帳によって把握されていたが、苗字を免許された者以外は名前しか記されていない。人民を領主が確実に把握するためには苗字をつけたほうが都合がよかったのではないか、という疑問がわくが、この問題は幕藩制下の人民支配のあり方とかかわっている。

近世においては、領主は村や町の共同体を媒介にして人民を支配しており、移住を厳しく制限したうえで、村・町を単位に年貢・諸役を賦課していた。つまり、近代のように個人に直接課していたわけではないので、「……村百姓某」といった把握でこと足りたのである。

明治三年（一八七〇）に平民にも苗字の公称が許されたのであるが、これは、四民平等、人民解放策の一つであったと同時に、国民把握・支配の手段でもあった点に留意せねばならない。それゆえ、同八年には苗字を名乗ることを強制するとともに、苗字・名前・屋号の改称を禁じたのである。ことに兵籍、地租負担者の確定に主眼がおかれていた。

国家が国民の氏名をどの程度法的に規制していたかは、国民管理の程度を示す一つの指標と考えられるので、諸外国との比較の対象になりうるだろう。

(二)　苗字の私称と同苗

話を近世にもどすと、庶民は苗字の公称を禁じられていたとはいえ、苗字を持っていなかったわけではない。(7)すでに中世においても庶民の上層には苗字が広まっていた。(8)領主が庶民に苗字を免許した場合も、苗字を与えたわけではなく、従来持っていた苗字の公称を許したことを意味している。

苗字を免許された者以外は領主に提出する公的文書には苗字を記さないが、私的な文書や寺社の棟札、石碑などには苗字を使用している例は多くみられる。また人別帳も、領主に提出する帳簿には苗字は記されないものの、名主の控には、村内の農民把握の便宜のために苗字を記したものも見出だせる。例えば、常陸国行方《なめかた》郡永山村の安政四年(一八五七)「正人別書上」には苗字免許の者以外は苗字の記載はないが、同年の「正人別書上控」と題された帳簿には、表1のごとく、一戸を除いて水呑(無高)にいたるまで各戸ごとに苗字が肩書きされている。前者は、代官所に提出した帳簿を記載どおりに写し控えたものであるのに対し、後者は名主が村内の農民を把握するための台帳として別個に作成されたがゆえに、苗字が書き込まれたのであろう。庶民においても、苗字は家名として継承されるとともに、分家に本家と同じ苗字が与えられ、同族の標識とされていた。それゆえ、同族は「同苗」とも称されていた(個々の家を特定する場合には、それぞれの家の当主名や屋号・屋敷名などで呼んだ)。

次に掲げたのは、商人の三井宗竺(高平)が享保七年(一七二二)にしたためた遺書の一部である。(9)

(a)一、同苗共益心を同ふし、上に立ものハ下をめぐみ、下たる者は上をうやまふへし、我々ハ兄弟にしてむつまし

表1　常陸国行方郡永山村の農民の苗字（安政4年）

苗　字	百姓	水呑
浅　野	15戸	2戸
栗　林	6	
若林（本姓栗林）	1	
加　藤	6	
片波見	5	
吉　川	5	
水　貝	5	
長　岡	5	
永　峰	5	
堀　内	4	
斎　藤	4	
布　施	4	
茅　根	3	
姥　貝	3	
越　川	2	
川　村	2	
茂　木	2	
石　村	2	
旭	2	
横　田	2	
井　関	2	
根　本	2	
大　谷	1	
本　田	1	
本　多	1	
塙	1	
天　川	1	
関　口	1	
臼　井	1	
無　苗	1	

安政4年「永山村正人別書上控」（行方郡牛堀村須田家文書，国立史料館所蔵）による。

く、此末者又左にあらす、然者弥心ひとつにし、建置家法・礼儀をみたさす、能慎守る時は益栄へるの利、人各其心有、かれが心をくみ、我を計て事をなさは能調る、己を立人を計さるハ、外調とも内和せす、ふくせさる時ハ乱也、此旨能々心得へし、奢生る時ハ家業を忘れ、其商にをろか成時はなんぞ繁昌せん、只一家したしく身を慎、私なく券《(眷)》属を能めぐみ、家業におこたりなき時は、弥繁昌相続可致事

(b)一、同苗名跡之儀、子共無之ものは随分同苗之内より養子致し相続可致候、男子無之候ハヽ、女子にても養ひ、名跡相続致候様に相心得可申事

(c)一、同苗之内親分之差図を不請、家業等疎略に致し、不届之ものは同苗相談之上隠居致させ候歟、又者勢州へ押籠仕置可申付候、夫とも別心在之ものハ評義之上手前之列を除可申事

但、其節其者之身上三分壱相渡し、別家に致し可申候、左様之砌違乱申間敷事

(d)一、女子有之候ハヽ、随分同苗之内へ片付候様可相心得候

(a)では同苗の者どもが心を合わせて家業に精励すべきことが説かれ、(c)では、家業を疎略にする者は、同苗相談の

うえ、隠居させるか、三井家発祥の地である伊勢松阪に押し籠めてしまうか、あるいは同苗から除外してしまえ、と規定されている。つまり、同苗＝同族内の各家は、同苗の連帯、相互扶助によって存立が保障されていたかわりに、家業維持の観点から規制を受けていたのである。当主権にしろ、家業の維持・発展のために行使されることによって、はじめて正当性を持ちえたのであり、家業を危うくするような身持ちの悪い者は、同苗の圧力によって当主の座から追放された。

近世の各家の当主は、「家」の権威の体現者として家内における権力を持ったかわりに、「家」の存続という絶対的な規範によって規制され、各家の属する族縁・地縁の共同集団の干渉を受けていたことは、各身分を通じて同様である。

(b)では、子供がない場合は、なるべく同苗のうちから養子を迎えて名跡を相続させよといっているが、庶民でも武家でも養子は同族のうちからとるのが原則であり、父系の血筋を重視していたことが知られる(10)。

(d)では、女子はなるべく同苗の家に縁づけるようにと述べている。実際、三井一族は、同苗の結合を強めるために同苗同士の近親結婚を頻繁に行っている。こうした事例は一般的にみられ、我が国には中国や朝鮮のような同姓不婚の規範は古来より存在しない。

ここでは三井の同苗を例にとったが、ただ三井の場合、同苗の家が拡大しすぎて紐帯がゆるむのを防ぐためか、宗竺遺書には、末子はなるべく他家に縁づけ、たとえ別家させたとしても家名は越後屋（屋号）を名乗らせ、三井の苗字は名乗らせないようにという規定もみられる。

(三)　村落の身分階層制と苗字

国家的レベルでは武士が支配身分であり、苗字免許の権は彼らの「公儀」＝公権としての権能の一つであった。しかし、共同体内部においては独自の身分・権力関係が存在し、共同体の内部世界で私的にしろ苗字を名乗ることは、そうした身分関係とからまって一種の権利と化していた。その権利を免許する権限を握っていたのは共同体の支配者である。

国家的身分としては、土地を所持し、年貢・諸役を負担する者が「百姓」とされていたが、しかし村内においてすべての「百姓」が平等な関係にあったわけではなく、村落にはそれぞれ独自の身分階層制が形成されている場合が多く、苗字がその標識として機能していた。

例えば、西美濃には有名な頭《かしら》百姓制が存在し、中世の土豪的名主《みょうしゅ》や草分け百姓の系譜につらなる「頭百姓」のみが苗字を称する権利を持ち、同苗の同族団を苗字を冠して「○○党」「○○姓」「○○衆」と称していた。そして、頭百姓の一統に入らない百姓を「脇百姓」と称して差別し、苗字を名乗らせなかった。(11) こうした例は各地で検証されている。

しかし、一般的には、差別されていた農民も諸権利の獲得闘争を通じて漸次苗字を称するようになっている。これまでの諸研究によると、近世中・後期には大部分の農民が苗字を用いており、それが明治の戸籍に登録されるのが通例であった。『長野』第九九号（一九八一年）に「苗字」特集号が組まれているが、これをみても、近世中期には大部分の庶民が苗字を名乗り、明治以降もそれを継承していたことが知られる。

ただ、右特集号には、明治五年（一八七二）の壬申戸籍に苗字を変えて届けた例も数例報告されている。その理由は、①本家と不和だった、②分家格を嫌った、③名門の苗字に変えた、④苗字はあったが、部落内では通称で一般に呼ばれていたので、それを苗字として届けた（例えば、坂の登り口に屋敷があり、坂の口の家と呼ばれていたので、「坂口」と苗字を変えた）、⑤戸籍登録の際に本家につづけて「同姓」と届け出たら、それが苗字になってしまった、などである。

都市民ではどの階層まで苗字を持っていたかについての実証的研究はなされていないが、自己の家を形成し代々家業を継承していた層では、おそらく大部分が苗字を持っていたのではなかろうか。ただ、近世中期以降、自己の家を形成することもなく、日雇や棒手振商などによってその日暮らしをするような細民層が増えてくるが、そうした下層民では苗字を持たないか、持っていてもそれを名乗ることは少なかったものと思われる。

(四)　庶民上層の系譜の権威づけ

庶民でも上層の家においては、自らの系譜を源平藤橘等の尊貴な氏に結びつけている例は多くみられる。

例えば、甲斐国山梨郡下井尻村の地主であった依田家の系図[12]は清和源氏に結びつけられており、「依田家先祖書[13]」では「我等源性（姓）ニして　六孫王綿（経）基公五男、従五位上源下野守満快五代之後胤、元祖依田六郎為実より廿九代父依田惣兵衛長継迄、代々武家を相勤来候」（傍点、筆者）と書き出している。また、この家の発展の基礎を築いた依田長安（一六七四～一七五八）は、自らの一代記[14]の表紙に「依田民部源長安一代記」と記している。長安は「民部」という官職名を称しているが、もちろんこれは私称であって、朝廷から実際に任ぜられていたわけではない[15]。

兵農分離によって「百姓」身分に確定されたとはいえ、中世の地侍の系譜を引く上層農民は、かつては武士であったという矜持を持ちつづけていた。自家の系譜を誇示し、源平藤橘等を本姓として名乗ったり、官職名を称したりするのは、そうした意識の表れであった。また、近世中期以降に経済力を蓄えた新興の農民たちも、系図を買ったり、学文者に頼んで偽系図を作ってもらったり、文書を偽作したりして、自家の出自を権威づけんと努めている。実は右の依田家もその例である。こうして、村落支配者たちは、村民に隔絶した家系を誇ることによって自らを権威づけ、自らを頂点とする村落の身分秩序の維持をはかったのである。

こうした源平藤橘等の姓氏を尊ぶ観念は、究極的には天皇に収斂していく性格のものであり、それゆえ、こうした観念が社会的に広く根を張っていたことが天皇を存続させたイデオロギー的基盤をなしていたのではないか、という見解も唱えられている。(16)

第三節　妻の姓の問題——夫婦別姓説をめぐって——

(一)　夫婦別姓説

近世以前においては、女性は他家に嫁してのちも生家の姓を称していたとする見解が半ば通説化している。(17) その根拠とされているのは、明治三一年（一八九八）の民法施行以前においては、明治九年（一八七六）三月の太政官指令によって、他家に嫁した婦女は夫の家を相続した場合以外は所生の氏を称することが戸籍上の原則とされていたことである。つまり、この原則は、公家や武家、庶民上層において行われていた慣行を踏襲したものだというわけである。

しかし、近世において妻がどちらの姓を称していたかを史料的に確認することは難しいのが実情である。第一、それについての法的規定は存在しない。そもそも近世においては、女性の役割は家の内部に限定され、社会的役割を果たしていなかったので、女性が姓を冠して対外的に自己を表示する必要はあまりなく、したがって法的に問題にすらされなかったのである。

(二)　文書での女性の表示

文書の上でも、女性は「某室（女房）〇〇」「某女《むすめ》〇〇」「某母〇〇」というふうに、当主たる夫や父あるいは息子との関係で表示されるのが通例である。ただ、名前に直接姓を冠して文書に登場することも例外的にはある。女性に対する位階授与の「位記」は、その一つである。

表2に示したのは、いずれも徳川将軍家に妾《めかけ》として入った女性であるが、位記の宛名には実父ないし養父の本姓が記されている（徳川氏の本姓は「源」である）。ちなみに、男性が他家に入る場合は養子ないし婿養子という形で親子関係が設定されるので、養父の氏＝血統の継承者とみなされ、官位も養父の本姓で叙任されている。この点、養女についても同様である。

(三)　系図・墓碑での出自の氏の表示

武士や庶民上層の家の系図では、その家に生まれた者一人一人について、「(実)母……氏」と実母の出自の氏を示してあるのが通例である。

これは、どの腹から生まれたのかということと、その腹の氏素姓を示したものである。ことに武家においては、妻の他に何人かの妾を抱えており、しかもどの腹か

表2　女性に対する叙位の際の宛名の姓

日　　付	位　階	宛　名	備　　考
元禄15年2月14日	従一位	藤原朝臣光子	徳川綱吉母桂昌院，徳川家光妾，本庄（藤原）宗利養女
文政11年1月20日	従二位（追贈）	故従三位藤原輝子	徳川家継母月光院，徳川家宣妾，勝田（藤原）玄哲女
同　　上	従三位（追贈）	故無位平朝臣篤子	徳川家基母蓮光院，徳川家治妾，津田（平）日向守信之姉

「位記写」（山城国京都平松家文書，国立史料館所蔵）による。

ら生まれたかが家督相続とも関係していただけに、それを示す必要性は大きかっただろう。ただ、所生の腹を示すだけなら実母の名前を記せばこと足りたはずであるが、実際には「(実)母……氏」とだけ記して名前は示されないのが通例であるところに、「腹は借物」という観念、しかもその腹の氏素姓を重視する観念が反映しているように思われる。

男性でも養子や婿養子の場合は、例えば「佐々木直行三男」「佐々木直行弟」というふうにその実父あるいは実家の当主との関係も示されるものの、「佐々木氏」というような形で出自の氏が表示されることはない。

次に墓の碑銘についてみてみよう。

洞　富雄氏は、御自身の玄祖母の墓碑には「平松もと」と生家の苗字が記されていることを紹介されている。(18) 氏の御教示によれば、墓碑そのものは洞家の墓地に建てられているということなので、洞家の先祖として祭られていながら、「生家の苗字+名前」で表示されたことになる。また井戸田博史氏も、夫婦別姓墓碑を紹介されている。(19) ただ両氏のあげられた事例は個別的であるので、ここでは夫婦別姓の例が大量に見出だせる茨城県水戸市堀町(近世「堀村」)の一墓地に存在する夫婦墓と婦人墓の碑銘を紹介し、検討してみよう。

表3をみると、No.13までは墓碑の正面はすべて戒名であるのに対し、No.14以降は苗字と俗名を刻するのが主流になっている。これは、水戸藩の天保改革で、神道振興策の一環として仏葬から神葬祭への切り換えが強制され、戒名が禁ぜられたかわりに、庶民でも苗字を冠して俗名を墓碑に表示することが認められたことによる。ただ、その後も、No.16のように側面に戒名が記されたり、あるいはNo.18・19のごとく正面に堂々と戒名が刻されているものもみられ、しばらくは仏葬も行われていたことが知られる。

それはともかくとして、注目されるのは、夫は「その家の苗字+名前」で表示されているのに対し、妻の方は「谷

表3　茨城県水戸市堀町（近世「堀村」）の某墓地の夫婦墓と婦人墓の碑銘

No.	正面碑銘	側面碑銘	墓地区画
1	清雲道廊信士 晴霞妙照信女 元文三戌午三月十一日		川崎本家墓地
2	宝暦八寅七月十八日 覚円信士 妙遍信女 享保十八丑十一月十九日		中山家墓地
3	晴山道曜信士 好善教信女	㊨明和八辛卯四月初七日 ㊧寛政二戌六月九日　大木新左衛門（建立）	大木家墓地
4	須達善光清信士 須於妙高清信女	㊨天明二壬寅歳七月十八日 ㊧須能喜兵衛両親	須能家墓地
5	楽翁観現素光清信士 自在菴宝室妙珠清信女　墓	㊨寛政九年丁巳九月六日 ㊧天明七年丁未十一月廿九日 川崎屋治郎右衛門（建立）	川崎家墓地
6	義山道賢清信士 宝室浄貞清信女　墓	㊨寛政十二庚申閏四月初六日 ㊧寛政九巳十月四日	川崎家墓地
7	梅林常香清信士 智梅妙清信女	㊨文化九壬申正月廿九日　俗名川崎久左衛門 ㊧文化元甲子十一月九日	川崎本家墓地
8	本寂智照清信士 寒月妙光清信女　墓	㊨文化四年丁卯四月二日 ㊧文化四年丁卯十二月十六日 川崎長次郎（建立）	川崎本家墓地
9	情山道照清信士 唯心妙證善信女　霊位	㊨文化六年己巳四月十一日 ㊧文化十酉年七月廿日 俗名須能喜兵衛	須能家墓地
10	哲碧良翁清信士 真覚妙養清信女　墓	㊨二代目川崎久左衛門 文政六未年十一月九日 ㊧天保七丙申八月二十五日	川崎本家墓地
11	天保二卯十一月廿日 専山寒人清信士 明葉妙證清信女 □□□□九月廿三日		川崎家墓地
12	覚山妙了清信女位	㊨天保八年丁酉三月十九日 川崎宇兵衛母	川崎家墓地
13	速到覚隆清信士 寒信明清信女　霊位	㊧速　天保二年卯正月廿八日 寒　天保八酉年十一月廿一日　須能重作（建立）	須能家墓地
14	川崎三郎兵衛 谷津氏婦人　墓	㊨天保八丁酉十二月廿日 ㊧天保七丙申八月二十五日	川崎家墓地

15	川崎源右衛門君 故暨配婦人　萩原氏墓 叔父川崎熊蔵君	㊨弘化三年丙午十二月廿日没 ㊧天保九丙戌三月廿一日没 明治廿四年旧十一月中旬建之 嗣子川崎三郎兵衛	川崎家墓地
16	岡崎富右衛門 川崎氏婦人　墓	㊨天保七丙申三月初四日 真誉現清居士 ㊧嘉永五子之星六月十四日 瀍誉妙然清大姉	諸家墓地
17	河原井氏婦人墓	㊧弘化四年丁未三月六日没 孝子須能藤四郎立	須能家墓地
18	空眼阿貽清信士 恵心妙光清信女　墓	㊨嘉永七寅年閏七月十六日 俗名川崎金蔵 ㊧嘉永二酉年閏四月十七日 相澤氏婦人	川崎家墓地
19	観蓮受法居士 法受妙貞大姉　墓	㊨文久二戌年七月十八日没 俗称須能市郎兵衛，安蔵平蔵弟 ㊧安政四巳年二月五日没 開江村於川清兵衛女 孝子利兵衛立石	須能家墓地
20	故　川崎治助 婦人鈴木以勢　墓	㊨治助　慶応三年丁卯正月七日没 孝子直七建	川崎本家墓地
21	大原利氏君 暨配岡崎氏墓	㊨明治元年戊辰十一月廿六日没 大原久米之介建之	諸家墓地
22	須能長八君 前配河津氏墓 後配中村氏	㊨明治三十六年旧十一月十四日 須能平太郎・須能寅松建立 ㊧明治三十三年旧二月十四日　君没日也 文久二年八月八日　河津氏没日也 明治三十四年旧五月十六日　中村氏没日也	須能家墓地
23	中山喜兵衛翁 婦人海埜氏叭志墓	㊧明治二巳十二月廿一日没 孝子中山嘉右衛門建碑	中山家墓地
24	大原久米之介君 暨配婦人大原氏墓	㊧明治三十年旧七月二日没 行年七十歳 明治三十二年旧十一月 大原亀次郎建之	大原家墓地
25	故川崎三郎平君 暨配婦人大縄氏	㊨明治三十年陰暦九月二十五日没 ㊧明治三十七年陰暦九月建之 川崎鉄之介	川崎家墓地
26	暨配植竹須美 中山嘉右衛門翁墓 後配小田倉伊志	㊨翁　大正七年旧十月四日没　行年八十四歳 すみ　慶応二年旧十一月二十日没　行年三十一歳 い志　大正十二年旧正月二日没　行年八十歳 ㊧大正十四年四月	中山家墓地

		施主　中山金次郎建之	
27	川崎婦人瀧田氏之墓	㊨明治三十四年五月没 ㊧川崎弘建之	川崎家墓地
28	婦人小林氏 須能長四郎墓 婦人外岡氏	㊨昭和六年拾弐月拾五日 須能卯之松・同喜一建之 ㊧長四郎　明治丗九年十二月廿九日没　行年七十二 小林氏　明治三年九月十一日没　行年三十一 外岡氏　大正十一年十一月十八日没　行年七十七	須能家墓地
29	川崎路三郎大人 同婦人鍗子刀自	㊨路　大正十三年五月七日没　七十二歳 鍗　明治三十四年十一月二十八日没　六十五歳 ㊧昭和五年十月建之	川崎家墓地
30	婦人安喜子 須能平太郎墓 婦人津祢子	㊨昭和八年九月三日建之 ㊧安喜子　明治二十五年三月九日没　行年三十一歳 平太郎　大正七年十月五日没　行年五十八歳 つね　明治四十四年四月二日没　行年四十三歳	須能家墓地

津氏夫人」（No.14）、「曁配婦人　萩原氏」（No.15）といった形式で出自の氏が示されるか、あるいは、No.20のように「生家の苗字＋名前」で表示されていることである。量的には前者の形式が大部分を占め、氏素姓の表示のみで、男性のように個としての俗名が記されないところに、当時の女性に対するある種の社会的通念が反映していまいか。

この慣例は、明治三一年（一八九八）施行の明治民法によって妻は嫁ぎ先の家の氏を名乗ることが規定されて以後も昭和初年までつづいており、没年月日に依然として旧暦が使用されていることとあわせて、慣習の根強さがうかがえる。しかし、昭和初年には、一方でNo.29・30のような、生家の氏を表示しないで俗名を記した新しい形式の墓碑銘も現れている。同時にこの頃から没年月日の「旧」の字も消えており、太陽暦が民衆の間にも浸透してきたことが知られる。

では、養子に入った男性はどう表示されているだろうか。No.19がそれに相当するが、ここでは「俗称須能市郎兵衛」と養家の苗字を冠して俗名が記されたうえで、「安蔵平蔵弟」と出自が示されている。その妻もやはり養女であるが、こちらの方は「開江村於川清兵衛女」と出自が示されているだけで、俗名は記されていない。ただ他の妻の場合とは表示の仕方が異なっているのは、養女であったためであろう。

以上の墓碑銘の検討から、農民においても他家から嫁した女性の出自の氏が重視されていたことが知られる。ただ、墓碑は嫁ぎ先の家の墓地に建てられ、しかも夫婦一緒の墓碑が多いので、あくまで夫の家の先祖に加えられたうえでの氏素姓の重視であって、死後は生家の先祖として祭られていたわけではない。

(四) 女性の自己表示

系図や墓碑に入嫁した女性の出自の氏が表示してあったとしても、それがただちに女性自らが出自の氏を称していた証左とはなりえないので、次に女性の自己表示についてみておこう。

近世の女性が自ら姓を名乗っている例としては、今のところ次のような事例を見出だしている（苗字・本姓を問わない）。

(1) 五代将軍徳川綱吉の母である桂昌院が、元禄七年（一六九四）一一月付けで法隆寺に献じた永代常燈籠の銘文には、「母儀桂昌院本庄氏」とある。「本庄」は養父の苗字である。

(2) 旗本庄田家から旗本井関家に嫁いだ隆子《たかこ》は、結婚後天保年間（一八三〇〜一八四四）に作った歌に「源ノたか子」と記している。[20] 井関氏の本姓は「菅原」、庄田氏の本姓は「源」であるので、実家の父方の本姓を記していることになる。

(3) 幕末の女流志士として著名な「多勢子」は、信濃国伊那郡山本村の豪農「竹村」家に生まれ、同郡伴野村の「松尾」家に嫁いだが、彼女が平田国学の門に入った際、その誓詞帳には「信濃国伊那郡伴野村松尾佐次右衛門妻　竹村多勢子　五十一歳」と登録している。[21] つまり、夫との関係を示したうえで、実家の父方の「竹村」姓を冠して名前を記しているわけである。

右の例ではいずれも、他家に入ったのちも、苗字にしろ本姓にしろ実父・養父のそれを名乗っている。しかし、このような女性が姓を付して自己を表示している事例というのは、近世においては例外にすぎない。文学作品にしても、女性が自らの作品に署名すること自体が稀であり、『女流文学全集』（文芸書院、一九一八年）に収められた作品をみても、署名のないのが大部分で、あっても号を署しているのが通例である。署名しなかったのは、女性の文芸作品はあくまで私的なたしなみとして書いたものであって、出版を目的としてはいなかったからだろう。

書状でも、男性が書いたものには姓名を記している例が多いが、女性の場合は身内の者との通信がほとんどなので、名前だけ、あるいは「母」「ばば」というふうに記してあるのが通例である。身内以外に出す場合でも、例えば「八田嘉右門内ナカ」というように、夫との関係で表示している。

信濃国埴科《はにしな》郡下戸倉村に設けられていた心学講舎「共安舎」の安永六年（一七七七）四月より文化二年（一八〇五）二月までの入門者の名簿(22)には三千数百人の名が記されているが、男性はすべて「苗字＋名前」で記しているのに対し、女性の方は「中村庄八妻　きち」「松代駒之介姉　もと」「小林源蔵母　よね」「若林孫右衛門娘　くら」というふうに、男性との関係において表示しているのが注目される。

庶民の家においては女性が中継ぎ的に当主になっている例はかなりみられるが、その場合でも、宗門人別帳には「某後家」「某娘」という肩書きが付される。のみならず、女性当主が差出人となっている金子借用証文でも、例えば「専吉女房　おみの」というふうに、あくまで男性との関係で自己を表示している。(23)

以上のように、近世においては、少なくとも文字で表現した範囲内では、女性が実父・養父の姓を付して自己を表示している例もみられるものの、それは稀で、当主たる夫や父あるいは息子との関係で自己を対外的に表示しているのが一般的であった。また他者が女性を社会的に表示する場合も、そうした形式をとるのが通例であり、そこに男性中心の近世社会の仕組みの反映を見て取ることができよう。

ただ、妻の出自の氏を重視する観念自体は潜在しており、それが表面に姿を現した事例も散見しうるのであり、そうした観念・慣例が明治九年三月の太政官指令の歴史的前提をなしていたことは、疑いの余地がないと思われる。問題は、かかる観念・慣例が何故形成されたのか、そして妻の帰属や支配関係の上で何らかの実質的意味をもっていたのかどうか、である。

(五) 氏・家の原理的矛盾と入嫁女性

この点に関し洞　富雄氏は、「族外婚もしくは族外婚的氏族制の遺風として、妻の異族的性格がいつまでも生きのこっていたわけであろう」とされ、「この妻を含めての家族は、もちろん古くから社会生活・経済生活の単位としての機能をもっていた。それにもかかわらず、同一血縁者の集団としての氏の観念が強く、家は氏のうちに包摂されていたので、夫のぞくする氏の氏人になり得なかった妻は、観念的には夫の家の正式のメンバーでもあり得なかったのである。かくて、妻は生まれた氏と、夫の家との二重支配下にあったわけである」[24]と結論づけられている。

また豊田　武氏も、明治三一年の民法・戸籍法で妻は嫁いだ家の姓を名乗ることになったことにより、「いままで生家の支配に属していた妻はこんどは夫の家の姓を名乗ると同時に、夫の支配に服することとなったのである」[25]と述べられている。

まず、妻の出自の氏を重視した歴史的根因を族外婚的氏族制に求める見解であるが、我が国の氏族制では族内婚も行われていたことはもはや通説化しており、近世においても同姓不婚の社会規範は存しないので、この説は成り立たないだろう。一方、「妻……氏」「母……氏」という表示は中国の流儀の影響を受けたものとする見解は、すでに明治の法律家の間にもみられるが、おそらくそれは古代律令制下において「姓」の父子相承原則が定立されていたことに淵源しているであろう。律令制下ではウジ名と狭義のカバネを総称して「姓」と表記したが、この「姓」は父から子に父系で継承される原則であった。それは中国の姓の制度を継受したためである。(26) したがって、女子も父方の氏の系譜に属し、その姓を受け継いだ。「家」の形成に伴い入嫁婚が一般的になっても、夫の父とは養親子関係が設定されない（血縁に擬制されない）がゆえに、氏の系譜としては実父のそれを引きずり、他姓の嫁であれば夫婦別姓となる。一方、入婿の場合は妻の父と養親子関係が取り結ばれるので、養父の氏の系譜に入り、その姓を継承する（したがって夫婦同姓となる）。

中世には、武家や農民の上層では、家を表示する「家名」として本宅所在地の地名にちなんだ「苗（名）字」を創出した。苗字を家督相続者のみに継承させた例も存するが、多くは父子相承され、父系血統を示す氏の標識＝姓と同じ性格を帯びるようになっていく。後者の場合、家督相続者によって家筋に沿って代々継承されていく苗字が、「家名」としての社会的機能を果たすことになる。入嫁女性は当然、実父の苗字を引きずることになるが、他家に養女として入った場合は、養父の氏の系譜に入り、その苗字を継承する。近世には格の釣り合わない婚姻に際し、いったん格式の高い家の養女としたうえで嫁がせている例が多くみられるのも、右のような氏の原理に根拠をもっていたものと考えられる。

明治三一年施行の明治民法では「戸主及ヒ家族ハ其家ノ氏ヲ称ス」（第七四六条）、「妻ハ婚姻ニ因リテ夫ノ家ニ入ル」（第七八八条第一項）と規定され、これにより、日本の歴史上はじめて入嫁女性も夫と同じ氏の系譜に属し、同じ苗字を称する原則が法制的に確定された。ここに、氏の系譜と家の系譜とは一体化し、苗字も完全に「家」の原理によって継承され、かつての苗字がもっていた個人原理の父子相承性は否定されるところとなったのである。(27)

ところで、妻の出自の氏の表示をもって、妻が生家の支配を受けていたとみる見解についてであるが、中世まではともかく、近世については妥当しないのではなかろうか。なぜなら、近世には庶民に至るまで「家」が成熟し、家長の支配権が強まっていたことは、これまでの研究成果に照らしてほぼ疑いえない事実だと思われるからである。おそらく、近世においては入嫁した女性は婚家の家長の一元的な支配に服し、それを前提にして、家の後継ぎを生むべき嫁の氏素姓が重視された、というのが実情ではなかったろうか。(28)近世には入嫁女性も死後は婚家の先祖として祭られているのが通例であり、それは嫁女も婚家の成員に加えられていたことの証左とみてよい。(29)しかし、氏＝父系血統の系譜は別であるので、婚家の血族ではない。(30)そこには必然的に、嫁女を異族、異分子とみなす観念も胚胎していたに相違ない。

家の継承者として迎える婿については、家の系譜と氏の系譜を一致させる必要があり、それゆえ妻の父と養親子関係が取り結ばれ、血縁に擬制された。しかし、入嫁についてはそうした措置はとられなかったところに、ただ家の後継ぎを生むことのみを期待した「家」の論理が端的に示されていよう。その結果、入嫁は自己の属する家の系譜と氏の系譜とをそれぞれ異にするところとなった。すなわち、個人を単位に父子関係の連鎖によって血統が継承されていく「氏」の原理と、必要に応じて血族以外の者も成員に加えて自己の存続をはかっていく「家」の原理との矛盾を集中的に体現していたのが、入嫁女性であったのである。

先述したように、明治民法によって氏の系譜と家の系譜とは一致させられた。それは、中国の「姓」制度を継受した「氏」と日本的な「家」との原理上の矛盾を、前者を後者の原理に合わせることによって解決したものであると、歴史的に位置づけることができよう。ここにはじめて「家」的な氏制度が創出され、氏の名称は相即的に家筋の表徴、すなわち「家名」となった。これにより、苗字は「家名」として一元化し、従前のような個人の父系血統の標識としての側面は払拭されたわけである。昭和一四年（一九三九）に日本政府は朝鮮民事令を改め、翌年より「創氏改名」を実施したが、それは、中国の「姓」文化圏にあった朝鮮民族に、日本近代の産物である「家」的氏制度を植えつけようとしたものにほかならない。(31)

註

（1）永原慶二「日本前近代社会の展開と天皇」（『日本史研究』第二八三号、一九八六年）。

（2）「幕府祚胤伝」（『徳川諸家系譜』第二、続群書類従完成会、一九七四年）。

（3）ちなみに、家康をはじめ歴代の江戸幕府の将軍は、外交面では「源」姓を用いている。例えば慶長九年（一六〇四）に家康が安南国の大都統阮潢に宛てた書状では、「日本国大将軍源家康」と称している（中村孝也『徳川家康文書の研究』下巻之一、日本学術振興会、一九六〇年、四〇三頁）。周知のように、明の皇帝は「源道義」の名で足利義満を「日本国王」と認め、以後、明との通交を拒否した義持を除いて、歴代の室町幕府将軍は「日本国源某」という称号でもって外交を行った。すなわち、対外関係においては、武士自らが創出した「苗字」ではなく、古代律令制国家のもとにおいて天皇から賜与された「姓」が公的なものとして通用していたのである。それは、「姓」の制度はもともと中国に生まれたもので、それが中国の諸王朝と周辺の国々との交渉のなかで周辺諸国に広まってゆき、日本では天皇が「姓」を与える主体となっていた（吉田孝「古代社会における『ウジ』」、『日本の社会史』第六巻、岩波書店、一九八八年）という歴史的経緯とも関係しているのかもしれない。

家康は、将軍となる以前においても、対外文書には「源」姓を用いていた。例えば慶長六年（一六〇一）に呂宋国太守に遣わした書状では、「日本国源家康」と称している（中村・前掲書下巻之一、九四頁）。これは足利将軍が外交文書に用いていた称号とまったく同じであり、そこには、関ケ原の戦いに勝利し、天下を制覇した家康の、足利将軍の正統な後継者として日本国の外交主権者となったことを対外的に示そうとする心意がこめられているのかもしれない。なお、慶長一七年（一六一二）に本多正純が呂宋国執事、和蘭国王に宛てた書状では、いずれも「日本国　臣上野介藤原正純」といった自己表現をしている（同前七三四頁、七三八頁）。

（4）幕藩制下における姓氏のヒエラルヒーの意味については、宮沢誠一「幕藩制期の天皇のイデオロギー的基盤」（北島正元編『幕藩制国家成立過程の研究』吉川弘文館、一九七八年）で考察されている。

（5）武家官位制の特徴と機能については、同前論文のほか、児玉幸多『大名』（小学館、一九七五年、一八六〜二二四頁）、宮地正人「幕藩制下の官位官職制度」（同『天皇制の政治史的研究』校倉書房、一九八一年）、深谷克己「領主権力と武家『官位』」（講座日本近世史『幕藩制国家の成立』有斐閣、一九八一年。同『近世の国家・社会と天皇』校倉書房、一九九一年、再収）、上野秀治「徳川時代の武家の官位」（『歴史公論』第一〇七号、一九八四年）等を参照されたい。

（6）以上の例証としてあげた文書は常陸国土浦土屋家文書（国立史料館所蔵）。

（7）近世の庶民は苗字を持っていなかったという見解が通説化していた時期もあったが、洞 富雄「江戸時代の一般庶民は苗字を持たなかったか」（『日本歴史』第五〇号、一九五二年）が発表されたのを機に、全国各地から、近世の庶民も苗字を持っていた事例が報告されている。洞氏自身もその後、中世と近世の庶民の苗字について具体例にもとづいて論述した『名無しの権兵衛にも名があった』（日本家系協会、一九八六年）を刊行されている。なお、一五七七年から一六一〇年まで日本に滞在してイエズス会と日本側との交渉に活躍したロドリゲスも、名字は高貴な人だけでなく通常は大衆も持っており、持っていないのは漁師や身分の低い職人のような最下層の人々であった、と述べている（『日本語小辞典』下、岩波文庫、一九九三年、一五六頁）。

（8）豊田 武『苗字の歴史』（中央公論社、一九七一年）一二九〜一三二頁参照。

（9）『三井事業史』資料編一（三井文庫、一九七三年）所収。

（10）ただ、同姓中に適任者がいなければ他姓の者を養子にすることは一般的に行われており、中国・朝鮮におけるような「異姓不養」というほどの原則が存在していたわけではない。わが国の養子制度が「家」の継承者を得ることを主目的としている以上、異姓不養に拘泥していたのでは「家」の存続は期しえないからである。わが国では「家」の永続こそが絶対的な目的・規範であり、血筋の重視はこの目的に支障をきたさない限りにおいてである。これに対し、中国・朝鮮では超世代的に永続する機構・制度体としての「家」は存在せず、あくまで個人を単位に父子関係の連鎖によって、血（「気」）が永続してゆくことが志向される。そこでは養子制度も実の息子がいない男性が自己の血筋を絶やさないための手段であり、したがって養子は、同一の血（「気」）を受けた同姓の者でなければならなかった（滋賀秀三『中国家族法の原理』創文社、一九六七年、参照）。

(11) 高牧　実『幕藩制確立期の村落』（吉川弘文館、一九七三年）第三章参照。
(12)(13)(14) 国立史料館編『依田長安一代記』（東京大学出版会、一九八五年）所収。
(15) ただ、庶民でも職人は朝廷から官職をもらえた（前掲〈註5〉・宮地論文参照）。
(16) 例えば前掲（註4）・宮沢論文。
(17) 例えば、洞　富雄「明治民法施行以前における妻の姓」（『日本歴史』第一三七号、一九五九年）、熊谷開作『歴史のなかの家族法』（酒井書店、一九六三年）、井戸田博史『「家」に探る苗字となまえ』（雄山閣、一九八六年）、前掲（註8）・豊田武『苗字の歴史』等でこうした見解が述べられている。
(18) 同前・洞論文六三頁。
(19) 井戸田・前掲書第六章。
(20) 『井関隆子日記』上巻（勉誠社、一九七八年）解題。この書名は校注者がつけたもの。
(21) 高木俊輔「草莽の女性」（総合女性史研究会編『日本女性史』第三巻、東京大学出版会、一九八二年、二七四頁）。
(22) 『長野県教育史』第七巻（長野県教育史刊行会、一九七二年）所収。
(23) 本書第二部第一章の註(81)参照。
(24) 前掲（註17）「明治民法施行以前における妻の姓」六五頁。
(25) 前掲（註17）『苗字の歴史』一五三〜一五四頁。
(26) 前掲（註3）・吉田論文五四〜五五頁参照。
(27) 坂田　聡氏は、中世後期の百姓層における苗字の成立を「姓から家名へ」という図式で歴史的に意義づけられている（「中世の家と女性」、『岩波講座　日本通史』第八巻、一九九四年）。しかしながら、中世と近世においては苗字は家名と姓（父系血統の標識）の両者の性格を併せ備えていたのであって、この点を見落とすと苗字を家名に一元化した明治民法の歴史的意味が不明になってしまうだろう。なお、坂田氏は、夫婦で同一の苗字を用いていたとする例を示されているが（同前二〇二頁）、そこであげられた「中さいま女」（一五四四年）、「菅蒲六郎あま女」（一五七九年）は夫との関係で妻たる自己を表示したものであって、妻が夫と同じ苗字を名乗っていた例とすることはできない。

(28) ただ、女性が他家に嫁したのちも実家の父方の氏の系譜を引いていることが、実家と婚家の関係にどのような規定性を及ぼしていたのかは、重要な検討課題である。例えば、駿河国駿東郡山之尻村（現、静岡県御殿場市山之尻）の安永二年（一七七三）から安政二年（一八五五）にわたる名主家の日記をみると（一九七七年に御殿場市史史料叢書『山の尻村の「名主日記」』として刊行）、入嫁の離縁をめぐる出入ではすべて実家の父親が介入しているのに対し、養子の離縁に際しては実家の者がまったく登場していないのが目を引く。あるいはこれは氏の問題とも関係しているのであろうか。今後広く事例を検討して考えてみたい。

(29) ただし、所によっては足入婚のように、嫁の能力・人柄が試されたうえで夫の家のメンバーとして認められるという習俗もみられるので、嫁が婚家のメンバーとしての資格を得る条件およびメンバーとしての地位などについて、今後、各地の習俗を研究していく必要があろう。

(30) 縁坐制において、他家に養子に入った者はそれを免れたのに対し、他家に嫁いだ女性は縁坐しているのも、後者は実家の父方の血統に連なっていたからであろう（この点は、脇田　修「幕藩体制と女性」、前掲〈註21〉『日本女性史』第三巻、で指摘されている）。

また、林　由紀子「法的側面からみた江戸時代の嫁と舅姑——服忌令と女訓書をめぐって——」（比較家族史学会監修『縁組と女性』早稲田大学出版部、一九九四年）によれば、女訓書の教説とは異なり、幕府服忌令では女性の孝養義務は嫁してなお父母第一、舅姑第二であり、嫁は実家とのつながりが強く、婚家では異分子的なものと位置づけられており、幕府の公事方御定書および判例、諸藩の刑法においても、夫の父母への殺害・傷害よりも実父母へのそれの方が重く罰せられたという。つまり、幕藩の法制上においては、「家」よりも血縁の論理が優先されているのである。

(31) 宮田節子・金英達・梁泰昊『創氏改名』（明石書店、一九九二年）は、朝鮮の「姓」制度と日本の「家」制度との原理的相異を踏まえて、「創氏」つまり家の称号としての氏を創ることを強制したことの本質を追究した、創氏改名に関する初めての本格的研究である。

〈付　記〉

一九八五年六月一日に開催された比較家族史学会第七回研究大会において、「氏をめぐる諸問題」というテーマで学際的なシンポジウムが行われ、筆者は日本近世史の立場から報告した。本章の原論文（原題「近世における苗字と古代的姓氏」）は、この時の報告を文章化して、比較家族史学会監修『家の名・族の名・人の名―氏―』（三省堂、一九八八年九月）に発表したものである。本書再収にあたり、関連の事例と文献を若干付け加え、本文と註にも補訂を施した。同書はシンポジウムの成果刊行書であり、日本の古代から現代および諸外国の「氏」に関する諸氏の論文が収められており、当該テーマについて関心をもたれる方には参考になろう。

なお、本書第二部第二章第四節(六)でも婚出女性の死後祭祀と氏の問題について論じているので、併せて参照いただきたい。

第二部　近世農民と家・村・地域

第一章　近世における農民層の「家」意識の一般的成立と相続

――羽州村山地方の宗門人別帳の分析を通じて――

はじめに

明治政府が「家」を人民統治・支配の法的装置として措定し、天皇制国家支配の貫徹をはかったことは周知の事実であり、近代天皇制国家のもとでの「家」に関しては多くの研究が積み重ねられてきた。それにひきかえ、近世における庶民の「家」については従来、あまり関心が払われてこなかったきらいがある。おそらく、近世においては村・町を媒介に支配がなされ、「家」が人民支配の直接的装置としては法制的に確定されていなかったことも、その一因をなしているであろう。近代の「家」制度は近世の武士層のそれを引き継いだもので、庶民の慣習はそれとは無縁であった、というのが半ば通説化しているが、しかしそれは必ずしも十分な実証的研究に裏付けられているわけではない。

近世の農民の「家」に関し、社会経済史あるいは法史学の立場からいくらかは研究がなされているが[1]、近代の「家」制度との関係については、おおむね非連続性が強調されるのが常である。だが、それは、学問的検討を踏まえて導き出された結論というよりは、あらかじめ前提されたり、あるいは近代の「家」制度の反動性を強調せんがための心意が働いているきらいが強い。明治政府が法制化した「家」の原型的なものがそれ以前には庶民の間ではまったく形成されていなかったとしたら、そもそも、それは人民統治の法的装置たりえないし、それを措定すること自体、政策的に無意味であったことになろう。

それに、従来の近世農民の「家」についての研究では、その存在形態とそれが取り結ぶ社会的関係にもっぱら分析の主眼がおかれ、「家」の観念的側面には十分には分析が及んでいない。いうまでもなく、「家」は単なる実体概念ではなく、祖孫一体の永遠の生命体と観念されるがごとき多分に観念的・抽象的な側面を伴った概念であるのであるから、その研究にあたっては、存在形態のみならず、意識・観念をも含めた包括的な分析を行うことが求められる。そうした実証的研究を欠いたまま、近世の庶民にも「家」意識が存在していたとアプリオリに前提して論じたり(2)、逆にそれを否認する見解も出されたりしているのが現状である(3)。

はたして、近世の庶民には、一般的には「家」意識は存在しなかったのか。それとも、一部の上層民のみならず、広汎な階層においても「家」意識が広く存在していたのか。もしそうならば、いつ頃、いかなる歴史的過程を経て成立したのか。そしてそれは、いかなる内実を備えていたのか。こうした諸問題を具体的に検討することは、明治政府の法制化した「家」制度が庶民に与えた歴史的規定の本質を究明する上で、さらには「家族国家観」にもとづくイデオロギー支配の問題を考える上でも、重要な意味をもっていよう。

また、近年、民衆の意識・思想に関する研究が盛んになっているが、この場合においても、民衆の意識・行動を根底において規定していたと思われる「家」や「村」についての研究を深め、それが民衆にとっていかなる意味・内実をもつものであったのかを明らかにしておくことは、必要不可欠の基礎作業ではなかろうか。とりわけ、民衆も主体的な「家」意識を持つようになるということは、自己という存在を先祖から子孫へという時間的流れの中に位置づけ、

「家」を守り発展させていくべき責任主体としての自覚を持つようになるということであり、したがってそれは彼らの膨大な生産エネルギー、強靭な闘争力を生み出す重要な契機となると考えられるので、民衆レベルにおいて広汎に「家」意識が成立してくる時期およびその歴史的過程を明らかにしておくことは、民衆史研究にとって大きな意義をもとう。

本稿は、右のような問題意識に立ち、出羽国村山郡（現、山形県）の村々の宗門人別帳を素材として、(4) 襲名慣行の成立を指標にとり——補助的裏付け作業として墓碑調査を行い、個々の家が墓碑を建立する習俗がいつ頃成立しているかの確定も試みる——、農民層において「家」意識が一般的に成立してくる過程を村落構造との関連において考察し、しかるうえで相続の具体的分析を通じて「家」の特質にアプローチを試みるものである。なぜなら、「家」は世代を超えて永続することを志向するものである以上、それを実現する相続という行為において、その構造面あるいは観念面における特質が集約的に表象されるからである。そして、以上の検討を踏まえて、農民層における慣習上の「家」が明治政府によって法制的に確定された制度上の「家」と内的・構造的関連を有していたか否かについても考えてみたい。

第一節　村落構造と家族形態の変化

家を構成する最も重要な要素は家族である。ここでは、分析対象村落における家族形態、および農民諸階層の家の存在形態とその再生産条件の変遷について考察しておこう。

(1) **中山口村**（現、天童市山口）

中山口村の村落構造の分析はすでに先学によってなされているので、[5]ここでは、それらの諸業績に導かれつつ若干の私見を述べることにする。山口村は、初め最上氏領、元和八年（一六二二）山形藩領、寛文八年（一六六八）下野宇都宮藩領、元禄五年（一六九二）陸奥白河藩領を経て、寛保二年（一七四二）より幕府領であった。寛保二年「山口村差出明細帳」での村高は一九八八石二斗二升、反別一四六町六反九畝歩、田反別五六町六反九畝一二歩、畑反別八九町九反九畝一八歩である。近世中期より上・中・下の三組に分けられ、それぞれに名主を立てていたが、幕末期には組分けは廃止されている。では、本題に入ることにしよう。

まず、中山口村の延宝二年（一六七四）「耶蘇宗門御改帳」、正徳二年（一七一二）「宗門御改帳」、宝暦二年（一七五二）「宗門人別御改帳」の水呑の記載様式に注目すると、左記のようになっている。延宝二年は水呑はすべて本百姓に付属した形で記載された①の様式であり、正徳二年になると、①の他に新たに独立した一戸として記載されながら本百姓名を肩書きされた②と、肩書きのない③の様式が登場する。宝暦二年には、④と⑤の二様式となっている。

さて、俗に「宗門人別改帳」と通称される帳簿については、その性格そのものが十分に解明されておらず、その使用にあたっては十分な吟味を要することは大石慎三郎氏[6]が力説されているところである。では、右の様式の相異は、単に帳簿作成上の問題にすぎないのであろうか。しかし、正徳二年には同一帳面において①、②、③の三様式がみられる点、この記載様式の差異は、水呑の存在形態、および本百姓との関係の何らかの差異を反映するものと考えざるをえない。かつて難波氏[7]は、①の様式を「抱水呑」、②を「準自立水呑」、③を「自立水呑」と仮称され、藤田氏[8]もこの分類方法を用いられた。「抱水呑」、「自立水呑」はよいとしても、「準自立水呑」というのは甚だ曖昧な概念である。領主が農民を把握するにあたって、はたして「準自立」などという曖昧な基準をもってするであろうか。難波、藤田両氏は、宝暦元年の帳面が②の様式で統一されているところから、「宝暦元年には、かかる自立化傾向は、再び準自

○延宝二年

①一　家主 三十郎　年四拾〈宗派・檀那寺略〉

一　三十郎 女房　年廿八

…

〈中略〉

…

一　三十郎水呑 三七　年五拾

…

〈後略〉

〆七人内 男五人 女二人

○正徳二年

②一　弥平次水呑 長助　歳四拾九

長助男子 次郎　歳拾五

〆弐人　男　私一家之分長助

③一　水呑 市兵衛　歳三拾九

市兵衛男子 清助　歳二拾壱

〈後略〉

〆四人内 男三人 女壱人　私一家之分市兵衛

○宝暦二年

④一　所出生治兵衛措地水呑 〈宗派・檀那寺略〉長助　年五拾五歳

一人男

⑤一　所出生無主吉助分預水呑 ………市兵衛　年六拾歳

男子 重助　年拾七歳

弐人男

（傍点、大藤）

立水呑に統一・再編されている」という見解を導き出されているのであるが、翌二年の帳面をみると④、⑤の様式となっている。「借地」農民が自立経営を前提として出現した存在であることはすでに諸研究(9)によって明らかにされているところであり、しかも借家を自由に変わっている事例(10)も多い点からして、屋敷主と借地人とは比較的自由な契約関係にあったことが知られる。⑤の様式であるが、これは宝暦五年の帳面には「村惣作借地水呑」と記されているところからわかるように、無主となった百姓の跡式を村惣作とし、それを水呑に借地させたものである。そして④は②に、⑤は③に結び付けうる。正徳二年の③は「無主」化した跡式を預かっていたが故に本百姓名を肩書きされなかったのであり、②は「借地」の文字が抜けているが、実態は「借地水呑」であったと想定される。これらが独立の実体を備えた存在であったことは明白であり、したがって、①の様式を「抱水呑」とし、他の四様式を「自立水呑」として分類するのが正鵠を得ていよう。

右の如く分類したうえで、その歴史的変化を示したのが〈表1〉である。(11)これをみるに、延宝二年はすべて「抱水呑」となっている。自らの再生産の物的基礎を持たない水呑としては、いまだ地主・小作関係を展開しえない生産力段階に規定され、本百姓の手作り経営に包摂されて労働力を提供し、その代償として生活扶助を受けるという「抱」の境遇に甘んぜざるをえなかったのである。しかるに、正徳二年には「自立水呑」が大部分を占め、宝暦元年にはすべて「自立水呑」と

表1　中山口村，本百姓・水呑の変化

種別＼年号・戸数			延宝2年 戸数	延宝2年 一戸当家族数	正徳2年 戸数	正徳2年 一戸当家族数	宝暦1年 戸数	宝暦1年 一戸当家族数	天明7年 戸数	天明7年 一戸当家族数	天保14年 戸数	天保14年 一戸当家族数
本百姓	本百姓		35	8.4	31	5.9	37	7.3	34	6.1	32	6.2
	内水呑所持		14		9							
水呑	形態	抱	19	3.3	11	1.7						
		自立			36	3.9	37	2.3	33	4.0	47	4.6
	計		19		47		37		33		47	

表2　延宝2—延宝5年の間の本百姓・水呑間の変動

抱水呑 ——→	本百姓
①孫惣抱水呑	本百姓
〈伊藤〉七左衛門41 ——→	七左衛門44才
②九右衛門抱水呑	本百姓
与平次41 ——→	与平次44
③九郎右衛門抱水呑	本百姓
〈伊藤〉惣吉44 ——→	惣吉47
④勘四郎抱水呑	本百姓
〈伊藤〉長兵衛44 ——→	長兵衛47
⑤源右衛門抱水呑	本百姓
〈松田〉甚四郎64 ——→	甚四郎67
本百姓 ——→	抱水呑
⑥本百姓	孫惣抱水呑
長七32 ——→	長七35
⑦本百姓	〈伊藤〉長吉抱水呑
〈伊藤〉孫左衛門69 ——→	孫左衛門72
⑧本百姓	〈村山〉今内抱水呑
〈村山〉清作42 ——→	清作45
⑨本百姓	〈村山〉今内抱水呑
彦五郎39 ——→	彦五郎42
⑩本百姓	〈庄司〉長右衛門抱水香
〈庄司〉三郎右衛門65 ——→	三郎右衛門68

〈註〉・①の七左衛門抱主の孫惣と⑥の長七抱主の孫惣とは別人物。
・族名は延宝3年の「本田畑名寄帳」の記載による。

なっている。それは、藤田氏が分析(12)された如く、この期における地主・小作関係の展開を基礎としていた。また「五人組帳」においても、村山地方では一八世紀中期以降、領主側の指示により水呑も五人組の構成員に加えられている。領主側も、自立してきた水呑を直接に把握、統制しようとしたのである。

延宝二〜延宝五年の間の本百姓・水呑間の変動を示したのが〈表2〉である。「抱水呑」から本百姓へ上昇した五人は、すべて延宝三年の「本田畑名寄帳」において高を名請している。そのうち、①、②については、名寄帳にそれぞれ「伊藤万七跡七左衛門」、「小作跡与平次」（傍点、大藤）と記載されており、潰百姓の跡式に立ち替わったことがわかる。③、④、⑤は「跡」という字がなく、主家の高を分与されて本百姓となったものと推測される。

逆に本百姓から水呑に転落した五例を検討すると、⑦の伊藤孫左衛門は、延宝三年の「本田畑名寄帳」において田畑合一町三反余を名請しているが、その上に長吉の貼紙がしてあり、延宝三年以降に長吉が立ち替わったことが確認でき、しかも伊藤孫左衛門は延宝五年には長吉の「抱水呑」として記載されている。他の例も同様である。延宝三年の名寄帳には族姓（苗字）が記されており、それによると当村には七同族団（高木、伊藤、松田、村山、庄司、木村、佐藤姓）が存在しているのであるが、注目されることは、族姓の確認できない⑥と⑨を除き、⑦、⑧、⑩は、すべて延宝五年において同姓の者の「抱水呑」となっていることである。「御年貢納兼、御百姓代立替候……」[13]とある如く、年貢不納を契機として跡式が「御百姓立替」の形式で移動したのであるが、右の事実はかかる土地移動が同族の間で行われたことを示す。すなわち、当地方では「百姓立ち替わり」＝潰百姓跡再興の名目で地主の土地集積が進められたことは広く検証されているところであるが[14]、この段階では、それが同族団の枠内で展開していたのである。このことは、同族団が貢租納入の連帯責任を負っていたことをも示す[15]。

延宝五年における抱主である伊藤長吉、村山今内、庄司長右衛門の三人の延宝二年における身分をみると、村山今内は本百姓、伊藤長吉と庄司長右衛門はいまだ分家せず本家の家族内に残留している（二人とも本家当主の弟）。後二者の例は、彼等の本家が潰百姓の跡式を請け込み、それを与えられて本百姓として分家したものと解される。いわゆる「株継別家」である。右の事例では、潰百姓はいずれも「立替百姓」の「抱水呑」となっているが、そうでない事例もみられる。事例①は、先述した如く伊藤万七の跡式に伊藤七左衛門が立ち替わったのであるが、伊藤万七は延宝五年には伊藤勘四郎の「抱水呑」として記載されている。

要するに、一族内に潰百姓が出た時は、一族の有力者がその跡式を請け込み、一族としてその土地の確保を図ることに主眼が置かれ、その跡式には一族内のいまだ「抱水呑」の境遇にある者、あるいは分家せずに生家に残留している者をして立ち替わらせ、潰百姓は一族内の誰かの「抱水呑」となったのであり、その場合、「立替百姓」の「抱」となるのが一般的であったのである。

次に家族構成について検討しよう[16]〈表3〉。延宝二年（一六七四）では、本百姓三五戸のうち一八戸が、水呑一九戸のうち一五戸が直系親のみによって構成されており、直系親主体の家族構成が主流になりつつも、いまだ家族持傍系親を含む家が本百姓八戸、水呑一戸存在し、複合家族形態の名残をとどめている。下人を含む家はわずか三戸で八人にすぎず、譜代下人の独立化が進んでいたことを示す。水呑を抱えている戸数は各類型にほぼ等分に分布しており、特に特徴はみられない。正徳二年（一七一二）には、複合家族構成をとる水呑数が増加していることが注目されるが、これは本百姓の転落に起因している。また、下人を含む戸数が増加しているのは、「抱水呑」の自立化が進行したため、年季奉公人の雇傭によって労働力の補充を図ったからである。天明七年（一七八七）には、複合家族構成をとる家は僅か二戸となり、本百姓一戸当たり家族員数も延宝二年の八・四人から天明七年には六・一人へと減少し、直系親主体の小家族形態が基本となってい

表3　中山口村，家族構成の変化

家族構成の類型＼年次		延宝2年 本百姓	延宝2年 水呑	正徳2年 本百姓	正徳2年 水呑	天明7年 本百姓	天明7年 水呑
直系親（夫婦1組以下）	A	6(1)	15	7	33	17(2)	28
＋抱水呑	A'	4		3			
直系親（夫婦2組以上）	B	5(1)		5(2)	3	8	3
＋抱水呑	B'	3(1)		4(1)			
直系親＋独身傍系親	C	6	3	6(1)	6	8	1
＋抱水呑	C'	3		1			
直系親＋家族持傍系親	D	4	1	4(4)	5	1	1
＋抱水呑	D'	4		1			

〈註〉・（　）内は下人を持つ家数。
・家族構成の類型記号は，以下の表においても適用。

る。

延宝三年の高持百姓＝本百姓の持高構成をみるに〈表4〉、高持三一戸のうち一六戸が一町〜一町五反層に属し、持高構成の中核層を形成している。しかも、注目すべきは、水呑を抱えている本百姓家数一三戸のうち、実に一一戸が一町五反以下層に属していることである。この事実は何を意味しているのであろうか。延宝三年には、それぞれ二〜一七戸の本百姓の家から構成される七同族団が存在しているところから、近世初頭以来分割相続が一般的に行われ、右の持高構成に結果したことを推測しうる。しかるに、一町〜一町五反に持高が平準化されてくると、当時の生産力段階では、これ以上持高を減ずることは農業経営の再生産を危うくすることに結果し、ここに分割相続を制限せんとする力が働き、これに共同体規制、および領主の「分地制限令」が加わり、分地規制化の方向をたどることになる。(17)ここに、無高としての血縁家族員の分家、(18)および譜代下人の分家が一般的形式となり、(19)無高層＝水呑層の形成をみたものと推測しうる。これに先述の本百姓の没落したものが加わったのである。また、名子が土地に対する保有権を認められず、「無高」として帳簿上に現れている場合もあったであろう。

土地生産力の発展度の高かった畿内先進地域などでは、一町〜五反の線まで分地している例が一般的にみられ、小農経営の一般的成立をみるのであるが、土地生産力の低位な当地方では、一町五反〜一町で分地の限界線に達し、小農経営を一般的に創出せしめないうちに、水呑の発生をみたのである。(20)しかも、地主・小作関係を十分に展開しえない生産力段階に規定されて、水呑は本家（主家）の手作り経営に結びつかざるをえず、「抱」としてその労働力に編成された。こうして本百姓を中心に一〜三戸の「抱水呑」の家によって小同族団的協業体が形成されることになった。すなわち、延宝段階では個々の家はいまだ生産単位とはなっていなかったのであり、小同族団的協業体が村落の生産構造を規定していたのである。

表4　中山口村，所持高別家族構成（延宝3年）

所持面積＼家族構成の類型	A	A'	B	B'	C	C'	D	D'	計
6　町　以　上			1(1)						1
4　～　5　町							1		1
3　～　4　町									
2　～　3　町								1	1
1町5反～2町	1(1)	1	2		1				5
1町～1町5反	2	2(1)	2	2	1	1	2	4	16
5　反　～　1　町	2		2		1	2			7
計	5	3	7	2	3	3	3	5	31

〈註〉（　）内は下人を持つ家数。

表5　中山口村，所持高別家族構成（天明7年）

所持石高＼家族構成の類型	A	B	C	D	計
100　石　以　上			1		1
50　～　60　石	1(1)				1
40　～　50　石					
30　～　40　石					
20　～　30　石	1	4	1	1	7
15　～　20　石	5	2	2		9
10　～　15　石	8(1)	1	3		12
5　～　10　石	2	1	1		4
計	17	8	8	1	34

〈註〉（　）内は下人を持つ家数。

四町以上層の二家についてみると、四町一畝余を所持する又八家は、二組の傍系親家族を含む一六人の家族を持ち、そのうち可労働人数（一五〜六五歳）は九人（男五、女四人）であり、六町六反余を所持する藤兵衛家は、血族一〇人の他に下人五人を持ち、可労働人数は一〇人（男五、女五人）となっている。両家ともに手作り経営を行っていたことを窺わせる。

しかるに、その後の生産力発展にもとづく地主・小作関係の展開、および商品生産・流通の発展に伴う諸稼ぎの機会の増大は、水呑が自ら生産主体として本家（主家）の「抱」の地位から脱却することを可能とし、しかも彼らは族縁にかかわりなく多数の地主と散り懸り的に小作関係を結ぶのであり、[21]ここに族縁原理にもとづいて構成されていた小同族団的協業体は解体する。天明七年の持高構成をみると〈表5〉、一〇〜一五石層が中核層をなし、しかもその大半が直系家族構成をとっており、本百姓層においても小家族経営形態が支配的になっていることを読み取りうる。村山地方は石盛が異常に高いので、[22]一〇〜一五石はだいたい七反〜一町に相当する。したがって、延宝三年時よりも持高中核層は下降していることになる。

当地方では、「小農」生産論理の貫徹は、水呑の小作経営という形での小家族経営農民への成長として具現したのであるが、かかる水呑の動向に対応して、本百姓層のうち延宝三年時の一町〜一町五反層は主として若干の分地によって経営規模を縮小して小家族経営形態に自己変貌を遂げ、一町五反以上層は手余り地を小作に出す地主経営に転化したことを〈表4〉と〈表5〉の比較から読み取りえよう。以上のような経路をたどり、当村では、宝暦〜天明期（一七五一〜一七八九年）に直系小家族の家が独立の生産単位たることが社会的に一般化したのである。

(2) 鮨洗村（現、山形市鮨洗）

鮨洗村は、総高六九〇石六斗五升であるが、幕府領・藩領が入組んでいた。文政六年（一八二三）までは幕府領三九三石五升三合であったが、同年にこの分が白河阿部藩領となり、幕府領は二二三石九斗九合となった。そして、天保一三年（一八四二）には、この分も上野館林に転封された秋元氏の飛地領に入れられている。残存している「宗門人別御改帳」は、延享二年（一七四五）より天明三年（一七八三）までが三九三石五升三合の分、天保四年（一八三三）以降は二二三石九斗九合の分となっており、前者と後者の百姓が結びつかないのが残念である。

生産条件についてみると、当村は山形城下町から二里程のところに位置する都市近郊農村であり、耕地構成は、高三九三石五升三合（二三町六反五畝六歩）のうち田方一七町一畝五歩、畑方六町六反四畝一歩、高二二三石九斗九合のうち田方一九四石一斗六升三合（一一町二反一畝一七歩）、畑方二九石七斗四升六合（二町九反一五歩）となっており、田地が大半を占めている。元文四年（一七三九）の「村明細書」[23]には、「当村畑麦作・紅花・青苧・大豆重ニ作リ申候」とあり、当地方の代表的な商品作物である紅花・青苧の栽培がこの時期にすでにみられる。明治八年（一八七五）の「物産取調書上」をみると、米穀類を中心としながらも、園蔬類、種子并草種類、染目類、糸錦類、竹木類、禽獣類、虫魚類など種々の物産が記されており、都市市場への出荷を目的とした多様な商品生産が展開し、都市近郊農村としての特徴を著しくしていたことが知られる。明治五年の職業構成は、農業と他職業ともに二八戸と全く同数であり、農業外職業の主たるものは、雑業（手間取渡世）一五戸、商業七戸であった。商品生産・流通の展開を背景に農業外従事者が増大していた状況を示している。特に「借地」層は、一四戸のうち農業は四戸のみで、他は雑業等に家の再生産の基礎を置いている。

右の如き生産条件下で、村落構造、および家族形態はどのような展開を示したのであろうか。

① ＜表6＞をみると、延享二年（一七四五）には、無高（水呑）が高持（本百姓）の家数を上回っているが、以後一貫して本百姓家数が増加するのに対し、水呑家数は減少しており、水呑の本百姓への上昇が進んだことを示してい

表6　鮨洗村，村落構成の変化

階層＼年次	延享2	明和9	天明3	文政10	天保4	弘化5	慶応2
高持（本百姓）	13	23	26	32	11	9	10
無高（水　呑）	16	8	8	7	2	3	4
そ　の　他	2	1	1	1			
計	31	32	35	40	13	12	14
村内人口	129	170	167		81	76	74

〈註〉・「宗門人別御改帳」家数合計は，実数とくいちがっている場合があるので計算しなおした。文政10年の数字は「五人組高書上帳」による。
・その他は寺院。

表7　鮨洗村，持高別家族構成

家族構成の類型＼年次＼持高	A		B		C		D		計		一戸当家族数	
	延享2	天明3	延享2	天明3	延享2	天明3	延享2	天明3	延享2	天明3	延享2	天明3
30～40石				2(1)			1(1)		1(1)	2(1)	5.3	3.8
20～30石				1			2		2	1		
15～20石	3		1	3			1		5	3		
10～15石				2						2		
5～10石	1	3	1	1	1	1			3	5		
5石未満	2	8		3				2	2	13		
無　高	12	5	2	2	2	1			16	8	4.1	4.5
計	18	16	4	14(1)	3	2	4(1)	2	29	34		

〈註〉（　）内は下人所持家数。

る。(24) また本百姓層における高持分家が行われたことにより、総家数も増加の一途をたどっている。さらに、村内人口も大幅な増加をみている。

② 右の結果、天明三年(一七八三)には、持高構成の上では〈表7〉、五石未満の零細持高層の増加となって表れている。村高のうち半分近くが越石(他村居住者持高)となっており、四〇石以上の大高持は存在しない。(25)

③ 最初に述べた事情で天保四年(一八三三)以降の宗門人別帳はそれ以前の分とつながらないが、ここでは総家数、本百姓家数ともに変動はきわめて小さい。また、持高はすべて二〇石以下となっている。

④ 延享二年における一戸当たり家族員数は〈表7〉、本百姓五・三人、水呑四・一人であり、家族構成は直系家族が大半を占め、すでに直系親主体の小家族形態が主流をなしている。しかし本百姓層には複合家族構成をとる家が四戸存在し、しかもすべて一五石以上層に属しており、この層の経営形態はいまだ手作り部分が主体を占めていたと推定しうる。しかるに、その後、複合家族は分解して、天明三年にはこの層はすべて直系家族となっている。これが「小農」生産様式の発展を基礎とした地主・小作関係の進展による手作り部分の縮小に起因していたことは、多言を要すまい。

(3) 吉川村(現、西村山郡西川町吉川)

当村は、元和八年(一六二二)以来、幕府領と私領に二分され、両給支配の下に統治されていた。(26) 天明八年(一七八八)においては、幕府領五〇一石一斗二升二合、左沢領三一四石となっており、他に寺社・修験の「御朱印高」一九四石六斗三升があり、総高は一〇〇九石九斗五升二合となっている。ここで分析対象としているのは、このうちの幕府領の分である。

幕府領については石高に若干異動があり、「宗旨人別改帳」の記載によると、天明六年までは四八四石六升六合、天明七年以降五〇一石一斗二升二合となっている。耕地構成は、五〇一石一斗二升二合（三二町二反四畝二歩）のうち田方四四〇石三斗一升四合（一六町九反二畝五歩）、畑方六〇石八斗八升（一五町三反一畝一七歩）で、石高では田方が畑方の七倍以上となっているが、これはこの地方の石盛が田方が圧倒的に高いためで、面積はほぼ同じである。延享元年（一七四四）の「出羽国村山郡吉川村田畑屋敷并竹木質入小作入上米直段書上帳」の上田の項に「当村ニ而地面不宜候得共、田方不足ニ付質入直段宜御座候」（傍点、大藤）という但し書きが付されている如く、むしろ田地は不足していたのであり、しかも土地生産性は低かった。

また、村高（幕府領分）と人口および家数の比率を計算すると、宝暦八年（一七五八）において、一人当たり一・一石、一戸当たり五・七石となり、延享二年における鮨洗村の一人当たり三石、一戸当たり一二・六石に比してかなり低いが、先述の如く当村には他に「御朱印高」一九四石余が存在しているから、これを請作することにより不足分を補っていたものと思われる。当村は山間部に位置しているものの、山林は幕府直轄林たる「御林」に指定されており、農民の自由な山稼ぎは許されない。

元文元年（一七三六）「田畑作物品訳書上帳」（ただし、これは左沢領の分）をみるに、畑作物は青苧を除けば、大豆、小豆、蕎麦、粟、菜大根等の自給用作物で占められている。肥料は藁肥、下肥、刈敷等の自給肥料で、いまだ購入肥料の使用はみられない。これは、紅花生産の行われていた谷地村において、元文年間（一七三六〜一七四一年）にすでに「酒かす」「こぬか」といった購入肥料の投入が行われていた[27]のと好対照であり、山間地という地理的条件にも規定されて自給的農業段階にとどまっていたことを示す。

右の如きあまり良好でない生産条件下で、村落構造、家族形態は、如何なる展開を示したであろうか。

① 当村には神主・修験の家が多く存し、〈表9〉に示されているように、持高上層はすべて彼らによって占められ

ており、本百姓層の大部分が二〇石以下層に属す。一〇〇石以上は別当修験安仲坊で、これは御朱印高のみである。他はいずれも朱印高はわずかであるが、高請地を多く所持しており、例えば神主長左衛門は朱印高は三石余にすぎないものの、宝暦八年（一七五八）では五一石余の高請地を持ち、明和五年（一七六八）には六四石余に増加しており、土地集積を進めていた。これらの土地を小作に出す一方、高利貸も盛んに行っており、家業は「神主」ながら、地主・高利貸資本としての性格を備えていたのである。明和五年以降は神主家によって名主職が独占されており、経済面においても村政面においても神主家の支配下にあった。

② ＜表8＞をみると、宝暦八年から安永二年（一七七三）にかけて本百姓は一〇戸増加しているが、これは水呑の上昇ではなく本百姓層の分家による。以後、天明八年（一七八八）にかけて家数・人口の減少をみており、この期の凶作・飢饉の影響が端的に示されているが、特に水呑層の減少が著しく、先述した如き生産条件下では水呑層の再生産はきわめて不安定であったことを示している。天明八年以降文政二年（一八一九）にかけて家数は漸減傾向をたどり、以後再び増加の兆しをみせている。

家族形態は＜表9＞、宝暦八年には直系親主体の小家族形態が大部分を占めているが、複合家族構成をとる家がなお八戸存する。この八戸はすべて二〇石

表8　吉川村，村落構成の変化

階層＼年次	宝暦8	明和5	安永2	天明8	享和元	文政2	弘化2
高持（本百姓）	54	60	64	61	62	54	58
無高（水　呑）	21	21	19	14	10	12	10
そ　の　他	9	9	8	8	8	9	10
計	84	90	91	83	80	75	78
村　内　人　口	416	405	413	380	411	405	413

〈註〉　その他は寺院・神主・医者・山伏。

表9　吉川村，持高別家族構成

家族構成の類型／年次／持高	A				B				C				D				計				一戸当家族数	
	宝暦8		天明8		宝暦8		天明8		宝暦8		天明8		宝暦8		天明8		宝暦8		天明8		宝暦8	天明8
100石以上						1 (1)										1 (1)		1 (1)		1 (1)		
50 ～ 60 石						1 (1)		1 (1)										1 (1)		1 (1)		
40 ～ 50 石																						
30 ～ 40 石			1				1 (1)	1 (1)											2 (1)	1 (1)		
20 ～ 30 石					1 (1)	1 (1)											1 (1)	1 (1)			5.4	4.8
15 ～ 20 石	1 (1)				1			1					1				3 (1)			1		
10 ～ 15 石	3		5	2	3	1	1					1	1				7	1	6	3		
5 ～ 10 石	5	2 (1)	10		3		4		4			1	2				14	2 (1)	14	1		
5 石 未 満	18		20		8		16			1	2		3		1		29	1	39			
無高	18		9		1		2		1		3		1				21		14		3.3	2
計	45 (1)	2 (1)	45	2	17 (1)	4 (3)	24 (1)	3 (2)	5	1	5	2	8		1	1 (1)	75 (2)	7 (4)	75 (1)	8 (3)		

〈註〉・左欄は農民の家数，右欄は寺院・神主・山伏の家数（朱印高を含む）。
・（　）内は下人所持家数。

以下層に属し、そのうち六戸は一〇石以下であり、これは分家を出す条件に乏しかったが故に、いまだ生家に傍系親家族が残留していたと思われるが、以後天明期にかけて村を出るか分家するかして複合家族構成を解消している。

(4) 塚野目村（現、天童市塚野目）

この村は、村山盆地のほぼ中央にある平野部に位置する。蔵増村北組の枝郷であり、宝永七年（一七一〇）の名寄帳によると、二二五石一升四合（一七町七反一畝一三歩）となっており、文化一一年（一八一四）の高が二二五石二斗三升であるから、公式的にはほとんど変化していない。文政六年（一八二三）までは幕府領であったが、この年白河阿部藩領となった。耕地構成は、田方一八三石二斗三升六合（一一町九反六畝一九歩）、畑方四二石三合（五町七反四畝二四歩）であり、水田が中心となっている。

〈表10〉をみると、宝永七年の名寄帳では一〇名が名請しており、そのうち五石未満の一名を除き、他はすべて一〇石以上であり、しかも六名が四〇〜二〇石層に属す。以後文化一一年まで一〇〇年余の間持高を知りうる史料が残存していないが、文化一一年には高持百姓（本百姓）は二二名存し、この間、分割相続による本百姓の増加をみたことを窺いうる。持高構成は、宝永七年とは対蹠的に三〇〜一〇石層には三名しか存せず、他は五〇石六斗余を所持する弥右衛門を除き、すべて一〇石以下、しかも大半が五石未満層に属しており、階層分化の進展は一目瞭然である。

〈表11〉をみると、文化一二年から幕末にかけて総戸数の増加、本百姓の減少、水呑の増加という村落構成の展開をみせており、ことに水呑の増加が著しい。これは、単に本百姓の没落のみならず、後に分析する如く無高分家の盛行による。

明治六年（一八七三）の「戸籍調帳」に記された職業は、「雑業」が一戸存するのみで、他の五三戸はすべて「農業」であり、農業経営との強固な結び付きを示している。その事由は、明治六年の「田畑立付米地主名前其外取調書上帳」

表10　塚野目村，持高別階層構成の変化

階層＼年次	宝永7	文化11	弘化5
50石以上		1	1
30～40石	4		
20～30石	2	1	1
15～20石	2	1	1
10～15石	1	1	2
5～10石		2	1
5石未満	1	16	5
無高		18	38

〈註〉　宝永7年は「田畑名寄帳」，文化11年，弘化5年は「宗旨人別御改帳」による。

表11　塚野目村，村落構成の変化

階層＼年次	文化12	文化15	文政6	弘化5	安政3
高持（本百姓）	21	19	20	11	11
無高（水　呑）	19	20	21	38	40
計	40	39	41	49	51
村内人口	214	212	220	252	254

と「田畑小作立付取調帳」の分析によって明らかとなる。この両帳の分析は塚本　登氏がなされているので詳しくはそちらに譲るとして、それによると出入作関係が広汎に展開しており、所有高から経営高に至るすべてについて、その半数近くが村外（二二ケ村）に存在しており、また当村に土地を持つ村外地主の所在も二二ケ村に及んでいる。そして、地主・小作関係がほとんどすべての階層にわたって展開し、小作地が農業経営においてきわめて大きな比重を占めており、しかも村内外の多数の地主と散り懸り的に小作関係を取り結んでいるという状況が判明する。

第二節　「家」意識の一般的成立

――襲名慣行の成立を指標として――

〈表13〉～〈表15〉をみるに、当主の地位の継承とともに父祖名を襲名するのが慣例となっている。父子相伝の通名は、個人の呼称というよりもその家に固有の名称であり、超世代的な家の同一性を示す標識であって、かかる通名相続は苗字の公称を禁じられていた農民層の「家名」相続観念の表れであると解しうるものである。[29]したがって、襲名＝「家名」相続慣行の成立は、家族集団の超世代的な連続を願う意味形象としての、すなわち祖孫一体の永遠の生命体と観念されるものとしての、「家」の意識の成立指標とみなしえよう。

㈠　襲名慣行の一般的成立

では、襲名慣行＝「家」意識は、如何なる歴史過程（村落構造の変化）を経て成立してきたのであろうか。

中山口村における襲名慣行の成立過程を示したのが〈表12〉である。延宝五年（一六七七）の村内総家数六〇戸のうち正徳二年（一七一二）の宗門人別帳に同じ当主名がみえるのは、本百姓六戸、水呑三戸の計九戸にすぎず、九戸とも当主の交代を確認できるので襲名が行われたことが判明する。残りの名前が変わっている家は、当主交代の際、襲名しなかったことを意味し、この段階では襲名はごく限られた一部の家においてしか行われなかったことがわかる。この期間に襲名がなされた家についてみると、本百姓の六戸は延宝三年の名寄帳においていずれも持高上層に属しており、当村における有力な家であった。水呑の三戸はいずれも延宝二～同五年の間に本百姓から転落した家であって、

表12　襲名慣行の成立過程（中山口村）

階層	年代	延宝5－正徳2	正徳2－宝暦2	宝暦2－天明7	天明7－天保14
本百姓	家数	41	31	37	34
	同名	6(1)	7	19(2)	27(9)
	襲名	6(1)	5	17(1)	27(9)
水呑	家数	19	47	37	33
	同名	3	7(2)	6(2)	21(7)
	襲名	3	6(2)	6(2)	21(7)

〈註〉・家数は各期間の最初におけるもの。
・（　）内の数字は，その期間内に階層が変化したもの。

表13　吉川村，襲名状況

年代	宝暦8－安永2		安永2－天明8		天明8－文化6		文化6－文政11		文政11－弘化2		計	
階層	本百姓	水呑	本百姓	水呑	本百姓	水呑	本百姓	水呑	本百姓	水呑	本百姓	水呑
相続件数	25(2)	7	31(1)	4	37	4	34	2	20(1)		147(4)	17
襲名	20	6	22	3	32	2	32	2	18		124	13

〈註〉（　）内は女子相続の件数（表14，15も同じ）。

表14　鮨洗村，襲名状況

年代	延享2－明和9		明和9－天明3		天保4－明治5		計	
階層	本百姓	水呑	本百姓	水呑	本百姓	水呑	本百姓	水呑
相続件数	5	10	5(1)	1	15(2)	2	25(3)	13
襲名	1	2	4		13	2	18	4

表15　塚野目村，襲名状況

年代	文化11－安政元	
階層	本百姓	水呑
相続件数	26	25(2)
襲名	22	18

以前から水呑であった家では襲名は全くみられない。正徳二～宝暦二年（一七一二～一七五二）では、いまだ一一戸が襲名しているにすぎないが、そのなかで水呑が六戸に増加しているのが注目される。うち三戸は延宝二年時に本百姓だったのが転落した家であるが、他の三戸は延宝二年時から水呑だった家で、延宝五～正徳二年に「抱水呑」から「自立水呑」へと成長している。すなわち、本（主）家に対する経済的従属から脱し、自立した経営主体となることによって、独立した「家」意識を持つに至ったのである。宝暦二年～天明七年（一七五二～一七八七）には襲名はかなり一般化してきており、社会的慣行として定着しつつあったことが窺える。そして天明以降には、本百姓・水呑を問わず、全階層の農民の家で襲名慣行は完全に定着するに至っている。

鮨洗村においても、〈表14〉に示されている如く、延享二～明和九年（一七四五～一七七二）の間では相続事例一五件のうち襲名したのは三件にすぎなかったのが、明和九～天明三年（一七七二～一七八三）には、六件のうち四件が襲名しており、社会的慣行として定着しつつあったことを示している。例えば、次の如き事例がみられる。

延享二年	明和九年	天明三年
○半兵衛（五五歳）――	市助（五三歳）――	市助（二三歳）
○藤九郎（五五歳）――	藤八（五四歳）――	藤八（三四歳）

同一の家で、延享二～明和九年には襲名しなかったのが、明和九～天明三年では襲名を行っているのであり、右に述べた経緯を端的に示している。享保七年（一七二二）の「指出帳」に連署している百姓名と延享二年（一七四五）の宗門人別帳とを照合すると、同一の名前が四名見出だせる。うち一名は享保当時の名主であり、他の三名はいずれも長百姓であった。

塚野目村においては、宝永七年（一七一〇）の名寄帳の名請人一〇名のうち七名が文化一一年（一八一四）の宗門人別帳にも登場している。この村は新開村であり、彼らは草分け百姓であった。

長百姓、草分け百姓層においては、右の如く早くから襲名がなされていた。彼らは、団族団の総本家として、特に長百姓は中世の在家百姓の系譜を引く由緒ある家として早くから「家」意識が成立していたのは当然なわけであるが、またそこには、長百姓、草分け百姓としての経済外的な家の由緒を将来にわたって誇示し、もって村内における自己の伝統的地位を保全しようとする「家格」意識が強く働いていたものと思われる。ことに中山口村で延宝二～同五年に本百姓から水呑に転落した五戸のうち三戸が延宝五～正徳二年に襲名を行っていることは、かかる状態の時に最も強烈に「家格」意識が表出したことを示すものとして興味深い。

さて、中山口村においては、延宝期より天明期にかけて漸次通名＝「家名」相続が一般化してゆき、天明期以降には社会的慣行としての定着をみたのであるが、これを村落構造の面からみると、第一節で検討した如く、延宝期の村落構造を規定していた本百姓の家を中心に一～三戸の「抱水呑」の家によって構成されていた小同族団的協業体が、地主・小作関係の展開――その基底における「小農」生産様式の発展――を基礎に水呑が「抱」の境涯から離脱して独立した経営主体となることによって解体し、小家族経営が一般的に成立してくる過程に全く照応している。鮨洗村においても同様、延享期から天明期にかけて小家族経営の一般化がよりいっそう進展していったことは、第一節でみたとおりである。

延宝期の中山口村には、高木、伊藤、松田、村山、庄司、木村、佐藤姓の七同族団が存在し、それぞれ二～一七戸の本百姓の家を有し、さらに各々の本百姓の家が一～三戸の水呑の家をその下に従属させて小同族団を形成するといった、二重の族団構造を構成していた。そして、各同族団の総本家の地位にあったのが、中世在家百姓の系譜を引く長百姓であり、彼らは村内きっての大同族団の総本家(30)たる庄屋（名主）を中心にして村役人層を形成し(31)、本・分家の同族団的規制を通じて分家小前層を支配していた。[32] これが、一七世紀における村山地方の村落構造であった。かかる段階では長百姓総本家を中心とする「同族」意識が前面に出て、総本家の家長の統制下に置かれている個々の分家は、意識の中では同族団の中に埋没し、いいかえると長百姓総本家の拡大された「家」意識に包摂されて、[33] いまだ独立した「家」意識を持つには至っていなかったものと推察される。それゆえ通名＝「家名」相続の慣行も存しなかったと理解しえよう。

さて、右のような同族結合を基礎にした長百姓層の村落支配秩序の下にあって、諸矛盾の重みを一身に負っていたのが「抱水呑」であった。したがって、「小農」生産様式の発展を基礎とした水呑の「抱」の地位からの脱却→小作という形ではあるが、ともかく独立した生産主体への成長は、かかる村落支配秩序を根底から突き崩す起動力とならざるをえないのであって、これに触発されて、分家本百姓層も長百姓総本家の統制下から離脱していく方向をたどり、同族結合は弛緩し、これを基礎とする旧来の村落支配秩序は崩壊する。[34] そして、独立した生産単位となった個々の家が同族団の枠を越えて、生活・生産上の諸機能に応じて、族縁原理にかかわらず、むしろ地縁的・講組的結合原理にもとづいて共同関係を取り結んでいく。つまり、右の村落構造の変化は、旧来の村落支配秩序を否定し、「小農」生産論理に立脚した新たな村落共同体秩序を確立していく過程であったのである。上層農家と下層農家との関係も、族縁原理にもとづく本家・分家的支配・従属関係から、族縁原理とは無関係な散り懸り的地主・小作関係という純経済的な契約関係へと転化しており、[35] このことが同族結合の弛緩をいっそう促進することになる。かかる過程において、「同族」意識（＝長百姓総本家の拡大された「家」意識）は次第に稀薄化してゆき、個々の「家」意識が表面に出てくる。そして、生産主体として確立した自己の家が超世代的に永続していくことへの希求が、襲名＝「家名」相続という具体的表現形態をとったものと解しえよう。[36]

近世においては庶民が苗字を公称するのは禁じられていたが、私的には称していた。苗字はもともと中世において家を表示するために発生したもので、農民でも上層の者は名乗っていた。しかし、分家にも同じ苗字を与え、同苗の家々が増加してくると、個々の家を表示するというよりも、同族の標識としての性格が強まってくる。それ故、同族団を「同苗」とも称するようになった。本稿で取り上げた中山口村でも、各同族団は同じ苗字を名乗っている。これに対し、当主の地位の承継とともに代々襲名されていく通名は、個々の家の個別性と超世代的永続性とを社会的に表示する機能を担っていたのである。そのため、宗門人別帳をみても、一村内部ではそれぞれの家の通名はすべて異なっている。この点は、当主以外の者の名前では一村内で複数の者が同一名を名乗っている例が珍しくないのと対照的であり、当主名の決定には村としての規制が働いていたことがうかがえる。

(二)　墓碑建立慣行の一般的成立

ところで、「家」永続への願いを精神的に支えていたのは、柳田国男がつとに説いているように、先祖に対する崇拝・祭祀であった(37)。

では、農民の間で先祖祭祀が一般的に成立するのは何時頃であったのだろうか。そしてそれは、歴史的にはどのような段階であったのか。庶民の先祖祭祀に関して多大な研究業績をあげられている竹田聴洲氏は、畿内をフィールドにした自らの実証研究にもとづき、その歴史的変化について次のように総括されている。「今では独立の存在とみえる各『家』も、前代には同族結合の構成要素としての性格が強かった。同族団が神や仏としての同族の共同先祖を祭り、個々の『家』が独立にこれを祭ることはなかったが、同族団の解体によって各々の『家』が独立して神や仏を祭るに至った(38)」と。すなわち、同族結合の強い段階では同族団が共同で先祖を祭祀していたのが、個々の家が独立性を強めるに伴い、それぞれの家が主体的に先祖を祭るようになった、とされているのである。そして氏は、「今日都鄙一般寺院の墓地にある檀家の墓碑・位牌堂や檀家の仏壇にある位牌・過去帳・回向帳類の法名記載は殆どすべて徳川時代、それも初期のものは少なく、元禄以後のが圧倒的に多い」ことから、「あたかもこの時期が幕藩体制と檀家制、従ってまた農庶の『家』の確立期であったことをその面から暗示しているのであるらしい」[39]と想定されている。竹田氏がフィールドにされている畿内農村では元禄期（一六八八〜一七〇四年）に小経営農民の自立性の強まりがみられたことは、この地域の村落を対象にした社会経済史的研究が明らかにしているところであり、また大竹秀男氏が分析された畿内摂州の村落で襲名慣行が一般的に成立しているのもこの時期である。[40]つまり、畿内農村においては、家単位の先祖祭祀と襲名慣行とは、一般的成立の時期を同じくしているわけである。[41]

では、羽州村山地方においては、個々の家が主体となって墓碑を建立し、死者・先祖を供養祭祀するようになるのは何時頃であろうか。鮨洗村について検討してみよう。この村の共同墓地は宝積院の境内に所在する。

墓地は家単位に区画され、それぞれの区画内に石塔墓碑が建立されている。近世の墓碑は夫婦単位ないし個人単位のもので、「先祖代々」の集合墓碑は、この墓地では明治の後半になって現れ、昭和に入り急増する。集合墓碑を建てた際に近世墓碑のいくつかは取り除かれ、それらは集められて、「有縁無縁仏塔」と刻された石塔を中心にコンクリートで連結されている。共同墓地以外にも、吉田本家の屋敷内に近世墓碑六基が第二次大戦戦死者の墓碑の脇に並立して存在する。御家族の話では戦死者の墓碑を建立した際に共同墓地から移したもののことである（共同墓地にも同家の近世墓碑は存在する）。

共同墓地と吉田本家屋敷内の近世墓碑の年代別碑数と碑型は次のとおりである（複数の法名が併刻されているものについては没年次の早い方をとった。住職の墓碑は除く）。

◦承応元年（一六五二年）　一基　単名　尖頭板碑型

◦元　禄（一六八八〜一七〇四）　一基　二名　尖頭板碑型

◦享　保（一七一六〜一七三六）　九基　単名（二）　二名（七）　尖頭板碑型（一）　自然石（八）

◦寛延・宝暦（一七四八〜一七六四）　一二基　単名（六）　二名（六）　自然石（九）
舟型光背面浮彫地蔵碑（三）

◦明和・安永（一七六四〜一七八一）　九基　単名（五）　二名（四）　自然石（三）　笠付方柱型（一）
位牌型（二）　舟型光背面浮彫地蔵碑（三）

◦天明・寛政（一七八一〜一八〇一）　一五基　単名（八）　二名（五）　三名（二）　自然石（五）
笠付方柱型（一）　尖頭方柱型（四）　位牌型（三）
舟型光背面浮彫地蔵碑（二）

◦享和・文化（一八〇一〜一八一八）　一一基　単名（五）　二名（六）　自然石（六）　笠付方柱型（一）
尖頭方柱型（一）　位牌型（二）　舟型光背面浮彫地蔵碑（一）

◦文政・天保（一八一八〜一八四四）　一六基　単名（一〇）　二名（五）　三名（一）　自然石（七）
笠付方柱型（一）　尖頭方柱型（一）　位牌型（四）
舟型光背面浮彫地蔵碑（三）

◦弘化〜慶応（一八四四〜一八六八）　九基　単名（三）　二名（二）　三名（二）　四名（二）
自然石（一）　尖頭方柱型（三）　純方柱型（一）　位牌型（二）
舟型光背面浮彫地蔵碑（二）

。紀年判読不可　　四八基　　法名なし（一）　単名（三八）　二名（九）　自然石（九）
　　　　　　　　　　位牌型（三）　地蔵碑（四）　舟型光背面浮彫地蔵碑（三二）

紀年の判読可能な墓碑は、承応元年、元禄年間の墓碑各一基を除いて、他はすべて享保以降に属する。紀年の判読できない墓碑が四八基存するが、そのうち三六基は地蔵碑と舟型光背面浮彫地蔵碑で、この碑型は幼児の墓碑に用いられる。幼児墓碑は成人の墓碑より少し遅れて出現するのが通例であり、この碑型で紀年の判読できるものは宝暦期（一七五一〜一七六四）の三基が最古である。おそらく、紀年の判読できない同碑型の墓碑も、これ以前にさかのぼるものはそう多くはないと考えられる。してみると、この地域では享保期から天明・寛政期にかけて、個々の家が主体となって死去した家族員の墓碑を建立して供養祭祀する慣行が一般的に成立していったことを、右の年代別碑数から読み取っても大過ないであろう。天童市山口所在の墓碑の紀年を概観しても、その大部分は一八世紀中期以降に属す。すなわち、羽州村山地方における墓碑建立慣行の一般的成立時期は、先にみた当地方での襲名慣行の一般的成立時期と一致しているのである。畿内農村に比べれば時期的には遅れるものの、小農民の家の自立性の強まりを社会的基盤としている点では共通している。(42)

ところで、承応元年、元禄期の墓碑二基はいずれも中世的碑型である尖頭板碑型であり、前者は「居士」の一法名、後者は「信士、信女」の二法名が刻されている。同碑型は享保期の一基（信士・信女）を最後に姿を消し、同期には刻銘自然石の墓碑八基が新たに出現する（「居士」一基、「信士」一基、「信士・信女」六基）。中世的な尖頭板碑型墓碑を建立したのは鮨洗村の上層の家であったことは疑いなく、恒久的な祭祀対象である石塔墓碑を建立され、戒名を与えられて個別に供養を受けていたのは、当初は一部の上層の家の家長一人ないし、家長とその妻に限られていたわけである。石塔墓碑建立が一般化する以前のこの村の墓制については知りえないが、おそらくかつては埋葬した後は同族団あるいは村落として共同供養し、個別に年忌法要を営むことはしていなかったであろう。なぜなら、個別の供養は霊を識別する戒名を与え、祭祀対象である墓碑、位牌を作ってはじめて可能だからである。

中世的な尖頭板碑型墓碑が姿を消すのと時期を同じくして、享保期に刻銘自然石の墓碑八基が新たに登場しているところに、この村の墓制の一大画期を見て取ることができる。自然石墓碑にも牌格の高い「居士」号を刻されたものもみられるが、この型の墓碑の戒名は全時期を通じて標準的な牌格の「信士」「信女」が大部分で、それに自然石を磨くだけで費用が少なくてすむのであるから、その出現と普及は、一般の農民も独自に墓碑を建立したいと強く欲するようになっていたことが根底的な契機をなしていたとみてよいだろう。

加工石の墓碑では位牌型と方柱型が近世的な碑型であることは従来の墓制研究で指摘されているところであるが、この墓地では、かかる碑型の初現は安永期（一七七二〜一七八一年）である。(43) このうち位牌型の戒名は「居士」「大姉」連名の一基を除き、他はすべて「信士」「信女」であるので、一般農民の場合は自然石か位牌型の墓碑を建てたようであり、数量的には自然石の方がはるかに多い。方柱型のうち尖頭方柱型九基の戒名は、「釈口授」一基の他は「居士」「大姉」と「信士」「信女」が半々となっており、特定の牌格に偏していない。ただ「居士」「大姉」号の刻された尖頭方柱型墓碑は大型であり、格の高さが視覚的に示されている。一方、笠付方柱型四基はすべて「居士」「大姉」号の墓碑である。

碑面に刻された法名数に着目すると、寛延・宝暦期以降一法名のみの碑数が増加しているのが注目される。その戒名の大部分は「信士」「信女」および幼児に与えられた「童子」「童女」である。夫婦の場合は同一墓碑に連刻されているのが通例で、三法名連刻の墓碑は配偶者死亡後に再婚した場合のものと思われる。してみると、単名墓碑の増加は、家長とその妻だけでなく、独身のまま死去した成人男女や幼児に対しても墓碑を建立して個別に供養するようになったことを示していよう。

享保期までの墓碑の戒名は「居士」号二基の他はすべて「信士」「信女」であったのが、安永期以降、「居士」「大姉」号を連刻した笠付方柱型墓碑と大型の尖頭方柱型墓碑が少なからず出現している。この現象はおそらく、墓碑建立の風が一般農民層にまで広まり、しかも家長とその妻以外の家族員についても個別に墓碑を建てるようになった趨勢に対応して、上層農民は自己の家の格式を誇示するため、家長夫婦については特別に牌格の高い「居士」「大姉」号を授かり、しかも威厳のある墓碑を建立したものと解してよいであろう。

ところで、近世においては夫婦ないし個人単位の墓碑が通例であったのだが、幕末期から明治期にかけて、この墓地には四名以上の法名を集刻した墓碑が出現する。おそらく、家単位に区画した墓地に夫婦ないし個人単位に墓碑を建立していけば、やがてスペースがなくなってしまうので、集合墓碑に切り換えたのであろう。そしてこれは、明治の後半から昭和期にかけて、「某家先祖代々の墓」という今日一般的にみられる墓碑形式へと発展していっている。

(三) 襲名の諸相

個々の家が自立性を強め、主体的に自家の死者および先祖の供養祭祀を営むようになって以降は、たとえ同族神祭祀が継続したとしても、そのあり方は本・分家の上下関係的な同族結合が強固であった段階とは異ならざるをえないのであり、本家の常頭屋制から年々輪番制に移行し(44)、「同族」意識も変容したものとなる。しかも多くの場合は村氏神に吸収・統合され(45)(この場合、初期の特定の上層農民の家によって宮座の成員が独占されていた段階と異なり、惣百姓が祭事に参加する形式をとる)、自らを主体とした共同体秩序を確立した小農民の「村」共同体意識のカナメとなる。かくして、「同族」意識が稀薄化し、個々の「家」意識が一般的に成立して以降は、「同族」意識に代わって「家」意識および「村」共同体意識が、農民の意識構造と行動を規定・規制する基本的要因となったに相違ない。ことに個々の家の独立＝「家」意識の成立が先祖の〝勤労〟による苛烈な歴史的過程を経て達成されたという重い事実は、子孫に対して、「家」の永続＝祖先祭祀の継続を絶対的な規範として要請しよう。

この場合、注目すべきは通名＝「家名」として承継されたのは、その家において襲名が開始された時点の前当主の名前であることである。これは後述の如く財産所有権上の意義にもよるが、この事実自体、さらには襲名開始に伴って位牌・過去帳の作製、墓碑の建立がなされたことによって、多くの場合、家の独立の達成者であるこの当主が後代、その「家」の始祖と観念されることにもなったであろう（そうまではいえないとしても、「家」の代々の先祖の中でも重要な位置が与えられる）。襲名慣行の一般的成立後における分家の場合は、分家時の当主すなわち家の創立者の名前が通名＝「家名」として代々承継されている。この場合は、家の創立者が始祖と観念されたことは明白である。

通名相続は、本百姓の家だけでなく、無高の水呑の家においても行われている。また、本百姓が高を失い水呑に転落した後も通名は継承されるのが通例である(46)。つまり、通名＝「家名」は物質的裏付けを必要としない観念的・抽象的なものであり(47)、それ故、「家名」を継ぐことによって廃絶家を再興できると考えられた(48)。また、次の如き例も出てくる。

無高 ○弥市郎（六五歳）
- 無高（次男）弥市郎（四七歳）
- 無高（甥）佐　蔵（三七歳）

右は、塚野目村で無高（水呑）の家が無高分家を出した例である。無高の家であるから、本家を継いでもそれに付属する家屋敷・田畑の相続を伴わない（動産は、ここでは除外する）。したがって、右の事例では、「家名」相続が本家相続の指標となっているのである（位牌、過去帳等の祭祀具および墓は、「家名」相続人が承継したものと思われる）。以上のことからすると、襲名慣行成立以後においては、「家名」相続が農民の相続観念の中心をなしたものと考えられる。(49)もちろん「家」存続の基礎は家業に置かれているのであるから、家業相続の観念、さらに家業を営む基礎となる「家産」の観念がこれに付随してくる。

ところで、襲名慣行成立以降においても、新当主が襲名しなかった場合もある。この点について検討してみよう。<表13>、<表14>、<表15>に掲げた吉川村、鮨洗村、塚野目村の相続事例の総件数二五三件のうち、襲名しなかった件数は五四件である。このうちその家において襲名慣行未成立であったが故と推測される一六件を除き、他の事例について検討してみると、女子相続の場合九件、弟または聟養子による中継相続の場合二件、新当主が未成年の場合二件、隠居した前当主が引き続き通名を名乗っている場合四件、家が没落状態にあった場合一一件、不明一〇件というふうに分類しうる。

通名が男子名である以上、女子が襲名しないのは当然であり、これにはあまり問題はない。弟または聟養子が中継的に相続して襲名しなかった例が吉川村、塚野目村に各一件あり、いずれも次の当主の代に通名に復されているが、中継相続人であっても襲名している例の方が多く、社会的規範化していたとはいえない。新当主が未成年であったが故に襲名しなかった例として塚野目村の庄右衛門家の場合をあげると、孫男子の庄七が一七歳で当主となっているが、襲名せず、宗門人別帳に押された「印」も親類弥七の代判となっている。しかるに、一九歳の時に通名「庄右衛門」を襲名し、帳面にも前当主と同じ「印」が押されている。すなわち、襲名することによりその家の代表者として実印を行使する権限を持つに至ったのである。(50)『全国民事慣例類集』にも、村山郡の報告として「二十歳以上ニ至ラサレハ身代ヲ自由ニスルヲ得サル例ナリ」(51)と記してある。隠居した前当主が引き続き通名を名乗り、彼の死後新当主が襲名している例も四件存するが、かかる場合、隠居後も何らかの権限の留保を伴ったのかどうか興味ある問題であるが、確認しえない。

最も注目すべきは、家が没落状態にあった場合に襲名しなかった事例である。例えば吉川村の権十郎家は、明和五～同八年（一七六八～七一）に相続がなされた際には襲名が行われていたのが（持高には変化なし）、安永七～天明四年（一七七八～八四）に長男市太郎が相続した際には襲名せず、そのまま「市太郎」を名乗っている。持高は安永七年の六石三斗余から天明四年には四石二斗余に減少しており、さらに同八年には三石三斗余となり、寛政九年（一七九七）に廃絶している。すなわち、没落の一途をたどっていたわけである。また、当主になった時には襲名していたのが、途中で改名した事例もみられる。例えば吉川村の六蔵家は、一〇石余を所持し、当主になった時には「六蔵」を襲名していたのが、享和三年（一八〇三）水呑に転落した際に「六右衛門」に改名している。かかる例は、吉川村にもう一件みられ、やはり持高を減じた時であった。

祖名たる通名＝「家名」を襲名することは、先祖に対して、先祖伝来の家産を守り、家業に精励し、家運を隆盛させるべく道義的責任を負うことである。しかるに家産を減じて家運を傾けることは、先祖に対する背任行為であり、まさに「家名」を汚すことになる。それ故、没落状態に陥った時、かかる道義的責任を感じて代々相承されてきた通名＝「家名」を名乗ることを憚ったのであろう（この点は次節で詳述）。また、没落させたのが前当主の代であっても次の当主が襲名していない例がみられるのは、「家」を維持・発展させて行く責任は一人当主のみでなく、全家族員に共通に課せられていたからではなかろうか。やがて家運を盛り返した暁には、晴れて襲名するか、また一旦通名を改称した場合でも、本来の通名に復すべき性質のものであったにちがいない。例えば塚野目村の長治郎家では、嘉永六年（一八五三）に長男が相続したが襲名せず、「九郎兵衛」を名乗っている。天保七年（一八三六）には所持高七石四斗余であったのが、嘉永元年（一八四八）には無高、同六年には三斗六升となっている。この場合も、右のような理由で襲名しなかったとみなしてよかろう。しかるに、文久三年（一八六三）に次の当主にバトン・タッチした際に通名「長治郎」に復されている。この年の帳面には持高記載が一切省略されているので確認できないが、明治六年（一八七三）の「田畑立付米地主名前其外取調書上帳」をみると、村内分として立付米六石余を所持している。おそらく、文久三年当時家運が盛り返されていたが故に、通名も復されたのではなかろうか。

また、最初にみた如く、由緒のある家が没落した時、「家格」意識が強烈に表出して、いち早く襲名が開始された事例も存した。これは、右の事例と一見相反する事象のようであるが、その実は、「家」意識のそれぞれの側面――「家格」意識と先祖に対する道義的責任感――が、表見的には相異なる形をとって顕現したものにほかなるまい。

安丸良夫氏は、近世中期以降広汎な民衆の間で通俗道徳の実践を通じての自己規律・自己鍛練という形での思想形成がなされ、その契機となったのが、商品経済の発展による「家」の没落の危機意識であったと述べられている。(52)もっとも安丸氏があげられている「家」は上層農民・町人の「家」であるが、すでに明らかにした如く、小農民を主体とした村落共同体の成立以降においては、単に一部上層農民だけでなく一般農民層においても「家」意識が一般的に成立していたのであり、これが、老農や村役人による教化・指導を媒介としつつも、安丸氏がいわれるような形での思想形成が広汎な民衆の間で展開しえた歴史的・社会的前提条件となっていたといえよう。柳田国男が「元来百姓仕事の辛苦と忍耐とに向つて、報償としては何物があつたかと尋ねると、具体的に謂へば家の永続の保障であつた。……〈中略〉……祖先を祭り又子孫に祀られる国風としては、盆と彼岸とに家の者が、自分を祭つてくれると云ふ確信が無いと、楽々とは老い又死ねなかつた」(53)というように、「家」の永続＝祖先祭祀の継続こそが農民にとって絶対的な規範なのであって——それは、先述した如き歴史的重みを背景に持っている——、これこそが農民をして通俗道徳の厳しい実践を通じての自己規律・自己鍛練へとかりたてた内面的モメントであったと思われる。ことに「家」の没落の危機と隆盛への機会とを同時に増大させる商品経済の発展は、これに拍車をかけずにはおかない。

また、個々の小家族が独立した生産主体となり、「家」意識を持つようになって以降の農民の諸闘争においては、単に現実の家族生活を防衛するというだけでなく、祖孫相承の「家」を守らねばならないという先祖および子孫に対する道義的責任感が、その精神的支柱として大きく作用していたものと考えられる。(54)

魂の永生の場である「家」を保ち、先祖の祭祀を絶やさぬため——それは、先の柳田の指摘の如く自己の死後における魂の安住の場を確保することでもある——、彼らは、勤勉・倹約等の通俗道徳でもって自己を厳しく規律しつつ先祖伝来の家業に精励し、封建領主や地主・高利貸資本の収奪に対しては伝来の「家」を拠り所として抵抗する。「家」の維持・発展ということこそ、農民の生産・抵抗等あらゆるエネルギーを生み出す源泉であったのであり、それ故、逆に「家」の農民個々人を規制・内縛する力も強かったといえる。

(四)　襲名の法律上の意味

最後に、通名相続の法律上の意味について考察しておこう。(55)通名相続が社会的・一般的慣行として成立すると、『全国民事慣例類集』に「凡ソ家督相続スルトキハ必ス公儀名ト唱ヘ其家ノ通名ニ改ルヲ以テ高帳名寄帳ノ名ヲ書改ルコトナク宗門人別帳ノ年齢及ヒ隠居セシ父ノ名ヲ書改ルコトニテ実印モ父祖伝来ノ品ヲ用ルヲ栄耀トスルコト一般ノ通例ナリ」(56)(傍点、大藤)と記されているように、「公儀名」として公的な性格を持つものとなる。ことに財産の所有および財産関係の行為については、通名が公式的名義とされ、法律上重要な意味を付与されていた。これは、右の記事にも述べられているように、高帳・名寄帳に登録された不動産所有権者の名義を当主交代の度ごとにいちいち書き替える必要が省けたことと、(57)先祖相伝の通名を不動産関係の帳簿および証文に用いておけば、将来所有権をめぐる争いが起こった場合に、その所属を明白ならしめることが容易であったことによる。

村山郡では、先述した如く、近世初期の水帳・名寄帳記載の名前を通名とした例は少なく、襲名開始時の前当主名が通名として承継されるのが一般的であった。中山口村の延宝三年（一六七五）の名寄帳をみるに、襲名が行われていなかった時期においては、貼紙が何枚も重ねられて名義の変更がなされているから、その時点の名前を通名として継承することにより屋敷・田畑の所有権の根拠を示すことができたのである。

右の如く通名が不動産所有の公式的名義とされたのであるが、先述した襲名しなかった時も、それが一時的な場合は、名寄帳上の名前は変更されなかった。塚野目村にこのことを示す事例が二件みられる。一件は嘉永六年（一八五三）に当主が交代し、他の一件は嘉永元年（一八四八）に交代しているのであるが、いずれも襲名しておらず、両者ともに文久三年（一八六三）に次の当主にバトン・タッチした際に通名に復されている。しかるに、嘉永六年の名寄帳をみると、従来の通名がそのまま記載されており、名義の変更はなされていない。前者は家が没落状態にあったため、後者は聟養子による中継相続であったために襲名しなかったのであるが、それはあくまで私的な次元のことであって、公法上の財産関係の行為は通名でもってなすのが原則であったことを示している。ただし、将来にわたって恒久的に通名を変更する場合は、「名を改め候ハヾ是又早速相断り、五人組帳名寄帳等可書替事」(58)とあるように、届け出を必要とし、また名寄帳上の名前も新しい通名に書き替えられた。例えば、塚野目村で代々「長八」を襲名して来た家が、嘉永六年の宗門人別帳では「新三郎」に改名し、以降この名前が承継されているが、嘉永六年の名寄帳の名前も「新三郎」に変更されている。文政一一年（一八二八）の名寄帳では「長八」の名前が記載されていたのである。

通名は家についた「家名」であり、したがって、通名を所有名義としている不動産は個人に所属するのではなく、「家」に所属する「家産」であった。当主は、先祖相伝の通名＝「家名」を襲名することにより、先祖より「家」の代表者として「家産」を管理する権限を委託されたことになるのである。通名相続が公法上にも反映し、以上のような法的意味を持つに至ったことにより、次節に述べる農民層の「家産」観念はより強められることになったであろう。

第三節　「家産」観念の成立

――土地相続形態の転換――

前節で、個々の「家」意識の一般的成立過程について考察を加え、かつ、それが自己の直系家族集団が超世代的に連続していくこと、しかも、「家運」を隆盛させながら永続していくことを希求する意味内容を持つものであることを明らかにした。かかる「家」意識成立に伴い、「家」存続の基礎たる物的生産条件、特に土地に対する「家産」観念も当然生じてくることが予想される。(59)

(一)　「家産」保持への規制　――単独相続への転換と定着――

第一節で、中山口村を例に検討した如く、当地方でも延宝以前では分割相続が支配的で、その結果、延宝期には持高構成が一町～一町五反に平準化されたのであった。しかるに、当時の生産力段階では、これ以上分割相続を続けることは農業経営の再生産を危うくすることに結果し、ここに分割相続を制限せんとする内的・外的規制力が働き、単独相続へと傾斜してゆき、水呑層の形成をみたことは、先述の如くである。幕藩領主による分地規制は、本百姓株を固定し家産制を確立することにより、本百姓層の分解を阻止することを狙いとしたものであるが、[60]しかしながら、享保段階でも、分地制限令下にあって「村々百姓壱軒前持高之内、親子兄弟内証ニ而、或ハ半高、或ハ三ケ一分ケ置[61]」くことがしばしば行われたのであり、いまだ農民階級の「家産」観念としては十分な定着をみておらず、高分けしても再生産を維持していける条件さえあれば分割相続を志向していたのである。単に、外的規制力によるのではなく、真に農民的な「家産」観念——農民自らが「家産」として観念するものとしての——は、「家」意識の成立と密接不可分の関係で成立してくるものと思われる。

では次に、吉川、鮨洗、塚野目三村の分家の実態分析を通じてこの問題にアプローチしてみよう。まず吉川村であるが、宝暦八年（一七五八）より弘化二年（一八四五）までの宗門人別帳を通じて検出できる分家事例は一八件で、そのうち一〇件までが宝暦九〜明和四年（一七五九〜一七六七）の期間に属し、天明八年（一七八八）以降はわずか五件にすぎない。無高分家は二件で、他はすべて高持分家となっているが、問題はその分地の内容である。〈表16〉は分家事例の具体的内容を示したものである。整理番号⑬は分家に五斗分地しているが、分家創出後の本家持高は現当主が前当主から相続した時の持高よりも若干増加しており、現当主が自分の代に取得した土地を分与したものであることが判明する。⑥、⑧も同様である。⑦は⑥と同じ家から分家したものであるが、持高からは分与されず、本家が「番代[62]」として小作していた土地の一部を分与されている。この場合は、保有権の分与ではなく、小作権の分与なのである。⑫は、絶対量は少ないが、本家よりも分家持高の方が多い。しかし、分家創出後の持高は、当村に残存している最初の宗門人別帳である宝暦八年の帳面に記載された持高と全く同じであり、分家人が自力で取得した土地であったと推定される。⑩は本家が無高で分家は五石余を所持しているから、このことがいっそう明瞭である。他の高持分家事例一〇件のうち、分家時の持高が確認できない四件を除いた残り六件は、現当主が前当主から承継した土地の一

表16　吉川村分家事例

整理番号	本家当主名	分家人の続柄	分家年次	本家当主相続時持高	分家創出前本家持高	分家創出後本家持高(a)	分家持高(b)	a : b
1	長兵衛	神主弟	宝暦9－明和4	石 ※ 14.203	石 14.203	石 10.502	石 朱印高 5.0 持高 5.21	持高のみ 2 : 1
2	三郎兵衛	弟	宝暦9－明和4	※ 15.584	15.584	12.496	3.139	4 : 1
3	久左衛門	弟	宝暦9－明和4	※ 11.658	11.658	9.042	1.203	9 : 1
4	吉十郎	次男	宝暦9－明和4	※ 0.276	0.276	0.276	0	
5	嘉右衛門	次男	宝暦9－明和4	※ 12.75	12.75	5.711	5.354	1 : 1
6	弥五右衛門	次男	宝暦9－明和4	※持高8.961 番代高35.89	持高8.961 番代高43.939	持高9.3 番代高30.947	4.03	持高について 2 : 1
7	弥五右衛門	3男	宝暦9－明和4	同上	同上	同上	番代高 12.99	
8	修験惣持院	弟	宝暦9－明和4	※ 8.065	8.065	11.426	0.03	380 : 1
9	半四郎	弟	宝暦9－明和4	0	0	0	0	
10	彦兵衛	次男	宝暦9－明和4	0	0	0	5.769	
11	五郎兵衛	弟	明和5－明和8	18.542	18.542	12.112	6.99	2 : 1
12	新五郎	次男	明和8－安永2	※ 0.053	0.136	0.053	0.083	5 : 8
13	清四郎	次男	安永4	4.188	5.284	4.784	0.5	10 : 1
14	神主左衛門太郎	次男	天明8－寛政2	持高 62.887 朱印高 3.6	持高 52.352 朱印高 3.6	持高 29.588 朱印高 3.6	3.045	持高について 10 : 1
15	清兵衛	次男	寛政2－寛政9	15.706	14.54	本百姓	本百姓	
16	権三郎	次男	寛政2－寛政9	※ 17.214	37.014	本百姓	本百姓	
17	神主助兵衛	次男	享和元－享和3	持高 12.99 朱印高 7.3	神主	神主	本百姓	
18	神主藤兵衛	次男	文政2－文政5	持高 5.1 朱印高 7.3	神主	神主	本百姓	

〈註〉・※の付してあるのは当村に残存している最初の宗門人別帳たる宝暦8年の帳面による。
・持高は寛政9年の帳面までしか記してない。

部を分与した――従って、分割相続が行われた――ものと推定しうる。分割相続をした家は、いずれも一〇石以上で、この村の上・中層に属する。分地比率をみると、⑤がほぼ均等である他は、いずれも本家の方がかなり多い。

ともかくも天明期までは分割相続慣行の名残がみられるのに対し、第二節で検討した如く、この地方で「家」意識が一般的に定着した天明以降は、分家そのものがほとんど出されなくなっており、単独相続に固定している。しかも、この村では天明以降家数の減少をみており〈表8〉、村内が飽和状態にあったわけではない。大高持層では分家を出す条件が存したにもかかわらず、分家を出していないのである。「家」意識の定着に伴い「家産」観念も定着し、「家産」を保持しようとする内的規制が強く働くようになり、天明以降急速に単独相続への固定化をみたものと解し得る。

鮨洗村では、延享二～天明三年（一七四五～一七八三）の期間に六件、天保四～明治五年（一八三三～一八七二）の間に四件の分家事例を確認できる。〈表17〉をみるに、①と②は家産の分割相続が行われたと推定して差し支えないようであるが、③、④、⑥は分家創出前後の本家持高が全く同一である点からして、分家持高は、本家当主が自分の代に取得した土地を分与したか、あるいは分家人が自力で取得した土地であったことを示している。天保四～明治五年の間の分家事例四件のうち、⑧と⑨は隠居分家である。⑧は隠居分家人は聟養子で、自己の長男が成人するのを待って彼に当主の地位を譲り、自らは娘二人を連れて隠居分家している。その際分与された一石四斗余は隠居料としての意味を持つ。明治五年の戸籍簿では、この隠居家の職業は「手間取渡世」となっている。⑨は長男に本家を相続させ、被相続人たる父親は妻と次男を帯同して隠居分家したが、無高である。慶応二年（一八六六）には次男が隠居家を相続している。⑩は医者としての分家である。

以上、この村では、延享二～明和九年（一七四五～一七七二）の間はいまだ分割相続の名残がみられるが、明和九年以降は、隠居分家の一件を除き、分割相続に結び付くような分家は行われていない。前節で述べた如く、この村で襲名慣行が定着するのは明和九年以降であり〈表14〉、単独相続の固定化と軌を全く一にしている。

塚野目村では、文化一一～嘉永七年（一八一四～一八五四）の間に計一七件と、前二村に比べて近世後期でもかなりの分家の盛行をみているが、そのうち一二件は無高分家であり、しかも水呑層からも五戸の分家を出している。無高分家が盛行した条件は、第一節で検討した如く、地主・小作関係の展開であり、この村の無高層は小作人として存在していたのである。〈表18〉によって高持分家五件の内容を検討しよう。⑦と⑧は分割相続と推定されるが、分地比率は本家の方が圧倒的に大である。②、⑤、⑥は、分家創出後の本家持高が本家当主相続時の持高よりも若干増加しており、本家当主が自分の代に取得した土地の分与であったか、あるいは分家人自らの取得地であったことは明白である。無高分家は前二村ではいずれも水呑ないし小高の家から出されたものであったが、

表17　鮨洗村分家事例

整理番号	本家当主名	分家人の続柄	分家年次	本家当主相続時持高	分家創出前本家持高	分家創出後本家持高(a)	分家持高(b)	a : b
1	藤吉	養子	延享2－明和9	石 ※ 19.831	石 19.831	石 9.55	石 4.5	2 : 1
2	十治郎	弟	延享2－明和9	※ 28.108	28.108	23.32	1.15	23 : 1
3	次兵衛	養子	延享2－明和9	※ 16.59	16.59	16.59	0.49	40 : 1
4	九兵衛	弟	明和9－安永6	23.32	23.32	23.32	1.15	23 : 1
5	五助	弟	明和9－安永6	2.47	2.47	2.47	0	
6	五助	弟	明和9－安永6	2.47	2.47	2.47	4.124	1 : 2
7	長助	従兄	天保4－弘化5	2.19	2.19	2.19	0	
8	助左衛門	父	安政5－万延2	15.9702	15.9702	13.3675	1.4732	13 : 1
9	与吉	父	安政5－万延2	1.877	1.877	1.877	0	
10	半三郎	次男	慶応2－明治5	11.835	11.835	農	医者	

〈註〉 ※の付してあるのは，当村最初の残存人別帳たる延享2年の帳面の記載による。

表18　塚野目村分家事例

整理番号	本家当主名	分家人の続柄	分家年次	本家当主相続時持高	分家創出前本家持高	分家創出後本家持高(a)	分家持高(b)	a : b
1	金十郎	弟	文政2－文政6	石 ※ 1.012	石 1.012	石 4.418	石 0	
2	弥右衛門	弟	文政6	50.684	50.684	52.967	16.1	3 : 1
3	弥七	次男	文政6－文政12	1.372	13.691	13.691	0	
4	伊之助	叔父	文政6－文政12	0	0	0	0	
5	重助	次男	文政6－文政12	0.598	4.489	0.689	3.8	1 : 5
6	孫右衛門	甥	文政12－天保3	16.15	20.34	16.2	3.834	5 : 1
7	長次郎	長男	文政12－天保3	※ 7.986	7.986	7.45	0.191	37 : 1
8	長八	次男	天保3－弘化5	20.832	20.767	15.235	3.34	5 : 1
9	孫右衛門	甥	天保3－弘化5	16.15	16.2	23.83	0	
10	庄三郎	甥	天保3－弘化5	7.007	7.007	7.007	0	
11	弥七	甥	天保3－弘化5	13.691	13.691	14.466	0	
12	七蔵	弟	天保3－弘化5	0.991	0	0	0	
13	徳兵衛	次男	天保3－弘化5	0	0	0	0	
14	弥市郎	甥	天保3－弘化5	0	0	0	0	
15	重蔵	次男	天保3－弘化5	3.8	3.8	2.255	0	
16	幸市郎	長男	弘化5－嘉永7	0	0	0	0	
17	辰之助	弟	弘化5－嘉永7	0	0	0	0	

〈註〉 ※の付してあるのは，当村最初の残存人別帳たる文化11年の帳面の記載による。

当村では、③、⑨、⑪の如く、本家がかなりの高を所持していながら分家に全く分地していない事例もみられる（③と⑪は同一の家）。この二家は、いずれも持高を現当主の相続時よりも増加させており、「家運」隆盛への強い志向が土地の分与を阻んだといえよう。以上、当村でも、単独相続が支配的形態であったことは疑いの余地がない。

(二)「家産」観念の内容

右の検討を通じて、「家」意識の成立に伴い、「家」存続の基礎たる物的生産条件、特に土地に対する「家産」観念も生じ、単に領主や村落共同体による外的規制だけでなく、農民自身の分割相続に対する内的規制力が強く働くようになり、「家」意識の定着した天明期以降、急速に単独相続への固定化の方向をたどったことが明らかとなった。近世後期にも分地事例はみられるが、それは、本家当主が自分一代で取得した土地を分与したものか、あるいは分家人が自力で取得した土地であって、分割相続とは無関係であったのである。したがって、分地の現象面だけをとらえて、近世後期にあっても分割相続が支配的形態であったとすることはできない。

では、どの時点から相伝された土地が「家産」として観念されたのであろうか。近世初期の検地帳、名寄帳に登録された土地がその「家」の本源的な「家産」とされたことが予想されるが、現実には、土地保有権は近世初期以来分割相続や質地関係を通じてかなり変動しており、例えば塚野目村でも、宝永七年（一七一〇）の名寄帳における名請地がそのまま文化一一年（一八一四）の名寄帳でも名請されているのは、当村最大の地主である白田弥右衛門家のみである。直接的には、前当主から承継した土地が「家産」として観念され、減ずることなく次の当主に継送すべきものとされたと解することが、右に検討した諸事実に照らして蓋然性を持っていよう。

「家」意識が未成立で、「同族」意識が前面に出ていた段階では、土地も「同族共有の財産」として第一義的には観念されていたものと思われる。第一節で中山口村を例に検討した如く、近世前期においては、一族内に潰百姓が出た場合は、一族内の有力者がその跡式を請け込み、一族内の無高者またはいまだ生家に残留している跡取り以外の男子をして立ち替わらせるという方式をとることにより、同族としてその財産の確保を図っていたことが、このことを裏付けている。分割相続慣行そのものが、「同族共有の財産」としての観念にもとづいていたと思われるのであり、特に均分相続[63]あってはこのことがより明瞭であろう。すなわち、分割相続によって個々の家の財産は減じても一族の財産としては減少に結び付かず、むしろ、分家創設による同族団の拡大は、先述の如く[64]、長百姓総本家の「家」の拡大であるとも観念されていたのである。しかも同族団が重要な共同機能を果たすと同時に、各同族団の間の力関係が村政の上に反映せしめられていた近世前期の段階では、同族団の拡大によって村内における政治的勢力を拡大・強化できたのである[65]。そのためには、一軒前の発言権を有する家を創設しなければ政治的意味はない。この段階では、各同族団内部に本・分家間の諸矛盾を包含しながらも、まだ表面には強く出ず、長百姓総本家を中心とする「同族」としての発展がより強く志向されていたといえる。

しかるに、第二節でみたように、村落構造の変化にもとづき個々の「家」が表面に出てくると、自己の「家」の発展をより強く志向するようになり、その基礎たる「家産」の維持・増大を図るようになる――「家産」観念の成立そのものが、分家の土地に対する所有権の強化を基礎としていたと思われる[66]――。特に、純経済的な関係である質地地主・小作関係の展開、さらには商品経済の発展は、個々の「家」の利害をクローズ・アップさせ、それぞれの「家」の功利への志向を強めずにはおかない。かかる段階では、村内における「家」の社会的地位を決定する基本的要因としては、中世以来の長百姓の家筋であるとか、どのくらい多くの同族の家数を擁しているかということよりも、どれだけ多くの「高」を所持しているかという経済力がより大きな意味をもつようになってくる[67]。近世後期においては、分家を出す条件のある大高持層でも、なかなか分家を出さず、分家させた場合でも土地の分与額はごく僅かである。[68]それは、「家産」の保持・増大＝地主経営の拡大、それによる自己の「家」の発展への志向が強烈に貫かれていたからにほかならない。巨大な地主的土地所有はまさに、かかる方向性において形成されていくのである。近世前期の大高持層が分割相続による同族団の拡大＝「家」の外延的拡大による村内における政治的勢力の伸長という方向において「家」の発展を図ったのと好対照をなしていよう。[69]そして、小作人層は、自己の「家」存続の基礎たる小作地に対する権利の確保・強化を図るため階級的結集を行い（村山地方では、近世後期に小作人たちが独自に契約連中を結成して耕作権の確保を図っている例もみられる）[70]、地主層も、それに対応して、文久元年（一八六一）に村山郡谷地郷の豪農たちが結成した「泰平講」の如き地主連合を形成する。このように、近世前期の同族結合とは原理を全く異にする経済的階層による家と家の結び付きがなされていくのである。

次に、農民の「家産」保持への内的規制を外部から促進する要因について述べておこう。まず領主は、土地保有の有無＝年貢負担の有無を基準に農民層を本百姓と水呑に区分して把握する。したがって、高請地を保有することが村落の正規の構成員たる資格、および諸権利の基礎となるのである。[71]かかる領主の農民支配の方式と、家存続の基礎を土地を基とする農業経営に置いている農民の家の存在規定とが相俟って、「本百姓」身分の維持と「土地保有」とは不可分の関係に置かれ、土地保有＝「家産」保持への農民自身の内的規制を強める方向に作用する。殊に本百姓が株化してくると、この傾向は一層促進されることになる。さらに商品経済の発展による階層分化の激化は、かかる内的規制力をいっそう強めずにはおかない。下総国香取郡松沢村の名主であった宮負定雄が天保二年（一八三一）に著した『民家要術』[72]に、「さて親より富貴の家財を譲受たる子孫の心得は、田圃家財は先祖父母より預り物にして己が物には非ずと思ふべし、之を己が物と思ふ時は心に怠り起て終には身の奢に耽り、他に売果し先祖の譲物を種亡しにする様になりて不孝に当るなり、譬ていはゞ其家を起したる先祖父母は主人の如く、其子孫は手代番頭の如くなる理にして、其時は支配人なれば先祖の財を預りて其余沢を以て先祖の霊を祭り年回を弔らひ、妻子奴らを養育し、先祖の志を継ぎ財を全くして子孫に譲り継げば孝行といふべし」（傍点、大藤）と説かれている如く、田畑家財は「先祖父母より預り物」であって、個人が自由に処分できる性質のものではなく、(73) 当主は「家産」の管理を先祖より委託されたにすぎず、同時に先祖に対して伝来の「家産」を保持し、さらに増大させて子孫に継送すべき道義的責任を負ったのであり、これこそが「孝行」の第一であった。したがって、「家産」を減ずることは、先祖に対する背任行為であって、「家名」を汚すことになる。第二節でみたように、「家産」を減じた時、通名＝「家名」を名乗ることを憚ったのは、まさにかかる道義的責任を感じたからにほかなるまい。このことを具体的に示す文書を次に掲げよう。(74)

戊子五月十一日、不肖政治郎道ヲ冒シ徳ヲ破リ、多年恩恵ヲ受クル之従兄大人及ヒ家父骨肉諸子ニ告ル義ヲ欠キ、突然父母之国ヲ去ラントスニ臨ミ、聊一書ヲ遺シテ其処ヲ述ブ、伏シテ冀クハ暫陰怒怪ヲ忍ビ倫ニ一読セラレヨ、御我家忝ナク大人之恩ニ浴シ父子衣食ニ窮セザルを漸々衰退ニ赴キ、資産ヲ利スルニ非ザレバ遂ニ産傾キ家絶エントスルニ至ルベシトヤ、茲ニ深ク其窮ヲ思ヒ其難ヲ考ヘ自ラ奮テ業ヲ起テ家ヲ興サント欲スル也、先キニ身ヲ細谷氏ニ委テ又家兄ト共ニ力ヲ輓車ニ労シ、後大人之膝下ニ仕ヘ聊身ヲ立テント欲スルモ、固ト愚昧短才ノ□チ一モ得ル処ナクシテ、碌々タルコト今ニ六年、退テ一考スレバ、先キニハ思慮未タ足ラス考慮未タ全カラズ事業立処ニ成ルベシト思、前条之些事ニ区々トシテ徒ニ光陰ヲ消亡セリ、夫レ機行キ時去リ事業全カラズ孝道欠ルコト有ラバ、上ハ諸子大人之厚恩ニ酬ユルヲ得ズ、下ハ汚名ヲ後世ニ遺サンノミ、是ニ依テ日夜憂愁慷慨嗟嘆胸ニ塞ガリ為サン処ヲ知ラズ、故ニ先歳東行之不義諸氏大人ヲシテ大ニ怒ヲ醸サシメ、深ク其罪ニ伏セズンバ非ズ、然レトモ恩心業ヲ起テ家ヲ興サントスルニ存シ、勃然トシテ禁ズル能ワズ、乃チ一時道ヲ冒シ徳ヲ破ルノ細瑾ヲ顧ルニ遑アラズ、此ニ愁然トシテ去ル、嗚呼諸子大人之慈愛ヲ失スルノ余ヲ捨ルナクンバ、伏シテ願クハ乞フ、其所在ヲ捜査スルヲ停メ、余ヲシテ数年之暇ヲ得セシメ其業ヲ期セラレンコトヲ、書スルニ臨ミ涕泣シテ云ハン処ヲ知ラズ（傍点、大藤）

（明治二一年カ）

戊子五月十日

不肖

青　柳　政治郎㊞

恐惶秘呈

右の文書は、紙質からして明治以降のものと推定される。内容は、「家産」を傾け、なんとか「家」を興さんと奮起したものの事業にも失敗し、「孝道欠ルコト有ラバ、上ハ諸氏大人之厚恩ニ酬ユルヲ得ズ、下ハ汚名ヲ後世ニ遺サンノミ」と感じて、ついに家出を決心し書き置きしたものである。右に考察してきた如き意味内容を持つ「家」が、如何に当時の人々の意識および言動を強く支配していたかを、右の文面から明瞭に読み取り得よう。

第四節　家相続の諸態様

――相続序列の問題――

「家」の内部構造＝内部秩序および「家」意識の特徴は、家相続という行為に最も集約的に表象される。ここでは、家相続(75)の具体的な実態分析を通じて、農民の家にあっても相続序列なるものが存在したかどうかを検討し、そうすることによって「家」の内部秩序および「家」意識の特徴を考察してみたい。

㈠ 年代別・階層別にみた家相続の概況

個別事例の具体的検討に入る前に、まず、年代別・階層別に家相続の概況を通観しておこう。

吉川、鮨洗、塚野目の三村は、いずれも一八世紀中葉以降の宗門人別帳しか残存しておらず、それ以前についての検討ができない。中山口村に延宝二年（一六七四）以降のものが残っているので、これで補うことにしたいが、ただ間隔があきすぎており、かつ宝暦以前においては襲名慣行の一般的成立をみておらず、当主の交替があっても、その家の結び付きを確定するのが困難である。〈表19〉は何とか確認しえたものについてのみ記したものであり、詳細な点の検討はできないが、全体の傾向をつかむことは可能であろう。これをみると、延宝以降一貫して長男相続が一般的であるが、次男以下が相続した事例も少なからず存する。

吉川、鮨洗、塚野目村では、吉川村が宝暦八年（一七五八）、鮨洗村が延享二年（一七四五）、塚野目村が文化一一年（一八一四）以降ほぼ連続して宗門人別帳が残存しており、より詳細な検討を可能にしてくれる。

表19　中山口村，相続人の続柄

年代	延宝2－延宝5		延宝5－正徳2		正徳2－宝暦2		宝暦2－天明7		計
相続人＼階層	本百姓	水呑	本百姓	水呑	本百姓	水呑	本百姓	水呑	
長男	1(1)		12(1)		5	7(3)	12(2)	3(1)	40
次男以下			4	3	1	2	4	1	15
甥	1						1		2
妻								1	1
養子							4		4
不明				1		1	3	1(1)	6
相続確認件数	2		20		16		30		68

〈註〉（　）内の数字は，その期間内に階層が変化したもの。

表20　吉川村相続人の続柄

年代	宝暦8－安永2		安永2－天明8		天明8－文化6		文化6－文政11		文政11－弘化2		計	
相続人＼階層	本百姓	水呑	本百姓	水呑	本百姓	水呑	本百姓	水呑	本百姓	水呑	本百姓	水呑
長男 （うち1人息子）	16(4) (64)	6(3) (86)	21(9) (68)	2(1) (50)	21(11) (56)	1 (25)	19(10) (56)	1 (50)	12(4) (60)		89(38) (60)	10(4) (58)
次男以下					2 (5)		4 (12)		1 (5)		7 (5)	
孫男子	1 (4)		1 (3)	1 (25)	2 (5)		2 (6)		1 (5)		7 (5)	1 (6)
父							2 (6)				2 (1)	
弟	1 (4)	1 (14)	1 (3)		1 (3)				1 (5)		4 (3)	1 (6)
叔父				1 (25)								1 (6)
聟養子	2 (8)		6 (20)		7 (20)	3 (75)	5 (14)		2 (10)		22 (15)	3 (18)
通例養子	1 (4)				4 (11)		2 (6)	1 (50)	2 (10)		9 (6)	1 (6)
入夫	2 (8)		1 (3)								3 (2)	
妻・母	2 (8)		1 (3)						1 (5)		4 (3)	
計	25 (100)	7 (100)	31 (100)	4 (100)	37 (100)	4 (100)	34 (100)	2 (100)	20 (100)		147 (100)	17 (100)

〈註〉・1人息子は，1人子または他に姉妹しかいない場合。
・下（　）内の数字は比率（%）。
・神主・修験の家は除外した。
・本百姓・水呑の区別は，相続時におけるもの。

〈表20〉〜〈表22〉をみると、相続人の続柄はきわめて多様であるが、各村ともに長男相続が過半を占めている。年代別にみると、吉川村で安永二〜文化六年（一七七三〜一八〇九）の期間において聟養子、通例養子による相続事例の発現率が高くなっているのが注目される。これは、すでに第一節で検討したように、山間部に位置し、生産条件のあまり良好でなかった当村では、この時期の凶作・飢饉の影響を強く受け、村内人口の減少を来していたため、家内に実男子または実子の全く存在しないというケースの発生率が高まっていたことに起因している。吉川村とは対蹠的に鮨洗村においては、明和九〜天明三年（一七七二〜一七八三）に養子相続は一件も現れていない。山形城下町の近郊村であった当村では、商品生産・流通の展開によりこの時期にかえって村落の発展をみていたのである。(77)

また吉川村において、宝暦八〜安永二年（一七五八〜一七七三）に比べ、安永二年以降は長男相続事例における一人息子の占める割合が高くなっていることが注目される。宝暦八〜安永二年は直系小家族形態の一般化がより一層進んだ時期であり、(78)しかも、この時期以降土地の単独相続への固定化が進み、分家そのものもあまり出されなくなった。それが「家産」観念の定着にもとづく農民自身の内発的なものであったが故に、跡取り以外の男子数の増加を抑制しようとする人為的規制が加えられた結果であると考えられる。〈表23〉は、当主の実男子がその時点において家内に同居している人数を示したものである。前後の動態は捨象してあるが、基本的には男子出生数の動向を反映しているとみてよい。これによると、宝暦八年は二人というのが一番多く、三人以上も七戸存在している。しかるに、天明八年（一七八八）以降は二人以上の戸数が激減し、逆に一人および全く存在していない戸数が激増しており、このことは、単に飢饉などの自然的・偶然的契機のみならず、人為的産児制限が加えられたことを明瞭に示している。

次に、階層別差異について検討しよう。〈表24〉をみるに、各層とも長男相続が最も多いが、三村合計での長男相続発現率は、一〇石以上層七・一割、五〜一〇石層六割、五石未満層六割、無高層五・二割と下層ほど低くなる傾向

表21　鮨洗村　相続人の続柄

年代	延享2－明和9		明和9－天明3		天保4－明治5		計	
相続人＼階層	本百姓	水呑	本百姓	水呑	本百姓	水呑	本百姓	水呑
長男（うち1人息子）	4(1) (80)	5(1) (50)	3(3) (60)	1 (100)	9(4) (60)		16(8) (64)	6(1) (47)
次男以下		2 (20)	1 (20)			1 (50)	1 (4)	3 (23)
孫男子		1 (10)				1 (50)		2 (15)
聟養子	1 (20)				2 (13)		3 (12)	
入夫					2 (13)		2 (8)	
妻			1 (20)		2 (13)		3 (12)	
不明		2 (10)						2 (10)
計	5 (100)	10 (100)	5 (100)	1 (100)	15 (100)	2 (100)	25 (100)	13 (100)

表22　塚野目村
相続人の続柄

年代	文化11－安政元	
相続人＼階層	本百姓	水呑
長男（うち1人息子）	15(7) (57)	11(6) (44)
次男以下		5 (20)
孫男子	2 (8)	
弟	2 (8)	3 (12)
聟養子	6 (23)	3 (12)
通例養子	1 (4)	1 (4)
妻		1 (4)
娘		1 (4)
計	26 (100)	25 (100)

表23　吉川村　当主の同居実男子
数の変化

当主の男子数＼年次	宝暦8	天明8	文化6	文政5
0人	19戸	31	24	27
1	22	34	26	25
2	27	8	13	13
3	6	2	3	2
4	1		1	
5				1
計	75	75	67	68

〈註〉 本百姓・水呑の家のみ，神主・修験・寺院は除く。

表24　持高別にみた家相続人の続柄

持高	無高			5石未満			5～10石			10～20石			20～30石			50石以上		
相続人＼村名	吉川	塚野目	鮨洗	吉川	塚野目	鮨洗	吉川	塚野目	鮨洗	吉川	塚野目	鮨洗	吉川	塚野目	鮨洗	吉川	塚野目	鮨洗
長男（うち1人息子）	8(4) (80)	11(6) (44)	6(1) (47)	25(10) (68)	9(4) (64)	3(1) (30)	8(3) (53)	1 (50)	3(2) (100)	6(1) (67)	3(2) (60)	9(4) (90)			2(1) (100)		2(1) (67)	
次男以下		5 (20)	3 (23)	2 (5)														
孫男子			2 (15)	1 (3)	1 (7)									1 (50)				
弟	1 (10)	3 (12)			1 (7)		1 (7)			1 (11)	1 (20)							
伯父	1 (10)																	
聟養子		3 (12)		6 (16)	2 (15)	2 (20)	3 (20)	1 (50)		1 (11)	1 (20)	1 (10)		1 (50)			1 (33)	
通例養子		1 (4)			1 (7)		1 (7)											
入夫				2 (5)		2 (20)	1 (7)											
妻		1 (4)		1 (3)		3 (30)				1 (11)								
娘		1 (4)																
母							1 (7)											
不明			2 (15)															
計	10 (100)	25 (100)	13 (100)	37 (100)	14 (100)	10 (100)	15 (100)	2 (100)	3 (100)	9 (100)	5 (100)	10 (100)		2 (100)	2 (100)		3 (100)	

〈註〉 吉川村については，宗門人別帳に持高の記載されてある宝暦8－寛政9年の間の相続事例をとった。

にある。また、下層ほど相続人の続柄も多様となっているが、特に聟養子・通例養子・入夫相続の割合が一〇石以下層で高くなっているのは、下層ほど産児制限が強く、それだけ実男子ないし実子のいないケースの発生率が高かったことを反映している。次男以下の者による相続事例がすべて五石未満、それも大部分が水呑層に属していることも注目される。下層農家ほど再生産条件および産児制限の影響を強く受け、上層農家に比べ多様な相続形態をとったことを看取しうるであろう。

隠居慣行においても階層的差異ははっきりと現れている。吉川村において、生前相続が本百姓層では四・二割を占めるのに対し、水呑層では二・二割にすぎない。再生産の物的基礎を自ら所有しない水呑の家にあっては、成人した男子を奉公に出し、当主たる父が老齢になっても自家経営（小作としての）の中心労働力として働くケースや、当主自らが奉公に出ているケースが多いので、隠居どころではなかったことを示している。

(二)　個別事例の検討

右の如く、長男相続を支配的形態としながらも、なお多様な相続形態の存在を確認しえたのであるが、問題は、如何なる条件下――家族構成上の諸条件と再生産上の諸条件――の場合に如何なる相続形態がとられたか、そしてそれぞれの相続形態が如何なる意義をもっていたか、という点にある。

ここでは、個別事例の具体的分析を通じて、そこに農民の「家」、およびそれを世代的に継承していく行為たる「相続」に対する何らかの観念の支配がみられたか[79]、換言すれば、それらの諸観念に裏打ちされた相続序列なるもの（それは当然、「家」内部の身分秩序を反映している）が存在したか否かを究明したい。

1　女子相続

武家相続法では女子の相続権は認められていなかったが、農民の家では女子が当主となっている例はしばしば見受けられる。三村で検出できた女子相続の事例は計九件である。〈表25〉に整理したように、内訳は、妻（後家）七件、母、娘各一件となっており、後家が相続した例が最も多い。

後家が相続した場合の家族構成上の諸事情をみると、男子が存する場合が二件あるが、いずれも一〇歳以下の幼少であり、とても家業担当能力はない。そこで後家の相続となったのである。成人男子あるも相続開始前に除籍されていた一件は、長男夫婦ともに村外に年季奉公に出ていたため後家が相続したものであるが、その後も長男夫婦は家に復帰しておらず、娘の成長を待って聟養子を取り、当主の地位を譲っている。長男夫婦は奉公に出たまま他所に居ついたのか、死去したのかは確認しえない。他は、娘しかいないか、子が全くいない場合で、娘が成人している場合でも後家が優先的に相続しているのは、主婦権の担い手であったことと、長年夫と共に家業経営の中心として働いてきたのであるから、家業担当能力という点からしてもふさわしかったことによろう。

母が相続した一件は、被相続人が一九歳で死去したため妻子なく、ただ一旦出嫁していた姉（三二歳）が出戻りしていたが、母はまだ五二歳であ

表25　女子相続

相続人	村名／相続時における家族構成上の諸事情　階層	吉川 本	吉川 水	鮎洗 本	鮎洗 水	塚野目 本	塚野目 水
妻	・男子除籍、奉公	1					
	・男子あるも未成年		2				
	・子あるも女子のみ	2					1
	・子なし		1				
母	妻子なし	1					
娘	妻・男子なし						1

〈註〉「本」……本百姓，「水」……水呑。

り、右と同じ理由で当主となったものと思われる。

娘が相続した一件は、被相続人の遺留家族が彼女一人のみであった。本来、娘本人が相続するケースは稀で、智養子を取って相続させるのが一般的であるが、これについては養子相続のところで述べることにする。『全国民事慣例類集』では、羽前国における相続慣行として三事例（置賜郡の二事例と田川郡の事例）を報告している。そのうち置賜郡の一事例は長男子相続慣行であるが、他の二事例は初生子相続＝「姉家督」慣行である。吉川、鮨洗、塚野目の三村では、長男・次男以下の相続事例一六三件のうち相続人に姉がいた場合が四一件もあり、「姉家督」は慣行化しておらず、「家」は男系によって相承していくべしという観念が強く支配していたことが窺える。

以上、女当主の成立事情をみるに、少なくとも相続開始原因発生時において成人男子が家内に存した場合は見当たらず、遺留家族が女子のみか、男子がいても幼少の場合に限られていたのである。また、これら女当主成立後の動向をみると、後続の帳面がなく確認できないもの二件、間もなく絶家となった一件を除き、残りの六件はいずれもその後間もなく入夫を迎えるか、娘の成人を待って智養子を取り、彼らに当主の地位を譲っている。女当主は、終極的相続人ではなく、あくまで一時的中継的相続人たるの実質にとどまっていたのである。

『全国民事慣例類集』によると、女当主の場合、親類代判となり親類の後見的監督に服すか、あるいは自ら家の代表者として実印を行使する権限を有したかは地方によって異なっているようである(80)。ここでは、九件のうち親類代判となっているのは一件のみで（この場合、女当主は七〇歳の高齢であった）、他はすべて前当主と同じ印が押されており、しかも女当主名の田畑質入証文も数枚残っているから(81)、当地方では、女当主であっても実印の行使権・家産管理権を有していたことが裏付けられる。

しかし、その家に関する私的な行為においては女当主も家の代表者として認められ、またふるまえても、すぐれて公的な社会的場においては家の代表者たる資格は認められていなかったようである。このことを裏付ける具体的事例として、鮨洗村において領主からの「無宿百姓共及狼藉取締申渡」に対して農民側から漆山役所に宛てて差し出した、安政二年（一八五五）一二月付の「請書」を取り上げて検討してみよう。この文書には村内の本百姓・水呑のすべてが連署しているのであるが、注目すべきは安政二年の宗門人別帳では「ふよ」、「さわ」の女当主の家二戸が存するにもかかわらず、右の連署では「ふよ」の家の代表者として弟の座頭である慶栄が署名し、「さわ」の家はこの家の通名であった「甚三郎」の名前が記されている。すなわち、「ふよ」が当主であるにもかかわらず、公的場においては座頭という身障者の弟が家の代表者であり、一方「さわ」の家は家内に成年男子がおらず、そこで人的裏付けのない「通名」を立てて男の代表者たる形式をとったのである。

右の事例は対領主との関係におけるものであるが、村落社会においても、村山地方に広く存在した「契約講」という各家の当主によって構成される自治組織では、女当主の場合は排除していた(82)。

以上のことから、公的な社会的場においてはあくまで男が家の代表者たるのが建前であって、女性は一人前として認められていなかったことが窺えよう。宗門人別帳においても、女当主は「某後家」、「某娘」という肩書が付されており、正式の名前人としては扱われていない。

女子相続の本質があくまで中継相続であったこと、しかも女当主は公的な社会的場においては必ずしも正式の家の代表者としては扱われていないふしがみられる以上、宮川満氏のように、単に女当主の存在という現象面のみをとらえて、当時の農村における女性の地位の高さの証左とすること(83)は早計であろう。

確かに農家においては女性も重要な労働力の担い手であり、武士の家に比べればその地位も相対的に高く、殊に下層農家ほどその傾向は強かったであろう。武士の家の存続の基礎が主君より恩給される知行地または俸禄にある以上、出仕することのない女子が当主となれないのは当然であり、かつ家相続に対する主君の認可制が封建的主従関係を維持させる支柱となっていた。一方、農民の家の存続の基礎は農業経営にあり、そこでは女子も重要な役割を果たしているのであるから、農業経営の継続を図るために家内に適当な男子なき場合は女子が当主となることもあったのであり、領主としても年貢搾取基盤の維持という観点から、それを禁止するような措置はとらなかったのである。しかし、それはあくまで一時的なもので、男子が当主の地位に座る正常な状態に復するまで農業経営を断絶なく継送せしむべき非常手段として、女子が中継的に相続したところに、その本質があったとみるべきである。通名＝「家名」が男子名であること自体、それそも「所詮、女子は横座に座れぬもの」という観念に裏打ちされているのである。

ただし、女性の地位の程度は相続慣行と表裏の関係にあったようで、「姉家督」慣行がみられた地域では女性の地位が相対的に高かったことが報告されているが(84)、この地方のように相続における男系主義の観念が強く支配していた地域では、男女の地位の懸隔も前慣行の地域に比してより大きかったと推定される。

2　男子相続

i　直系男子相続

①　父による再相続　直系尊属たる父が再相続した例が吉川村に二件存する。一件は、前年に長男に当主の地位を譲ったばかりで、しかも長男が生存しているにもかかわらず、わずか一年で再び当主にカムバックして、以後八年間当主の地位にあり、五一歳で隠居して再び長男に相続させている。最初に退身した時はまだ四二歳であり、長男は二六歳であった。後に再び長男に相続させているのであるから、不行跡によって廃嫡されたものとはいえない。おそらく、一旦当主の地位を譲ったものの、まだ家業担当能力が十分に具わっていなかった。そこで父が再相続して、長

男に家業担当能力が十分具わるのを待って再び当主の地位を譲った。そう推測される。

他の一件は、父がカムバックした時、七一歳の高齢であり、前当主であった長男は四〇歳の壮年であった。長男は退身後数年たって死去し、代わって聟養子が入れられているから、当主としての任に堪えられないような病気を患ったか、傷害をこうむったものと思われる。

父の再相続の例はわずかこの二件にすぎないが、注目すべきは、二件とも、当主が死去した時、家内に相続人となりうるような者が父しかいなかったというような単純な事情によっていたのではなく、生前相続であり、しかもその理由が家業担当能力の欠如であったと推測されることである。家は子孫へと継送されるのが原則であったことはいうまでもないが、農家においては、家の維持という観点からすれば、当主の家業担当能力が重視されることになり、そこで右の二例の如く、父が一旦隠居して息子に当主の地位を譲ったものの、いまだ家業担当能力が未熟であったり、あるいはそれに支障をきたすような事故があった場合には、父が再び当主の地位にカムバックすることもあったのである。

表26　直系男子相続（長男以外の事例のみ）

相続人	相続時における家族構成上の諸事情 ＼ 村名・階層	吉川 本	吉川 水	鮎洗 本	鮎洗 水	塚野目 本	塚野目 水
次男以下	長男除籍　死亡				1		
	長男除籍　奉公				1		1
	長男除籍　他家養子						1
	長男除籍　分家						1
	長男除籍　理由不分明	5		1			2
	長男あり	2					
	隠居家相続				1		
父	妻あり子なし	2					
孫男子	相続人の父除籍	4	1		1	2	
	相続人の父あり	3			1		

〈註〉　家族構成上の諸事情の欄の続柄は，孫男子についてのみ相続人との関係で記し，他は被相続人との関係で記した。

②　孫男子による相続

孫男子による相続事例は三村合わせて一二件あり、そのうち相続人の父が相続開始原因発生以前に除籍されていた場合が八件で、家内に存した場合が四件である。

後者四例について、相続人の父に注目してみると、実父二人、継父二人となっており、実父二人はいずれも聟養子（事例㋑・㋺）、継父は被相続人の次男が長男の死後その後家と結婚したもの（事例㋩）と、被相続人の長女の聟養子の死後、再びその聟養子として入れられたもの（事例㊁）である。つまり、四人とも被相続人の次男もしくは聟養子であって、長男ではなかった。家業担当能力という観点からすれば、壮年で農業にも習熟していた彼らに相続させたほうが得策であるにもかかわらず、二〇歳を過ぎたばかりの孫男子に相続させているのは、㋑・㋺・㊁にあっては「家」の血筋を引く孫男子に相続させようとする血筋尊重の観念が、㋩にあっては死去した長男の長男に相続せしめんとする長男相続主義の観念が強く支配していたからであると解される。殊に㋑・㋺ではいずれも被相続人は七〇歳以上の高齢まで当主の地位に居坐っており、このようなことは隠居慣行の存した吉川村では異常なことである。そこに、非血縁の聟養子よりも、「家」の血筋を引く孫男子の成人を待って、彼に直接相続せしめんとする姿勢を明瞭に読み取りうるのである。しかも、㋑・㋺は本百姓でも持高はそれぞれ五斗四升、三石九升というように下層に属し、㊁は水呑の家であった。下層農家においても血筋尊重の観念は強かったことが窺えるのである。

また、㋩で注目されるのは、相続前の帳面には相続人多吉は継父儀蔵の「惣領」と記されていたのが、相続後の帳面では儀蔵は新当主多吉の「伯父」と記され、隠居した前当主が「父」と記されている（実際は祖父である）ことである。孫男子が相続した場合、前当主の祖父が「父」と記された例はこの家だけであり、この家の父子相承主義の観念の表現であったと解される。この家は持高九石三升の本百姓であるが、経済的にも政治的にも吉川村の最有力者であった神主「長左衛門」家よりの分家であったから、かかる形式を重んじたのであろう。

相続開始原因発生時に相続人の父が存しなかった八件のうち二件は、家内に相続人の伯父（被相続人の次男）が存した。この場合でも、次男よりも長男の長男たる孫の方が優先せしめられている。二つの家とも、それぞれ一石四斗余、三石一斗余という下層農民であった。

③　長男による相続

すでに確認した通り、三村ともに長男相続の件数が六割前後を占め、この相続形態が当地の慣行であったことは疑いない。さて、このうち一人息子の場合が少なからず存したのであるが、全くの一人子の場合はもちろん、他に姉妹がいる場合でも、先にみた如く男子優先の建前が強く支配していた当地では、一人息子が相続するのは当然で、そこに選択の余地はない。

問題は、二人以上の男子が存する場合である。三村合計一四七件の長男相続事例から一人息子の場合六四件を差し引いた残り八三件のうち、次男以下の一部ないし全部が相続開始原因発生以前に除籍されていたケースは三七件で四一人に及び、しかも分家した者一〇人が確認される。除籍時の年齢に着目すると、一〇〜一四歳二人、一五〜一九歳四人、二〇〜二九歳八人、三〇歳以上七人となっており、大部分が二〇歳以上に属する。このことは、単に死去によるのではなく、基本的には、次男以下の者が成人すると、分家、他家養子、奉公などの形で家を離れさせたことを示している。また、長男の相続と同時期に家を出た者が一三人あり、うち九人は分家している。以上の事実からして、長男は、将来家を相続することを予定されていた推定家相続人たる地位にあったことを推測しうるであろう。

では、長男相続は、当時の農家にあって如何なる内実を有していたのであろうか。

直系親を主体とする家族労働力による小経営形態が一般化して来ると、家族労働力の世代的維持継送ということが農業経営の再生産の上で絶対的な必要条件となってくる。家相続も基本的にはこのことに規定されざるをえない。さて、典型的な小家族経営形態（小家族労働力が、自作であれ小作であれ自家経営の規模に照応している形態）においては、当時の家族周期からして、家族労働力の世代的継送には長男相続が最も適していたと考えられる。また家業担当能力という観点からしても、より長く自家経営に従事し、農事に習熟した長男の方がふさわしかったであろう。

その典型例を〈図1〉に示そう。

図1

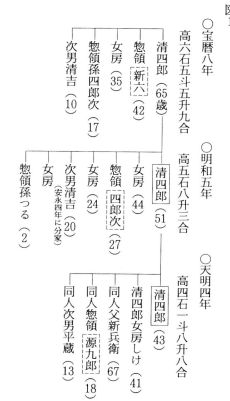

○宝暦八年　高六石五斗五升九合
- 清四郎（65歳）
- 惣領 新六（42）
- 女房（35）
- 惣領孫四郎次（17）
- 次男清吉（10）

○明和五年　高五石八升三合
- 清四郎（51）
- 女房（44）
- 惣領 四郎次（27）
- 女房（24）
- 次男清吉（20）（安永四年に分家）
- 女房
- 惣領孫つる（2）

○天明四年　高四石一斗八升八合
- 清四郎（43）
- 清四郎女房しけ（41）
- 同人父新兵衛（67）
- 同人惣領 源九郎（18）
- 同人次男平蔵（13）

○寛政九年　本百姓
- 清四郎（31）
- 清四郎女房ふん（26）
- 同人母しけ（54）

○文政十一年　本百姓
- 清四郎（62）
- 女房もん（57）
- 惣領 源蔵（40）

○弘化二年　本百姓
- 清四郎（57）
- 同人母もん（74）
- 同人女房めい（54）

- 同人惣領源蔵（9）
- 同人次女けん（5）

- 源蔵女房めい（38）
- 同人娘りよ（17）
- 同人次男清作（12）
- 同人弟富蔵（20）

- 同人悴清作（29）
- 清作女房よそ（26）
- 同人娘しち（6）
- 同人妹しゅん（18）

〈註〉［┅］内は後の相続人、□内は相続したことを示す。
続柄はすべて帳面の記載そのままをとった。帳面では、男女にかかわりなく出生順に次男・次女と記してある。

これは、吉川村の清四郎家の相続事例である。持高からみて、小作によって自家経営を補完していたものと思われる。宝暦八年（一七五八）から弘化二年（一八四五）まで当主の交代は四回みられるが、いずれも長男相続となっている。大石慎三郎氏は、相続の序列を決定する基本的要因を「労働力の分配の都合」に求められ、次の如きモデル・ケースを想定された(85)。すなわち、「たとえば父が四〇歳とすると当時の婚姻状況より長子は大体二〇才くらいになり、一人前の労働力となる。しかし父親が四〇才で子供に所帯を渡すのにはまだ早すぎる。それはその農家一戸の問題としてもまた社会的立場からみても労働力の浪費である。こんな場合父親は長男を分家させて一家を持たせ、家は自分が年老いて一人前の労働ができなくなった頃ちょうど一人前になる次男以下、あるいは末子に譲るのが一番その家の再生産には有利である」と。清四郎家においては、父親と長男との年齢差はいずれも二二〜二五歳の範囲に属し、右の大石氏のモデル・ケースとだいたい同じである。しかし結果は全く逆であり、大石氏にあっては次三男相続の可能性が大きかったとされるのに対し、清四郎家ではすべて長男相続となっており、分家等によって家を出ているのは次男の方である。大石氏の説は、すでに大竹秀男氏が批判されたように、年をとるにしたがって父の労働力が逓減することを考慮されていないあまりにも形式論的な解釈であって、むしろ「長男は次三男よりも早く補助的労働力として役立ち、それだけまた農事に習熟したものとして相続人たる条件をよりよく充足する」(86)という大竹氏の説明の方が清四郎家の場合には妥当する。

④　次男以下の者による相続　右に検討したように、長男は推定家相続人たる地位にあったらしいことが窺えるのであるが、次男以下の者が相続した例も三村合わせて一六件存し、なお検討の余地を残している。

鮨洗村の一件は、父が次男を連れて隠居分家した後、次男にその隠居家を相続させたもので、本家は長男が相続しているから、ここでは問題にしない。

吉川村に相続開始原因発生時に長男が同居していた例が二件ある。一件は、次男が結婚しているにもかかわらず長男は結婚していない点からして、長男は病身であったと思われる。他の一件は、四人の男子のうち次男が相続しているが、三男以上はすでに二〇歳を過ぎているから、年序よりも家業担当能力を重視したものであろう。

他の事例は、すべて相続開始原因発生以前に長男が家籍から何らかの理由で除去されている。吉川村の帳面は除籍理由を記していないものが多く、五件とも残念ながら理由を確定しえない。ただ、いずれも二〇歳を過ぎてから除籍されている点、あながち死亡ばかりではなかったであろう。階層的にはすべて四石以下に属す下層農家であったことも注目される（吉川村では寛政二年までしか持高記載がないので、それ以降は寛政二年時における持高をとった）。鮨洗、塚野目村には、除籍理由の確定できるものが五件見出だせる。うち一件は死去であるから問題とはならないが、他の四件は、奉公二件、他家養子、分家各一件となっている。これらは明らかに長男相続からはずれている。階層的にはすべて水呑の家である。

先に、自作にしろ小作にしろ自家経営の規模に小家族労働力が照応している典型的な小家族経営においては、家族労働力の世代的維持継送という観点からして長男相続が最も適合的であったことを指摘した。しかし、家族労働力に比べて自家経営の規模が小さい場合には、再生産維持のためには常に過剰労働力を排出する必要があり、したがって、長男が成人すると、他家奉公、他家養子、分家などの形で家を離れさせ、次男以下の者が相続するというパターンをとることになる。長男が除籍された家はすべて、水呑か、本百姓でも五石未満の下層に属していることが、このことを裏付けている（もっとも小作地を合わせた経営規模を確定していないのは実証的に不十分であるが、大体のことはいえるであろう）。

右の事実のみをみると、下層農民の家においては長男相続主義の観念などは全く存しなかったように見受けられるのであるが、しかし、下層農家にあっても上層農家に比べて程度の差はあれ、かかる観念は存した。〈表24〉に示した如く、五石未満・無高の家において、一人息子の場合を除き、二人以上の男子が存したケース四六件のうち、長男が相続したケースは三六件（七・八割）を占め、次男以下の者の相続は一〇件（二・二割）にすぎない。しかも、長男相続の項でみた相続開始原因発生以前に次男以下が除籍されていた三七件のうち、二八件が五石未満・無高層に属している。以上の事実は、孫男子相続の項で検討した事例と合わせて、下層農民の家にあっても長男相続主義の観念が存したことを裏付けている。しかし、下層農家にあっては家の再生産諸条件による規制をより強く受けざるをえない。したがって、再生産のためには、長男を放出し、次男以下に相続させるといったケースも発生しやすかったといえる。

ii　傍系男子相続

傍系男子が相続した例が吉川村に六件、塚野目村に五件検出できる。うち一件は叔父で、他はすべて弟である。家族構成をみると〈表27〉、被相続人に子がないか、あっても女子のみ、あるいは未成年男子のみの場合に限られており、傍系相続はあくまで例外的で、直系優先の建前が存したことは一目瞭然である。

では次に、右の如き事情の下に相続人となった傍系男子が単なる中継相続人であったのか、あるいは終極的相続人であったのか、という点を検討してみよう。

前当主の子供が存しなかった場合は、終極的に相続したことは当然であるが、問題は子供の存した場合である。女子が存していた一件は、前当主は姉の聟養子で、相続人たる弟は前々当主の長男であったから、これは純然たる傍系相続ではない。男子が存していた場合が三件ある。一件は、被相続人（兄）が死去した時、その男子が幼少であったために、一旦他出していた弟が戻って相続したものであるが、被相続人の男子が二八歳に達した時に当主の地位を譲り、自らは水呑として分家している。しかるに、他の二件では、被相続人の男子は成年に達するとともに家を離れている。すなわち、前者は中継相続人で、後者二件は終極的相続人であったのである。注目すべきことは、後者のうちの一件にあっては、帳面の続柄記載が「弟」から「惣領」さらに「養子」へと変わっており、弟が順養子とされていたことである。おそらく、被相続人（兄）の生前に弟を跡取りとする約束が交わされていて、弟を順養子とすることにより名目的に「父子相承」の形式をとったものと解される。ただし、後者の他の一件は「弟」の身分のまま相続している。中継相続であった前者にあっては通名＝「家名」を襲名しておらず、前当主の長男が相続した際に通名に復しているのに対して、終極的相続であった後者では二件ともに襲

表27　傍系男子相続

相続人	相続時における家族構成上の諸事情 ＼ 階層 ＼ 村名	吉川 本	吉川 水	塚野目 本	塚野目 水
弟	・妻子なし	1	1	1	2
	・妻子あり 男子あり（未成年）	1			
	・妻子あり 女子のみ	1			
	・妻なく男子あり（未成年）	1		1	
	・妻あり子なし				1
叔父	子なし		1		

名を行っており、他の終極的相続事例も一件を除きすべて襲名している（襲名しなかった一件は、本百姓から水呑に没落した時であって、これが襲名しなかった原因であったと思われる）[87]。以上から、中継相続か終極的相続かは、被相続人（被相続人が相続人を指定せずに死去した場合は、相続人を選定した親族）との約束で決められ、前者の場合は襲名せず、後者の場合は襲名したことがわかる。ただし、次の聟養子の場合は中継相続でも襲名している例が多いので、中継相続人は襲名せずということが社会的規範化していたわけではないようである。

iii 養子相続

養子（通例、聟、入夫）による相続について検討しよう。全体的にみると〈表28〉、被相続人に実子がないか、あっても女子のみ、あるいは実男子幼少の場合に養子相続が発生している。先にみたように一〇石以下層に多いのは、下層ほど産児制限が強く、かかるケースが発生しやすかったためである。

通例養子による相続は、一件を除いてすべて被相続人に実子がなかった場合である。女子がいた一件は、まだ二歳で間もなく死去している。

聟養子による相続は、大部分が被相続人の直系卑属に女子のみしかいなかった場合である。先に示したように長男および次男以下が相続した事例一六三件のうち相続人に姉がいた場合が四一件もあったことと相俟って、「姉家督」が当地方では慣行化していなかったことを明白に示している。

表28　養子相続

相続人	村名／階層／相続時における家族構成上の諸事情	吉川 本	吉川 水	鮨洗 本	鮨洗 水	塚野目 本	塚野目 水
聟養子	・子あるも女子のみ	16	3	3		3	3
	・実男子あり　未成年	3				2	
	・実男子あり　成年	1				1	
	・実男子除籍	2					
通例養子	・実子なし	8	1			1	1
	・子あるも女子のみ（幼少）	1					
入夫	・実男子あるも未成年	1		2			
	・成年男子あり	2					

女子しか存しなかった場合は、聟養子が終極的相続人であったことはいうまでもないが、実男子がいたケースではどうであったか。

実男子が未成年のため年上の娘に聟養子を取って相続させた五件は、間もなく絶家となった一件を除き、残り四件はすべて前当主の実男子が成人するとともに当主の地位が彼に転移しており、中継相続人であったことがはっきりしている。うち三件は襲名しているが、一件は襲名せず次の当主の代に通名に復されている。塚野目村の一件では、帳面には前当主の実男子は新当主（長女の聟養子）の「養子」と記してあり、順養子となっていた。他はいずれも「弟」と記されている。順養子とされた一件は、塚野目村きっての大高持であった白田弥右衛門家の例であり、苗字を名乗ることも許されていた格式を誇る家であっただけに、「父子相承」の形式を重んじる風も強かったことを示していよう。

成年男子が存した二件のうち吉川村の一件は、安永七年（一七七八）に長男（四五歳）夫婦がいるにもかかわらず、娘に聟養子（四二歳）をとっており、天明七年（一七八七）の帳面では聟養子が相続し、長男夫婦は除籍されている。聟養子の方が家業担当能力があるとみたか、あるいは長男が「親不孝又は不行跡」(88)であったが故であろう。他の一件は、塚野目村に残存している最初の宗門人別帳である文化一一年（一八一四）の帳面にはすでに長女（一九歳）に聟養子（二七歳）が入れられていることが確認でき、実男子はまだ一〇歳の幼少であった。家族労働力補充のために長女に聟養子をとったものと思われるが、相続開始原因発生時（死去）には実男子はすでに二五歳に達し、妻子持ちであったにもかかわらず、聟養子が相続し、実男子は分家している。血筋よりも家業担当能力をより重視したか、あるいは聟養子を迎えた際に養子の実男子に対する優先的相続権を保証した特約が結ばれていたか、どちらかによると思われる。これは完全なる「姉家督」であるが、当地方では慣行化していたわけではないことは先に指摘したとおりである。

東北地方では「姉家督」慣行が広域的に分布していた事実が確認されている。[89]東北地方の農家は生産力的低位に規定されて経営面積が相対的に大きく、しかもこのうち水田の占める比率が高い。[90]したがって、それだけより多くの家族労働力を必要とし、家族員数も多い。『全国民事慣例類集』に「姉家督」発生の事情について「力役ノ便利ニ従フナリ」（陸中胆沢郡）、「力役ノ労ヲ分ツカ為ナリ」（羽前田川郡）と報告されている如く、家族労働力の補充ということが根本の事由であった。しかるに村山地方は、東北地方では生産力の高い地域に属し、第二節で検討した如く一八世紀中期には小家族経営の一般的成立をみた。しかも相対的に零細規模の農家が多い。昭和二五年（一九五〇）の東北六県の農家の県別平均家族人数は六・六〜七・一人で山形県は六・七人であるのに対し、[91]村山地方では例えば吉川村の宝暦八年（一七五八）の本百姓一戸当たり平均家族人数は五・四人、鮨洗村の延享二年（一七四五）のそれは四・一人で、すでに一八世紀中葉において昭和二五年の山形県のそれよりも少なくなっている。また、大高持の上層では、生産力の向上にもとづき小作貸付けが可能となっていた。したがって、村山地方では、地主・小作関係を十分に展開しえず必然的に手作り規模の大きい東北の他地方の如く、長女に聟養子を取り早急に家族労働力の補充を図る必要性には迫られなかった。当地方で「姉家督」が慣行化しなかった原因は、まさにこの点に求められよう。[92]

以上、聟養子相続事例についての検討を加えたのであるが、孫男子相続の項でみた如く、「家」の血筋尊重の観念がより強く支配していた場合には、聟養子をさしおいて一足跳びに孫男子に当主の地位が譲られる例もあったことを見落としてはなるまい。かかる場合には、聟養子は、その労働力と「家」の血筋を引く男子を家女たる娘との間に儲けることのみを期待されていたといえる。

入夫相続の事例が計五件存するが、そのうち鮨洗村の二件は、後続の帳面が存在していないので相続後の動向が検討できない。

吉川村の三件についてみよう。一件は（事例㋑）、亡夫の実男子が幼少であったため後家が入夫を迎えて相続させ、実男子が成年に達した時に当主の地位が彼に譲られている。他の二件は家内に成年の実男子が存した。うち一件は（事例㋺）、成年実男子は次男で、長男は以前に死去していたが、その男子が存した。次男はすでに妻子持ちの壮年であったにもかかわらず、彼に相続させず、入夫を迎えて相続させたのは、そこに死去した長男の男子に家を継承させようとする意向が強く働き、彼が未だ幼少のため中継として入夫を迎えたものと推測される。事実、孫男子が二三歳の時に当主の地位が彼に転移している。先に検討した孫男子相続の事例と合わせて考えると、長男の長男もまた推定家相続人たる地位にあったことが窺える。もう一件は（事例㋩）、三〇歳近い実男子がいたにもかかわらず、入夫を迎えて相続させている。この家は持高が八石九升三合で、夫の死後男子の労働力は一人だけとなったため、家族労働力補充の必要から入夫を迎えたものと思われる。入夫死後、前当主の実男子が相続している。

㋑・㋺では、相続人に予定されていた者が幼少であったために入夫を迎えて中継的に相続させたことが明らかである。㋩は、中継そのものに目的があったというよりは、家族労働力補充の必要性がより前面に出ていたといえよう。

3　遺留家族皆無の場合の選定相続

相続開始原因発生時において被相続人の遺留家族が皆無の場合は、「前々よりの百姓相果、跡目於レ無レ之は、其趣中間、男女ニよらず其筋目の者を取立、得二指図一、其跡無二相異一可レ渡レ之、断なく家をこほち取、四壁を荒し、田地を持添、百姓をつふし候ハヽ、可レ為二曲事一」[93]（寛文六年一一月一一日）、「父母共相果、幼少之男女ニ不レ限、其跡を継、其子致二死去一、遺言も無レ之時、祖父有レ之ハ、不レ及二沙汰一進退すへし、祖父於レ無レ之者、其所之名主五人組立合、致二相談一、筋目次第、相続之もの相極、御役所之帳面江付置可レ申事」[94]と幕府法に規定してある如く、名主・五人組の協議によって相続人の選定がなされた。右の規定が百姓株の維持・存続を目的としていたことはいうまでもないが、かかる方法による相続が実際に行われたことを示す文書も多く残存している。そのうちの一つを次に掲げよう。(95)

差上申一札之事

一、籾三俵也　　八鍬村病人

万助

右は、今般同人薬事不相叶病死いたし候ニ付、跡相続之者無是候得は、私共親類・組合御座候へハ、驚入打捨不置相談仕候所、当組勘助弟鶴松と申者未タ本家ニ罷居候間、此者ハ正直・実躰之者ニ御座候間、当時相続人相見へ不申候付、此者ヲ以万助跡養子相続為致度旨親類・組合相続之上、御役元へ御願申上候所、早速御勘弁ヲ以御聞済被成下、難有仕合奉存候、然ル上ハ、前書御拝借籾は勿論、御寺領御左（作カ）法何分ニ不寄被　仰付次第何時成共、急度御用御万雑大切ニ相勤可申候……〈後略〉

（傍点、大藤）

天保四巳年十一月

親類願人　当村　勘　助㊞

組合惣代　同　次三郎㊞

御寺領御代官

工藤喜兵衛殿

外　御殿人中

「万助跡養子相続為致度」とある如く、選定相続人も養子とみなされていた。文字通りの死後養子である。入夫養子や死後養子は武家法においては認められない。農民の場合、養子制度が拡張されているのは、領主の百姓株維持政策からこれを容認して農民の家の継続を容易ならしめたためである。(96) また、年貢・諸役の村請制下にあっては、村にとっても農民の家の存続は、年貢・諸役上納の連帯責任を全うし、また共同体結合の社会的基盤を持続していく上で看過すべからざる問題であり、当然、そこには共同体の論理が働く。特に利害に直接かかわってくる親類・五人組にとっては、大きな関心事であった。「私共親類・組合御座候へハ、驚入打捨不置相談仕」という文言が端的にこのことを物語っていよう。

むすび

以上に述べてきたことを要約しておこう。

① 一七世紀における村山地方の村落は、各同族団の長たる長百姓が村内きっての大同族団の長たる名主を中心にして村役人層を形成し、本家・分家の同族的規制を通じて分家小前層を支配するという構造をとっていた。かかる段階では、「同族」意識＝長百姓総本家の拡大された「家」意識に包摂されて、個々の分家は未だ独立した自己の「家」意識を持つに至っていなかった。

② 個々の「家」意識が一般的に成立するのは、「小農」生産様式の発展を基礎として直系小家族が独立の経営単位たることが社会的に一般化した時期＝小家族経営の一般的成立期においてであり（村山地方の場合、時期的には一八

世紀中・後期）、それは同族結合にもとづく旧来の長百姓総本家層の村落支配秩序の崩壊→小農民を主体とした村落共同体秩序の確立を社会的基礎条件としていた。このことは、この時期に襲名（＝「家名」相続）慣行が一般的に成立していること、および個々の家が墓碑を建立する習俗が成立していること（それは、個々の家が主体的に死者・先祖を供養祭祀するようになったことを示している）などによって確認しうる。

すなわち、分家小前層は、経済的に自立性を強め、さらに政治的地位を向上（具体的には、旧村役人層＝長百姓層に対する小前百姓層の村方騒動の頻発、その結果としての村役人構成における惣百姓代の登場として現れる）させていくとともに、独自に自家の死者・先祖を供養祭祀するようになり、それを精神的支えとして、自己の家が世代を超えて子々孫々へと永続していくことを主体的に強く希求するようになったのである。当主の地位の承継とともに父祖名を代々襲名してゆき、自己の家の個別性と永続性とを社会的に表示するようになったのは、そうした「家」意識の表れであった。

襲名が社会的・一般的慣行として成立してくると、代々相承される各家の通名＝「家名」は「公儀名」として公的な性格を帯びるようになり、ことに財産の所有および財産関係の行為においては、通名が公式的名義となり、法律上重要な意味を付与された。

③　小農民個々の家の自立＝「家」意識の成立が、先祖の〝勤労〟による苛烈な歴史過程を経て達成されたという重い事実、およびそれが彼らの論理に立脚した共同体秩序を確立したところの「村」共同体に支えられてはじめて可能であり、かつ「家」存続の社会的基礎となっていたことは、小農民に対し「家」と「村」を守るということを絶対的な規範として要請し、彼らの闘争においても「家」と「村」が拠り所となった。

その精神的支柱となっていたのが、「家」にあっては先祖祭祀であり、「村」にあっては氏神＝産土神祭祀であった。

④　同族結合が強固で「同族」意識が前面に出ていた段階では、土地も「同族共有の財産」として第一義的には観念され、同族としてその確保を図っていた。村山地方では一八世紀前期までは土地の分割相続が支配的であったが、たとえ分割相続によって個々の家の財産は減じても同族の財産としては減少に結び付かず、むしろ分家創設による同族団の拡大は、長百姓総本家の「家」の拡大であると観念されていた。しかも、同族団が生産・生活上の主たる共同機能を果たすと同時に、同族団相互の力関係が村政上に反映していた段階では、同族団の拡大は実質的な意義をもっていたのである。

しかるに、同族結合が弛緩して個々の家の自立性が強まり、主体的な「家」意識を持つようになると、それぞれの家が自己の存続基盤たる名請地を自家固有の財産＝「家産」と意識するようになり、「家産」保持への農民自身の内的規制が強く働き、一八世紀中・後期以降、単独相続へ転換していった。そして、当主を中心にして家族成員は、先祖に対し、「家産」を保持し、「家」を維持・発展させていくべき道義的責任を負ったのであり、それが襲名慣行にも反映していた。

かかる段階では、分家を出す条件のある大高持層でも、分家はあまり出さず、分家させた場合でも土地の分与額は僅かである。それは、村内における家の社会的地位を決定する要因としては、長百姓の家筋であるとか、どのくらい多くの同族の家数を擁しているかということよりも、どれだけ多くの「高」を所持しているかという経済力がより大きな意味をもつようになったからである。

一方、無高＝「水呑」は、独自の「家産」を持たないものの、彼らも小作経営という形ではあれ、ともかくも経営主体となるに伴い、通名＝「家名」の襲名によって自己の「家」を社会的に表示するようになっている。そして相互に連帯して耕作権の確保を図っており、それは小作地を実質的に「家産」化しようとしたものとも解しえよう。

⑤　家相続事例の具体的分析を通じて、そこに「家」の血統尊重、直系優先、男子優先、長子優先などの諸観念の存在を明らかにしえた。しかも、小家族経営においては、家族労働力の世代的維持継送、家業担当能力という観点からしても長男相続が適合的であり、小家族経営の一般的成立とそれに伴う「家」意識の一般的成立、および「家産」観念の成立にもとづく家産単独相続への転換・定着を契機として長男相続が全階層の家に浸透し、社会的・一般的慣行となった。(97) それに伴い、現実の「家」の内部秩序も右の諸観念によって強く規律されるようになり、長男と次男以下との差別、(98) 男女差別の観念も強まってきたにちがいない。

しかし、農民の家の再生産の基礎が農業生産に置かれている以上、根底において再生産諸条件に規定されざるをえないのであり、特に下層農民の家にあっては、その時々の家の置かれた再生産条件の規定をより強く受けて、上層農家に比して多様な相続形態をとることになったのである。いきおい、右の諸観念も下層の家では上層の家に比して相対的に稀薄ならざるをえまい。

また、「家」意識には、父系の直系血縁成員の生命が絶えることなく超世代的に連続していくことを志向する、そのために先述の諸建前を重視する形式主義的側面と同時に、「家運」が将来にわたって隆盛していくことを志向する現実主義的側面も存するのである。そこで、家相続人は先の諸建前をすべてかなえている（そのすべてを満たしているのが長男）とともに、「家運」の隆盛を実現しうる資質・能力をも具備していることが要求される。後者の能力が著しく劣っているか、あるいは「家」の志向が後者により強く置かれている場合には、諸建前からはずれた相続人が選ばれることもあるのであり、「家」意識のもう一つの側面がより強烈に表出した結果にほかならない。

以上の如く、個々の「家」意識の一般的成立以降、「家名」・「家産」・「家業」とが一体として単独相続される方向をたどったのであり、それは長男によって担われるのを原則とするようになった。かかる段階においては、この三者および先祖の祭祀権を承継することによって「家」の権威を体現する当主の地位も、それ以前よりはるかに重要視されるようになったことは容易に推察しうるところであり、その権限も強化され、単に一部上層農民の「家」だけでなく、すべての階層の「家」が程度の差はあれ、家長を中心とした内部秩序を備えるようになったものと考えられる。(99)

ところで明治政府は、明治四年（一八七一）四月に戸籍法を制定して、「家」を国民統治の装置として戸籍上に確定し、それぞれの「家」の戸主を通じて家族を把握・統制しようとした。そして、民法典論争を経て、明治三一年（一八九八）公布・施行の明治民法によって戸主権と長男子単独相続制を骨子とする「家」制度の体系化を完成させた。法社会学の分野では、明治民法が規定した戸主権と長男子単独相続制は旧武士層の家父長権と相続制度をモデルとしたものであり、一般庶民の慣行はそれとは異なっていたとする川島武宜氏の見解(100)が主流的位置を占めているようである。また、近世農民の「家」・家族について論じられた大石慎三郎氏と大竹秀男氏も、一般農民の相続慣行や家族秩序は明治民法の「家」制度には連関しないと結論されている。すなわち、大石氏は、明治民法に受け継がれただろうと思われる長男子相続形態は、生産から遊離した寄生地主のものであって、生産者である一般農民には相続の形式的序列などは不必要であったに相違ない、と推測されている。(101)一方、大竹氏は、近世農民の家にあっては全家族が同輩的立場にあったと認識され、明治以降の戸主制度に結びつくような当主中心の家族秩序の存在を否定されている。(102)

これらの立論は、明治民法に規定された「家」制度を我が国古来の伝統的美風であるとしてその復活をはかる動向を相当意識してなされており、それに反対する立場から、明治民法の「家」制度は決して一般庶民の伝統を引き継ぐものではないことがことさらに強調されている感を否めない。総じて、「家」についての論議には、それをめぐる政治的動向に対する論者の立場が色濃く反映しており、そもそも一般庶民にとって「家」とはいかなる意味をもつ存在であったのかが学問的に十分には検討されてこなかったきらいがある。

農民にあっては、「家」と村落共同体は何よりも自らの生産・生活を保障するシステムとして形成され、機能してきた。それゆえ、それを守ることが絶対的な生活規範となったのであり、そうした意識を媒介にして、彼らの人間としての主体性も形成されてきた。だからこそ逆に、それが個々人を規制・内縛する力も大きかったといえる。「家」や村落共同体には内部的にも対外的にも差別の契機もはらまれていたことは紛れもない事実であり、「家」と村落共同体の慣行を「醇風美俗」と牧歌的に評価することはできないのはもちろんであるが、さりとて戦後間もない時期の研究の主調をなしたように、それらを封建遺制の名のもとに否定し去っただけでは、それらが農民たちにとってもっていた意味を理解しえず、問題の解決に向けての展望も開けてこないであろう。

それはさておき、本稿での検討を踏まえると、近世を通じて農民の間にも広く形成されてきた慣行としての「家」制度も、決して明治以降の国家法制としての「家」制度と無縁であったとはいえないのではなかろうか。もとより農民の家は農業経営体であり、それぞれの置かれた再生産条件を無視して国家権力が全国一律の規格化した「家」制度を押しつけることは、本来的に実状にそぐわない施策であったことは否めない。だが、国民統治・統合という国家の根幹にかかわる政策が、その現実的基盤を欠いたまま実施されたとみるのは、あまりにも非歴史的な見解であろう。およそ、政治権力が民衆を統治しようとするとき、民衆の間で形成されているシステムを踏まえつつ、それを再編して統治のシステムに転化させるのが常であり、最も効果的な方法である。農民の間で形成されていた「家」も統治のシステムとして機能しうる性格を備えていたことは、否定できないだろう。だが、「家」は他方で、その存続を脅かす存在に対する抵抗の拠り所ともなる性格をも本来的に内在させている。この両者の機能が日本の「近代」の歩みのなかでどのような形で発現したか、この点を注意深く見極めていくことが求められよう（近世の「家」と近代の「家」

の連関性と差異性、および近代天皇制国家が「家」に求めた役割などについては、第一部第一章の「おわりに」で整理しておいたので、参照されたい)。

註

（1）近世農民の家・家族に関する代表的な論著としては、以下のものがある。古島敏雄『家族形態と農業の発達』（一九四七年。『古島敏雄著作集』第二巻、東京大学出版会、一九七四年、所収)。中村吉治『家の歴史』（角川書店、一九五七年。一九七八年に農山漁村文化協会より再版)。中村吉治編『村落構造の史的分析』（日本評論社、一九五六年)。島田隆「近世の村落と家族」（中村吉治編『体系日本史叢書9　社会史Ⅱ』（山川出版社、一九六五年)。大石慎三郎『近世村落の構造と家制度』（御茶の水書房、一九六八年。一九七六年、増補版)。大竹秀男『封建社会の農民家族』（創文社、一九六二年。一九八二年、改定版)。北島正元「江戸時代の農民の『家』」（日本法社会学会編『家族制度の研究』上、有斐閣、一九五六年。北島正元『近世の民衆と都市』名著出版、一九八八年、再収)。堀口貞幸『近世南信濃村落社会史』（令文社、一九七〇年)。岩本由輝「『今井邨系図』にみる農民の家」（『村落社会史研究』第七集、塙書房、一九七一年)。

また、近年、同志社大学人文科学研究所による丹波国山国郷の共同研究において、家の問題へのアプローチが試みられているのが注目される。その成果は、『林業村落の史的研究』（ミネルヴァ書房、一九六七年)、『社会科学』第五巻第一号（一九七四年）に報告されている。

（2）例えば、神島二郎「日本の近代化と『家』意識の問題」（同『近代日本の精神構造』岩波書店、一九六一年)。その視点、方法論においてユニークさを持っているが、立論の出発点に近世後期におけるも大家族的〈一系型家族〉を支配的なものとして措定されている点は、従来の研究が明らかにした近世農民家族の実態に照らして、もはや承服し難い。

（3）例えば、磯野誠一・磯野富士子『家族制度』（岩波書店、一九五八年）では、「祖先とか家名などによって支えられる『家』の観念は庶民の生活から縁遠いものであった」（七三〜七四頁）とされている。

（4）中山口村の史料は明治大学刑事博物館所蔵。吉川、鮨洗、塚野目村の史料は山形大学付属郷土博物館所蔵。以上の史料については特に註記しない。なお、村山地方は、この地方の社会的・経済的諸条件に規定されて、畿内地域などに比して現象的には特徴ある村落構造の展開をみるが、ここでは、特殊条件を考慮しながらも、他地域にも一般化・普遍化しうるような形で論述していきたい。

（5）青木美智男「佐倉羽州領の成立とその構造」（木村礎・杉本敏夫編『譜代藩政の展開と明治維新』文雅堂銀行研究社、一九六三年）。難波信雄「近世後期村落構造の展開と地主制の生成」（『文化』第二七巻第三号、一九六三年）。藤田　覚「天明・寛政期の農村構造と『豪農』」（『歴史』第四二輯、一九七二年）。

（6）大石慎三郎「江戸時代における戸籍について」（前掲『近世村落の構造と家制度』）。

（7）難波・前掲論文。

（8）藤田・前掲論文。

（9）「借地」の具体的分析は、高尾一彦・脇田　修「元禄時代における畿内村落の発展」（『日本史研究』第二〇号、一九五三年）、佐々木潤之介「一六～七世紀における『小農』自立過程について」（大阪歴史学会編『幕藩体制確立期の諸問題』吉川弘文館、一九六四年）等において詳細になされている。

（10）例えば、吉川村の帳面において、明和五年（一七六八）に「安仲坊地かり」であった伝十郎は、天明八年（一七八八）には「左衛門太郎地かり」となっている。また、幕末まで一貫して水呑は「某地かり」と肩書され、しかも、帳末の集計欄では、年次により「地かり」と記されたり「無高」と記されたりしており、「地借」、「無高」という言葉が水呑の代名詞化していたことがわかる（この点は、鮨洗村、塚野目村も同じ）。かかる事象は、当地方に限らず、全国的に広くみられるところである。

（11）藤田・前掲論文の第三表を本文中の基準でもって改表。

（12）藤田・前掲論文。

（13）『東村山郡史』巻二（一九一九年）、九八頁。

（14）『山形県史』農業編上（一九六八年）、六一八～六一九頁。

（15）延宝三年の名寄帳に族姓が記載されているのは、この段階では同族団が年貢上納の連帯責任の単位をなしていたが故に、村役人も土地保有者＝年貢負担者がどの同族団に属しているかを確認する必要があったからにほかならない。しかるに、質地地主・小作関係が展開してくる段階になると、年貢不納は土地の質入れによって処理されることになり（質地関係は同族団の枠を越えて展開する）、同族団の右の機能も消滅し、したがって名寄帳にも族姓は記載されなくなる。

(16)　家族構成の検討にあたって、次のことを断っておく。第一に、「抱水呑」の存在をもって「複合家族」と規定することはできないという点である。なぜなら、水呑は本家から分家し、所帯を分けた存在であり、この段階の生産力的制約からいまだ本家からの経済的独立を達成していないとはいえ、それ自体一個の家を構成しているからである。第二に、直系親族に二組以上の夫婦の存在がみられても、近代家族の如き一代的創設家族と違い、この時代の家族は世代的継承家族である以上、家族周期の上で一定期間かかる構成をとるのはむしろ当然であり、これを「複合家族」の範疇に含めることはもちろんできない。ここでは、「複合家族」の概念は、結婚をし自己の家族を形成している傍系親を含む家についてのみ適用することにする。

(17)　しかしながら、享保六年（一七二一）段階においても、「村々百姓一軒前之内、親子兄弟内証ニ而或ハ半高、或ハ三ケ一分ケ置……」（『東村山郡史』巻二、一四四頁）ということが行われているのであり、農民自身は、高分けしても再生産を維持していける条件さえあれば、分割相続を志向していたことが知られる。単に外的規制力だけでなく、農民自身が分割相続に対して内的規制力を強く及ぼすようになるのは、第三節で検討する如く、農民層に「家産」観念が成立してくる段階からである。

(18)　その事例として次の一例をあげておく。

延宝二年
本百姓
○松田源右衛門（六七歳）

延宝五年
本百姓
甚五郎（三〇歳）（源右衛門長男）
甚五郎「抱水呑」
くに（二七歳）（源右衛門甥）

(19) 例えば、延宝五年に本百姓孫八の下人だった勘十郎は、正徳二年には孫八の「抱水呑」となっている。

(20) 村山地方では、小規模土地所有に基づく小家族労働による経営という典型的なる小農経営の展開度は低位であり(この点は、東北地方の農村一般の特質でもある)、水呑の小作経営という形での「抱」の地位からの自立を基本経路として小経営の一般的成立をみる。かかる特徴的な村落構造の展開は、まさに本文中に述べた事情に歴史的に起因しているといえよう。

(21) 藤田・前掲論文(註5)。

(22) 村山地方の石盛については、渡辺信夫「村山地方の石盛について」(『歴史の研究』第一四号、一九七二年)に詳しい。

(23) 『東村山郡史』巻二、二五三〜二六二頁。

(24) 水呑の本百姓への上昇は、水呑に土地買得のための貨幣を蓄積する条件が存したことが前提となっており、それは先述した諸稼ぎの展開であったと推測される。村山地方では一八世紀半ば以降、紅花を中心とする商品生産の発展をみたことは、すでに先学によって解明されているところであるが、当村においては、先にみた耕地構成、および都市近郊村としての地理的条件とを考え合わせるに、生産面よりもむしろ流通面において諸稼ぎの増大という形で貨幣蓄積の条件をもたらしたと思われる。

(25) 当村は相給の村であり、そのうえ、地主・小作関係の発展に伴い土地保有関係が錯綜してくるので、〈表7〉に示した所持高構成が実態をそのまま反映しているわけではないという限定がつくが、大枠のところは把握しえよう。

(26) 鈴木 勲「羽州村山郡吉川村の両給について」(『山形大学教授山崎吉雄還暦記念論文集』、一九七二年)。

(27) 青木・前掲論文、〈表一八〉参照。

(28) 塚本 登「明治初年における地主的土地所有の存在形態」(『歴史』第四五輯、一九七四年)。

(29) 大竹秀男・前掲〈註1〉『封建社会の農民家族』一八八頁。豊田 武『苗字の歴史』(中央公論社、一九六七年)一三九頁。

(30) 中山口村では、一七戸の本百姓の家から成る村内最大の伊藤姓同族団の総本家で、他に卓越した六町余を持つ伊藤藤兵衛家がこれに当たる。

(31) 享保段階までは、各村とも、文書には名主(庄屋)の他に長百姓数名が連署(または、名主の他に組頭数名が連署)している（『東村山郡史』を参照されたし）。例えば、貞享二年（一六八五）の中山口村の「増減人御改帳」には、大庄屋〈伊藤〉藤兵衛、組頭〈松田〉金五郎・〈木村〉六太夫・〈庄司〉加右衛門が連署している。

(32) この段階では、水や山野の用益権も長百姓総本家が握り、分家小前層は本家を通じて用益にあずかっていたものと思われるが、具体的分析はここではできない。もちろん、単に同族団内部における本・分家間の矛盾だけでなく、村内最大の同族団の長＝名主と他の中・小同族団の長との間にも一定の矛盾関係が存したであろう。そういった矛盾を内包しながらも、長百姓層の同族規制を通じた村落支配秩序が形成されていたのである。

(33) 所帯を分けることを「分家」あるいは「別家」と称し（非血縁の譜代下人の独立化の場合でも分家という形をとる）、本家の苗字を分家に与える――公称は領主によって禁じられているので農民レベルに限定されてのことではあるが――のは、分家創出による同族団の形成が本家の「家」の構造的拡大であると観念されていたことを示していよう。同族団を「一家」（イッケ）と称する地域が多いのも、このことを裏付けている。まさに、かかる観念に基づいて、本家の家長は分家させた後も「家」的な支配・統制を及ぼすのである。

(34) このことは、村役人構成の面にも端的に反映している。すなわち、前述の註(31)のような享保段階までの村役人構成は、それ以降漸次崩れ、新たに（惣）百姓代が登場してくる。そして宝暦段階には、各村ともに名主、組頭、（惣）百姓代の三役制度が確立している。例えば、鮨洗村においても、享保七年（一七二二）の「鮨洗村指出帳」では名主一名、長百姓三名の連署となっていたのが、延享二年（一七四五）の「宗門人別御改帳」では、名主、組頭、百姓代各一名の連署に変わっている。また、村山地方では、村方騒動が寛保・宝暦期以降史料上に現れ始め、漸次増加していっている（『山形市史』中巻、一九七一年、六八七頁）。しかも、寛政期までの村方騒動は、高利貸的地主商人としての豪農を対象とした問題ではなく、もっぱら年貢・諸役負担をめぐっての旧村役人の不正に小前百姓連中が対抗するという形態をとっている（同前六九五頁）。このことは、分家小前層が長百姓総本家の同族的規制を排斥しつつ同族団の枠をこえて階層的に連帯し、自らの村内における政治的地位を向上させつつあったことを示している。

(35) 旧村落秩序の崩壊に対応し、旧村落支配層＝長百姓層の多くは、質地地主・高利貸資本として経済力を根拠にして村落支配を維持していこうとするが（もちろん、新興地主も登場する）、もはやそれは「小農」経営の共同体原理に包摂されたものとして展開していかざるをえない。しかしながら一方、彼らは、前期資本としての運動にもとづき、入会、水利等の共同体規制を再掌握していこうとする動きもみせる（この点、前掲〈註5〉・難波論文にて若干触れられている）。

（36）他の地域についてみると、例えば大竹秀男氏が分析された畿内摂州の村落では、襲名の慣例が固まるのは分割相続から単独相続へ転換してからであることが指摘されている（大竹・前掲書〈註1〉一八八頁）。時期的には村によって差異があるが、だいたい一七世紀後半となっている。ただし大竹氏は襲名慣行の成立過程そのものを研究対象としておられるわけではないので、詳細な点は不明であるが、大竹氏が単独相続へ転換する時期とされているのは、自立小農民の一般的形成期であるので、この畿内の例と村山地方の例とを合わせ考えるに、「家」意識が一般的に成立するのは、地域によって時期的な差異があるとはいえ、自立小家族経営の一般的成立期においてであったとしてよいだろう。村落秩序の面からすると、朝尾直弘氏がいわれる（『近世封建制の基礎構造』御茶の水書房、一九六七年、第二章）ような小農共同体的秩序が村落を包摂した段階であり、それは各同族団の長たる年寄百姓層の同族規制を通じての支配秩序（ただし、朝尾氏の場合は、村内きっての有力農民＝小領主の支配秩序として考察されている）を克服・止揚して確立するのであって、これが個々の「家」意識の一般的成立の社会的基礎条件となっていたのである。風早八十二解題『全国民事慣例類集』（日本評論社、一九四四年）にも、通名＝「家名」相続慣行の存在が全国各地より報告されており（一九四～二〇一頁）、近世中・後期には、全国的な規模において「家」意識が一般的に成立していたとみて間違いあるまい。

（37）柳田国男『先祖の話』（『定本柳田国男集』第一〇巻、筑摩書房、一九六二年）。

（38）竹田聴洲「日本の『家』とその信仰」（前掲〈註1〉『社会科学』第五巻第一号、一一頁）。

（39）竹田聴洲『祖先崇拝』（平楽寺書店、一九五七年、一九六頁）。

（40）（註36）参照。

（41）なお、有泉貞夫氏も、竹田氏の所説にもとづき、「日本人の祖先崇拝が近世に入り、小農民経営の一般的形成をまって成熟したものであり、被差別民の存在がその成熟の必須の契機となっていた」（「柳田国男考」、『展望』一九七二年六月号、二一九頁）のではないかと仮定され、祖先崇拝と〝差別〟の関連について論じられている。その論点はきわめて問題提起に富むものであり、近世の身分制支配、被差別民の問題を考える上で、今後十分検討すべき価値を持っている（本書第二部第二章第四節(三)参照)。

(42) 竹田氏は、「石塔の民間普及は十七世紀ないし十九世紀以来のことで、それ以前は、祖霊は同族や村共有の堂宇で祭られるか、特定の自然石や特定の樹木を象徴として祭られた」(前掲〈註38〉論文一二頁)とされている。

また、家の祭りの中で祖霊祭りの中に位置づけられている屋敷神祭祀についても、直江広治氏が(『屋敷神の研究』吉川弘文館、一九六六年、二二九頁)、その歴史的変遷は、本家を中心とする一門屋敷神が古く、それが同族結合の崩壊と分家群の脱落により本家屋敷神へ移行し、さらに分家の実力が台頭して同族結合の枠がくずれることによって各戸屋敷神へ分化した、と述べられている如く、これもやはり個々の「家」意識の一般的成立の経路と符号している。

武士層については、すでに中世史の方の研究で、惣領制が衰退し、庶子家の独立性が強まってくる段階において惣領家・庶子家とも各家が自分の「家」意識を高め、家名相続の観念が生まれたことが明らかにされているが(『講座　家族』第一巻、弘文堂、一九七三年、七一頁(宮川　満氏執筆)、福尾猛市郎『日本家族制度史概説』吉川弘文館、一九七二年、一三五頁)、農民層においても、時代は下るものの同様な経路で以て「家」意識の一般的成立をみたのである。

(43) 竹田聴洲氏が調査された京都府北桑田郡山国村大字比賀江の両墓制における詣り墓では、一七世紀末期よりすでに位牌型が主流を占めるようになっており(「両墓制村落における詣墓の年輪」(一)(二)、『仏教大学研究紀要』第四九、五二号、一九六六、六八年。『葬送墓制研究集成』第五巻、名著出版、一九七九年、再収)、鮨洗ではそれよりも約一世紀も遅れて同碑型が出現したことになる。しかも、前者では刻銘自然石の墓碑は少ないのに比べ、後者では享保〜天保の墓碑のうち四四パーセントを自然石が占め、位牌型は主流を占めるまでには至っていない。

(44) 竹田・前掲(註39)『祖先崇拝』九一頁。

(45) 例えば摂州上瓦林村では、近世初期においては特定の家々が祭祀に優越した地位を占めていたのが、元禄期には本百姓全員を座の成員とする宮座が成立している(今井林太郎・八木哲浩『封建社会の農村構造』有斐閣、一九五五年、二一八〜二一九頁)。

(46) その一例を次にあげておこう(吉川村の例)。

（一七五八）宝暦八年　　（一七六八）明和五年　　（一八一〇）文化七年

三石一斗九升六合 ○新蔵（六八歳）——三石一斗九升六合 新蔵（三六歳）——無高 新蔵（三四歳）

(47)「家」は本来、家名だけでなく、家族・家産・家業等を具備することによって完全なる姿を呈するのであるが、家名は「家」の抽象的・観念的側面の表象であることから、極端な場合、家族・家産の人的・物質的裏付けを欠いても、家名のみで「家」が表示されることもありうるのである。

(48) 例えば、吉川村の吉右衛門家は、二石三斗余を持つ本百姓であったが、寛政二年（一七九〇）を最後に宗門人別帳から除去されている。しかるに、一旦他出していた長男が享和四年（一八〇四）に戻って再興しているが、無高であり、復したのは「吉右衛門」という「家名」のみであった。

(49) 村山郡大蕨村稲村家文書（山形大学付属郷土博物館所蔵）に次の如き文書が残存している。

乍恐以書付を御歎キ奉申上候

〈中略〉

乍恐奉申上候一条之儀ハ、私親七太郎事ハ稲村七郎左衛門舎弟ニて、当町仁左衛門ハ私母之里方ニて難□縁類ニ御座候処、同人宅零落いたし、家督相続人も無御座皆潰ニ罷成、跡式相立兼候趣を以、六ケ年已前仁左衛門親類・組合連印を以家屋敷土蔵金五拾両ニ稲村七郎左衛門方え相渡、右屋敷え七太郎新規ニ家作いたし候て家相続罷有候処、三カ年相立親類・組合申掛り候義ハ、仁左衛門名式相続候得ハ七太郎名前ニて相続為致兼……〈後略〉……

（傍点、大藤）

年次は不詳であるが、稲村家文書の他の文書の大部分が近世後期のものである点からして、右の文書もその時期のものであると推定される。内容は、稲村七郎左衛門が廃絶した仁左衛門家の跡式を買得して弟の七太郎に立ち替わらせたところが、廃絶した「仁左衛門」の「家名」を相続してほしいという親類・組合の要求と、自分の名前で相続したいという立ち替わり人の七太郎の要求とが衝突して、訴訟沙汰に及んだものである。たとえ跡式は他人の手に移っても「家名」だけは存続させておきたいという親類・組合の要求に、「家名」永続への希求が当時の人々に強く存したことが窺えるであろう。

(50) ただし、新当主が成年で襲名しなかった場合には、改印した場合を除き前当主と同じ「印」が押されている。『地方凡例録』下巻（大石慎三郎校訂版、近藤出版社、一九六九年、九七頁）に「印形之儀、宗門帳・五人組帳に押置候て相用可申候、子細有之印形替候ば、庄屋・年寄は、代官役所へ相届判鑑可差出、平百姓は庄屋・年寄へ可相断」とある如く、宗門帳・五人組への押印は実印登録の意味を持っていたのである。事実、吉川村の宗門人別帳には、【巳三月一六日 印形改称蔵㊞】という貼紙がしてある例もみられ、改印届がなされた証跡を残している。

(51) 風早八十二解題『全国民事慣例類集』一六三頁。

何歳以上の者を正式の「名前人」として家の代表者たる資格を認めるかは、それぞれの地域の慣習によって異なっており、下限は一五歳、上限は二一歳となっている（一六一〜一六六頁）。

(52) 安丸良夫『日本の近代化と民衆思想』（青木書店、一九七四年）第一章。

(53) 柳田国男「日本農民史」（『定本柳田国男集』第一六巻、筑摩書房、一九六九年、二一八頁）。

(54) 「小農」の自立化過程において逃亡という闘争形態が一般的にとられたことは周知の事実であるが、かかる闘争形態においては、自己の「家」を守るという意識は基本的に欠けている。それは、すでに明らかにしたように本（主）家に対する経済的従属下にあった「小農」にあっては、未だ自己の「家」意識は未成立であったことによろう。しかるに、彼らが独立した生産主体へと成長し、自己の「家」意識を持ち、「家」の祖先祭祀も行うようになって以降は、まさに「家」を守るべく、「家」を拠り所として抵抗を展開するところとなる。そして、彼らの「家」の成立および存続は、彼らの論理にもとづく共同体秩序を確立したところの「村」共同体に支えられてはじめて可能であったことにより、「村」が農民結集の単位となったのである——もちろん村請制支配下における利害の共通性にももとづいている——。かくして、「家」と「村」共同体を守るということが、小農民にとって絶対的な規範として要請されることになったのであり、その精神的支柱となっていたのが、「家」にあっては祖先崇拝・祭祀であり、「村」にあっては氏神＝産土神祭祀であった。

また幕末・維新期の世直し騒動においても、その主体であった半プロレタリア層の要求は、質地・質物の取り戻しに示される如く、小生産者の論理に立脚していたのであり（佐々木潤之介「世直しの状況」（『講座日本史』第五巻、東京大学出版会、一九七一年、一〇六頁））、やはり、先祖伝来の家産・家業を守ろうとする意識の貫徹をみることができるのである。たとえ彼らは半プロ化しようとも、あくまで「家」と「村」にしがみつこうとするのであり、「世直し騒動もまた、小生産者・共同体の論理を超えた闘争の論理をもちえなかった」（同前一〇六頁）理由も、右に述べたこととの関連において理解せねばなるまい。

(55) 通名相続は、領主による上からの強制によって生まれたのではないかという疑問を持たれる方もあるかも知れないが、通名相続を強制した法令はどこにも見当たらないし、何よりも先に考察したように、同様な歴史的過程を経ながらも、その成立時期は地域によって差異があり、かつ同村内でも家によって異なる点、さらに襲名慣行の成立に伴い墓碑の建立、位牌・過去帳の作製など「家」意識の成立を示す徴証を確認しうることからして、あくまで民間における慣行として生まれたものとみるべきである。しかしながら、それが社会的・一般的慣行として成立すると、一定の法律上の意味を持つことになる。

(56) 風早八十二解題『全国民事慣例類集』一九四頁。

(57) 村山郡についても、「相続スレハ其家ノ通称ニ改ルヲ以テ不動産所有権ノ名前ヲ書改ルコトナシ」（同前一九七頁）と記されている。

(58) 『地方凡例録』下巻、九七頁。

『五人組法規集』（有斐閣、一九二一年）および同続編（有斐閣、一九四四年）を通覧するに、かかる法令の初見は正徳五年（一七一五）の駿河国東町村の「五人組御仕置法度」（続編上、一二六頁）で、以後、次第に各地でみられるようになる。このことからも、通名相続が社会的・一般的慣行化するに伴って法律上にもそれが反映し、一定の意味を持つに至る経緯が読み取れる。

(59) 近世における農民の財産相続の形態については、その支配的形態が分割相続であったか、あるいは単独相続であったかをめぐって長い間論争がなされてきたことは周知のところであるが、最近では大石慎三郎氏（「江戸時代における農民の家とその相続形態について」、前掲〈註1〉『近世村落の構造と家制度』所収）と大竹秀男氏（前掲〈註1〉『封建社会の農民家族』第三章第一節）とが異なった見解を提示されている。すなわち、大石氏が本百姓形成期のみならず、本百姓成立以後も分割相続が一貫した原理であったとされるのに対し、大竹氏は、本百姓形成期の支配的相続形態は分割相続であったが、本百姓成立後は単独相続に転換したと説かれている。両氏は直接的には、分家の分出による同族団の形成のもつ意味との関連で土地相続形態について異なった見解を示されているのであるが、より根本的には、大石氏が分地事実そのものを分割相続と把握されているように見受けられるのに対し、大竹氏は法理論の立場から、家の伝来財産＝家産と家族個人の取得財産を区別され、本百姓成立以後の分地は、本家当主が自分の代に取得した土地を分与したものであるか、あるいは分家人が自力で取得した土地であって、相続からは分離したものであると解釈されているところから生じているように思われる。ここでは「家産」観念を考察の対象としており、従って、大竹氏の理論的立場をとって実態分析を試みることにする。

(60)　柴田　一「幕藩体制社会の農民家族の相続形態――分地禁止例と農民別家――」(『岡山史学』第一二号、一九六二年)。

(61)　『東村山郡史』巻二、一四四頁。

(62)　「番代」とは、自己の跡式を「百姓立ち替わり」の形式で他人に譲り、自己は立ち替わり人の番代としてその土地を耕作＝小作し、年貢・諸役も勤める者である。ただし、他人の跡式の「番代」となった例もみられる。吉川村の宗門人別帳には、「番代」の肩書を付された者がかなり存在するが、帳尻の集計では本百姓に入れられている。普通の小作にあっては、地主が名義上の年貢負担者であるが、「番代」の場合は彼が名義上の年貢負担者であって、それ故に対領主との関係における身分は「本百姓」とされたのである。

(63)　均分相続ないしそれに近い形の相続は、近世前期においては各地で比較的よくみられる現象であるが、注意しなくてはならないのは、均分相続を行うのは主として分家層であって、同族団の総本家においては分地比率は本家の方が圧倒的に大きいということである。殊に村内きっての有力農民で小領主的な性格をもつ家でより顕著である。そもそも、均分相続の原理が各家に貫徹したならば、村内の各家の持高は均等化されてしまうのであるが、現実にはどの村においても数戸の大高持の家が存するのである。このことは、延宝三年の中山口村の持高構成〈表4〉からも明瞭に読み取れる。これは、同族団の拡大と総本家の分家層に優越する持高の確保という二つの要請の規定によって現れた形であるといえる。

(64)　註（33）を参照されたし。

(65)　幕藩権力によって上から「村請制村」として確定され、その内部に封じ込められたもとで、政治的勢力を拡大し村政の主導権を握るためには、村内の名請地や新開地を基盤とする村内分家によって同族団の形成・拡大を図らねばならない。広域的に分家を出していた中世における分家慣行とは、明らかにその置かれた条件が異なっているのである（この点に関しては、竹内利美『家族慣行と家制度』恒星社厚生閣、一九六九年、第三章「近世農民の分家」において具体的考察がなされている)。従来の歴史学では、傍系家族や譜代下人の分家は、それ自体、彼らの自立化闘争の所産であるということが強調されてきた。確かにそういう側面を持っていることは事実であるが、同時に分家の分出による同族団の形成・拡大が本家農民にとって持つ意味をも考えねばなるまい。

(66) 同族結合が強固な段階では、総本家が分家への分与地に対して上級所有権を有し、強い統制を加えるのが一般的であるが、分家の総本家の統制下からの離脱は、同時に分家が土地に対する所有権を強化していく過程でもあったと考えられる――なお、ここで用いる「所有権」は、農民レベルに限定してのことである――。

(67) 例えば、鮨洗村では、延享二年(一七四五)段階では二八石余を所持して名主であった十治郎家がその後没落し、文政一〇年(一八二七)には二石九斗余となっている(当時は、与七)のに対して、文政一〇年の名主で一四石余を所持し、以後持高を急増させていっている文平家は、その前当主五助の代には持高二石四斗(天明三年〈一七八三〉)にすぎなかった。

(68) 地主層における分家内容の一端を示す興味ある文書が村山郡大蕨村稲村家文書(山形大学付属郷土博物館所蔵)に残存しているので、次に掲げよう。

鉄次分家ニ付諸事仕訳之事

一、村内百姓壱軒前林迄不残

一、金百両也、但 金五拾両ハ当時相渡 金五拾両ハ操合次第貰筈

一、籾五拾石　囲也

一、米五拾俵 場所春見合 作徳米田地也

一、米四拾俵　当分飯米

一、貸金 北山村源次郎才覚之分 外ニ茂兵衛・茂吉江貸金

一、下男三人
一、下女壱人
一、もり壱人
一、馬壱人
一、家財道具
右之通、鉄次分家仕訳之分相違無御座候
以上㊞
文政十三年　稲村七郎左衛門㊞
寅十一月　多田理助㊞
他五名連署
鉄次殿

右は、大蕨村の大地主稲村家の親類である多田家が分家を出した時の仕訳状である。多田家もまた明治八年（一八七五）段階で立付米九二九俵を所有していた大地主であった（前掲〈註14〉『山形県史』農業編上、六一二頁）。「村内百姓壱軒前」は、本家が取得していた他百姓の跡式に立ち替わらせたものと思われるが、注目されるのは、小作料と貸金元利の徴収権を分与していることである。土地そのものの分与は本家の地主的収取実現の基盤を弱めることになるから、所有権は本家に留保し、小作料徴収権のみを分与したものと解される。

(69)　大石慎三郎氏は、村方地主の段階では、地主的収取実現のための補足手段として村落共同体を掌握する必要から分家創出による同族団の拡大が図られたとされているが（前掲書〈註1〉二七二頁）、それは、「家」の外延的拡大そのものに目的があったのではなく、自家の地主経営の安定・発展＝経済的発展への志向が貫かれている。従って、氏のいわれるように、寄生地主の段階となり、もはや同族団の拡大が意味を持たなくなってくると、分家を出さず、むしろ周辺の地主との連合を形成していくことになるのである。

(70) 今田　信一『河北町の歴史』上巻（一九六二年）、七八一頁参照。

(71) 持高が一石に満たない零細なものは、再生産の基礎というよりは、本百姓身分の根拠としての意義をもつものであったと思われる。

(72) 『近世地方経済史料』第五巻（吉川弘文館、一九六九年）、三〇八頁。

(73) 信州北佐久郡八幡の地主依田家の家法（安永期に制定）にも、「親より譲り請候分ハ、其家ニ差置、一切訳申間敷候」と説いてある（大石慎三郎・前掲書〈註1〉二七六頁）。
児玉幸多氏は、「家の財産もまた家長が相続し、これを自由に処分することができる」（「身分と家族」、『岩波講座　日本歴史』近世二、一九六三年、二〇六頁）とされている。確かに、当主は事実として「家産」の管理・処分権を持っていた。しかし、それはあくまで先祖より委託されたもので、たとえ「家」の再生産維持のために「家産」を質入・売却したとしても、そのことに対する道義的責任を強く感じたのであり、それが襲名慣行の上にも反映していたことは先述の如くである。もし財産が当主個人に帰属する性質のものであったならば、かかる道義的責任は感じなかったであろう。

(74) 天童町久野本村青柳家文書（山形大学付属郷土博物館所蔵）。

(75) 近世農民の家相続に関する代表的な論稿としては、大石慎三郎「江戸時代における農民の家とその相続形態について」（前掲〈註1〉『近世村落の構造と家制度』所収、大竹秀男・前掲〈註1〉『封建社会の農民家族』、宮川　満「相続問題の史的考察」（『生活文化研究』第六号、一九五七年。同『家族の歴史的研究』日本図書センター、一九八三年、再収）があげられる。とりわけ大竹氏の論稿は、この分野における画期的労作であり、本稿作成にあたっても多くの示唆を受けた。

(76) 〈表8〉参照。

(77) 〈表6〉参照。

(78) 〈表9〉参照。

(79) まず、家相続人決定に対して領主が如何なる方針をとっていたかが問題となるが、実は庶民の家の相続序列について幕府法は多くをふれていないのであり、特に農民の家相続人に関しては、このことのみを規定した例はほとんどみられず、百姓・町人を通じて跡式相続に関連して言及した程度なのである（大竹・前掲書〈註1〉二〇九頁）。領主にとって農民の家相続のもつ意味は、石高領有を経済的に実現する担い手の持続的継承という点にあり、したがってその主たる関心は本百姓経営の再生産維持という点に置かれ、かかる観点から跡式相続の形態に対しては「分地制限令」という形で規制を加えても、家相続人の続柄そのものは領主の利害に直接かかわる問題ではない。武家に対するような家相続人決定に当たっての「形式的序列」の遵守を農家にも強制的に押しつけることなどは、しなくてむしろ当然なのである。農民の家相続のあり方は、それぞれの地域の社会的・経済的条件に規定されて形成される慣行に委ねられるところ大であったといえよう。

(80)　風早八十二解題『全国民事慣例類集』一六三頁。

(81)　一例を次に掲げておく（吉川村のもの）。

金子借用証文

一、金弐両三分弐朱者　但シ文字判也

此引質畑屋敷専吉居宅之場所不残

高五升九合

立付大豆壱俵

右は、当巳小作年貢代納金ニ差詰リ、其訳達て御願申入書面之金子借用申所実正也……後略……

天保四巳年十一月

金子借用人

専吉女房

おみの㊞

請人

甚作㊞

立会見届人

儀左衛門㊞

長左衛門殿

(82) 河北町誌編纂資料編第三四輯『大町念仏講帳』前編（河北町誌編纂委員会、一九五九年）の天明四年（一七八四）の条には、「宇右衛門事も致病死、女世帯ニ相成候故、是又皆々相談之上、来巳年より町内組落ニいたし可然哉と熟談いたし候」とある。

(83) 宮川　満「近世家族の動向」（同『太閤検地論』第Ⅱ部、御茶の水書房、一九五七年、三三二頁。前掲〈註75〉『家族の歴史的研究』再収）。

(84) 前田　卓「初生子相続」（姫岡　勤他編『むらの家族』ミネルヴァ書房、一九七三年、二六一頁）。

(85) 大石・前掲書（註1）二六七頁。

(86) 大竹・前掲書（註1）二三三頁。

(87) この点に関しては、本章第二節㈢を参照。

(88) 大石慎三郎校訂版『地方凡例録』下巻（九九頁）に、「仮令実子たりとも親不孝又は不行跡にて、庄屋五人組親類等度々異見を加え候ても不㆓相用㆒、跡式相続難ㇾ為ㇾ致候ハヾ、其訳庄屋五人組へ申達し、其上にて之を廃し他人養子可ㇾ致候」とある。

(89) 『全国民事慣例類集』には、七地点で「姉家督」慣行の存在が報告されている。内訳は、陸中一、羽前二、羽後一、常陸一、伊豆一となっており、大きく東日本、なんずく東北への偏在を示している。

(90) 内藤莞爾『末子相続の研究』（弘文堂、一九七三年）一一〇頁。

(91) 竹内利美・前掲（註65）『家族慣行と家制度』二五七頁。

(92) 畑作中心の極零細規模の農家が多い九州、とりわけ南九州では、過剰労働力を排する必要から、上から順に成人するとともに家を離れさせ、末子が相続するという形態が一般的にとられる（内藤・前掲書〈註90〉二〇四～二一六頁）。まさに東北の「姉家督」とは対極をなすのであり、相続慣行も根本において再生産諸条件に規定されて形成されることを示している。経営規模と家族労働力という観点からすれば、長男相続は両慣行の中間に位置するといえる。

(93) 『徳川禁令考』前集第五、二七九一号。

(94) 『徳川禁令考』後集第一、二七二頁。

(95)　慈恩寺領八鍬村工藤喜兵衛家文書（山形大学付属郷土博物館所蔵）。
(96)　大竹・前掲書（註1）二三〇頁。
(97)　「家」意識が成立してくると、「家」の権威の体現者たる当主の地位が以前よりもはるかに重要視されてくる。その場合、当主としての権威を持たすためにも、次男以下よりも長男の方がふさわしかったといえよう。
なお、『全国民事慣例類集』の「相続の権」の項をみるに、地域による差異がありながらも、全体的にみれば、当地方と同じく長男子単独相続が一般化していたことは疑いない。
(98)　このことは、民間における長男の呼名の多くが「アトトリ（ムスコ）」「アトツギ」「ソウリョ」「カトク」「ウチトリ」「ホンヤドリ」というように家長の地位を継ぐ者を意味しているのに対し、次男以下の呼名に「ニバンセ」「サシツギ」など相続人の予備軍たることを諷した戯称が少なくない（竹内利美「長子相続慣行とその意義」、『講座　家族』第五巻、一九七四年）ことにも示されている。
(99)　近世の農民の家における家族秩序に関しては、児玉幸多氏（前掲論文〈註73〉）ならびに鎌田　浩氏（『幕藩体制における武士家族法』成文堂、一九七〇年、二七〜三〇頁）の「家（父）長制家族説」と、大竹秀男氏の「非家父長制的構造論」（前掲書〈註1〉二七一〜二九九頁、および「徳川封建制下の『家』」、『前近代アジアの法と社会』勁草書房、一九六七年、所収）とが対立している。大竹氏は、領主権力が当主権の強化や制度化を意図していないことを根拠に、「家父長制家族説」を否定しておられるのであるが、江戸時代における農民支配は、あくまで「村」を媒介としてなされるのであり、明治以降の如く「家」を直接の単位として、当主の権限を通じて個々人を支配するという方式をとっていない以上、当主の権限を法制的に規定し、これに保証を与えるということをしていなくてむしろ当然なのであり、方法的にすでに問題があろう。また氏は、現実の農民家族の生活実態については、「全家族の共同労働という基本線から考えると、当主もふくめて、全家族が同輩的立場にあった」（二九七頁）と認識されている。このことは相対的な意味ではいえるとしても、家族の共同労働を直ちに家族の同輩的立場に結び付けるのは短絡的にすぎよう。家相続人の決定に際し、ともかくも一定の序列が存したこと自体、すでに家族関係が平等でなかったことを示している。もっとも氏は、明治民法典に実体化された戸主制度を尺度として右の見解を出されているようであるが（「近世の族団と村」、『社会科学の方法』第六巻第八号、一九七三年）、あくまで当時の実態に即して評価するならば、「家」意識の成立以降、農民家族も家長中心の秩序を備えつつあったとみてよいのではなかろうか。近世後期には、これまでの若者仲間・娘仲間に媒介された青年男女の相対的に自由な結婚はすたれ、仲人が重要な役割をはたす「家」と「家」との家長権に支配された結婚へと転換していった（安丸良夫・前掲書〈註52〉二五頁）のも、本文中に述べた経緯にもとづいていよう。

なお、相続慣行が長男相続慣行とは異なっている地域では、当然、「家」の内部秩序、「家」意識の内容も長男相続慣行地域のそれとは異なってくることが予想される。例えば、初生子相続＝「姉家督」慣行にあっては、男系主義の観念などは存しないわけだし、先述の如くこの慣行がみられた地域では女性の地位も相対的に高かったことが報告されている。また、末子相続慣行にあっては、長男と次男以下との差別観念などはなかったであろう。

(100) 川島武宜『イデオロギーとしての家族制度』（岩波書店、一九五七年）八〜九頁。

(101) 大石・前掲論文（註75）。

(102) 註(99)参照。

〈付　記〉

本章は、一九七三年に草した東北大学大学院文学研究科の同題名の修士論文を基にしている。この修士論文は紙数の関係で「近世における農民層の『家』意識の一般的成立と相続」（東北大学文学部『日本文化研究所研究報告』別巻第一二集、一九七五年三月）、「近世中・後期における農民層の家相続の諸態様」（『歴史』第四八輯、一九七六年一月）と分けて公表したが、もともと一つの論文であるので、合体して収めた。文章を多少手直ししたほか、第二節の鮨洗村の墓碑のデータについては調査し直して詳しくしている。

なお、註(99)で近世農民の家族秩序に関し、当主中心の家族秩序の存在を否定される大竹秀男氏の所説を批判しているが、その後刊行された同氏の『封建社会の農民家族　改定版』（創文社、一九八二年）では、筆者などの批判を受け止めて自説を改められている（第四章第二節「家の内部秩序」参照）。すなわち、「領主法は庶民の家族関係の基本を当主と家族の家父長制的な支配関係として把握していたと解される」、「農民生活の実態をみても、当主が家長として家内を統合する立場にあったことは疑いない」と、当主中心の家族秩序の存在を認めつつも、「農民の家が小さな血縁集団に凝縮され、全家族が共同して家経営にあたるということが、家成員の親近感と連帯感を強め、当主と家族の間も共同的・情緒的雰囲気に支配されて、当主の家長的権力がむきだしの権力としてはあらわれなかったのである。これには、『家』意識が大いに作用した。農民にあっては、当主も家族も『家』の存続繁栄のために共同の責務を有するという意識が支配し、『家』意識に共同体意識がともなって、それが当主と家族の支配服従関係を当主の恣意の抑制と家族の自発的な協力という穏やかな姿にしたものと考えられるのである」（三四一～三四二頁）とされている。近世の小農家族の秩序に関する大竹氏の新見解は、その経営的特質の他に「家」意識の問題も組み込まれて展開されており、この見解は「家」という枠組みの中に存在した当時の小農家族の秩序の実態にほぼ妥当しているのではないかと思われる。

　ただ、農民層にあっては家相続人が長男でなければならぬという考えは強くなく、多様な相続形態をとっていたことをもって、農民層の「家」意識が武士層に比べて弱かったと結論づけられている（三三七頁）点は、疑問が残る。筆者は、「家」の存続をはかるために、再生産条件や家内の事情、家相続人の能力などを勘案していろいろな相続形態をしたのであって、それをもって「家」意識の希薄さの証左とすることはできないと考える。

　なお、その後、森　安彦「近世後期信州佐久郡五郎兵衛新田村の構造」（『水と村の歴史』創刊号、一九八三年、信州農村開発研究所）、高木　侃「明治民法施行前における襲名」（『関東短期大学紀要』第二六集、一九八一年）、軍司礼子「近世農村における婚姻と家督相続」（『茨城史林』第一六号、一九九二年）で、近世農民の襲名事例が紹介されている（高木論文は上州、軍司論文は常州の事例）。また、町人の襲名慣行を明らかにしたものに、深井甚三「近世都市発達期における大坂船場町人社会の動向」（『文化』第四三巻第三・四号、一九八〇年）がある。

第二章　近世農民層の葬祭・先祖祭祀と家・親族・村落

はじめに

近世史プロパーの歴史研究者の間では、先祖祭祀の問題は等閑に付されてきた。家について研究されても、もっぱら社会経済史的観点から、家の存在形態と家が取り結ぶ社会的諸関係の解明に主眼がおかれ、先祖祭祀に関しては意が払われなかった。

しかし、先祖祭祀の問題を捨象したのでは、そもそも家の研究としては全きを得ないし、また近世に生きた人々の意識や思想、生活様式、行動様式などを考える上でも先祖崇拝・祭祀は欠かせない問題である。また、共同体論の立場からも、葬送および霊魂の供養に共同体がどのようにかかわっていたかということは重要な問題であると思われる。なぜなら、共同体は、成員の生存を保障するのみならず、死後の魂の安穏を保障する機能をも果たしていたはずだからである。だが、従来の歴史学における共同体論は、現実に生きている者の生活保障のシステム、およびそれと支配システムとの関係にもっぱら関心を払い、死後の保障の問題を欠落させてきた。

家と地域共同体の崩壊が進んでいる現在、生者の生活保障の面では不十分ながらも新たなシステムを創り出している我々も、死後の魂の安穏を保障する新たなシステムは未だ創り出しえていない。その一方で意識の面では「家」的な観念を少なからず引きずっており、現実とのギャップが著しくなっている。それが現代に生きる人々、とりわけ老齢者に精神的な不安をもたらし、大きな社会問題となっていることは周知の事実である。したがって、過去のそれぞれの時代において、人々は死後の問題をどのように考え、それに対処するためにどのようなシステムを創り出してきたのかを具体的に明らかにすることは、我々が現実の問題に対処していく上で大きな意義をもっていると考える。

右の学問的課題に取り組んできたのは、もっぱら民俗学や宗教学、社会学、人類学の研究者であり、歴史学、とりわけ近世史学においては課題として自覚すらされなかったといってよい。

筆者は国立歴史民俗博物館民俗研究部主宰の「家族・親族と先祖祭祀」をテーマとする共同研究（一九八六年度〜一九八八年度）に参加させていただいたが、隣接諸科学の分野の方々の議論を拝聴するにつけ、歴史学においてもこの問題に本腰を入れて取り組まねばならないとの感を強くせざるをえなかった。

筆者はかつて先祖祭祀の問題を組み込んで近世農民層の家について考えてみようと試みたことはあるもの(1)の、先祖祭祀そのものを正面切って体系的に論じるだけの力量は未だ持ち合わせていないし、史料的な準備も不十分である。そこで、ここでは、隣接諸科学の分野における諸先学の研究成果に学びつつ、若干の史料を検討して、近世農民層の葬送・法事および先祖祭祀のあり方と、その際の家、同族、親族、村落住民の関与の仕方と役割、それに先祖観と系譜観の特質などについて素描しつつ、問題の所在を明らかにすることを試みてみたい。そして、これからこのテーマについて考えを深めていくための緒としたい。

なお、右の課題にアプローチするにあたっては、女性、子供、老人、被差別民などの問題も視野に収めていく心づもりである。

第一節　家単位の先祖祭祀の成立と規範

(一)　家単位の先祖祭祀の成立

庶民の先祖祭祀に関しては竹田聴洲氏が多大な業績をあげられているが、氏は畿内をフィールドにした自らの実証研究[2]にもとづき、そのあり方の史的変化について、「今では独立の存在とみえる各『家』も、前代には同族結合の構成要素としての性格が強かった。同族団が神や仏としての同族の共同先祖を祭り、個々の『家』が独立にこれを祭ることはなかったが、同族団の解体によって各々の『家』が独立して神や仏を祭るに至った[3]」と総括しておられる。そして、「今日都鄙一般寺院の墓地にある檀家の墓碑・位牌堂や檀家の仏壇にある位牌・過去帳・回向帳類の法名記載は殆どすべて徳川時代、それも初期のものは少なく、元禄以後のが圧倒的に多い」ことから、「あたかもこの時期が幕藩体制と檀家制、従ってまた農庶の『家』の確立期であったことをその面から暗示しているのであるらしい[4]」と想定されている。

一七世紀後半以降個々の家単位の先祖祭祀が一般化していった契機としては、寛文期（一六六一〜一六七三年）に寺檀制度が国家的制度として確立せしめられたことがよくあげられる。寺と家が死者の葬祭および先祖祭祀を媒介に結び付いていたことは事実であるが、しかしそれはあくまで家がその執行主体となった結果であって、江戸幕府が寺檀制度を定めた目的自体はキリシタン取り締まりにあり、葬祭・先祖祭祀のあり方まで規制しようと企図したわけではない[5]。

家単位の先祖祭祀が階層を問わず広く成立するには、あくまで個々の家が自立性、主体性を強めていることが前提条件になる。竹田氏がフィールドにされた畿内農村では、一七世紀中期から後期にかけてそうした事態が進行していたことは、この地域の村落を対象とした社会経済史的研究が明らかにしているところである。近世における農民の家は当主夫婦とその直系親族から構成されるのが一般的であった。そうした構成を持つ個々の家が家族労働によって小規模な農業を営みつつ世代を重ね、自家の先祖を主体的に祭るようになったところに、近世農民層の先祖祭祀のあり方の特徴がある。次に、こうした小経営農民の家が自立性、主体性を強め、独自に先祖祭祀を行うようになっていった経緯を、村落社会の構造・秩序との関係で概観しておこう。(6)

農業の集約化が早くから進んでいた畿内農村では、小経営という形態で家業を営む農民の家は近世初頭より多く存在していたが、村の秩序の面からすると、中世の地侍の系譜を引き、有力同族団の長の位置にあった農民が村内の様々な権利を独占して一般農民を強く支配していた。つまり、彼らは庄屋（名主）、組頭あるいは年寄といった村役人の職に就くとともに、農業にとって不可欠の生産条件である水や刈敷肥料用および牛馬飼料用の草の採取源である山野の用益においても特権を有していた。分家農民は本家の用益権を通じて水と山野の利用にあずかっているので、一応独自の小経営を行いつつも本家の強い統制下に置かれることになった。また、村の寄合や村氏神祭祀への参加権も特定同族団の本家筋の農民に限られていた所が多かった。

分家は家内部における家長と家人との間の支配・従属関係が外延的に拡大したものであり、同族団自体が拡大した一個の「家」と観念されていた。同族団の総本家の家長は、こうした「家」観念を背景に、実態的にも生産・生活上の諸権利を独占することにより、分家筋の農民に対し支配・統制を及ぼしたのである。

同族結合の強い段階では、死者の葬送・供養や先祖祭祀も同族の長を中心に同族団の儀礼として執行されていたと考えられる。墓も当初は同族などの共同墓という形をとっていたのが一般的で、個別の墓碑が建立されても、それは一部の有力農家の家長とその妻に限られていたことは、すでに指摘されているところである。(7)

しかし、こうした村落構造は、有力農民の特権を打破しようとする一般農民の闘い、いわゆる村方騒動を通じて徐々に崩れていく。その結果、山野・水の用益面では個々の農家が比較的平等に用益する「村中入会」と「番水」(各耕地への順番配水)の制度が成立し、村寄合や村氏神祭祀にも惣百姓(すべての百姓の家の長)が参加するようになる。村役人の構成においても一般の百姓の代表として百姓代が新たに登場し、庄屋や組頭も特定の家筋による世襲制を廃し、惣百姓の相談や入札によって選出する村が増えてくる。さらに、生産・生活上の共同機能も、同族団に代わって、小経営農民たちが同族団の枠を越えて結成した講や組といった共同組織や親類(血縁・姻戚関係者)が担う比重が大きくなる。

以上のような村落構造・秩序の変化を伴いつつ個々の小経営農民の家の自立性、自主性が強まってゆき、その結果、彼らも自らの家の先祖を主体的に祭るようになっていったものと考えられる。(8)

かかる段階では、同族の家相互の関係もそれぞれの自立性、自主性を前提とした関係となり、同族神祭祀も総本家の常頭屋制から輪番頭屋制へと移行していくのが一般的趨勢であった。(9) 婚礼、葬式、法事などでは、同族以外の親類・知人や近隣の者も参加するので、同族団独自の共同機能としては、最終的には同族神祭祀のみが残ることになる。したがって、それが継続されるか否かが、同族の家々が集団としてのまとまりを維持しうるか否かの鍵となると思われる。

秋田県河辺郡雄和町では現在でも同族共有の総墓が生きつづけていることが森　謙二氏によって報告されており、それは「一族は死ぬと一緒になる」という観念に支えられているという。(10) こうした同族の総墓は長野県下でも確認さ

れている。(11) また、石川県や長野県下では村の総墓も見出だされている。(12)

しかし、これらは現在では特殊な事例に属し、今日では家単位に墓碑を設けるのが一般的形態である。こうした個々の家が主体となって墓碑を建立する慣行が広く形成されたのは近世においてであったことは、これまでの墓碑の調査事例に照らして、ほぼ間違いないと思われる。ただ、今日遍くみられる「先祖代々」墓碑は明治以降に一般化したもので、古いものでせいぜい近世末期の建立である。筆者が調査した山形県天童市内の農村部の墓地でも、見出だしえた最も古い「先祖代々」墓碑は天保一三年（一八四二）のもので、他は幕末以降に属し、特に明治に入るとそうした形態が増加している。竹田聴洲氏が調査された京都府北桑田郡山国村大字比賀江の墓地でも明治以降に「先祖代々」墓碑が出現する。(13)

近世においては、家単位に区画された墓地に夫婦単位あるいは個人単位に墓碑が建立されるのが一般的形態である。数量的には夫婦墓碑が大部分を占める。夫婦別墓碑であっても、並べて建立してあるのが普通である。ただ、墓地自体は家単位に区画されているのであるから、墓碑の建立と祭祀の主体はあくまで家であったとみてよい。夫婦墓碑が一般的であったのは、近世の農民の家は直系家族で構成され、その家族労働でもって家業が営まれるのが普遍的形態であったため、家を永続させる上で代々の家長夫婦の和と勤労が決定的に重要な意義をもったことの反映と考えられまいか。子としても、家のために尽くした両親を死後も一緒にして弔い、孝養を尽くしたいという意向を強く持ったにちがいない。代々の家長夫婦の墓碑が立ち並び、その周辺に子墓や成人後も独身のまま死去した者の墓碑が配されている近世墓地の景観は、この時代の家の構造を象徴していよう。

では、近世末期、特に明治以降、「先祖代々」墓碑が増えてくるのは、どういう理由からであろうか。竹田聴洲氏は次のようにいわれる。

こうした現象は、全同族の一元的な系譜や本家の存在ないし権威が稀薄化又は消滅して、各々が自己の「家」を、小さいながらも主体的に自覚することが顕著になった反映である。父母の法名を一碑に併刻する――江戸時代から現在まで行なわれている――のは、単に父母個人の記念碑・追善塔ではなく「家」の世代的一環と目し、その背後には「家」が控え「先祖代々」の念が潜在している。「先祖代々」碑はその潜在意識を一定の表現で表面に露呈したまでであるが、そうした露呈のケースが相ついできたことに近代の一特徴がある。

………〈中　略〉………

明治の新しい民法・戸籍下で、江戸時代には認められなかった姓の公称が逆にむしろ義務づけられ、分家も戸籍法上の一つの独立の「家」とされ、同族の結合が弛緩解体して個々の家が独立の主体意識をもつ条件が備わってきたこと、宮座の解体にみられる如く、従来の村内身分秩序が崩壊してきたことなどが絡み合って、こうした碑面の変化に反映しているのであろう。(14)

つまり、近世においては代々の夫婦墓碑の背後に潜在していた「先祖代々」の念が、明治の新体制の下で個々の家の独立の主体意識が強まったのを機に、「先祖代々」墓碑という形をとって表面に露呈してきたのだ、という解釈である。しかし、墓地を家単位に区画し、夫婦単位であれ個人単位であれ各家が独自に墓碑を建立するようになったこと自体、個々の家の独立性の強まりを前提にしている。したがって近世段階で「先祖代々」墓碑が一般的に成立してもおかしくないはずであるが、それが近世末期、とりわけ明治以降になって多く出現するのは、家の独立性の強まりの反映というよりも、むしろ物理的な制約が主たる原因だったのではなかろうか。家ごとに区画された墓地に夫婦単位あるいは個人単位に墓碑を建立していけば、やがてスペースがなくなってしまうのは必然である。しかも、明治に入ると、墓地の新設や拡大を制限する政策がとられた。そのため、「先祖代々」墓碑という形態に切り換えざるをえなくなった、と考えられないだろうか。費用の面でもその方が経済的である。もし何らかの観念が反映しているとしたら、近世末期、明治期には社会変動の中で家の解体の危機にさらされていたので、逆に家のメンバーの一体感を強めようという意識が強く働き、家としての集合墓碑を生み出したと、私は考えたい。もちろん、そうした集合墓碑を可能にした前提には、柳田民俗学で明らかにされたように(15)、個々の死霊は弔い上げののちは個性を喪失して先祖代々の集合霊である祖霊に合体するという日本人特有の霊魂観が横たわっていよう。

(二)　両墓制について――三重県鳥羽市菅島の事例――

ところで、東北地方や九州以外の地域では、かつては両墓制が広く行われていたことが民俗学や宗教学、人類学の研究者によって検証されている。これは、死体の埋葬墓地(埋め墓)と、死者の霊魂を弔うための参詣・祭祀の対象とする墓碑(詣り墓)とを別個の場所に設けた墓制である。死体を穢れたものとみなし、それを怖れ忌避する観念から埋め墓は集落から離れた所に設け、一方、詣り墓は集落内の寺の境内あるいはその近辺などに設けているのが典型的形態である。遺族が死者に対して抱く情緒反応には、死者に対する愛惜の念と死体への恐怖という相矛盾した情緒の併存がみられることが人類学で指摘されているが(16)、両墓制はまさにこの相矛盾した二側面の情緒反応が明確に分化して現象した墓制であるといえよう。

田中久夫氏は埋め墓の態様を、①全村共同で、いずれを掘って埋葬してもよい例、この変形として年齢順に埋葬箇所が決まっている例、②個々の家別になっている例、③カブ(同族)ごとに埋め墓を設けている例に分類され、最近では②が一般的になっていると指摘されている(17)。おそらく、個々の家の自立性が強まった段階で、埋葬墓地が家単位に区画されるようになったとみて間違いないだろう。

埋め墓は一般に「ステバカ」と呼ばれ、埋葬後短期日のうちに顧みられなくなるのが常であるので、いわば死体遺棄の場所であり、先祖祭祀とは結び付かない。庶民における先祖祭祀成立の指標となるのは詣り墓の方である。

尾藤正英氏は次のようにいわれる。

一般の庶民の場合には、死体はまさに、山野や河原・海浜などに遺棄されるのが普通であったとみられる。そのような死体遺棄の風習を残しながら、しかも他方で、死者の霊魂の存在を認め、それに対する仏式の供養が必要であると考えられるようになった所に、埋め墓と別に詣り墓を設けるという、両墓制の墓式が生れる理由があったのであろう。(18)

尾藤氏は、古来よりの死体遺棄の風習を前提に、仏教の影響によって死者の霊魂を供養するための詣り墓が設けられるようになったところに両墓制の成立を想定されているのであるから、当然、埋め墓と詣り墓とは同時並行的に成立したのではなく、時間的なズレがあったと考えられていることになる。この尾藤氏の見解は原田敏明氏の見解と共通している。原田氏も、埋め墓と祭祀対象としての詣り墓の創設とは時間的ズレがあったとみなし、仏教思想の浸透による死者尊重の観念の形成、および家の観念の発展によって先祖祭祀が普及したことが背景となって詣り墓が創設されたと考えられている。(19)

ただ、詣り墓の成立時期、したがって両墓制の成立時期については、両氏の見解は大きく異なる。すなわち、尾藤氏がそれを一五、六世紀頃に想定されているのに対し、原田氏は近世もよほど後期のことであるとされているのである。両者の相違は、尾藤氏が民間における寺の創設すなわち詣り墓の創設と考えられているのに対し、原田氏は石塔墓碑の創設を指標とされていることに由来しているように思われる。

だとすると墓の概念自体が問題になってこよう。これについてはひとまずおくことにして、寺における死者の霊魂の供養祭祀は当初は一部の有力者を対象とするか、あるいは同族団や村落共同体の共同行事として営まれていたと考えられるのに対し、石塔墓碑の一般的成立は個々の家が主体となって自己の家の成員だった死者を供養祭祀するようになったことを意味するので、つまるところ供養祭祀の主体と対象、形態の相違に帰せられることになるだろう。

石塔の詣り墓の一般的成立は原田氏のいわれるような近世後期の現象では必ずしもなく、個々の家の自立化の地域差にもとづいて、その時期は地域によってかなり異なっていると思われる。例えば、京都府北桑田郡山国村大字比賀江の両墓制における詣り墓には一六世紀初頭よりの石碑が存在するが、急増するのは元和～正保期（一六一五～一六四八年）で、慶安～延宝期（一六四八～一六八一年）にはさらに増加している。[20] 碑型は、最古の永正五年（一五〇八）の宝篋印塔を除けば中世末の石碑はすべて一石五輪塔で、近世に入っても延宝期まではそれが主流だったのが、一七世紀末期より位牌型が主流を占めるようになっている。石碑に刻された法名数も、一石五輪塔が主流の段階では一碑一法名が支配的だったのが、碑面の拡大した位牌型が主流になるに伴い、一碑に父母ら二法名を併刻したり、あるいは三法名以上を集刻することが多くなっている。夭折幼童の法名が併刻された例は享保一三年（一七二八）が初現で、一八世紀後半に入ると独立の童碑が丸彫地蔵台座として現れる。以上の石碑数および刻された法名数の増加は、死後個別に供養祭祀される対象が漸次拡大してゆき、ついには夭折幼童をも対象とするに至ったことを示していよう。

筆者は、一九八八年八月に、国立歴史民俗博物館主宰の「家族・親族と先祖祭祀」をテーマとする共同研究の一環としてなされた、三重県鳥羽市菅島の両墓制の調査に参加させてもらったことがある。[21]

かつては両墓制が行われていた地域も現在では単墓制に転換している所が多いが、菅島では今日も両墓制が生き続けている。孤島で、しかも現在でも大部分が島民同士で結婚し、それもイトコ婚が圧倒的に多いので、昔ながらの習俗が連綿と伝承されているのだろう。それに加えて、島民は常に死の危険にさらされている漁業によって生計を立てているため、死霊を忌み怖れる観念が農耕民に比べより強いのも、両墓制存続の要因になっているように思われる。実際、島民の死霊に対する恐怖心は、外部の者の眼には異常に映るほどである。

菅島では、埋め墓は居住区域から離れた場所にあり、詣り墓は集落内の寺院の裏山に設けられている。埋め墓には小川にかけられた橋を渡って入らねばならず、この小川は三途の川と呼ばれている。埋め墓の対岸の入口には地蔵を彫った石塔が数基安置されている。日本の伝統では、地蔵菩薩は人間社会の境の象徴と考えられていた。地蔵には幼児をあの世で救う力があると信じられていたため、幼児墓は地蔵形態が一般的であるが、幼児はまだ完全には人間社会の成員にはなりきっていない、いわば境的な存在であるので、それは人間社会の境の象徴ともなった。それゆえ、一七世紀末頃には、幼児の神であると同時に障（塞）の神の代わりとして村の境を象徴する存在ともなったという。(22) 菅島においても、生者の領域と死者の領域の境は地蔵によって象徴されているのである。

埋め墓は現在では家単位に区画されている。新たに死体を埋葬すると木製の灯籠を建てるが、これは朽ちるに任せている。したがって、恒久的な祭祀対象ではない。木製灯籠が朽ち果て土に帰していく様は、まさに土中の死体が腐食して土と化していく過程を象徴しているかのようである。

埋め墓の灯籠は親類の者が寄進し、寄進者の名前を記している。葬式・法事も親族中より数名によって事務局が構成されて取り仕切り、役割分担などを決めたり、香典を出納したりしている。役割によっては死者との特定の続柄の親族に定まっている。親族は父（夫）方・母（妻）方双方を含む。

埋め墓に対する島民の恐怖心は強く、盆の時節以外は立ち入らない。盆の八月一四日に主人・主婦・後嗣が参詣に行くのみである。新亡家の場合は、この他の親族も加わる。ただし、家ごとに詣るのではなく、午前九時に島中寄り合って集団で詣りに行く。参詣の仕方はまことに慌ただしく、短い時間で自分の家と親類の墓地区画に〝しきび〟で水をかけ、線香を供えると、先を争うように去っていく。長く留まっていると死霊にとりつかれる恐れがあるからだという。

埋め墓への参詣が終わると詣り墓の方に行くが、こちらの方は各家族ごとに随時参詣しており、集団で同時に行くことはない。してみると、埋め墓への集団参詣には恐怖心を少しでもやわらげようという心意が働いていると解されよう。詣り墓での参詣対象は自分の家の墓、親類の墓、および寺の住職の墓と戦死者の墓である。後二者の墓の霊は村落住民全員の供養対象となっているわけである。詣り墓への参詣の仕方は、先の埋め墓と同様、〝しきび〟で水をかけ、線香を供えるのみで、手を合わせて拝むことはない。手を合わせて拝むのは家の仏壇に安置した位牌のみである。

詣り墓は家ごとに区画された墓地に建てられている。夫婦あるいは個人単位の石碑が多いが、明治に入ると「先祖代々」墓碑が出現しはじめる。一七世紀の石碑も二十数基見出だせるものの、急増するのは一八世紀に入ってからである。

菅島の社会構造上の特徴は、家格や経済力による階層差がなく、年齢階梯制を原理として社会組織が構成されている点にある。

漁業権は各家に配分され、家ごとに漁場が定まっている。そして、各家が漁船を所有して家族労働で漁を営んでいる。男性は年齢に応じて青年会（かっては若者組）、中老会、元老会という社会組織に属す。中老は四〇、五〇歳代の戸主のうちから選挙で選ばれる。元老は六〇歳以上の男子より選挙で選ばれた者と校長、漁協の役員などの役職経験者によって構成される。元老は村落の祭祀を司り、中老はその下で祭祀の運営にあたっている。かっては中老会で村の運営に関することも決めていたとのことだが、現在は町内会が自治機能を担っている。女性は六〇歳以上になると梅花講に入り、村落の仏事で念仏を唱和するところから〝念仏婆さん〟と呼ばれている。菅島では家においても社会生活においても性別・年齢別の役割分担が明確に定まっており、それは盆行事にも貫かれる。

現在の社会構造のみをみれば、菅島は確かに無家格の年齢階梯制村落と類型化できる。だが、社会人類学者がえて して行うように、そうした類型を超歴史的範疇として措定することはできないだろう。菅島の社会構造の歴史的変遷については、今後古文書などを精査して明らかにする必要があるが、墓の調査からもある程度の手がかりは得られる。

埋め墓には慶長三年（一五九八）の板碑一基が存在する。これは銀四郎家という村落きっての名家だったと伝えられる家のものである。また、先述した近世前期の詣り墓の石碑も、特定の有力家によって建てられたとみてよかろう。古くからの家号を持つ家、庄屋などの村役人を勤めた家、カツオ船を所有していた家も、古老よりの聞き取りによって特定できる。してみると、かつては特定の家筋が政治的にも経済的にも村落の支配層を形成していたことを推定しえよう。おそらく漁業権も特定の家が独占していたにちがいない。そうした村落構造が崩れ、個々の家の自立性が強まり、年齢階梯制村落へと移行したのは一八世紀初期の頃であったようである。元老・中老制が成立したのは享保期（一七一六〜一七三六年）だったとされているし、詣り墓の石碑が増加しはじめるのもまたこの頃からであるのが、そのことを示唆している。そして、各家が主体的に死者・先祖の供養祭祀を行うようになったことに対応して、埋め墓の方も家単位に区画されていったのではなかろうか。

菅島における死者・先祖の供養祭祀のあり方を調査してみて気づくことは、それは家を基本単位としながらも、その家の子孫だけでなく、父方（夫方）・母方（妻方）双方の親族（親類）、さらには村落共同体によっても担われているということである。盆における埋め墓、詣り墓への参詣の際には自分の家の墓だけでなく親類の墓の霊も供養の対象としていること、新亡を埋葬した際に埋め墓に建てる灯籠は親類が寄進していること、葬式・法事は親類によって構成される事務局が取り仕切っていること、以上の点は先に指摘したところである。この他にも、八月一四、一五日には、家の主人は親類の家々を回って、その家の先祖も拝むのが習わしとなっている。また、八月一五日には寺で地下（寺総代、元老、中老、青年会、念仏婆さん）主催のもとに、村落の先祖一般を供養する大施餓鬼、新亡を供養する泣き施餓鬼が執り行われる。

　こうした死者・先祖の供養祭祀の三層構造は、家が特定村落において代々継承され、そして血縁・姻戚関係者が近辺に住んで日常生活の上で共同機能を果たし、村落もまた共同体としての機能を保っていた段階、ことに近世においては、普遍的にみられたのではなかろうか。

(三)　家の保持と先祖祭祀の規範

〈史料1〉

朝早く起て神仏并に先祖の位牌を拝し、家内中よく家業を精出し、己を立す人を尊ふとミ物事争ひを止虫喰（メ）、老たるを敬イ幼ヲ厳《いつく》しミ、訳て腠（懐）妊のものハ身を慎しミ申べきとの御示解なり。(23)

　　〈中略〉

一、親ハ苦をする子ハ楽をして、其子ハ乞食するといふ俗語あり。是も余り愛に溺れ気随気儘に育る子ハ、親の扶持をハ仕兼るもの也。其親より譲請たる株を減らさぬ様に、又親より譲受けたる程余計《よけい》其子に譲らすしてハ、壱人前にあらず。段々壱人前積り積れハ後にハ長府《かねぐら》をも建る様に成ぬべし。然るに親より譲受たる田畑家財を売払抔するハ、人畜といふもの也。尤貧福ハ天の産付《さづけ》る所也といへども、農業に怠らず出精する時ハ不自由ハせぬもの也。世話に拤に追付貧乏なしといへり。(24)

〈史料2〉

さて親より富貴の家財を譲受たる子孫の心得は、田圃家財は先祖父母より預り物にして己が物には非ずと思ふべし、之を己が物と思ふ時は心に怠り起て終には身の奢に耽り、他に売果し先祖の譲物を種亡しにする様になりて不孝に当るなり、譬ていはゞ其家を起したる先祖父母は主人の如く、其子孫は手代番頭の如くなる理にして、其時は支配人なれば先祖の財を預りて其余沢を以て先祖の霊を祭り年回を弔らひ、妻子奴らを養育し、先祖の志を継ぎ財を全くして子孫に譲り継げば孝行といふべし(25)

〈史料1〉は下野国芳賀郡小貫村の名主小貫万右衛門が文化五年（一八〇八）に著した『農家捷径抄』の一節、〈史料2〉は下総国香取郡松沢村の名主宮負定雄が天保二年（一八三一）に著した『民家要術』の一節である。いずれも家を保ち、先祖を崇拝・祭祀すべきことを説いている。上層農民のみならず、一般の農民も自己の家の自立性を強め、主体的に自家の先祖の祭祀を行うようになった段階では、右に述べられているような生活規範は広く農民の間に共有されるようになっていたものと思われる。否、近世社会は家を基本単位としており、財産は「家産」として相伝され、職業も「家業（家職）」という形で営まれ、かつ先祖祭祀も家を単位としてなされるようになっていたため、身分を問わず、現世の生活も来世における魂の安穏も家によって保障されていた。それゆえ、家を子々孫々へと永続させ、先祖の祭祀を絶やさないことは、近世に生きた人々一般に共通する切なる願いでもあった。〝家の保持と先祖の祭祀〟、それは農民のみならず、町人や武士の家訓にも貫かれている共通のモチーフであったのである。

家を存続させる物的基盤は家の財産（家産）であり、農民の家にあっては、それは田畑家財である。右に掲げた史料はいずれも、田畑家財は先祖・親よりの預かり物であることを強調し、それを己が物と思い違いをして売り払うことを厳に戒めている。こうした論理は農民の家訓・遺訓に遍くみられるところのものである。例えば、筑前地方で生まれたとされる『農業横座案内』という農書（安永六年〈一七七七年〉成立）では、親より家督を譲り受けた者の心得を次のように説いている。

〈史料3〉

又親より家督を譲り給ふ時ハ、第一御公儀の御掟を不背、我身は火水に入共親を始妻子眷属共に難儀なきやうに心を用る事眼前の利（理）なり、亦譲を請る所の田畠家屋敷等迄我物と思ふへからす、又々子供に指譲申迄ハ親より預り申たる品々なれハ、少しも損し不申、欠も不致様に大切に預り置、子供成人の後時を得は又指譲り申事、一生の安堵仕事[26]

また、下野国河内郡下蒲生村の田村吉茂が明治六年（一八七三）に著した遺訓でも、次のように説く。

〈史料4〉

家督相続ハ、先祖より代々伝りたる家材・田畑・山林等に至迄皆預りの家材也。大切に相勤め、預りの物わ何に品によらす手入致し、損じたる品ハもとめ、一品たりとも不足にならぬ様に致し、子孫へ遜るべくハ相続人の第一の勤め也。然るを、気随《す》ひ自恣に成る物と心得る人間々多し。故に暮方行届き難く、終にわ大借などを致し、先祖より伝りたる家材・田畑等売払ひ、先祖へ不孝而已ならず、其身迄も居所立所に迷ふ者あり。其訳ハ、我か物と思ふ故也。身上を堅く守るべきハ、部屋住でも何に者にても堅く守るべきが、人たる道の一生の第一の勤と心得べし。[27]

田村吉茂は「先祖より伝りたる家材・田畑等」を売り払うことは先祖への不孝にあたるとしているが、家という先祖より子々孫々へと永続していくことを志向する組織体の中で生活していた当時の人々にとって、「孝」とは単に父母へ孝養を尽くすことのみならず、家を保ち子孫へ伝えることが「先祖への孝」と観念されていた。能登国羽咋郡町居村の村松標左衛門が寛政一一年（一七九九）より天保一一年（一八四一）にかけて著した家訓でも、百姓としての分限をわきまえ、農作業に励んで家を保つことが「先祖へ全き忠孝に候」と説いている。[28]

家を存続させる最高責任者は、いうまでもなく時の家長たる当主である。当主は一家の長として、家内において権威と特有の権限（対外的な家代表権、家産管理権、家業経営権、家内のメンバーの統轄権、先祖の祭祀権等）を持つ。しかし、同時に、〈史料2〉〈史料3〉で述べているように、先祖・親より預かった田畑家財を保ち、親・妻子眷族を扶養し、先祖を祭祀する責任を負う。

家長権も家の存続・繁栄という至高の目的のために行使されてはじめて正当性を持つのであり、当主自身、家の規範に拘束された。たとえ当主の地位に就いたとしても、隠居した父母から一家の長として不適格と判断されれば、勘当されたり離縁（養子の場合）されたりした（ただし、武家の当主は主君と主従関係を結んでいるので、その廃立には主君の許可を要する）。また、百姓の家の存続および家内の治め方いかんは、年貢諸役・法度および人身管理の村請制、連座制の下では、その属する村や親類の利害にもかかわった。そのため、当主はまた村や親類からも監視を受け、不適格とみなされたならば、強制的に隠居させられることもあった。[29]

第二節　葬式・法事の家例——安芸国高田郡多治比村丸屋吉川家の例——

葬式・法事の営み方は、地域によってはもちろんのこと、家によっても微妙に異なっていただろう。旧家に伝存している史料を調査してみると、冠婚葬祭の執行記録がたいてい系統的に保存されている。格式を重んじた家では冠婚葬祭の営み方が家例として定まっていたので、それを記録して代々伝承したのであろう。家訓にも冠婚葬祭の家例を記したものが少なくない。例えば、安芸国高田郡多治比村の豪農であった丸屋（姓は「吉川」）二代目甚七が明和年間（一七六四〜一七七二年）に著したとされる『家業考』では、農事暦、台所の心得、年中行事の心得とともに、葬式・法事の際の心得を細かに記している。興味深い記述を多々含んでいるので、少々長くなるが次に掲げ、しかるのちにいくつか問題点を指摘することにしよう。

＜史料5＞

葬式心得のこと(30)

葬式ハ大葬式小葬式と二つニわけて執行すべし。大葬式とハ祖父祖母父母本妻などの葬式なり。小葬式とハ兄弟子供の葬式なり伯母伯父。も同様也

大ぞふしきの分左の通

長楽寺御住持、家来十一人、番僧（伴カ）弐人。其内家来かんりやくすれハ七八人ニてもなるなり。

御布施ハ御住持へ八匁、番僧へ弐匁ツヽ、家来へ壱匁ツヽ。

教善寺御住持、番僧壱人。家来弐人。

御布施ハ御住持へ六匁、番僧へ弐匁ツヽ、家来壱匁ツヽ。

娘ニても男子ニても外方へよめ入むこ入などいたしおれバ、寺をせうだいいたし来るなれども、それハ其方より御布施ハするゆへ此元よりハ何もいたすニおよばす。まかないをするだけの事也。右二ケ寺へ案内いたし置べし。他村一家中へハ、夜るなれバ講中より弐人ツヽ行してよし。昼なれハ壱人ニてよし。

買物。あぶらあけ弐百五十壱つニ付、四文ッ、切あらめ壱貫目代弐匁、六七分とうふ二十壱丁ニ付、十弐文酒弐斗、あぶら壱升、蠟そく壱斤代三匁、二三分そうり六拾足壱足五、六文也わらじ四十足壱足ニ付、五六文也せん香壱把代五六文、大せん、香ハ弐分五厘也まつ香五勺代壱、分きじゆず一れん代弐、三分てんまく八尺白きぬハ尺ニ付壱匁位、もミハ尺ニ付七八分切位中、下着のさらし壱反反ニ付六匁位。是ハきもの、おび、かをかくし、すこしてぬぐい人ヲあらいしものの分一つ也。弐反の内ニて是ヲとり外ニくわんの水引ヲ取、是ニ而も少しハあまるなり、もろくち壱束尤もくわしもりへつかう、六枚買もよし。壱枚ニ付三文なりあをい紙、花ぐわし代五、分こがらし弐合代五六、分也こんにやく三十丁是ハはいそう用也。壱丁ニ付八文ッ、、とうしミ代壱、分八分ものくぎ弐百、三分物三百代弐匁、五六分飯米ハ白米壱石壱弐斗位。

花ハしくわ一具、おり菊一組、くわしもり一組、いづれももろくち調、外ニくじやく一羽。くわんハ、からはふニしてやまをけなしニ調べし。大工ハ四五人やく大ていひるの内ニ調るよふニ大工をかけてよし。夜るハあぶらのついへ其外ついへおふし。もくよくハ親類あつまりてよりいたしてよし。死人のかミをそりたるものへさらし手拭壱つ遣スなり。膳。平あぶらあげ壱つ、からせをかける汁みそ、さい、のめとうふ坪あづ、きにひきてあら、め酒ハ茶くミ茶わんニて一こん切。膳のかずハ一ばん膳、二ばん膳、三ばん膳と惣じて百五六十ぜんより山々弐百なり。大かた百五六十なり。

○はいそふの事

長楽寺御住持壱人ばかり。御布施ハ弐匁なり。

平あぶらあげ一つ、からしをかける坪あら、め汁みそニ、とうふひきてしろ、あへ酒ハ茶くミ茶わんニて一こん切。外ニもちを二つッ、くばる事もあり、なき事もあり。はいそふの膳ハ一ばん膳、二ばん膳合して六七十ぜん位なり。

忌中見舞村うちより持来るハなにもやらず。他村一家うちより持来ル家来へ薄儀として壱匁ッ、遣ス事。

○葬式後のこと

一、大工へハ一日分弐匁ッ、礼ヲ遣してよし。小人数にて夜るへかけて調たる時ハ三匁も遣スなり。しかしひるの内ニ調へるようニいたすが大ニよし。夜るハついへ多し。五人なれば十分ニひるの内ニ調なり。

一、死人のかをそりたるものへさらし手ぬぐい一つ遣してよし。尤外ニやぶれきものヲ遣《（すカ）》し時ハ手ぬぐいハいらず。

一、はいそふのあくる日、講中ほどへ礼ニあるきてよし。

一、かたミわけの事ハ死人の子どもへ見合ニ遣スべし。兄弟ハ時の考ニていかよふにもすべし。其外ハけいやくむすご、けいやく娘へも一向遣スニおよばず。寺へも上るニおよばず。

○七日参りの事

一、七日参りハ長楽寺ばかりへ参るなり。御布施六匁、おはちとして白米弐升、とき米として米壱俵、隠居あらハ弐匁、御新造へ弐匁、しんぼち、番僧へ壱匁ツヽ、家来下女へ五分ツヽ、外の寺よりきやわして経をよまバ壱匁上てよしてんまくハ此時ニ寺へ上ルがよし。七日帰りてよりあたり近所へ餅三つ四つくばる事もある。全体当家ニハ四十九日ニくばるゆへどふでもよし。外方ハ四十九日ニくばらぬゆへ七日ニくばる。当家ニハどふでも四十九日の法事ニくばるゆへ七日ニハどふでもよし。

○四十九日法事の事

一、四十九日ハ長楽寺ばかりよびてよし。外ニハ村内一家内二三軒よぶなり。其外ハよばぬなり。他村遠方へ行たる娘ハ其所の寺へ参るもよしむすめむすこハ此方の法事へよばずともよし、またよびてもよし。時の考いかよふニもしてもよし。

講中ハ近来ハよばぬニ定メたり。四十九日御布施ハ六匁なり。料理左の通り。

鱠しらが、すあへ　汁せり、とうふ、みそ、　壺いも、ごぼふ、こんにやく、くりきくらげ　平はりごぼふ、山のいも、やきどふふ、しいたけ、ひりようづ　ひきてしろ、あへ　大引こぶ、にし、きどふふ　硯ぶたれんこん、くねんぼにしきどうふ、ころもあげ、こうたけ　武将盆八寸に、うめん　掛わんひたし　丼あら、め　さはちいとごんにやく、しらが、ねぶか、うミぞうめんみしまのり　吸ものミやわせ、　おかざりひくなり。

買物。くねんぼ二つ、あをこ弐匁、光明丹壱匁、こぶかけめ五十目、れんこん一本、中しいたけ五つ六つ、つぶしいたけ弐合、うミそうめん代壱匁、こゞりこんにやく五つ、赤みしまのり一枚、あふらあげ十、こんにやく十、かんぴよふ代三分、きくらげ壱合、代〆十匁位。

四十九日の餅ハ四斗五升ぐらいつけバ十分なり。他村一家へ壱組、村内下丸屋、向丸屋、国貞、其外けいやくごの方へ一重ツヽ、講中ニて竹光、竹の屋、竹丸、三郎丸へ一重ツヽ、其外ハ五つ六つやるさきもあり。七つ八つもやるさきもあり。時の考次第なり。

△小葬式のこと

小葬式ハ兄弟、子供などなり。尤としの多少ニよつて見合ニ略してよし伯母伯父も同様なり。

長楽寺御住持壱人ばかりもあるべし。番僧壱人つれてきてもらいしよふなもあるべし。家来壱人も弐人もあるべし。

御布施六匁も四匁も、三匁も時の考、番僧弐匁、家来壱匁ツヽ。

買物。あぶらあげ百五十また八二百か、壱つニ付四分ツヽ、とうふ十丁壱丁ニつき、十弐文ツヽ、切あらめ六百目代壱匁、三四分、酒壱斗かくべつちさき子供なれハ弐三升でもよし、そうり三十足壱足ニ足付五六文、十足、廿足でもよし、わらじ廿足壱足ニ付五六文、かくべつちさき子供なれバいらぬなり。四五足あれバよし、ろうそく壱斤代三匁四分、半斤でもよし、あぶら壱升、せん香一把大せん香ハ弐分五厘、小せん香ハ四五文、まつこふ三匀代五、六文、きじゆず一れん代弐分、五厘、てんまく中もミ六尺か八尺か、くわん、しだいなり。尺ニ付七八分切、さらし壱反か弐反か、死人の大小ニよるなり壱反ニ付、六匁位、もろくち壱束五ぜうで、もよし、八つ物くき弐百、三つ物四百代弐匁、五六分、とふしミ代壱、匁分、こんにやくはいそふ用十五壱つニつき、八文ツヽ、飯米ハ白米ニて八九斗位。

右の通なれども格別ちさきこどもにハ、これニてハあまるゆへ時の考にてへしてよし。

一、花ハしくわ一組、おり菊一組、とり一羽ニてよし。いづれももろくち調てよし。

一、くわんハからはふニてやまおけなしニ調。大工ハ三、四、五人やくくわんの大小ニよるべし。
一、もくよくハ親類そろひてよりいたす。かミをそるものへさらし手拭壱つ遣してよし。
一、葬式のぜん。平あふらあげ壱つ、壺あづきに汁とうふ、引手あらめ、酒ハ六勺位か壱合ぐらいかいる。盃ニて一こん切。格別ちさき子ニハ酒ハなき事もあるべし。

○はいそう

長楽寺壱人切。御布施ハ弐匁もあるべし。壱匁もあるべし。

葬式のぜんとあらまし同様。しかしこんにやくのしろあへを引もありあらめのかわりなり。酒ハ壱合ぐらいの盃ニて一こん切。

忌中見舞村内より持来るものニハ何もやらず。他村より持来るものへハ壱匁遣してよし。

○葬儀後のこゝろへの事

一、死人のかミをそりたるものへさらし手拭壱つ遣してよし。
一、大工へハ弐匁ツヽ礼遣してよし。
一、はい葬のあくる日講中へ礼ニ行事なりはいとうハいらぬなり。

○かたミわけハ兄弟へ少しツヽ切、其外ハ一切いらず。

○七日参りのこと

一、七日参りハていしゆ壱人長楽寺へ参りてよし。とき米弐升、おはち弐升、御布施ハ四匁か弐匁か時の考次第。米ハ七日の朝持と遣（ちカ）スなり。其外ハ一向いらぬなり。尤も帰りてよりあたりよりやいざきへ餅を三つ四つ遣ス事もあり。

○四十九日法事の事

一、四十九日法事ハ長楽寺壱人よぶばかりなり。御布施ハ四匁か二匁か時の考次第。講中へ餅をくばる事ハなし。死人の母親の方へ餅壱組遣ス計なり。

△一週（周）忌よりの法事の事

大葬式の一周忌法事ハ長楽寺御住持、外ハ死人の子供をよぶこともあり、時の考次第なり。御布施ハ八匁もあり六匁なり四匁もある。三年の法事、七年の法事、十三年の法事、十七年、廿五年、五十年までの法事同様なり。小葬式の一周忌法事、長楽寺御住持壱人計、御布施ハ四匁もあり、弐匁もあり、時の考次第なり。三年、七年、十三年、十七年、廿五年、五十年の法事も同様なり。

△月忌の事

月忌の定メハ毎月常《ぜう》月忌ハ壱人分計つとむべし。新に死したる人の分計常月忌ニすべし。下地の分ハあたり月程つとめてよし。父母、祖父、祖母の分程つとめてよし。それよりふるきハ止《やめ》てよし。父母たりとも下地の分ハあたり月程ニしてにいな分程つとめてよし。いづれとも常月忌ハ壱人分計、其外ハあたり月程と定てよし。

△はいとうの事

座頭のはいとうは壱匁ニ定メたり。とりたての座頭へ五分遣スなり。大葬式之法事ニハいつもきたるなり。小葬式の分ハいださぬ事当家の定メなり。外によめどり、むこどりにくるなり。尤むこどりといふとも娘他村へ行、其むこのくる時ハ是ハはいとうなし。其家ニ娘ありてそれへとるむこ也。其外居敷と土蔵とたてるニくるなり。いづれもはいとうハ同様なり。其外ハ一切相断り一向やらぬなり。

△香料のこと并に忌中見舞の事

しうと、しうとめの死したる時ハ米弐俵の香料なり。外ニたび香でんをなげこみとて香料ニする事もあり。さて寺をせうだいいたし行ときハ御住持へ八匁拾匁か、番僧へ弐匁、家来ニ壱匁か、道がとうくバ弐匁か、たいてい壱匁也。かく別道とうくして、とまりがゝりの所へせうだいせぬなり。先方ニもめいわくなり。しうとの方よりむこの方への香料ハ弐匁か四匁か六匁か時の考次第なり。所によってやはり米壱俵も弐俵もする所もあれども大ていハなし。所によってしうと、しゆうとめハ葬式入用を其家とむことへ割つける所もあり。其所へハさきへ香料すべからず。跡ニてむこ何人ありても割合丈きせるなり。此風義ハ是よりおく方にあり。忌中見舞ハ念入の分餅壱組外ニにしめ壱組もあり、二重ぐらいもあり。

△外ニよめいりしたる娘など死したる跡心得の事

娘、兄弟、伯母ニても死したる時ハ、此元より持行きたる衣類一切、何角道具金銀たりともよめ入したるものゝ娘なくバ此元へとり戻してよし。娘あらバ其娘へわけ遣してよし。尤も其娘いまだ年すくなくバ、一応当家へ取寄置、其娘成長して後にわけ遣スべし。尤後家ニなりたるむこ、後家入をよばざる時ハ其家ニおきてもよし。後家入をよぶ時ハかならず当家へとり戻してよし。左もなき時ハ、その衣類後家入のものきよごして娘のものとなりがたし。よって当家へ取戻し其娘としそうおふニなりてよりわけ遣スなり。尤其娘もはや年も十七八ニも相成りしものなれバ、其儘遣（遺カ）しても後家入のものへよごさす事ハなし。たとへ娘あるとも先方の仕方あしけれハ、その娘へやらず皆取戻スものもあり。何角なしニ後家入さへよべハ皆とり戻スものもあり。何分真実のはからいにしてよし。さてまた子ありとも男子なれハ衣類はやるニおよはす。それニハ生長してより金銀ミやわせニ遣してよし。当時ハ何角なしに取戻スもの多し。時の考、実意第一たるべし。

次に、関心を惹く点をいくつかあげておこう。

㈠ 葬式は大葬式と小葬式とに分けられている。

大葬式は当主の祖父母、父母、本妻などの葬式、小葬式は当主の兄弟や子供の葬式で、伯父・伯母もこれに準じることにしている。つまり、直系尊属と配偶者の葬式に比べ、直系卑属と傍系親の葬式は簡略化されているのである。さらに小葬式については、年の多少によって加減してもよいとしている。

㈡ 大葬式の時には、檀那寺の僧侶だけでなく他の寺の僧侶も加わって読経している。

すなわち、檀那寺の長楽寺の他に教善寺からも住職、伴僧、家来を招くことにしており、さらに他家に嫁入り聟入りした娘や男子が僧侶を連れて来ることにもなっている。後者の場合、嫁入り聟入り先の家が御布施を出すのがこの地方の慣例であったことが知られる。

要するに、供養のための経をあげるのは檀那寺の僧侶に限定されていたのではなく、少しでも多くの僧侶に読経してもらうのが手あつい供養になると考えられていたがゆえに、他寺の僧侶も参加させたのであろう。檀那寺が全面的に檀家の葬式を管掌していたわけではないのである。ただ、人数、御布施の額からみて、檀那寺の僧侶が中心をなしていたのは間違いなく、他寺の僧侶はその周縁に位置づけられていたといえよう。

初七日には檀那寺の長楽寺へだけ参詣に行くが、他の寺よりも来合わして経を読んでくれれば御布施として一匁あげよと規定しているので、この時にも檀那寺以外の僧侶が参加することもあったことが知られる。しかし、灰葬（骨拾いの式）、四九日の法事、一周忌以後の年忌法事の時は長楽寺の僧侶のみを招くことにしている。つまり、死去した当初は檀那寺以外の僧侶も供養に参加しても、継続的に供養を担うのはやはり檀那寺なのである。

(三) 丸屋の家では、大葬式、小葬式とも棺は唐破風造りにし、山桶にはしない決まりになっている。

丸屋は、安芸の豪族吉川興経の一族である吉川経綱の子孫と伝えられる家からの分家であり、由緒を誇るとともに経済的にも村きっての豪農であった。それゆえ、一般の家では棺に山桶を用いていたのに対し、丸屋では特に唐破風造りとし、格式と経済力を誇示しようとしたことがうかがえる。

一般に上層の家では冠婚葬祭は自家の権勢を地域社会に誇示する機会としての意味ももっていたのであるが、しかしむやみに華美にして浪費すると家を傾ける因になる。丸屋の『家業考』からは、格式を保ちつつも無駄な出費は控えるという、両方への配慮を働かせているのが読み取れる。前出の能登国羽咋郡町居村の村松家の家訓では、凶作・飢饉が続く中、没落の危機意識をつのらせて書かれたものだけに、豪農であったにもかかわらず冠婚葬祭での質素・倹約がことさらに強調され、「仏ニ付常に異なる事仕間敷也、厨子等ニ至るまで栄曜(耀)ケ間敷義不仕様可懸心事[31]」、「法事等仏事ニ付、禄不相応懇志振舞等堅仕間敷事[32]」、「仏事法事ハ随分軽く致し相務べく候、昭(招)人等も一家親類之外ハ近付たり共召頂致間敷事[33]」と説かれている。

(四) 葬式・法事の際の講中、村人、族縁・血縁・姻戚関係者との関わり合い方が細かに規定されている。

葬式の運営には講中が中心的な役割を果たしていたようである。他村の一家中（族縁あるいは血縁・姻戚関係者の総称として用いているようである）へは、講中より使者を遣して通知することになっている。そして、灰葬の翌日には講中へだけは御礼に回るよう定めている。これは講中が葬式の運営に多大の労力を提供していたからにほかなるまい。しかし、法事には講中は参加していない。四九日の法事の際には「講中ハ近来ハよばぬニ定メたり」としている。ただ、大葬式後の四九日は、講中にも重ね餅を配っている。小葬式後の四九日は配らない。

『家業考』の「年中かって心得の事」の頃には、「およりも十一月ニあたれバおより法恩講とて講中惣仏さまの法恩講ゆへ坪をつける。あづきに引手ニあらめひく。講中より御布施壱匁上ル事。諸入用割壱軒ニ付凡弐分惣仏さまを申うけ御前へかけるなり」[34]という記述がみえる。これによると、この地方には「お寄り法恩講」というのが結成されており、共有の「惣仏」を拝する仏事を催していたことが知られる。おそらく、この「お寄り法恩講」が葬式の際に相互扶助機能を果たしていたものと思われる。

「もくよく」(沐浴)つまり湯灌は、大葬式、小葬式ともに「親類」が集まってから行うよう定めている。死者は親族一同に見守られながら湯で拭き清められ、棺に納められて、あの世へと旅立つわけである。死人の髪を剃った者へはさらし手拭い一枚を遣わすのがしきたりとなっている。これは、死骸に触れた穢れをその手拭いで拭い去らせる意味がこめられていたと思われる。

忌中見舞への返礼は、大葬式、小葬式とも、村内から持って来た者へは何もやらず、他村からの場合に限って銀一匁を遣わすことにしている。村内で死者が出た時、忌中見舞を遣わすのは、村共同体の成員として当然の義理であり、いわば相互扶助の一環と考えられていただろう。したがって、村人同士の間での見舞には返礼は不要とし、余計な出費と気遣いをかけないようにするという村の慣行が形づくられていたのではなかろうか。

初七日の檀那寺への参詣から帰ると、近所へ餅を三つ四つ配るのがこの地方の慣習であったが、丸屋吉川家では四九日に配ることにしている。ただ、小葬式後の初七日では、近所や親しく付き合っている家へ餅を三つ四つ配ることもあった。

　四九日の法事は、大葬式後の場合は、檀那寺長楽寺の他に村内の「一家内二三軒」を呼ぶだけにし、その他は招かないことにしている。他村遠方へ嫁や聟に行った娘や息子は、「其所の寺へ参るもよし」とする。「其所の寺」とは婚家の檀那寺であろうから、檀那寺は単にその家の先祖だけでなく、他家の近親者の霊を拝む場所でもあったことになる。

　四十九日の餅の配付については、「他村一家へ壱組、村内下丸屋、向丸屋、国貞、其外けいやくご《契約子》の方へ一重ツヽ、講中ニて竹光、竹の屋、竹丸、三郎丸へ一重ツヽ、其外ハ五つ六つやるさきもあり。七つ八つもやるさきもあり。時の考次第なり」と定めている。下丸屋は『家業考』の筆者吉川（丸屋）甚七の兄が、向丸屋は甚七の弟が、それぞれ分家して創立した家である。「契約子」は親子の契約を結んでいる者である。この地方では、男子なら一五歳、女子なら一三歳になると、村内で経済的に余裕があり、自分の家より格が上で、しっかりした人を契約親として頼む風習があった。契約親は契約子をいろいろな面で教育・指導し、生活を援助した。それに対し、契約子は契約親に実の親同然に敬い仕えねばならず、農作業などの手伝いはもとより、葬儀においても実子同様に世話をするのが務めであった。[35]

　大葬式後の四九日の法事では、餅をつき、それを死者の霊前に供えるとともに、同族、親族や契約子、講中、近隣、親しい付き合いのある者などへ配って共食してもらったのは、死者を偲び冥福を祈ってもらうと同時に、供養の功徳を関係者に配分する意味がこめられていたのだろうか。あるいは、四九日に餅をついて食するのは忌明けの作法であるので、これらの人々にも忌がかかっていると考えられていたためであろうか。小葬式後の四九日の法事では、招くのは長楽寺の住職一人のみで、餅を配るのも死者の母方の家だけに限っている。

年忌法事は、大葬式、小葬式を問わず、一周忌、三周忌、七周忌、一三周忌、一七周忌、二五周忌、五〇周忌と行う定めになっている。大葬式後の年忌法事であっても、長楽寺の住職の他は、その時の考えしだいで死者の子供のみを招けばよいとしている。葬式には檀那寺以外の僧侶や族縁、血縁、姻戚、地縁などさまざまな縁で結ばれていた者も参加するのであるが、初七日、四九日の法事では参加者は限定されはじめ、年忌法事に至ると、丸屋吉川家の家族以外は檀那寺の住職と他家に嫁や聟として入った死者の子供のみに絞られたわけである。供養祭祀の主体は家であっても、親子の関係は重視され、たとえ他家に入っても子供は親の供養祭祀に継続的に参加したことが知られる。

(五) 形見分けについても明確に規定している。

直系尊属と配偶者の大葬式では、「かたミわけの事ハ死人の子どもへ見合ニ遣スべし。兄弟ハ時の考ニていかよふにもすべし。其外ハけいやくむすご、けいやく娘へも一向遣スニおよばず。寺へも上るニおよばず」としている。ここでは親子関係が重視され、兄弟関係は二次的に扱われている。親子の契約を結んだ者同士は実の親子同然に付き合うのがこの地方の慣習だったという[36]が、形見は契約子にはいっさい与えない定めとなっており、実の親子関係とは厳然と区別しているのも注目されよう。

一方、直系卑属と傍系親の小葬式では、「かたミわけハ兄弟へ少しツヽ切、其外ハ一切いらず」としている。跡取り以外は聟や嫁として生家から出すのが通例であるから、現実に小葬式に該当するのは未婚の子どもが多かったであろう。それゆえ、その際の形見分けはその兄弟が対象とされたのであろうが、親が対象となっていないのは何故であろうか。あるいは、遺品の大部分はその家で管理するのが普通であるので、特に規定する必要はなかったのかもしれない。

㈥　月の命日の供養は、新たに死亡した者については毎月の命日ごとに行い、「下地の分」、つまり一周忌を終えた者については祥月（死去した月）の命日のみ行えばよい、それも父母、祖父母の分だけでよい、としている。

逆にみれば、子孫は、祖父母、父母については、特定周忌の法要の他に毎年の命日にも継続的に供養を営むことが義務づけられていたわけである。直系卑属や傍系親の死者の場合、一周忌までは月々の命日に供養を受けるが、それが過ぎて後は個別の供養は特定周忌の法要のみであるから、直系尊属に比べ軽く扱われていたことになる。これは先祖祭祀が「孝」の規範で子孫に義務づけられていたこととも関連していよう。先の『村松家訓』では、元祖夫妻については百年忌以後も毎年の命日には供養をし、祖父母と父母に対しては毎月の命日に供養をすることを子孫に義務づけている。(37)この家でも、元祖および祖父母、父母の供養はとりわけ重視されているわけである。

㈦　冠婚葬祭の際の座頭への施しについても細かに規定している。

大葬式の法事にはいつも来るので出すが、小葬式の場合は出さないのが当家の定めである。このほか、嫁や聟を取る時、家屋・土蔵を建てる時には施与することにしている。法事の際にいわば社会的弱者である座頭に施しをするのは、その善行の功徳を死者の冥福のために回向する意味がこめられていただろう。これは、当地方だけでなく広くみられた慣行であったと思われる。徳川将軍家自体、亡くなった将軍やその生母、夫人らの法事に際しては、非人、座頭らに施行をしている。(38)ただ、丸屋吉川家の場合、小葬式の分については施行をしないことにしており、先に指摘した点と合わせ、当主との続柄によって死者の供養の仕方には軽重がつけられていたことが歴然としている。

婚礼や家屋・土蔵建築の際の施行は死者供養とは関係ないが、こちらの方は家の安泰、家族の幸福という現世利益のための善行であろう（もっとも、死者・先祖の供養も、それによって現世に生きている家族の幸福が守られると考えられていたのではあるが）。

(八) 舅・姑（妻や聟の実家の両親）が亡くなった時に丸屋吉川家の方から出す香典の額や忌中見舞の心得についても定めている。

その場合、丸屋からは米二俵を持って行く定めになっているが、この他に「たび香典」を持参することもあったのが注目されよう。旅香典とは妻や聟の里の両親が死んだ時にこちらの講中から預かって持って行く香典のことで、講中はそのメンバーの家だけでなく、配偶者の里方にも儀礼を尽くしていたことが知られる。また、日帰りできる距離であれば、丸屋の檀那寺の住職と僧侶、家来を連れて赴いている。

舅・姑が葬式の費用を嫁がせた娘の聟にも分担させる所もあるので、そうした家へは先に香典を出してはならない、と説いているのも興味深い。地域、家によって慣習が異なるので、その点を配慮して交際することが求められたわけである。

(九) 供養とは関係ないが、他家に嫁した娘が死亡した場合の持参財産の取り扱い方についても、いろいろなケースを想定して細かに定めている。

(イ)嫁いだ娘に女子がいなければ、持参した衣類一切、および道具、金銀などを当家に取り戻してよい。(ロ)女子がいれば、それに遣わしてもよい。年少ならば、財産を当家に引き取って預かっておき、成長してから渡す。ただ、聟が後妻を迎えない場合は先方に置いてもよい。後妻を迎えたときは、衣類を後妻が着て汚し女子のものになりがたいので、必ず当家に取り戻し、女子が成長した暁に遣わすことにせよ。ただし、たとえ女子がいても、先方の態度が悪しければ、その女子にもやらずすべて取り戻せ。(ハ)子があっても男子のときは、衣類はやらず、成長してから相応の金銀を遣わす。㈡この頃はとかく取り戻すことが多くなったが、その時の事情に応じ、実意第一に対処せよ。

この規定によれば、嫁いだ娘が死亡した場合、持参財産をどう処置するかは実家の意向によって決められたことが知られる。それは単に丸屋のみの特例ではなく、この地方の慣例であったことは、近頃は持参財産を実家に取り戻すことが多くなったと述べているところから明らかである。このことは、嫁の持参財産は婚家において別個に管理されていたことを前提にしていよう。嫁入り道具や衣類に実家の紋あるいは母の紋をつける慣行が庶民の間でも広くみられたのは(39)、嫁の出自を示すと同時に、持参財産が婚家の財産とは別個のものであることを示すためでもあっただろう。

丸屋の規定では、嫁いだ娘に女子がいれば、持参財産はその女子に継承させることにしている。とりわけ肌身に付ける衣類はその者の分身とみなされ、非血縁者がそれを着ることを忌避する観念が強かったようである。後妻には絶対に着させたくないという感情が強く出ているところに、そうした観念がうかがえよう。

以上、安芸国高田郡多治比村の丸屋吉川家の葬式・法事の家例について検討してきた。葬式・法事のあり方については、それぞれの家のしきたりと同時に、地域社会の慣行によっても規律されただろう。先に述べたように、近世における庶民の葬式や法事のあり方を具体的に知りうる史料は決して少なくはない。従来、歴史学の分野ではそうした史料にはあまり関心が寄せられてこなかったが、今後広く分析が加えられていけば、それぞれの家および地域の慣例の差異性と共通性を踏まえて、近世の庶民生活にかかわる様々な問題を浮かび上がらせることができるにちがいない。

第三節　葬式・服忌の地域慣行

各地域の葬式・法事の慣行をその変遷も含めて解明するためには、史料を博捜し、綿密な分析を加える必要がある。それは今後の課題とし、ここでは、明治初年に全国各地の民間習俗を調査して集成した『全国民事慣例類集』（司法省蔵版、一八八〇年刊。一九七六年に青史社より復刊）に採録されている葬送および服忌の慣行にいて検討してみよう。

㈠　親族・地域住民の葬式への関与の仕方と役割

〈表1〉は、同書第一篇第四章「死去ノ事」の第二款「葬埋」の項に採録されている各地の慣行を二項目に分けて示したものである。これから次の点が判明する。

第一に葬送の際の親族の役割分担が決まっている所が多いことである。なかでも相続人は特定の役割を果たすことにより相続人たることを親族中や地域の者たちに示しているのが注目される。

相続人の役割は位牌持ちと棺の跡（後）棒かつぎとに分かれる。前者の例は、⑧志摩国答志郡、⑨尾張国愛知郡・三河国額田郡、⑩三河国渥美郡、⑭美濃国厚見郡・各務郡・方県郡、⑳上野国群馬郡、㉑下野国都賀郡、㊳越後国古志郡、㊴越後国刈羽郡より報告されている。他方、後者の例は、②河内国河内郡、⑬近江国坂田郡より報告されているにすぎない。『全国民事慣例類集』に採録されているのは調査事例のすべてではないが、「葬埋」の項の総論では「送葬ノ途中相続人タル者礼服ニテ死者ノ位牌ヲ捧持スル例ニテ、此事ヲ行ヒシ後ハ決シテ他ヨリ相続ノ権ヲ争フ能ハサル者トス」と述べているので、相続人は位牌を持つのが通例であったことは疑いない。

表1　全国各地の葬式慣行

地　域	親族・地域住民の葬式への関与の仕方と役割	葬送の時期
＜畿　内＞		
①山城国愛宕郡・葛野郡		死去の日より二日あるいは三日過ぎて葬埋する。
②河内国河内郡	葬儀の節は、死者の血族のうちにて棺を舁ぐ。血縁の近い者が後を舁ぎ、これに次ぐ者が前を舁ぐ。例えば父の棺ならば、次男は前を、長男は後を舁ぐ。要するに家督を譲り受ける者が棺の後を舁ぐのを恒例とす。	
③河内国丹南郡	一村中死者ある時は、同行または講中と称する者が葬家内外の事務を戸主に代わって担任する。同行の者が打ち揃い会議をした上でなければ葬式を執行しない。	
④和泉国大鳥郡	町中多くは五人組等の他に心切講または同行と称する社を結んでおり、死者ある時は必ずその家に来たりて、葬事についての百般の事務を担任し尽力する例である。	
⑤和泉国泉南郡		中民以上はたいてい一夜を隔てて葬る。急症にて死去した者は陰暦の二十四時間を経ざれば葬らない。
＜東海道＞		
⑥伊勢国安濃郡	死者ある家には出棺の終わるまでその組合の者が来たりて助ける義務あり。葬送の時は子は香爐を持ち孫は花を持つのが通例。	二日あるいは三日を期として葬埋。
⑦伊勢国度会郡	埋葬の取り扱いはすべて番非人の職掌。神葬の家は忌掛りの親族中にて祭主を勤める。もし他人にて勤める時は必ず別火する。墓地に至るまでは死を表さず、柩を駕籠に入れ篤疾の形状をもって舁送す。道路を穢すを忌む故なり。	葬埋は絶息の時より旧暦二十四時を限とする。
⑧志摩国答	葬送の時、六役と唱え、相続人は色着《イロギ》（尋常上下	死者あれば

地　　域	親族・地域住民の葬式への関与の仕方と役割	葬送の時期
志郡	の色を異にするもの）を着して位牌を持ち、二三男あるいは孫は柩を舁ぎ、娶は水桶を持ち、娘・孫娘は飯盆を持ち、あるいは土掛けと唱え埋葬に臨み第一番に土を覆う。	即日葬埋。
⑨尾張国愛知郡・三河国額田郡	卑属の近親が棺を舁ぎ、相続人は位牌を捧ぐ。相続人なき時は位牌を棺上にのせる。	葬埋は死去の翌日を例とす。
⑩三河国渥美郡	発引の節、卑属が棺を舁ぎ、相続人は位牌を捧げ、女婿は天蓋を持ち行くのが例。	葬埋は翌日を定例とす。
⑪駿河国安倍郡・有渡郡	村方は講仲間と称するものがあって葬埋一切の事を営む。そのうちに月番を立て奉行と称する役があって万端の指令をし、何人もそれに背くことはできない。葬送には近親の者が柩を舁ぐ。	葬埋は丑寅の日を忌む故に時日の定めはないが、多くは翌日埋葬する。出棺の後三日の祓いと称して神主・山伏を招き、祓除する。
⑫武蔵国豊島郡	貧困の者葬埋に差し支える節は地主・店受人より合力し、同店の者も扶助す。維新前はその次第により旧町会所へ申し立て取置料を渡せしことあり。	
＜東山道＞		
⑬近江国坂田郡	相続人たる者は柩の跡棒を舁ぐ慣習なり。	二夜柩を留めて葬埋する例。
⑭美濃国厚見郡・各務郡・方県郡	葬送の途中、死者の位牌を持つのは相続人の権。実子なき者が死去した時には出棺に臨み相続争論をすること多し。	旧暦二十四時を過ぎて葬埋をする例なり。
⑮信濃国佐久郡	葬事に関しては数戸を区分して組合あるいは塔中《タツナカ》と称するものを組織しており、男女がその家に集まり内外の事務を経営する。	
⑯信濃国小県郡	村内でおよそ十五戸より三、四十戸までのうちで組合を組織しており、訃使となり、葬穴掘夫となり、そのほか該家の喪事を助けるを義務とす。	
⑰信濃国埴	数十人を結んで一社を成し（庚申講、観音講等の	

地　　域	親族・地域住民の葬式への関与の仕方と役割	葬送の時期
科郡	号あり）、社中に死者あれば、規則に従って穴を掘る者、柩を舁ぐ者、そのほか雑役予定順次ありて、期に臨んで集まり、事了て去る（自ら役せざる者は代人料を出す）。喪家では一茶も喫せず、一烟をも吹かさない。	
⑱信濃国更科郡	菩提寺より僧侶が来て死体を検し、変死と認めた時には血族および組合が保証しなければ葬儀は執行しない。	絶命の後、旧暦二十四時を経ざれば葬埋せず。
⑲信濃国高井郡	小村は一村中、大村は三十戸から五十戸をもって埋葬組合を組織しており、葬埋の事務を取り扱う。	葬埋は翌日または翌々日を期とす。
⑳上野国群馬郡	死者ある家にその組合が集会し、万事世話をする。葬送の途中、位牌を持つのは相続人の職掌。	翌日葬埋するのを例とするが、丑寅の日あるいは友引の日を忌みて延縮することあり。
㉑下野国都賀郡	組合一同にて世話をし、親類・朋友が墓地まで見送る。葬送の時、相続人は位牌を捧げ、男子は上下、女子は被布《カツキ》を着す。	死去の翌日埋葬するを例とす。
㉒陸前国宮城郡		葬埋はたいてい三日目または四日目とす。もっとも旧暦の悪日に当たれば葬式を延ばす。
㉓陸前国遠田郡	念仏講あるいは六親講等の名をもって、一村内六、七十戸位が組み合い、平生葬式等の事を申し合わせており、葬式の支度、穴掘、棺舁ぎ等に至るまで一切を周施す。貧困者ならば、講員が各々百文あるいは米一升等を持ち寄り葬儀助ける慣習なり。	
㉔羽前国置賜郡		死去の後、早きは旧暦二十四時、遅き

地　域	親族・地域住民の葬式への関与の仕方と役割	葬送の時期
		は三日または四日を経て葬埋す。ただ、寅日、五墓日、十死日に当たれば葬埋せず、一日延縮す。
㉕羽前国置賜郡	町方では一町内三、四十人をもって契約と称する組合を作り、村方では十五人を一組とし、平常においては親睦を深め、冠婚葬祭の際には万事を周旋す。	
㉖羽後国秋田郡		葬埋の日限一定せず。中等以下はたいてい一日を隔て、それ以上は伯叔父母、親子等の来集を待ち、親視せしめた上で納棺す。
㉗羽後国秋田郡	秋田市中では町内の者悉く見送りをするが、棺舁ぎ、穴掘等は親類懇意の者が行い、町にては関係せず。貧窮にて葬る能わざる者に対しては、感応講と称する秋田市中の有志者が救恤のために結成した講が金穀を給して埋葬せしむ。	
㉘羽後国秋田郡	葬式の節、手伝と称し村内毎戸一人（たいてい下男）を出し、荼毘、葬具を携え、奔走の用等に供す。維新前は一般に火葬する風習だったので、葬式の当日村内毎戸より藁二束ずつ軒前に出し、手伝の者がこれを集めて回り、火葬場へ持って行く慣行だった。しかし、追々減少し、十年前に至っては藁を出すのは百戸中五、六十戸に過ぎなくなった。	
㉙羽後国由利郡	同町他町を論ぜず同志の者を募り、一組十人ないし十五人位をもって無常講を結成しており、組中にて死去した者があった時には組中にて一切の事を取り計う。貧困者に対しては組中より金穀を給して葬埋せしむ。	

地　　域	親族・地域住民の葬式への関与の仕方と役割	葬送の時期
㉚羽後国平鹿郡	父母または十五歳以上の子女が死去すれば、その家は一ヶ月の村入費を除くことあり。これを忌中御免という。	
＜北海道＞		
㉛若狭国遠敷郡	親類はもちろん、一町一村皆礼服にて会葬する習慣なり。	葬埋は死去の翌日になす。
㉜越前国足羽郡	近親の者は白衣を着し、その他は礼服にて火葬場まで送る。	葬送は死去の翌日を例とす。
㉝越前国敦賀郡	火葬を行う場合は、葬礼の当日は男子のみ送り、その翌日の灰葬には婦人のみ送るを例とす。	葬埋は死去の翌日を通例とす。火葬の場合は、その翌日に灰葬す。
㉞加賀国石川郡		二夜を過ぎて葬る例なり。中分以下小前にいたっては一夜を過ぎて葬ることもあり。
㉟加賀国河北郡		死脈は必ず医師の診察を乞う例。僻陬窮民の類は医師を求むるをえざる故に、時間を計って死去と認む。
㊱越中国婦負郡		絶命の後、旧暦二十四時を経て沐浴し棺に入れ、火葬す。翌日白骨を拾って仏壇に置くこと男は四十九日、

地　　域	親族・地域住民の葬式への関与の仕方と役割	葬送の時期
		女は三十五日にて、墳墓に納める。
㊲越中国砺波郡	死者ある時は菩提寺に告げ、僧来たって読経し、寂番と称し、死者の番をなす。	旧暦二十四時を過ぎて沐浴入館し、三日にして葬るを例とす。
㊳越後国古志郡	葬送の途中は相続人が位牌を捧げるを例とす。	葬埋は三日目を通例とす。雪中は道路阻塞し近親会葬の期遅れるをもって四、五日に及ぶこともあり。越後国は一般に火葬を常とする。
㊴越後国刈羽郡	葬送の途中は近親の者が棺を舁ぎ、相続人は位牌を持つのが一般の例。	葬埋は旧暦二十四時を経るを例とす。越後国は一般に火葬の習慣なれども、真言宗に限り土葬をする。
㊵越後国蒲原郡		葬埋の日は一定しないが、たいてい三日目、四日目に行う。ただし、旧暦の悪日、例えば五墓日、十死日等は忌み、一日延縮することあり。
㊶越後国蒲	寺の檀家の者申し合い、十人あるいは十五人位で	

地　　域	親族・地域住民の葬式への関与の仕方と役割	葬送の時期
原郡	無常講を結成しており、月に些少の金を積み置き、講中死者あればこれを給して扶助す。	
㊷佐渡国雑太郡	葬送の途中は近親の者皆上下を着し、帯刀免許なき者もこの時に限り一刀を帯するのが一般の通例。	葬埋は死去当日より三日を過ぎざるを例とす。
<山陰道>		
㊸丹後国加佐郡	忌掛り親族は必ず白衣を着し葬送す。	死去の翌日葬埋を行う例なり
㊹丹後国与謝郡	親族は男女とも会葬する習慣なり。	死去の時刻より旧暦二十四時を過ぎざれば葬送を許さざる寺法あり、即日葬送する者なし。
㊺出雲国島根郡	葬式を助け墓所へ送り、かつ野辺送りの道具こしらえ、他所への使は近所組合の義務なり。葬送の節は大概町内戸別に門提燈を揚げ、手提燈を提げ、葬式の供をなす例なり。	
㊻出雲国島根郡	同村のうちにて斎仲間あるいは講仲間と唱え十戸、二十戸、三十戸位ずつ組み合い、死葬ある時は集合して親類への報知飛脚、その他すべての用使をなし、葬式を助け墓所へ送る。	
㊼出雲国能義郡	村方は僧侶を迎えて自家の庭前にて葬式を行い、多くは自己の所持の畑地あるいは山林の内に墓所を設けて埋葬す。	
㊽出雲国神門郡	杵築町は神地なので市街中を公に死人を舁行することを禁ず。よって死者を駕籠に入れ病人の名義にて檀那寺へ連れて行き沐浴して葬式を行う。	大概、とり急ぎ二日目位には埋葬する例なり。
<山陽道>		
㊾美作国勝南郡	埋葬の節は親族ならびに講仲間、寺僧立合にて執行す。この講仲間は平常より契約しおき、十戸より二十戸位を一組とし、葬式の節に限り相互に助け合い、いかなる難事にても葬式のことについては尽力するはずに約しおく仲間である。	

地　　域	親族・地域住民の葬式への関与の仕方と役割	葬送の時期
㊿周防国吉敷郡	同町の者寄り合い葬埋の世話をなすといえども、組合知音の者だけにとどまるもあり。裏町細民どもは念仏講と称する講仲間を結成しており、五人、十人ずつ組み合い、毎月積金をして、その基金をもって葬式を執り行っている。また、この講仲間が葬埋万般の世話をしている。村方は仕講内と唱え、五軒十軒組み合い葬埋の世話をしている。	
(51)周防国玖珂郡	村方は僧侶を迎えて自宅の庭前にて白昼に葬る。町方は寺内に夜中葬埋し、町村とも役人立会なし。ただ、親類・僧侶・懇意の者が立ち合う。	
(52)長門国阿武郡	親族・組合・知音・村内町内そのほか寺僧立ち合い、萩城下は檀那寺において野辺送りの式を営み、大概寺内に土葬す。村方にては午時後自宅へ寺僧を申し請け、親族・組合・村内立ち合い葬式を営み、それより墓地へ埋葬す。	埋葬の式は大概翌日なり。ただ、極老、長病、暑気等の節は即日埋葬することもあり。急病にて死去した者は旧暦二十四時を見合わす。
<南海道>		
(53)紀伊国名草郡・海部郡	町方にては葬埋の節、血族は浅衣と称する無紋の上下を着す。	葬埋は死日より三日までを期とす。
(54)淡路国三原郡		三原郡千草組（七ヵ村）の旧習では、陰暦十二月晦日より正月三日までは死者があっても葬埋せず。
(55)阿波国名東郡		埋葬は必ず夜陰に行う例。
(56)土佐国土佐郡	市中近村とも鍬組と唱え近隣伍をなし、非常の事故ある時は懇切に義務を尽くし、互いに相助ける例なり。	
(57)土佐国土	死者の家は穢火を忌むをもって、手伝の者には隣	

地　域	親族・地域住民の葬式への関与の仕方と役割	葬送の時期
佐郡	家を借り受けて酒飯を供す。	
<西海道>		
㊽筑前国早良郡・那珂郡		葬埋は暦面の日取を選び延縮することにて時日の定例なし。
㊾筑後国三潴郡	死者の家極貧にて葬事を営む力のない場合は、組合を先とし、組頭・目付より合力して一町中有志の助力をもって葬式を営むことあり。	
㊿豊前国企救郡	一町一村必ず集会して救助する義務あり。	貧富に限らず一夜以上は必ず柩を留めて葬埋するを例とす。
61豊前国下毛郡	村方にては講組と称するものがあり、組中集会して万端の使役を助ける。	葬埋は旧暦二十四時を経るを例とす。
62豊前国宇佐郡		死去の翌日葬埋するのが一般の例。宇佐神領は春秋二十七日間ずつの致祭中は葬式を許さず、斂棺して家に留める法なり。
63豊後国速見郡	子たる者は礼服にて扈従するのみ。位牌は孫たる者が持ち、香花は近親の児子が持ち行く習慣なり。	一夜柩を留めて葬送する例。
64肥後国天草郡		葬埋には友引の日を忌むもの多し。死後一夜を過ぎ棺槨を出す通例なり。
65肥後国球		葬埋には寅

地　域	親族・地域住民の葬式への関与の仕方と役割	葬送の時期
摩郡		酉の日を忌む。もしやむをえざれば夜子の刻を過ぎて葬式をなす慣習なり。
⑯大隅国噌唹郡		葬埋は死去の翌日を通例とす。明治元年より寺葬を廃して一般に神葬を用いるようになった。
⑰薩摩国鹿児島郡	下等の人はおよそ三十人ずつ一組の無常講を結び、一月に一家およそ十銭ずつ掛金をし、組中死者あるときはこれを与えて費用に充てる。また、この講は五十ヵ月の期を定め、一講ごとに人員の順序をもってこれを付与す。五十ヵ月のうち死者がなくても、これを受け取る。	

しかし、庶民の間で死者に戒名を付け位牌を作る風が一般化したのは近世中期以降のことであるから、古くは棺の跡棒をかつぐことによって跡取りたることを示す習慣が広く行われていたのではなかろうか。(40) それが位牌の普及に伴い、位牌持ちが死者および先祖の祭祀の主宰者たる相続人を象徴するようになったものと思われる。

葬列の際に相続人が棺の跡棒をかつぐにしろ位牌を持つにしろ、葬列は村の路や町内の街路を進んで行くのであるから、村・町の住人に誰が相続人となったかを広く知ってもらうには恰好の機会であったろう。それゆえ、相続人が決まっていない時は、出棺に臨んで誰が相続人の役目に就くかをめぐって争いも起きたようである。「葬埋」の項の総論では「相続人定ラサル家ニテハ発引前相続争ノ紛議ヲ生スルコトアリ」と述べている。ことに、⑭美濃国厚見郡・各務郡・方県郡の報告にみられるように、実子のない者が死去した場合にそうした争論は起きやすかっただろう。

葬送の際には相続人だけでなく死者との続柄によって役割分担が明確に定まっていた例もいくつか報告されている。例えば以下のごとくである。②河内国河内郡――血縁の近い者が棺の後をかつぎ、これに次ぐ者が前をかつぐ。例えば父の棺ならば、次男が前を長男が後をかつぐ。⑥伊勢国安濃郡――子が香爐を持ち、孫が花を持つ。⑧志摩国答志郡――相続人は位牌を持ち、二・三男あるいは男孫は棺をかつぎ、娶は水桶を持ち、娘と孫娘は飯盆を持ち、埋葬に臨んでは土掛けと称し第一番に土を覆う。⑨尾張国愛知郡・三河国額田郡――卑属の近親が棺をかつぎ、相続人は位牌を持つ。⑩三河国渥美郡――卑属が棺をかつぎ、相続人は位牌を持ち、女婿は天蓋を持つ。63豊後国速見郡――子たる者は礼服にて扈従するのみ。位牌は孫たる者が持ち、香花は近親の児子が持ち行く。

これをみると、親族が棺をかつぐ場合には、直系卑属つまり子や孫がその任にあたるのが通例だったことが知られる。注目されるのは⑧の事例で、ここでは直系卑属のうち男女の役割分担がはっきりしている。すなわち、二・三男と男孫は棺かつぎの力役を担い、娘と孫娘は飯盆を持つのがしきたりで、日常生活における男女の役割分担が葬送の際の役割にも反映しているとみてよかろう。桜田勝徳氏によると、野辺送りの飯膳を近親の女性が持つ所は多く、近親者に適任の女性がいない場合は他人を頼んでも女性が勤めている例もみられるとのことだが、[41]これは食事を掌るのは女性固有の役割だったことに規律されていよう。

男女の役割分担が明らかな事例としては、㉝越前国敦賀郡の例がある。ここでは、火葬を行う場合は、葬礼の当日は男子のみが送り、その翌日の灰葬には婦人のみが送るのが習わしとなっている。

(63)では孫と幼児が重要な役割を演じているのが関心を惹く。野辺送りの飯膳や位牌や香爐などを幼児や孫に持たせる例は少なくなく、桜田勝徳氏は、「その様な重要な役に就ては、とかく役目争いが生じ、親類間の不和の元になる事が多かったから、喧嘩にならぬ子供にこの役を為せるという便法が漸次人気を博したからかもしれない」と解釈されている。[42]しかし、子供が葬送に際して重要な役目を担ったのは、そうした理由の他に、子供は老人と同じく神聖視されていた存在であったこと、そして日常生活において子供と老人の間には親愛の情が育まれていたこととも関連しているのではなかろうか。

第二、葬礼の際の近親者の着衣が定まっている例もみられる。⑧志摩国答志郡――相続人は色着《イロギ》（尋常上下の色を異にするもの）を着す。㉑下野国都賀郡――男子は上下、女子は被布《カツキ》を着す。㉜越前国足羽郡――近親の者は白衣を着し、その他は礼服にて火葬場まで送る。㊷佐渡国雑太郡――葬送の途中は近親の者は上下を着し、帯刀免許なき者もこの時に限り一刀を帯する。㊸丹後国加佐郡――忌掛り親族は必ず白衣を着して葬送す。(53)紀伊国名草郡・海部郡――町方にては埋葬の節、血族は浅衣と称する無紋の上下を着す。

⑧では相続人は位牌を持つのが習わしであったが、同時に衣服によっても相続人たることを象徴させていたことが知られる。㊷では帯刀免許なき者も上下、帯刀という武士の身なりで葬送するのが習わしであり、葬送時に限り身分

格式を武士のそれに平準化しているわけである。㊸では忌掛り親族は白衣を着るのがしきたりとなっているが、親族の着衣が定まっていた他の例も、おそらく忌掛りであることを示すためであったのだろう。今日では親族もその他の会葬者も同じ喪服を着ることが多くなっているので、服装からは誰が忌掛り親族であるかを識別するのは難しいが、忌の観念の強く支配していた時代にあっては、忌掛り親族が特定の服装をする習慣は広く行われていたのではなかろうか。葬式の時の食事にしても、忌掛り親族の食べる物と手伝いの者および一般会葬者のそれとは別個の火で調理するのがかつては一般的であったことは、民俗学で明らかにされているところである。(43)〈表1〉でも、㊾土佐国土佐郡では死者の家は穢火を忌む故、手伝いの者には隣家を借り受けて酒飯を供する習俗が報告されている。

第三、講や組合の者が葬式を取り仕切ったり、労力や金品を提供している所が多い（③、④、⑥、⑪、⑮、⑯、⑰、⑲、⑳、㉑、㉓、㉕、㉙、㊶、㊺、㊻、㊾、㊿、㊻、61、67）。なかでも③、④、⑮、⑯、⑰、⑲、㉓、㉙、㊶、㊻、㊾、㊿、67は、葬式の際の互助を目的として結成した講や組合であったことが明らかである。

右のうち、㊿周防国吉敷郡の念仏講と67薩摩国鹿児島郡の無常講は下層民に限って組織したものであり、毎月金を積み立て、講中の家に死者が出た時はその基金でもって葬儀を執り行っている。㊶越後国蒲原郡の無常講は寺の檀下の者同士で結んだ組織で、やはり月々積み金をして葬儀の際に支給している。㉓陸前国遠田郡、㉙羽後国由利郡では講中が葬式一切を周旋しているが、貧困者の場合は講中が金や米も給している。

貧困者に対する葬事扶助の例は、⑫、㉗、59にもみられる。⑫武蔵国豊島郡では、貧困者が葬埋に差し支える節は、地主や店受人が合力し、同じ店の者も扶助している。維新前は町会所へ申し立てて取置料（埋葬費用）を支給してもらうこともあったという。㉗羽後国秋田郡の秋田市中では、有志者が救恤のために結成した感応講が貧窮者に金穀を給して埋葬させている。ちなみに筆者は、この感応講の創設に尽力し、運営の中心にあった秋田藩御用達商人那波家の文書（現在、秋田市立中央図書館所蔵）を調査したことがあるが、それによると文政一二（一八二九）年に創設されている。㊾筑後国三潴郡では、貧困で葬事を営む力のない場合は、組合それに町中の有力者が扶助している。

死骸の処理、鎮魂は、その家の者にとって重大事であるばかりか、同じ村や町に生活する者たちにとっても、村・町の清浄性を保つ上で等閑に付すことのできない問題であった。また、生きている者にとって、自分が死んだ時に葬送祭祀を営んでもらえるか否かは切実な関心事でもあっただろう。同じ村や町に暮らす者たちが葬式の際の互助を目的とした組織を創り出し、葬送祭祀の確実な執行を保障しようとしたのは、いわば人情の自然であったといえる。㉘羽後国秋田郡、㊵豊前国企救郡では、一村、一町全体が助け合って葬式を営んでいる。⑫江戸では地主・店受人や町会所が、㉗秋田市中では有志者の結成した感応講が、それぞれ貧民の葬送を扶助しているが、都市では人口の移動が激しく、恒常的な互助組織に編成されていない貧民が増加したため、そうした有力者や会所の扶助を必要としたものと考えられる。

形態は様々でも、村や町では死者が出た時には恙なく葬送を営むことを保障するシステムが創り出されていたのである。それによって、死者の鎮魂、生者の精神的安定、および村・町の清浄性の保持がはかられていたわけである。

『全国民事慣例類集』採録の事例では、講や組合が葬式を取り仕切っている例が圧倒的に多いが、古くよりそれが通例だったわけではあるまい。第一節第一項で述べたように、同族結合が強かった近世初期の段階では、同族の長の指揮下に同族団の儀礼として葬式が営まれていたと思われる。有賀喜左衛門氏が調査された岩手県二戸郡荒沢村石神は、のちのちまで同族結合が強く存続していた村落としてよく知られているが、ここでは村落のほとんどすべての葬式においてオーヤの斎藤家が指導的役割を果たしており、血縁分家である別家や非血縁の名子の葬式の際にはオーヤの主人が一切の指図をし、必要な食器・畳・葬具等はオーヤが貸し、米・味噌・醤油・野菜等もオーヤが融通してい

[44]たという。また、長野県下の村落で親方・子方制の強かった所では、親方は子方の生計を補助するのみならず、葬式をも取り仕切っていた[45]。

　同族の長や親方百姓の支配の強固な村落では、彼らは配下の者たちの生活を保障するだけでなく、死後の葬送・供養をも保障しなければならなかったのである。しかし一般的には、近世中期以降においては、自立性を強めた家相互が対等性を原理に組織した講や組合がそうした保障機能を果たすようになっている。

　第四、葬送には、親類・知音や講・組合の者だけでなく、村惣中、町中も何らかの形で関与している。

　先に指摘したように、㉘羽後国秋田郡、(60)豊前国企救郡では、一村一町全体の扶助のもとに葬式が執行されている。ただ㉘では、村内の各戸から火葬用の藁二束ずつを差し出すのが慣例だったのが、一〇年程前より藁を出すのは一〇〇戸中五、六〇戸にすぎなくなったと報告されており、村の共同体としての機能がやや減退しているのがうかがわれる。

　村・町の関与例としては、この他に次のような報告がある。㉗羽後国秋田郡秋田市中――棺かつぎ、穴掘りなどは親類懇意の者が行い、町にては関係しないが、町内の者全員が葬送の見送りをする。㉛若狭国遠敷郡――親類はもちろん、一町一村皆礼服にて会葬する。㊺出雲国島根郡――葬式は近所組合が扶助して執行するが、葬送の節は町内戸別に門提燈を揚げ、手提燈を提げて供をなす。(52)長門国阿武郡――親族・組合・知音の他に村内・町内の者も立ち合って葬式を営む。

　以上の事例から、村・町として葬式の執行に参与している所もあるし、執行には直接参加しなくても同じ村・町の住人として葬送を見送ることが義務づけられていた所もあることが知られる。

　また香奠も、親類・知音・講・組合だけでなく、村・町としても出すのが一般的な慣例であったことは、民俗学などで検証されているところである。村香奠の起こりについては、柳田国男氏が次のような推定をされている。「所謂『村香奠』の始まりは、さう古いことであらうとは認められない。一人の族長を中心にした所謂門統組織の、今よりも緊密であつた時代には、族人相互の間には斯んな対等関係は存しなかつた筈である。個々の小さな家が分立して、始めて外部からの援助が必要になつて来た際に、この一種の贈遺と饗応との交易は起つたかと思はれる」(46)と。すなわち、同族団の長の支配体制が崩れ、自立性を強めた小農民の家相互の対等的な結び付きによって村共同体が構成されるようになった段階に、村香奠の起源を想定されているわけである。おそらくこの推定は蓋然性を持ちえていよう。そして、同族団に代わって講や組合あるいは村が葬式を取り仕切るようになったのも、村香奠の発生と軌を一にしていたと思われる。

以上のように葬送儀礼においては種々の縁で結ばれた人々が様々な形で参加しているのであるが、その後の初七日、四九日、各年忌の法要では、先に検討した安芸国高田郡多治比村丸屋吉川家の例からも知られるように、参加者は限定され、最終的に弔い上げまで、つまり死霊から神としての祖霊に昇華させるまで面倒をみるのは、その家の家族、それに死者と親子関係にある者のみであるのが通例である。したがって、死後の安穏の保障を得ようとすれば、まずもって自己の家を存続させることが要件となる。しかし、祀ってくれる家が絶えたら、その家の霊はまったく放置されてしまうわけではない。その同族・親類筋の家が位牌や墓を管理して祭祀を営むことはあるし、絶家を再興した者は当然、その家の死霊・祖霊を祭祀する義務を負う。また地域共同体としても、無縁の霊の供養も行う。盆には、自己の家の死霊・祖霊だけでなく、帰る家のない霊をも迎え入れて供物を捧げる風習は広く認められているし、また地域共同体の構成員だった者の霊魂および何らかの理由でその地で死去した外来者の霊を共同で供養する行事も、共同体的地域結合の強かった時代には広く行われていただろう。

つまり、近世中期以降、それぞれの家が葬送および供養の祭祀を営んで死後の霊魂の安穏を保障する責任主体となりつつも、それを取り巻く同族・親類、講・組合、村・町の地域共同体などが、その保障を補完する機能を果たしていたわけである。

第五、死骸を埋葬する穴掘り役は、講・組合の者が務める所が多くなっているが、なかには賤民や親類が務めている事例も存する。

講・組合の者が穴掘り役を務めていることが明記されているのは⑯信濃国小県郡、⑰信濃国埴科郡、㉓陸前国遠田郡の三例のみであるが、講・組合が葬事一切を周旋していると報告している所では、その任務の中に穴掘り役も含まれていたと思われる。これに対し、賤民が担っている事例は⑦伊勢国度会郡、親類懇意の者が担っている事例は㉗羽後国秋田郡のみである。

しかし、土葬にしろ火葬にしろ死骸を処理する仕事は最も死穢を受けやすいと考えられていたので、かつては忌の掛った親族や卑賤視された者たちが担うのが一般的だったようである。(47) 有賀喜左衛門氏によれば、信州でも、穴掘り役は古くは賤民扱いにされていた者や家格の低い者にあたらせていたのが、のちには葬式仲間の輪番制に移行したという。(48) 穴掘り役を講・組合の者が務めるようになった背景には、死穢を忌む観念が薄らいだことが想定されるが、この点について有賀氏は、「念仏供養が死霊への畏怖を完全に払拭するに至った日本宗教史上の大変革の結果であったことを知る必要がある。そして埋葬にのみ従事して賤しめられた特殊な家を村生活の中に融解してしまったことをも意味する」(49)と、念仏供養の普及を高く評価されている。一方、柳田国男氏は、「忌を日本人がさまで気にかけなくなつた原因は、一般的にいへば経験の精確になつたこと、即ち之を守らずとも格別の災ひは無かつた例を追々に知つて記憶したからであらうが、それを促したものは異郷人の接触、即ち各地の違つた習俗に養はれた者が、至極無邪気に今までの法則を、度々破つて見せてくれたことであらうと思ふ[50]」と解されている。

様々な理由で死骸を以前ほど不浄視しなくなり、それゆえ組合・講の者も死骸の処理に直接かかわるようになったことは確かであろう。しかし一方で、同じ人が年に二回穴は掘らない、あるいは妻が妊娠中であれば穴掘り役をはずす、といった禁忌も広く存在しており[51]、死者の忌が掛るのを恐れる観念はその後も人々を少なからず支配しつづけたようである。

ところで、『全国民事慣例類集』採録の事例の中では、⑦伊勢国度会郡のみが番非人に埋葬を取り扱わせている。この地方では「墓地ニ至ル迄ハ死ヲ表セス柩ヲ駕籠ニ入レ篤疾ノ形状ヲ以テ舁送」しているが、それは「道路ヲ穢スヲ忌ム故ナリ」としており、死穢を忌む観念がとりわけ強かった。それが埋葬を番非人に押しつけることになったのである。これは伊勢神宮との関係で考える必要があるようである。㊽出雲国神門郡でも「杵築町ハ神地タルヲ以テ市街中公ケニ死人ヲ舁行スルコトヲ禁ス、依テ死者ヲ駕籠ニ入レ病人ノ名義ニテ檀那寺ヘ連レ行キ、然シテ沐浴シ葬式ヲ行フコトナリ」と報告しており、神地においては神聖性と裏腹の関係で死穢はことさらに忌避されていたことが知られる。

(二) 葬送の時期

<表1>をみると、死去したあと葬送を執行する時期については、地域慣行として定まっている例が多いことが知られる。分類すると次のごとくである。

○即日——⑧

○二四時間以内——⑦

○二四時間経過――⑭、⑱、㊴、㊹、61

○翌日（一夜柩を留める例を含む）――⑨、⑩、⑪、⑳、㉑、㉛、㉜、㉝、㊸、㊽、52、60、62、63、64、66

○一夜以上柩を留める――60

○二日あるいは三日を期とす――⑥、⑲

○二日あるいは三日経過――①

○三日以内――㊷、53

○三日目――⑬、㉞、㊲、㊳

○三日目あるいは四日目――㉒、㊵

○日限一定せず――㉖

これによると、死亡後二四時間を過ぎてから、あるいは翌日に葬送している所が圧倒的に多い。『全国民事慣例類集』に採録された事例は調査事例のすべてではないが、「葬埋」の項の総論でも「大抵旧暦二十四時或ハ死去ノ翌日送葬」と述べており、この慣例が一般的であったことが知られる。このうち㊹丹後国与謝郡の事例では、「死去ノ時刻ヨリ旧暦二十四時ヲ経サレハ葬送ヲ許サヽル寺法アルヲ以テ即日送葬スル者ナシ」と、それが寺法にもとづくことが明示されている。

即日あるいは二四時間以内に葬る例はそれぞれ一例のみで、他は一定の日時をおいて葬るのが通例であったのは、㋐死者が蘇生するかもしれないとの期待感があった、㋑死者との永別を惜しむため、㋒葬式の準備、などの理由が考えられよう。しかし反面、二四時間あるいは一夜経過後という短い時間しかおかずに葬るのが一般的であった点にも、留意しなくてはなるまい。おそらく、そこには死穢を忌む観念が働いていたと思われる。⑦伊勢国度会郡では絶息後二四時間以内に埋葬する定めとなっているが、これは先述したように、この地域は伊勢神宮との関係で死穢をとりわけ忌避していたためであろう。

葬送の時期には地域差のみならず階層差も認められる。例えば、㉞加賀国石川郡では二夜を過ぎて（すなわち三日目に）葬る例であるが、中・下層民では一夜を過ぎて葬ることもあるとしている。また㉖羽後国秋田郡では、中等以下はたいてい一日を隔て、それ以上は伯叔父母、親子などの来集を持ち、親視せしめたうえで納棺するのが例となっている。上層民は中・下層民に比べて通婚圏や交際範囲が広いので、親族・知人への通知と来集に時間がかかるし、また葬式の準備にも格式相応の時間を要したと思われる。

特定の日に葬式を執行するのを忌避した事例も報告されている（⑪、⑳、㉒、㉔、(54)、(58)、(62)、(64)、(65)）。このうち(54)淡路国三原郡千草組七カ村では陰暦一二月晦日より正月三日までの期間、(62)豊前国宇佐郡の宇佐神領では春秋の致祭中、それぞれ葬式を禁じた例であるが、その他は丑寅の日、友引の日、五墓日、十死日などの忌日を避けて葬式を営んでいる。

㈢　服忌慣行の諸相

＜表2＞は、『全国民事慣例類集』第四章第三款「休業」および第二款「葬埋」の項に収録されている服忌に関する事例を表示したものである。これをみると、死者の出た家およびその親類は一定期間休業するのが慣例であった所が多い。休業期間を分類すると、次のようになる。

○葬式が終わるまで――①（死者の家）、②（死者の家）、④（死者の家）、⑨（死者の家。三日目の灰葬まで）、⑬（忌服の有無にかかわらず親戚残らず）、⑲（死者の家。往古は七日）、㊵（死者の家。村方）

表2　全国各地の服忌慣行

<畿　内>	
①山城国愛宕郡・葛野郡	葬式が終わるまでは表に暖簾を垂れ、竹箒を立て、休業する例なり。
②山城国久世郡	葬式が終わるまで休業するを例とす。しかれども父母の喪には三十五日位は剃額せず、葷羶を絶つ習慣なり。
③摂津国西成郡	死者の血族の休業はその分限によって一定ならず。生魚問屋、青物問屋のごときは一日も休業せざる例なり。
④摂津国八部郡	葬式が終われば直ちに開業する通例なり。ただし、親の喪には五十日月代を剃らず、神参せず、遊宴の席に行かざる習慣なり。
⑤大和国添上郡	真宗の他は門牌を用いる例なり。これには死者の戒名、享年、死亡月日を記す。忌札は一週間より二週間に至るまで張りおく。
⑥河内国交野郡	忌札（白紙に忌の字を大書して門の柱に張る）、門牌（死者の戒名、享年、死亡月日を白紙に記す）を門戸に張るもあり、また門牌は青き竹に挟んで立て置くもあり。
⑦和泉国大鳥郡	死者ある家は門戸に忌札を張る。近親の家は類忌と記して張る。
<東海道>	
⑧伊勢国度会郡	喪家休業は忌服の軽量に関せず七日を例とす。父母、夫の忌を受ける者戸外に出る時は襟あるいは頭に白布を巻き、晴天といえども傘を開く例なり。
⑨三河国額田郡	三日目に灰葬と唱え火葬の骨を拾って葬り、翌日より実業に就く例なり。この間は門戸に裏返しの簾を垂れ喪を表す。
⑩遠江国敷知郡	休業は七日を例とすれども、近来は生業繁きをもって出棺の翌日に七日の墓参をなし、その翌日より実業に就く者多し。
⑪駿河国安倍郡・有渡郡	死者の家は休業七日を例とす。近親の家にては一日休業す。村方にては七日間門牌を立て喪を表す。町方にては簾を垂れて喪を表す。
⑫駿河国志太郡・益頭郡	休業は七日を例とす。服穢を受けることは武家の制度に従う。
⑬甲斐国山梨郡	忌服の有無にかかわらず埋葬するまでは親戚残らず休業する例なり。
⑭伊豆国田方郡	休業は三日を定めとす。門牌と唱え七日間は位牌を竹竿に挿み門戸に立て、香花を手向ける例なり。
⑮相模国鎌倉郡	死者の家は三日間簾を垂れ、七日間休業することなり。その親族の家もまた三日位垂簾休業する例なり。
⑯相模国足柄郡	村町とも葬埋後六、七日を経て親族・組合を招饗し、翌日よ

	り業に就く。これを忌中祓いと唱え、笹をもって屋内を掃うを例なり。村方にては簾を垂れ喪を表すことなし。
⑰武蔵国豊島郡	死者の親類縁者で表店に住む者は店前に簾を掛け、親類忌中と記した札を張り、一両日位営業遠慮する者もあり。裏屋居住の貧人は遠慮することなし。
⑱武蔵国入間郡	五日位休業し、門戸に簾を垂れ、忌中と張り札す。喪家は非人の強請を防ぐため兼て穢多を雇い入れおく例なり。
⑲安房国安房郡・平郡	往古は七日位休業し忌中祓いをしていたが、多費なるをもって近頃は葬式が終われば即日忌中祓いをするようになった。
＜東山道＞	
⑳近江国犬上郡	七日間は門戸に簾を垂れ休業す。三十五日まで忌中と張り札しおく例なり。
㉑近江国坂田郡	七日目に法事をし、終わるまで休業す。父は五十日、母は三十五日間、門戸に忌中と張り札す。
㉒信濃国水内郡	死者の血族の者の休業は、父母は三日、その他は二日の慣例。
㉓上野国邑楽郡	七日目を忌中祓いと唱え戸を開けて営業をなす例なれども、日限を縮め三日あるいは五日位にて忌中祓いをなすこと多し。村方にては三十五日間は月代を剃らざるをもって例とす。
㉔上野国群馬郡	死者の家には門戸に簾を垂れ忌中と張り札して三日間休業することなり。親の忌は十四日閉居して月代を剃らざる慣習なり。
㉕陸前国宮城郡	父母死すれば七日位、その他は五日あるいは三日店前へ簾を掲げ休業する習慣なれども、日限に一定の例規なし（この休業は店を鎖せども、買人あれば品物を売り渡す）。また、別戸の近親（伯叔父母位まで）は、およそ三日位店前へ簾を掲げ、戸一、二枚を鎖して商業をなし、従兄弟姉妹以下は一切休業せず。
㉖羽前国置賜郡	実養父母は七日、祖父母・兄弟姉妹・伯叔父母は三日、子女は二日休業し、その他従兄弟姉妹以下は休業せず（休業する時は店前へ簾を掲ぐ）。親族は血族・縁族ともに葬式が終わるまで休業するを例とす(近き親族は簾二枚、遠きは一枚を掲ぐ。分家あるいは養子等になり実家の父母死去したる時は七日間店前の右あるいは左へ片寄せて掲ぐ)。
㉗羽前国置賜郡	農家は別に休業はなけれども、父母なれば五十日間慎み、その他の血族は大抵七日位慎み、外人来るとも要用のほかは慎み中の趣をもって謝して接せざるを例とす。
㉘羽後国秋田郡	本家ならびに両親は五十日、家族および兄弟・伯叔父母は七日位、店前へ忌中と記した札を張るのみにて別段休業せず。現在は忌中の札を張るのは死者の家のみとなれり。
＜北陸道＞	

㉙越前国足羽郡	忌中には店前に簾を垂れて喪を表す。死者の家にては簾を裏返し、忌掛り親族の家にては表のまま垂れるのを例とす。父母死すれば七日、その他は五日休業す、五歳以下は休業せざることなり。
㉚加賀国石川郡	親族中父母・兄弟が死去すれば本人のみは休業するが、一戸挙げて休業することはない。一戸挙げて休業するのは戸主の実父母かまたは本家・末家の間に限り、日数は七日あるいは五日を例とす。
㉛加賀国江沼郡	父母死すれば十四日、その他の家族は親等の別なく七日、外祖父母・兄弟姉妹・伯叔父母は五日間休業するを恒とす。
㉜加賀国能美郡	死者の本・末家および親子・兄弟等家居を異にする者は、各家簾を垂れ、日数一週間または五日、三日間休業することなり。
㉝越中国婦負郡	男女を問わず十五歳以上の者は七日間、八歳以上は五日間、七歳以下は三日間、その死者の家のみ休業する慣例なり。
㉞越中国砺波郡	町方にては組合の者は店前へ簾を下げ、葬式が済むまで遠慮することなり。
㉟越後国刈羽郡	町方にて死者ある時は当日より七日間休業し、五十日間店前へ簾を垂れ、忌中と張り札して喪を表す。七歳未満の者死去する時はこの例にあらず、村方にては三日間休業し、五十日間喪を勤むれども垂簾、張り札等のことなし。
㊱越後国蒲原郡	父母死すれば七日位休業し、兄弟・伯叔父母死するときは休業せざる例なり。
㊲越後国頸城郡	死者の家にては四日休業し、その他の血族の親は三日休業することなり（死者の家にては竹簾の裏面を垂れて真に休業し、その他の血族の家は垂簾休業の意を示すといえども、実際には家業を休まざる習俗なり）。
㊳佐渡国雑多郡	葬埋が終わったあと費用の決算をなすを仕上げと唱え、仕上げの終わるまで休業するをもって大概七日間位を一般の例とす。その間は門戸に簾を垂れ、忌中と張り札し、他家忌掛りの者は皆門戸に忌中と張り札して謹慎する週間なり。
＜山陰道＞	
㊴丹後国与謝郡	葬埋の翌日まで戸を閉めて休業す。油絞、大工等音響ある職業は七日位休業す。
㊵但馬国出石郡	町方にては十四日以上忌明けするまで休業す。村方にては葬埋の翌日より就業するが、忌中は謹慎して戸を出るときは晴日にても笠を被る。
㊶出雲国島根郡	血族たりとも忌服のため休業することなしといえども、死者の家はもちろん親子・兄弟および分地を受けた家は初度の法事

	が済むまで蔀（店先の下タ戸）を入れ置き、休業す。
㊷出雲国神門郡	休業の日の限定はないが、大概喪家は五日あるいは三日位休業す。この日限が過ぎても外事に関することは遠慮す。父母は六十一日、兄弟姉妹・伯叔父母は二十日忌の慣習なり。忌中は自分の家であっても本家座敷に入らず、建出し下家を設けて居住す。その下家へも裏口より出入りす。よって市中毎戸家の両脇に三尺ずつ道を付けおく。この道を火相（ひあい）という。
＜山陽道＞	
㊸備中国窪屋郡	喪家は七日戸を閉じ休業す。別居血族の者は三日位休業す。その他一町内にては商業の看板を下ろし遠慮す。喪家の者挨拶に回りてのち旧に復す。しかれどもその当日は一町内鳴物を禁じる。
㊹備中国窪屋郡	父母の喪には五十日間必ず喪服を着し、笠を被り毎日墓参す。厚くする者は朝夕墓参す。
㊺備後国御調郡	七日間は閉門して休業す。その後戸を開くといえども忌服の制に従い外出せざる例なり。
㊻安芸国沼田郡・安芸郡	死者ある家にては三日間全く蔀を下ろし、四日より半蔀と唱え上半を開き、七日に至りて常に復し家業を開く例なり。
㊼周防国玖珂郡	大概幕府制定の服忌令によりて差別を立て、両親は五十日、兄弟は二十日と分別あれども、村町に至っては各々職業ある故、両親は七日、兄弟は三日位休業す。しかれども貧富の別ありて一体ならず。もっとも営業はしてもその他の事については服忌を守ることなり。
＜南海道＞	
㊽紀伊国名草郡・海部郡	町方にては葬埋の翌日まで戸を閉めて休業す。村方にては七日休業す。
㊾阿波国名東郡	等親にかかわらず休業は三日を期とす。別戸近親もまた同じ。喪家の近隣は絃歌を禁ずる慣習なり。
㊿讃岐国香川郡	初七日の仏事が終わるまで休業するを通例とす。しかれども力役を業とする貧人はこの仏事を引き上げ三日位にて就業する者もあり。
(51)土佐国安芸郡	死家の休業、村方町方にては大抵七日を期とす。浦方漁業の者は三日を限る例なり。
(52)土佐国幡多郡	死者の家、重きは七日、軽きは三日、農商はまず三日間閉戸し、四日目を荒火明けと唱え親類近隣を招き酒飯を供する風俗なり。
＜西海道＞	
(53)筑後国三潴郡	中人以下においては休業する者なし。忌中月代を剃らざるを

	通例とす。公役は免ぜず、代人を出す慣習なり。
㊹筑後国生葉郡	通例の服忌令に照らし、忌中月代を剃らず、また人馬の公役を免るるを例とす。
㊺豊前国下毛郡	死者の家は七日垂簾し、血族の親は三日垂簾して家業を休むを例とす。
㊻肥後国玉名郡	血族の親は三日休業す。向こう三軒両隣は他人といえどもこれに同じ。月代は忌明けまで剃らざるを慣習とす。

○葬式の翌日まで――㊴(死者の家。油絞、大工など音響ある職業は七日位)、㊽(死者の家。町方)

○一両日――⑰(死者の親類縁者で表店に住む者。裏屋居住の貧人は遠慮なし)

○三日――⑭(死者の家)、㉔(死者の家)、㉟(死者の家。村方)、㊾(死者の家と別戸近親)、㊻(血族の親と向こう三軒両隣)

○三日または二日――㉒(死者の血族。父母は三日、その他は二日)

○四日または三日――㊲(死者の家は四日、その他の血族の家は三日)

○五日位――⑱(死者の家)

○六日――㉓(死者の家。七日目に忌中祓いをして家業再開。近年は三日あるいは五日にて忌中祓いをすること多し)、㊻(死者の家)

○七日――⑧(死者の家)、⑩(死者の家。近来は生業繁きをもって出棺の翌日に七日の墓参をし、その翌日より家業を再開すること多し)、⑫(死者の家)、⑳(死者の家)、㉑(死者の家)、㉟(死者の家。七歳未満の者が死去した時は例外。町方)、㊱(父母が死去した時のみ休業。兄弟や伯叔父母死去の時は休業なし)、㊶(初度の法事済みまで死者の家、親子・兄弟および分地を受けた家は休業)、㊼(死者の家)、㊽(死者の家。村方)、㊿(死者の家。力役を業とする貧人は初七日の仏事を引き上げ三日位にて就業する者もあり)、51(死者の家。浦方漁業の者は三日)

○七日または一日――⑪(死者の家は七日、近親の家は一日)

○七日または三日――⑮(死者の家は七日、その親族の家は三日)、㊸(死者の家は七日、別居血族は三日、その他一町内にても休業)、㊼(両親は七日、兄弟は三日。ただし貧富の別あり)、52(死者の家。重きは七日、軽きは三日)、55(死者の家は七日、血族は三日)
○七日または三日、二日――㉖(死者の家は実養父母は七日、祖父母・兄弟姉妹・伯叔父母は三日、子女は二日休業。その血族・縁族は葬式終了まで休業)
○七日または五日、三日――㉕(死者の家は父母は七日位、その他は五日または三日休業。別戸の近親は垂簾すれども商業は営む)、㉙(死者の家と忌掛り親族の家。父母死すれば七日、その他は五日、五歳以下は休業せず)、㉚(親族中父母・兄弟が死去すれば本人のみ休業し、一戸あげて休業することなし。一戸あげて休業するのは戸主の実父母か本・末家の間に限り、七日または三日を例とす)、㉜(死者の本・末家と親子・兄弟など家居を異にする者は七日または五日、三日休業)、㉝(男女を問わず、一五歳以上の者は七日、八歳以上は五日、七歳以下は三日、死者の家のみ休業)
○埋葬後六、七日――⑯(死者の家)
○一四日または七日、五日――㉛(父母死すれば一四日、その他の家族は等親の別なく七日、外祖父母・兄弟姉妹・伯叔父母は五日)
○一四日以上忌明けまで――㊵(死者の家。町方)
○一定せず――③(死者の血族の休業は、その分限によって一定ならず)
○休業せず――㉗、㉘、53(中人以下)
「休業」の項の総論では、「凡ソ死者アル家ハ門戸ニ簾ヲ垂レ、忌中ト張札シ、葬式ノ翌日仏事ヲ取行ヒ、労役セシ者ヲ招宴シ、其翌日ヨリ営業ス、故ニ其休業日限ハ富家ト云ヘトモ七日ヲ過サルコト一般ノ通例ナリ」と述べている。これによれば、葬式の翌日に初七日の法事を繰り上げて済ませ、その翌日から営業を再開するのが一般的であったことが知られる。

〈表2〉に示した事例は実は「其中稍異ナル條款」として、採録紹介されているものである。これら通例とは少々異なる諸事例の中では、右に整理したように、七日間、すなわち初七日の法事が済むまでは休業している例が多い。しかし、⑩遠江国敷知郡では、七日間休業するのが慣例だったとはいえ、近来は生業繁きをもって出棺の翌日に七日の墓参を済ませ、その翌日より就業する者が多くなっている。㊿讃岐国香川郡では、初七日の仏事が終わるまでは休業するのが慣例であるが、力役を業とする貧人はこの仏事を繰り上げて三日位で就業する者もいるとする。㉓上野国邑楽郡では、七日目に忌中祓いをして営業を再開するのが例であるものの、日限を縮め三日あるいは五日位で忌中祓いをなすことが多くなっている。⑲安房国安房郡・平郡では、往古は七日位休業して忌中祓いをしていたのが、多費なるをもって近頃は葬式が終われば即日忌中祓いをするようになっている。

常識的に考えて、初七日の法事を済ませるまでは休業して忌中の謹慎をするのが本来のあり方であっただろう。しかし、休職しても禄の保障されている武家とは違って、庶民の場合、休業はただちに収入の途絶につながる。蓄えのある富裕の家はともかく、大多数の一般庶民にあってはあまり長く休業する余裕はなかったに相違ない。そこで、初七日の法事を繰り上げて済ませ、休業期間を短縮する方向に推移していったのではなかろうか。⑰武蔵国豊島郡では、死者の親類縁者で表店に住む者は一両日位は営業を遠慮する者がいるものの、裏屋居住の貧人は遠慮することなしと報告しているが、これはその日稼ぎの都市貧民にとっては休業して謹慎する余裕などなかったからにほかなるまい。また53筑後国三潴郡では中人以下は休業する者なしとしているのも、同様に経済的理由によろう。

休業の有無、期間は、貧富の他にも、職種、死者の親等・年齢などによっても規定されている。

職種に規定された例は、③摂津国西成郡、㊴丹後国与謝郡、51土佐国安芸郡にみられる。③では生魚問屋、青物問屋のごときは一日も休業しないのが慣例となっているが、これは、そうした職業が休止すると地域住民の日常生活に支障が生じるためであろう。㉕陸前国宮城郡では休業中も買人があれば売っているのも、忌中休業と地域住民の生活との関係を示すものとして興味深い。㊴では葬式の翌日まで休業するのが地域慣行であったにもかかわらず、油絞、大工などの音響ある職業は七日間位休業することになっている。これは忌中の鳴物を慎んだ例である。鳴物を禁じた例は㊸備中国窪屋郡、㊾阿波国名東郡にもみられる。㊸では、喪家の忌明けの挨拶回りの当日は、一町内鳴物を禁じている。㊾では、喪家とその別戸近親が休業する三日間は、喪家の近隣は弦歌を禁じるのが慣例である。51は、村方・町方では死者の家は七日間休業するのに対し、浦方漁業の者は三日を限っているが、これは漁業の性格上、長期に休業することは許されなかったためであろう。

㉒信濃国水内郡、㉕陸前国宮城郡、㉖羽前国置賜郡、㉙越前国足羽郡、㉛加賀国江沼郡、㊱越後国蒲原郡、㊼周防国玖珂郡では、親等によって休業の有無、期間が規定されている。

㊱では休業するのは父母が死去した場合に限られている。㉒、㉕、㉖、㉙、㉛、㊼は親等に応じて休業期間を異にしている例であるが、いずれも父母の死を重要視している。このうち㊼では「大概旧幕府定則ノ服忌令ニヨリテ差別ヲ立テ、両親ハ五十日兄弟ハ二十日ト分別アレトモ、町村ニ至リテハ各職業アル故、両親ハ七日兄弟ハ三日位休業ス、然レトモ貧富ノ別アリテ一体ナラス、尤職業ノミノコトニテ余ハ服忌ヲ守ルコトナリ」と報告されている。これは、幕府が武士を対象に定めた服忌令に準拠しようとしたものの、休業については、庶民の場合、長期にわたって休業する余裕はなく、しかも貧富の差もあって、杓子定規に一定化することが不可能であった事情を物語っていて、興

味深い。なお、武家の服忌制度にならおうとした例としては、⑫駿河国志太郡・益頭郡があり、ここでは休業は七日を例とするが、服穢については武家の制度に従うとしている。

㉝越中国婦負郡では、男女を問わず、一五歳以上の者は七日間、八歳以上は五日間、七歳以下は三日間休業するのが慣例となっている。ここでは親等ではなく、まったくの年齢階梯原理によって休業期間が定まっているのが注目される。右の区分をみると、この地域では、一五歳以上が大人、八歳〜一四歳が子供、七歳以下は幼児とみなされていたのだろう。幼児が死去した時には休業しない例もみられる。例えば、㉙越前国足羽郡では五歳以下、㉟越後国刈羽郡では七歳未満の死者の場合、休業はしないのが慣例である。

以上のように、親等や年齢によって休業期間に差を設けている例もあるが、その数は必ずしも多くはない。父母が死去した時には他の親族の死よりも休業期間を長くした例はかつては多かったと思われるが、先に指摘したように、全体的には経済的理由により休業期間を短縮するのが趨勢であった。そこでは必然的に親等や年齢による差異はなくなっていく。しかし、それは休業期間についてのみいえることであって、服忌慣行全体を視野に入れると、後で述べるように父母の喪は一等重くされていることが知られる。

死者の家だけでなく、その親類筋の家ないし人間も休業することが明言されている報告事例も少なからず存する。

○近親――⑪、㊾

○血族――③、㉒、㉛、㊲、㊸、㊺、㊻

○血族と姻族――⑬、⑰、㉖

○(忌掛り)親族――⑮、㉙

○親子・兄弟および分地を受けた家――㊶

○子・兄弟と本・末家――㉚
○親子・兄弟等と本・末家――㉜

右のうち⑪、⑮、㉖、㉛、㊲、㊸、㊺は、死者の家よりも休業期間が短い。⑬甲斐国山梨郡では忌服の有無にかかわらず埋葬するまでは親戚（血族・姻族）残らず休業する慣例であるが、大抵の場合、休業する血族・姻族・同族の範囲は限定されていたと思われる。それを確認しうる事例もある。㉖羽前国置賜郡では、死者が実養父母、祖父母、兄弟姉妹、伯叔父母、子女に当たれば休業するが、従兄弟姉妹以下の場合は休業していない。㉛加賀国江沼郡では、休業は自家の家族以外は外祖父母、兄弟姉妹、伯叔父母までの死者に限っている。㉚加賀国石川郡では親族中父母・兄弟が死去すれば本人のみは休業する例であるから、休業は死者の子と兄弟に限定されていたことになる。これは家単位でなく個人単位の休業例として注目されるが、戸主の実父母かまたは本家・末家の人間が死亡すれば一戸あげて休業している。㉜加賀国能美郡でも、休業するのは本・末家関係にある家、および死者と親子・兄弟関係にある者が属している家に限られている。

右の諸事例をみると、死者の家の家族以外の血族・姻族や同族も休業するか否か、休業する場合の範囲および期間は地域によって多様であったことが知られる。また、時期によっても異なっただろう。なぜなら、それは、日常生活における共同関係の親疎や経済事情などによって左右されたと思われるからである。大勢としてはおそらく、休業するのは死者の家のみとなるか、他の家も休業してもその範囲は縮小され、期間も短縮される傾向にあったのではなかろうか。

ただ、休業はしなくても、死者の家族以外の親族も忌服することは少なからず行われていただろう。忌中の家は忌札や門牌を張ったり、簾を垂れるのが例となっているが、死者の親類の家で休業はしないものの忌中であることを表示はしている例もみられる。例えば、㉕陸前国宮城郡では、別戸の近親（伯叔父母位まで）は三日間位店前へ簾を掲げ、戸一、二枚を鎖して商業を行うのが慣例となっている。また㊳佐渡国雑多郡では、忌掛りの者は七日間位門に忌中と張り札して謹慎する習わしである。

注目されるのは、町内あるいは組合・近隣の者も謹慎している事例である。㉞越中国砺波郡の町方では、組合の者は店前へ簾を下げ、葬式が済むまで遠慮している。㊸備中国窪屋郡では、喪家は七日間、別居血族は三日間位休業するが、そのほか一町内にても商業の看板を下ろして遠慮し、喪家の者の挨拶回りののちに旧に復するのが慣例である。㊻肥後国玉名郡では、死者の血族のみならず、向こう三軒両隣も三日間休業している。これらの事例は、血縁、族縁のみならず、地縁に連なる人々にも忌が掛ると観念されていたことを示してはいまいか。

このほか興味深い服忌習俗もいくつか報告されている。

②山城国久世郡――葬式終了まで休業する例であるが、父母の喪には三五日位は剃額せず。

④摂津国八部郡――葬式が終われば開業するが、親の喪には五〇日月代を剃らず、神参せず、遊宴の席に行かざる習慣。

⑧伊勢国度会郡――喪家の休業は忌服の軽重にかかわらず七日を例とするが、父母や夫の忌を受ける者が戸外に出る時は襟あるいは頭に白布を巻き、晴天でも傘を開く。

㉑近江国坂田郡――七日目の法事まで休業するが、父は五〇日、母は三五日間、門戸に忌中と張り札をする。

㉓上野国邑楽郡――七日目に忌中祓いをして営業を再開する例であるが、村方にては三五日間は月代を剃らず。

㉔上野国群馬郡――死者の家は門戸に簾を垂れ、忌中と張り札して三日間休業するが、親の忌は二七日（ふたなのか）すなわち一四日間は閉店して月代を剃らず。

㉗羽前国置賜郡――農家は別に休業はしないが、父母が死去した時は五〇日間、その他の血族の死は七日間位慎み、外人が来ても要用の他は慎み中の趣をもって謝して接せず。

㉘羽後郡秋田郡――休業はしないが、本家ならびに両親は五〇日、家族および兄弟・伯叔父母は七日間位店前へ忌中札を張る。

㊵但馬国出石郡――町方にては一四日以上忌明けするまで休業し、村方にては葬埋の翌日より就業するが、忌中は謹慎して戸外に出る時は必ず笠を被る。

㊷出雲国神門郡――喪家は五日あるいは三日間位休業するが、日限が過ぎても外事に関することは遠慮す。父母は六一日、兄弟姉妹・伯叔父母は二〇日忌の習慣。忌中は自分の家であっても本家座敷に入らず、建出し下家を設けて居住し、その下家へも裏口より出入りす。そのため市中毎戸家の両脇に三尺ずつの道を付けておき、これを火相（ひあい）と称す。

㊹備中国窪屋郡――父母の喪には五〇日間必ず喪服を着し、笠を被って毎日墓参す。厚くする者は朝夕墓参す。

㊺備後国御調郡――七日間は閉戸して休業し、そのあと戸を開くが、忌服の制に従い外出せず。

㊼周防国玖珂郡――大概幕府制定の服忌令によりて差別を立て、両親は五〇日、兄弟は二〇日の忌とす。

53筑後国三潴郡――中人以下においては休業する者はいないが、忌中は月代を剃らないのを通例とす。

56肥後国玉名郡――血族と向こう三軒両隣は三日間休業。月代は忌明けまで剃らず。

先に父母が死去した時の休業期間が他の親族の死の場合より長く設定されている事例の存在を指摘したが、右の諸事例をみると、忌中期間も父母の死では長く、かつとりわけ深く慎む慣習であった所が多い。武家の服忌制度では父母の忌は五〇日とされていたが、右の諸事例中でも④、㉗、㉘、㊹、㊼はこれと同期間である。このうち㊼は幕府制定の服忌令に準拠していることが明言されている。他の事例もおそらく武家の服忌制度の影響を多分に受けていたと思われる。もちろん、父母の死をとりわけ重くみる観念そのものは、庶民の間でも自然な感情として自生的に存在していただろう。ただ、幕府の服忌令では父も母も忌は五〇日で同等であるが、㉑では父の忌は五〇日とするものの、母のそれは三五日と差別されている。

忌中、ことに父母の忌中には月代を剃らない慣例が多いのも目につく。これは身だしなみをする気力もないほど悲しみにうちひしがれていることを表すもので、忌中の慎みのもっとも典型的な作法であった。したがって、月代を剃らないことが忌中の象徴ともなっていた。また、忌中は外出を禁じるか、外出しても襟や頭に白布を巻いたり、晴天でも傘を開いたり、笠を被ったりしている例もみられる。忌が天や他人に及び災厄をもたらすのを防ぐためであったのだろう。

㊷出雲国神門郡では、忌中は母屋には入らず、建出し下家を設けて居住するのが慣例となっている。また、『全国民事慣例類集』第四章第一款には、伊勢国度会郡の「死者アレバ仮屋ニ入リ別火ヲ食ス」という習俗が採録されている。死者の近親者が仮屋すなわち喪屋を設け、忌中はその中にこもって謹慎する習俗は、古くは広く行われていたようである。(52) しかし、『全国民事慣例類集』採録の事例の中ではその習俗が報告されているのは右の二例のみで、他は門戸・店前に簾を垂れたり、忌札や門牌を張って忌中であることを表示し、母屋で謹慎している。つまり、喪屋を別個には設けず、母屋が喪屋を兼ねるのが一般的になっていたわけである。出雲国神門郡と伊勢国度会郡では依然として喪屋を別個に設けていたのは、この二つの地域は出雲大社と伊勢神宮の神地であったこととも関係していよう。葬送においても神地ではとりわけ死穢を忌む習俗がみられたことは、既述のとおりである。

㊸筑後国三潴郡と㊹筑後国生葉郡では、忌中の公役負担の有無についても報告されている。㊸では公役は免ぜず、

代人を出すのが慣習である。これに対して㊺では人馬の公役を免じている。また〈表1〉の㉚羽後国平鹿郡では、父母または一五歳以上の子女が死去すれば、忌中御免と称して一ケ月の村入費を免じている。忌中の公役や村入費負担を免じたのは遺族に対する共同体としての配慮であろうが、ただ公役については他面、忌掛りの者が人夫に出て他人に忌が及んだり、災厄をもたらすのを防ぐ意図もあっただろう。公役を免じない場合でも代人を出させているのも、その点とかかわっているように思われる。

⑱武蔵国入間郡では、喪家は非人の強請を防ぐために穢多を雇い入れておくのが慣例となっている。葬式や法事の際に、近世身分制社会の最底辺に生きる非人等に施行し、それによって得られた功徳を死者の供養のために回向することは社会的慣行化していた。非人の勧進とそれに対する施行は、幕藩制下においては穢多頭——非人頭を通じて管理・統制されていたが、近世後期にはこの統制を逸脱して悪ねだりする者が増えていた。(53) 右の事例は、喪家が私的に穢多を雇い入れて非人の悪ねだりを防止せざるをえないほど、非人に対する体制的な管理・統制機能が破綻をきたしていたことを物語っていよう。

㈣　葬式・法事に対する幕藩権力・共同体の規制

幕藩権力は、年貢・諸役の負担に支障を生ぜしめないため、また風紀を紊さないため、庶民の生活を様々な面から規制したが、近世後期には葬式・法事についても、それが華美にならないよう規制を強めている。ことに天保二年（一八三一）の幕府触書では、次のごとく細かな規制を加えている。

〈史料6〉

近来百性《姓》・町人共身分不相応大造之葬式致し、又は墓所え壮大之石碑建、院号・居士号等附候趣ニ相聞、如何之

事ニ候、自今以後百姓・町人共葬式ハ、仮令富有或は由緒有之者ニても、集僧十僧より厚執行致間敷、施物等も分限ニ応、寄附致、墓碑之儀も高サ台石とも四尺を限り、戒名え院号・居士号等決て附申間敷候、尤是迄有来候石碑は其儘差置、追て修復等之節、院号・居士号相除、石碑取縮候様可致候

右之趣、御料・私領・寺社領共、不洩様可触知者也(54)

これ以前にも冠婚葬祭を質素に営むように説いてはいるが、右の法令では葬式の際の僧侶の人数、墓碑の大きさ、戒名について具体的に制限を加えているのが注目されよう。その文面からは、単に質素・倹約の強制というだけでなく、葬式の規模、墓碑の大きさ、戒名の格が百姓・町人の身分に不相応なものとなり、身分制秩序の維持という観点からも、もはや黙視しがたくなっていたことがうかがえる。それはまた、身分格差は現世のみならず来世においても守られなければならないという考えの表明でもある。戒名については院号・居士号を付けることを禁じているが、しかし上層の百姓・町人の家の当主とその妻はこれ以後も院号・居士号・大姉号を付与されているのが一般的である。(55)武家からみれば身分不相応であっても、それぞれの村・町の内部においては、戒名は墓碑とともに家格や経済力を象徴するものであったし、また家内部での地位の象徴でもあった。また、供養の厚薄とも関係する。したがって、たとえ幕府の禁令が出ようと、容易には改めがたい事情があったのである。

ところで村法、町法にも、一八世紀中期以降、葬式・法事に関する規定が普遍的にみられるようになる。次にいくつか例をあげておこう。

〈史料7〉

一(a)　日本は神国故、古には死之礼これあり候、唐には礼これあり候へ共、祭に酒肉を用ゐ候て礼備ハリ申さす候、仍而聖徳太子天下太平の元を御聖察遊バされ、死葬亡奠は長く釈氏に御委ね遊され候間、酒は親の遺言なりと

雖堅く無用たるべく候、将亦忌中は高話し高笑ひ音曲の事其外何にても噪かしき事は甚た無礼に候間、堅く相慎み申へく候、万一相慎み申さす口論第（等カ）いたし候ハヽ、過料三貫文取り申へき事

一ⓑ 不幸の節は入目懸り申さす候やうに両隣組合より世話致し遣すべく候やうに致すべし、七歳未満は忌服もこれなく候間、組合計にて葬式致すべく候、外組は不幸申入候ハヾ早速帰り申べく候[56]

（宝暦二年〈一七五二〉、武蔵国葛飾郡下野村村固）

〈史料8〉

一 仏事之儀、先祖之法事或は仏月施僧斎米等上候儀は、其身の冥加なれば相勤候共、是迄より随分憚り可致事

但シ法事等ニ人集メ候共、呼連候者より斎米料理物等相送り候儀は決而無用可為事[57]

（天明二年〈一七八二〉、丹後国熊野郡久美浜村規定）

〈史料9〉

一 神事仏事婚礼葬礼の節、随分致倹約麁菜にて可致執行候事[58]

（享和二年〈一八〇二〉、丹波国桑田郡山国十ヶ村倹約申合）

〈史料10〉

一ⓐ 葬式之拵随分質素に致し、酒食等其外万事軽く取計可申事

一ⓑ 法事之振舞一汁三菜に限べし、施物之儀も分限に応じ軽く取計可申事[59]

（文化七年〈一八一〇〉、信濃筑摩郡塩尻等十九ヶ村倹約申合）

〈史料11〉

一 仏事之儀成丈手軽ニいたし、一汁三菜より五菜迄分限ニ応し相勤可申、親類・親方子方・両隣向三軒ハ一品

ニ限リ遣可申事、且又是迄呼来候内本家分家ハ格別、外親類壱人ツヽ、他門ハ□計案内可致、送膳之儀ハ親類たり共可為無用、酒禁盃之事

附、不幸之節、料理向其外共仏事勤ニ準し可申、葬式之儀分限ニ応し成丈手軽ニ相勤可申事(60)

（文政七年〈一八二四〉、丹後国熊野郡久美浜村本町規定書）

〈史料12〉

一　仏事料理一汁三菜より一汁五菜まで分限より随分軽く相勤、親類之外近所なり共呼使無用之事

附、斎米料理物之内一品に限り可申事

但し、親類たりとも呼使壱人に限り可申、送り膳無用の事(61)

（天保六年〈一八三五〉、丹後国熊野郡久美浜村倹約規定）

〈史料13〉

一　葬礼見舞の儀、隣家親類縁者は格別、無縁のものは一応悔み申入早速引取、出棺之砌に相見舞寺迄見送り、葬式相済候はゝ寺にて相断帰宅可致候事

附、悔み抔と申餅菓子抔遣し候事、致間敷候(62)

（天保十三年〈一八四二〉、甲斐国巨摩郡今福村定書）

〈史料14〉

一(a)　凶事之節、酒取扱儀堅致間敷被仰付候御事

此段凶事並仏事等之節、酒取扱候儀為仕申間敷候

一(b)　吉凶ニ付客呼並音物等身の程を考、成丈に手軽に可致事

但、葬式成丈質素に可致、檀那寺之外寺院等不相迎、親類より差向候儀前以相断可申、且婦人白装束も木綿麻に限り、絹不相成、勿論法事等成丈手軽に致し、布施等も身分相応可致事(63)

（天保十三年、備前国吉備郡岡田村等十六ヶ村村方取締議定）

〈史料15〉

一(a) 仏事法事是又一汁一菜、勿論禁酒にて、重立候親類の外呼合致間敷候事

一(b) 葬礼の儀は本寺限り、供送り酒代三十二文限り、普吟相止め、譬へ親類たりとも従弟限り五人組限り、其余懇意者たりとも野送り致間敷候事

但、五十日の志、是又相止可申候事(64)

（天保十四年、摂津国西成郡南中島組十八ヶ村取締方約定一札）

〈史料16〉

一 祝儀并不幸之筋は相互之儀ニ候は、銘々自扶持ニ而手伝実意ニ世話いたし、酒食等之跡差出候ニ不及、仮令差出候共一切受申間敷事(65)

（嘉永六年〈一八五三〉、出羽国村山郡山寺村旱魃ニ付節倹議定）

〈史料17〉

一(a) 無祝儀之儀は手不足ニては差支之筋も有之候間、任先規候事、尤仏事ニ酒は禁候事ニ付、酒不相用様可致事、尤床取道具洗浄め酒として、酒弐升にて相済候様可致、附り、大人死去致候節は、悔として米壱升、十五以下のもの死去之節は、同白米五合宛、上下は壱町内之儀ニ付、念仏講中相定、銘々右定メ之米持参可致、然ル上は外ニ悔等たし合不申事

一(b)　仏事回向、石碑建等之節、酒一切相用不申様相定候事(66)
（安政四年〈一八五七〉、下野国益子町改革議定）

村・町や組合村の法の葬式・法事に関する規定は、右の例から知られるように、質素・倹約をモチーフとしている点で共通している。これは幕藩権力の倹約令を受容した面もあろうが、村・町や組合村としても、一八世紀中期以降の商品貨幣経済の発展に伴う階層分化の進行、それに加わった打ち続く災害といった激変する社会経済の下で家と地域共同体を維持していくためには、自発的に自分たちの生活を規律せざるをえなかった。生前の生活も死後の魂の安穏も家と地域共同体によって保障されていた当時にあっては、それを維持することは絶対的な規範であったのである。家の永続を念じて定めた家法・家訓にも、一八世紀中期以降のものでは、生活全般にわたる徹底した質素・倹約が強調されている。

しかし、冠婚葬祭は親類や地域住民の交際の機会であり、家内部だけで自己完結しえない性格を具えている。その際の贈答・饗応を自家の都合だけで節約あるいは省略すれば、「義理」を欠くとの誹りを周囲から受けかねない。したがって、その質素化は地域共同体の申し合わせ事項として成文化しておく必要があったのである。例えば〈史料16〉では、祝儀ならびに不幸の節は銘々自扶持にて相互に手伝うことにし、当家より酒食等は出さず、たとえ出されてもいっさい受けないことを村として議定しているが、こうした村の申し合わせがあれば、手伝いの者に酒食を出さなくても礼を失することにはならないわけである。

しかし、村・町や組合村の法では、葬式・法事の節の参加者の範囲、香奠の額、料理の品数に制限は加えても、先の幕府法のように墓碑の大きさや戒名の格を制限した規定は見当たらない点にも、留意する必要がある。先にも述べたように、墓碑の大きさや戒名の格は地域社会における家の格式や経済力および家内部での地位を象徴するものであった。また、供養の厚薄にもかかわった。それゆえ、それを共同体の申し合わせとして一律に規定することは難しい事情があったのではなかろうか。

ところで、右に掲げた条文の内容には、当時の習俗をうかがう上で興味深い規定がいくつか含まれている。例えば、〈史料14〉――(b)では葬式に檀那寺以外の寺院から僧侶を迎えず、また親類が自家の檀那寺の僧侶を喪家に差し向けることも前もって断るよう規定し、〈史料15〉――(a)も同様に「葬礼の儀は本寺限り」としている。こうした規定を設けていることは、裏返せば、葬式の際に檀那寺以外の寺からも僧侶を迎えることが慣例化していたことを示している。第二節で検討した安芸国高田郡多治比村吉川家の『家業考』の記述にも、そうした慣例がみられる。前出の天保二年の幕府触書でも葬式の節の集僧を一〇僧以下に制限しているところからすると、複数の寺院から僧侶を迎える慣行は全国的に存在していたと推察される。[67]村・町や組合村の法でそれを禁じた例は管見の範囲では先の二例しか見出だせないが、それはそうした慣行が存在しなかったというより、僧侶の人数は死者供養の厚薄にかかわると考えられていたため、共同体としてそれを規制することは難しい面があったからではなかろうか。

〈史料7〉――(b)は「七歳未満は忌服もこれなく候間、組合計にて葬式致すべく候」という規定がみえる。『全国民事慣例類集』にも、幼児の死については忌服をしないか軽くしている事例がみられたことは、先に検討したとおりである。七歳が幼児と子供の境界年齢とされていた地域が多く、七歳以下ないし未満の幼児はいまだ神(祖霊)の世界に属していると観念され、家と村の成員とは認められていなかったことは、民俗学で明らかにされているところである。幼児が死亡しても忌服しないか軽くしているのは、そうした観念を背景にしていよう。

〈史料17〉――(a)では、「大人死去致候節は、悔として米壱升、十五以下のもの死去之節は、同白米五合宛」と定めている。十五歳を大人と子供の境界年齢としている例は、これに限らず普遍的に存する。例えば、前項でみたように、越中国婦負郡では、男女を問わず、忌中の休業期間を十五歳以上の者については七日間、八歳以上は五日間、七歳以下は三日間としている。

地域によって多少差はあるものの、七歳が幼児と子供の、十五歳が子供と大人の境界年齢とされているのが一般的で、これに応じて忌服に軽重をつけたり、忌中見舞の額に差を設けることもあったのである。

第四節　先祖観と系譜観

㈠　先祖と子孫の関係・役割

〈史料18〉

さて又家々の先祖世々の祖たちの霊を祭り其霊の冥福を祈る事怠るべからず、死して幽冥に入りても現界より子孫の祭を享けて種々の手向物多ければ即福神となり、其子孫を豊に守り幸はふ事疑なし、然るに子孫たる者其先祖を祭らざれば手向る物もなく、先祖の霊幽冥に在りて困窮するなり、困窮すれば現界なる子孫を守る事能はず、凡現幽は相互なる理にして現世の人は幽界の神の恵をうけて幸ひを蒙り、幽界の鬼神は現界の人の祭を受て冥福を得る趣なれば、家の栄えを願はむ者は、神明及ひ先祖の祭怠るべからず(68)

右は前掲〈史料2〉と同じく下総国香取郡松沢村宮貞定雄著『民家要術』の一節である。著者は平田篤胤の門人であるので篤胤の幽冥観の影響を多分に受けてはいるが、先祖の霊を祭れば先祖もそれに応えて子孫を守護し幸福をもたらしてくれ、祭らなければ災いをもたらすという観念そのものは、当時の人々に広く共有されていたと思われる。

こうした先祖と子孫の関係についての考え方は民俗学によって遍く検証されてきたし、現在でも年配の人の間では少なからず生きつづけている。

近世においては、現世の生活も来世の生活も家によって保障されていたのであるから、右のような観念は身分を問わず人々を強く支配していただろう。例えば、幕府の御小姓番士伊勢貞丈が宝暦一三年（一七六三）に著した家訓でも、次のように説いている。

〈史料19〉

一、先祖をばあがめうやまひて、おろそかに無沙汰すべからず。我身のうけつぎたる血すぢの根本にして、我家の始り也。然る間、忌日にはかたく精進《せうじん》し、膳部をそなへ拝礼し、墓《はか》へ参り、年忌とぶらひ、怠らず祭るべし。先祖を麁末にする時は、我が子孫も繁昌せず、色々のわざはひ出来て、其身もつひにはあやふかるべし。死したる人は物いはず、いか様にしてもよしと思ふべからず。人にはたましひ二ツあり。魂魄《こんぱく》の二ツ也。死する時は、魂のたましひは、消て散りうせるなり。魄のたましひは、其家にとゞまりて、いつまでもある也。その証《しよう》拠《こ》は、世上に幽霊《いうれい》とて、死たる人の形のあらはれ出る事あり、又死霊怨霊《しりやうをんりやう》などゝて、恨ある人にとりつき、なやまする事あるは、かの魄のたましひ此世にとゞまりて、そのたましひのなすわざ也。心がゝりも恨もなき人の魄は、人の目にも見えず、人をなやます事こそなけれ、其家にとゞまりてある事はうたがひなし。されば先祖を麁末にすれば、かの先祖の魄のたましひたゝりをなす故、さまざまのわざはひ絶《たえ》ず、身も家も子孫もあやふくなる也。おそるべし、つゝしむべし。[69]

家は先祖より子々孫々へと永続していくことを志向する組織体であるから、現実の構成メンバーだけでなく観念的には代々の家長とその妻を中心とする先祖も成員に含まれる。家の成員は力を合わせて家の存続・繁栄のために尽くすことが求められる。先祖も家の成員である以上、子孫を守り、家の繁栄に資する義務を負っている。しかし、肉体は死滅しても霊は生きているのであるから、子孫が飲食を供え養ってやらなければ、先祖は飢えてしまい、子孫を守ることはできない。つまり、互助の関係は現世に生きている者同士の間だけでなく、先祖と子孫の間にも取り結ばれ、互いの生活を保障する責務を負っていると考えられていたわけである。

先祖と子孫の関係を考えるとき、先祖の子孫に対する道徳上の教育機能も見落とせまい。家訓に示されているように、人として守るべき道徳は先祖の教えとして説かれるし、子供がいたずらすると祖父母や父母が〝御先祖様の罰が当たるよ〟と言って誡めた例は、年配の方なら少なからず心覚えがあるであろう[70]。

ところで家を場として現世の生活と来世の生活とが連続してとらえられていた時代[71]にあっては、年老いることは先祖に近づくことを意味していた。当然、老人にはそれがゆえの心構えが求められる。前出（第一節㈢）の『農業横座案内』では年齢、家内での地位に応じた心構えを説いているが、老いて隠居した者のそれを次のように述べている。「年行隠居致候節ハ、子供の世話にて我身を安楽に暮す故、神前に向てハ家内息才(災)延命子孫栄久を祈るへし、仏を拝しては御教のことく後世菩提をも願ふへし[72]」と。

老人は現世の生活と来世の生活との境界に位置する存在である。ゆえに、現世における子孫の息災・繁栄と自己の来世における冥福とを併せ祈願することが務めとされたのである。

㈡「先祖」と「無縁仏」

ところで、家で祭られる霊がすべて先祖とみなされていたのだろうか、それとも生前特定の地位にあった者あるいは特定の条件を備えていた者の霊のみが先祖とされていたのだろうか。この問題を考える上で、オームス・ヘルマン氏の神奈川県川崎市生田町長沢の農家を対象とした調査報告(73)が示唆を与えてくれる。

長沢では、生前結婚していた者のみが「先祖」となり、未婚のまま死んだ者は年齢を問わずすべて「無縁仏」とされ、仏壇、墓も区別されている。結婚している者は、たとえ実子がなくても夫婦養子を取るなどして子孫を持ちうるので、死後はその子孫によって「先祖」として祭られる。これに対し未婚者は、自己の子孫を持ちえないので、死後は生家で祭られるにしても、「先祖」とはみなされず、「無縁仏」として扱われる。

つまり、この部落では結婚しているか否か、いいかえれば子孫を持ちうる条件を満たしているか否かが、死後「先祖」となるか「無縁仏」になるかの分岐点であったわけである。したがって、未婚で死んだ人々は、子供であれ、成人であれ、長男であれ、次男であれ、すべて「無縁仏」といわれている。この事例は、「先祖」の観念が親子関係を前提に生まれることを示していて興味深いものがある。

近世中期以降、農民の家は直系親を主体とする小家族で構成されるのが一般的となっており、傍系親が結婚後も生家に留まるのは稀である。したがって、結婚を「先祖」となる要件とするとき、事実上、「先祖」は直系のラインに連なる代々の家長とその妻の霊によって構成されることになろう。どの範囲の霊を「先祖」の範疇に含めるかは地域によって一様ではないかもしれないが、直系家族制のもとにおいては、家で祭る霊の大部分は必然的に歴代の家長夫婦の霊で占められることになり、たまたま未婚のまま死去した者の霊は、偶然的に発生した例外的な霊として「先祖」の周縁に位置づけられざるをえないだろう。未成年あるいは未婚のまま死んだ者の霊が「無縁仏」として扱われている例は、各地で認められている。(74)

こうした制度下では、後嗣以外の子女は、新たに家を創設するか、他家に嫁あるいは養子として入り、その家の家長・主婦の地位に就かない限り、死後、正規の先祖とはなりえない。未婚のまま生家に留まれば、生前は「厄介」として、死後は「無縁仏」として、傍流の日陰の人生コースを歩むことになる。『全国民事慣例類集』の「婚資」の項をみると、入嫁の際に家具・衣類・手道具の他に田畑も持参する例が稀にはあるが、それは「身体不具面貌醜悪ノ償料ニ充ル」もので、それゆえ世間体を憚って内密に行っていると報告されている。田畑屋敷の単独相続制が定着した近世中期以降、田畑を付けて嫁に遣ることは原則的には否定されたが、稀には行われていたこと、しかもそれが「身体不具面貌醜悪ノ償料」としての意味を持たされていたことは注目されよう。当時は、女子は嫁に行き、やがては主婦の座に就き、死後はその家の先祖として手厚い供養を受けるのが正規の、幸せな人生コースと考えられていたのであるから、慣例に反して田畑を付けてまで嫁にもらってもらおうとしたのは、そうした正規の人生コースに何とかして娘を乗せてやりたいとの親心が働いていたのではなかろうか。

また、嫁や養子として他家に入っても、離縁されて実家に帰れば、再婚しない限り、「厄介」→「無縁仏」のコースをたどらざるをえない。近世においては武家も庶民も再婚率が高いことが明らかにされているが、これは正規の人生コースに戻す意味を持っていたと思われる。津軽地方では死んだ子が結婚適齢期になると嫁・婿の人形を作り、それに名前をつけ、家によっては親族を集めて結婚式を挙げ、奉納する習俗があるとのことであるが(75)、これも未婚で死去した子の霊を無縁仏の境涯から救済する意味がこめられていたのではなかろうか。こうした死後結婚の習俗は各地で少なからずみられたのではあるまいか。例えば、山形県下では、未婚のまま死亡した結婚適齢期の男女を巫女が仲介して結びつけ、祝言をあげる場面を描いた絵馬を寺社に奉納する習俗が存在する。

ところで、未婚で死去した者の霊は、無縁仏として先祖の周縁に位置づけられながらも、帰属する家において供養は受ける。しかし、無縁仏にはこの他に、帰属する家のない霊も含まれる。藤井正雄氏は、無縁仏には帰るべき家のない遊魂と祭る子孫のない霊の二種類があり、前者は行き倒れ、漂流死体、災害時の罹災者などの霊、後者は幼児、独身男女、出戻り娘、既婚者でも子供のないオジ・オバ、絶家などの祭祀者たる子孫を持たない血縁霊である、と指摘されている。(76)ただ、絶家の場合は帰るべき家自体がなくなるのであるから、前者の範疇に含めたほうがよいのではなかろうか。

それはともあれ、帰るべき家のない霊であっても、まったく放置されているわけではない。盆をはじめいろいろな家の仏を祭る機会には、自己の家の成員の霊のみならず、外部の無縁の霊も迎え入れて供養する風習は広く認められている。(77)筆者の調査した三重県鳥羽市菅島でも、盆には、仏壇に供えた物を下げたあと「餓鬼」と称する無縁の霊に与えるために庭の隅に置いている例は、各家でみられた。また、村の行事としても、村落の先祖全体と餓鬼を対象にした共同供養が盆に営まれている。さらに、埋め墓には、安政の大津波の際に出てきた人骨を納めて供養した「三界万霊供養塔」が建てられている。こうした無縁仏を対象にした地域共同体としての共同供養の行事や共同供養塔も、菅島のみならず広く一般に認められているところである。

このように家や地域共同体が先祖のみならず様々な無縁仏をも供養の対象にしている背景には、単なる同情心だけでなく、そうしなければ家や地域社会に災いをもたらしかねないとの恐怖観念も潜在しているだろう。また、疎外された恵まれない霊に供養の功徳を施せば利益が得られるとの考えもあるかもしれない。それは、現世において社会的に疎外された存在である非人や座頭などに施行するのと、根底において相通じているように思われる。

以上のことから、家と地域共同体は、現世に生きる人間のみならず、来世に生きる霊魂をも管理し、その生活を保障する機能を果たしていたことが知られよう。だが、今日、永続的な生活共同の組織体である家は、都市においてはもちろん、農村においても過疎化によって姿を消しつつあり、地域社会の共同性も薄れている。その一方で、独身者や身寄りのないあるいは家族から見放された老人が急速に増えつつある。そして、こうした事態は、かつては先祖として祭られていた霊の無縁仏化、および新たな無縁仏の発生を招来している。右にみたように、無縁仏といえども、かつては家や地域共同体によって供養は受け、その限りでは現世の人々との縁は保たれていたのであるが、その基盤の喪失しつつある現在、無縁仏は全くの無縁の存在と化しつつある。しかし、その反面、世論調査によると、現在でも日本人の大半が霊魂の存在とその祟りを少なからず信じているという。[78] 昨今の霊魂ブームや新興宗教への帰依者の増加は、家、それと結び付いた既存の寺院、地域共同体に代わる、霊魂の新たな管理システムを創り出しえていないことからくる不安を、その背景の一つとしてはいまいか。

(三)　霊魂の格差の表示——祖先崇拝と差別——

家と地域共同体は死後の霊魂の安穏を保障する機能を果たしていたとはいえ、現世において家と地域共同体に生きる人々が平等な地位に置かれていたわけではないのと同様、霊魂の間にも格差、差別が存在したことを見落とすことはできない。前項で述べた「先祖」と「無縁仏」の区別もその一つの表現であるが、霊魂の格差は戒名、墓碑、位牌などによっても示される。

現世における死は同時に、来世における霊魂の誕生を意味する。現世に誕生した人間に名前（俗名）が付けられるように、来世に誕生した霊魂にも名前（戒名）が付けられる。しかし、この戒名には、家の身分・格式や経済力、および家における地位、年齢などに応じて格差が設けられている。[79]

最も格の高い院号・居士号・大姉号を付与されるのは、上層の百姓・町人の家の家長とその妻に限られていのが通例である。また墓碑も、第一節で述べたように近世においては夫婦単位あるいは個人単位で建てられているが、家長夫婦の墓碑は他の家族の墓碑より立派であるのが普通で、その地位をシンボライズしている。もちろん、墓碑の形態・

大きさは家の格式や経済力によっても異なる。かつては格式の低い家であっても、経済力を高めると、領主に献金して武士に準じた格式を買ったり、寺院に多額の志納金を納めて上位の格の戒名を追位してもらったり、墓碑を建て替えたりする例も近世後期には珍しくない[80]。第三節第四項で述べたように、幕府は天保二年（一八三一）に百姓・町人が院号・居士号を付けたり、大きな墓碑を建立することを身分不相応として禁じているが、管見の範囲内の実例では守られた形跡は認められない。それは、戒名や墓碑は地域社会での家の地位や経済力、および家内部での地位を象徴するものであり、また供養の厚薄を示すものであったからにほかなるまい。

幼児（たいてい七歳未満ないし以下）が死亡した時には、「……童子（童女）」という戒名が付与され、幼童の霊であることが示される。また、幼童の墓は地蔵の形をしているのが通例である。それは地蔵には幼児をあの世で救う力があると信じられていたためであるが、幼児は神（祖霊）の世界と人間社会の境界に位置する存在であったため、地蔵も人間社会の境の象徴ともなり、記述のように塞の神に代わって村境などに安置されるところともなった。幼児はその非社会性ないし未社会性のゆえに、葬式、服忌、供養においても軽く扱われることが多い。そして、「無縁仏」の系列に加えられるのである。

ところで、近世身分制の下で非人間的存在として最下位に位置づけられ、全社会的に差別されていたのは「穢多」、「非人」であるが、彼らは死後においても賤民身分であることを表示した戒名を付与され、差別的な扱いを受けていた[81]。部落によっては大正末頃まで葬儀の時に檀那寺から僧侶が来ないのが普通であったという[82]。「穢多」、「非人」の名称が確定し、近世身分制の下に構造的に定置されるのは一七世紀末頃であるが、それに伴い宗門人別改めにおいて彼らは別個の帳面に登録され、また過去帳も別帳化した[83]。なかんずく「穢多」については、菩提寺そのものを区別している例が少なくない[84]。つまり、現世においてはもちろん、来世においても別個に管理されていたわけである。

なお、有泉貞夫氏の「柳田国男考――祖先崇拝と差別――」(85)は、近世における農民層の祖先崇拝の成熟と穢多・非人に対する差別との関係について論じていて、すこぶる示唆に富んでいるので、次に紹介しておこう。

有泉氏は、日本人の祖先崇拝は近世に入り小農民経営の一般的形成をまって成熟したものであり、被差別民の存在がその成熟の必須の契機になっていたのではないか、と仮定されている。なぜなら、「先祖が、死霊に対する恐怖からでなく、子孫の追慕と祭祀によって遂には神になるという観念が支配的になれるには、先祖が、従ってやがてそれに融合することを期待する子孫自身が、原罪的な罪穢を内包しているという自己意識をもたないで済むことが必要であろう」からである。そのため、「一般小農民の日常生活・生産活動のなかで不可欠あるいは不可避である仕事―落牛馬処理、隠亡、野守、刑執行、死骸取捨などを一部特定の人々に押つけ隔絶することによって、一般小農民の宗教意識は、自分を清浄な、あるいは子孫の追慕と祭祀によって浄化可能な程度の罪穢しか身についていないものと観念できる方向へ展開した。そうして、〝祖先崇拝＝家永続の願い〟は世界史に類のない成熟純化を遂げ、一般小農民の生活とモラルの規範としての位置を確立することになった」。ここで有泉氏がいわれる穢れた仕事を押し付けられた一部特定の人々とは、「室町期の『職人尽歌合』に居並ぶ漂泊的手工業・宗教芸能者の系譜を引く者で、兵農分離から鎖国の過程で活動の場を失い狭められた人々」を指す。そして、彼らは穢れた仕事を担わされたがゆえに農民から差別されるようになり、「当初は判然としていなかったエタ・非人の名称が、十七世紀末以降、政治支配・秩序維持の手段として期待され、範囲の明確化が企図されるようになるのは、この間に小農民自立が進行し、〝祖先崇拝と差別〟の複合意識が小農民一般に定着したことを前提としてではなかったか」と想定されている。

つまり、幕藩領主の政策より先に、封建小農民の祖先崇拝と現実生活との矛盾の外化として〝差別〟が発生していたと有泉氏は解釈されているのであり、それゆえ、「柳田が中世土豪的『一門氏神』解消後の近世村落での祖先崇拝の集約点と見る産土神（村氏神）信仰が、被差別部落に一般に成立し得ず、また産土神信仰から村内被差別民が排除されたのは必然であったといえる」とされる。そして、近代に入り、明治国家の権力者たちは、この差別を内包する日本人の祖先崇拝を媒介として、天皇制と被差別部落を相互に対極たらしめ、常民の祖先崇拝を、家のみたま棚↓村氏神↓伊勢大神へと連結する〝敬神崇祖〟の体系に組織することにより国民統合の強化を果たそうとした、と展望されている。

この有泉氏の論文はきわめて重要な論点を提示しているにもかかわらず、家研究においても、被差別部落の研究においても、管見の限り、正当に評価され、その論点を継承発展させられていないように思われる。実は、有泉氏の論考は、昭和に入り柳田民俗学が〝祖先崇拝＝家永続の願い〟を結晶核として形成、成熟していくのと軌を一にして、柳田の被差別民への言及が姿を消すのは何故か、という疑問に発している。そして、右の見解を踏まえて、「〝祖先崇拝＝家永続の願い〟を共有できない部分が日本人のなかにたしかに存在し、しかもかれらが差別されているという歴史と現実は〝祖先崇拝＝家永続の願い〟を核に、日本人の精神生活の再構成と意味づけを進めて行こうとする柳田にとって、なんとも認めるに忍びないことであったに違いない。この問題を引入れれば〝柳田学〟の世界が美しく結晶することは不可能となる。その果てに柳田は被差別民の問題を、かれの学問の世界から追放する道を選んだと見ることができるのではないか」という推察を導かれている。

一種の美学ともいうべき柳田民俗学は、研究者のみならず広く一般読者をも魅了しつづけているが、しかし柳田の構築した心安まる民俗世界のとりこになり、社会史的視点を欠落させるならば、大きな陥穽におちいってしまう危険性があることに、右の有泉氏の指摘は警告を発しているように思われる。先述したように家の成員の霊魂の間にも家の構造に規定された差別の体系が形づくられているのであるが、と同時に、家を基盤に広く成立、成熟した「先祖」

観は社会的にも差別を生み出す契機をはらんでいることを、見落とすことはできないのである。

なお、有泉氏の指摘に若干付言しておこう。近世初期までの上層農民の家には、家内奴隷的存在である譜代下人が含まれていた。また、家の周縁には名子、被官といった従属農民を配していた。おそらくかつては、こうした家内外の従属農民が「穢れる」とされる仕事を処理する割合が大きかったと思われる。しかし、畿内など経済的先進地域では、彼らは早期に小経営農民として自立してゆき、独自に先祖を祭るようになった。それに伴い、従来彼らが担ってきた「穢れる」仕事は他に転嫁され、それを専業とする民を生み出すことになっただろう。一方、東北地方など経済的後進地域では、近世中期以降も譜代下人や名子、被官は少なからず存在した。そうした地域では自生的な「賤民」が少なかったのは、家や同族団内部に包摂されていた従属民が「穢れる」仕事を処理する割合が大きかったからではなかろうか。それに、「穢れ」の観念そのものが天皇制支配とのかかわりで強化されていったことを想起するならば、京都から遠く離れた地域においては、そうした観念自体が稀薄であったのかもしれない。死穢の観念を前提に成立する両墓制が近畿地方を中心に分布し、東北地方や九州にはみられないのも、その点とかかわってはいまいか。

㈣　系譜意識の強まりと系譜観

柳田民俗学では、死霊は三年忌、七年忌、一三年忌、一七年忌と年忌法要の供養を受けるに従い、だんだん個性を失い、また穢れも浄まり、三三年忌もしくは五〇年忌の弔い上げによって、無個性の清浄な祖霊一般に融合し、「先祖」＝「神」に昇華する、これが常民の死霊―祖霊観であったと説明される(86)。

集合的な祖霊に融合してしまえば先述の霊魂の格差も解消してしまうのかどうか疑問も残るが、それはさておき、現世において生活を共にするのは祖父母―孫の世代が一般的で、長生きしてもせいぜい曽祖父母―曽孫の世代までであるから、三三年忌ないし五〇年忌で弔い上げにするというのは、要するに生活を共にし個性を記憶している子孫の生存中に面倒を見切ることを意味する。そして、生活共同の経験のない、したがって個性を知るよしもない世代の子孫からは、先祖一般の霊として一括祭祀される。こうした死霊―祖霊の祭祀システムは、家族周期に照らせば確かに合理性を備えていよう。

ただ、個性を持った死霊が弔い上げによって無個性の集合的な祖霊に融合してしまうと観念されていたにせよ、近世においては庶民の間でも霊魂の個別性が表示されるようになったことの意義も、考えてみる必要があるように思われる。

自然石や樹木が祖霊の依代として祭祀の対象にされていた段階では、祖霊の個別性は示されない。しかし、一七世紀後期以降、一般農民層の間でも、個々の死者に戒名を付与し、そして戒名と時には俗名も刻した石塔墓碑を建て、戒名・俗名を記した過去帳や位牌を作る風が漸次広まっていった。これらは、霊魂の個別性を表示し、子孫に伝える機能を果たしている。また、一七世紀後期には、現世に生きる人間個々の名前を登録した宗門人別改帳が全国的に作られるようになった。つまり、現世の名前＝俗名と死後の名前＝戒名とが記録されて伝えられるようになったのである。それは、人々に、自己の家の代々のメンバーを個別に確認しうる証拠を提供する。したがって、このことは、「家」観念の成熟と相俟って、広く農民層一般の間にもそれぞれの家の系譜意識を明確化させ、強める作用を及ぼしたのではなかろうか。

農民の間で家の元祖とされるのは、子孫が代々居住している村落で、開発あるいは分家によって家を創設した人物であるのが通例である。しかし、先祖の系譜は家の元祖からさらに遡っている例が珍しくないことは、よく知られているところである。農民でも上層の家ではたいてい系図が作られているが、それをみると、家の元祖以降の代々の家

図1　甲斐国山梨郡下井尻村依田家系図

家系之写

六孫王経基公之五男
右衛門尉満快――遠江之介満国――

甲斐守為満――伊那信濃守為公――伊那太郎為扶――

依田之元祖
依田六郎為実――依田次郎大夫実信――

一男
依田三郎信行――此間数代――
　一男
　依田六郎為重
　次男
　依田新右衛門為長――

次男
依田源八兵衛尉広綱

依田右近長国――依田佐大夫長久――依田与右衛門長家――

一男
古屋十郎右衛門長行

次男
依田惣兵衛長次――依田民部長安――依田帯刀矩長――

三男
古屋勘左衛門長吉

四男
依田小軒長満

長とその家族が記されているだけでなく、家の出自を由緒づけ権威づけるために、さらに遡って源平藤橘などの古代の名族に系譜を結びつけている例が多い。後者は、有賀喜左衛門氏がいわれる「出自の系譜としての先祖」(87)、桜井徳太郎氏のいわれるところの「イデオロギー的抽象的祖先」(88)に相当する。

一例をあげると、甲斐国山梨郡下井尻村の地主であった依田家の系図は〈図1〉のごとくである。

この系図は、依田家発展の基礎を築いた依田民部長安（一六七四～一七五八）が享保一五年（一七三〇）に著した「依田家訓身持鑑」(89)の中に記載されているものである。これをみると、依田の姓（苗字）を初めて名乗った依田六郎為実が元祖とされているが、さらに系譜を「六孫王経基公之五男（源）満快《ミツヨシ》」に結びつけており、依田家では本姓として「源」を称している。宝暦四年（一七五四）に依田長安が記した「依田家先祖書并長安御心得書」(90)でも、「我等源性（姓）ニして　六孫王綿（経）基公五男、従五位上源下野守満快五代之後胤、元祖依田六郎為実より廿九代父依田惣兵衛長継迄、代々武家を相勤来候……」と書き出している。

中世以来の有力農民の場合は早くから口承の系譜も含めて系図が相伝されており、そうした家ではその系譜が本当だと信じ込まれ、矜持の拠りどころともなっていただろう。しかし、近世中期以降経済力を蓄えた新興農民の場合、系図を買ったり、学文者に頼んで偽系図を作ってもらったり、文書を偽作したりして、意図的に自家の系図を由緒づけることも広くみられた。実は依田家もそうである。この点は戦国時代に成り上がった武士も同様で、日本人の系譜観は、純粋に自己のルーツを探るという志向性だけでは律しえない要素をはらんでいる。系譜を偽作してまで権威づけるというのは、つまるところ、出自の由緒、氏素姓が現実の社会において高い地位を保つ上で重要な意味を持っていたからにほかならないわけで、これは古代以来の日本の国制や社会意識の特質とも密接にかかわっている。(91)

ところで、源平藤橘などの古代の尊貴な氏族に系譜を結びつけていくという志向性は、究極的には天皇に収斂していく性格を持つ。先の「依田家訓身持鑑」でも次のように述べている。

〈史料20〉

当将軍様及大名小名家皆是　王孫にして、天下に繁栄し給へる事凡年久し、四方の夷狄の国々ハ四五代も続キ国を保てるハ希《マレ》也と伝へし、日本国の内にハ公家、武家に限らす、土民百姓といへとも氏族正しきものハ　王孫なるべけれバ、累代相続の事に心を懸べき事干(肝)要也(92)

右では、将軍以下大名・小名家はみな「王孫」であり、「土民百姓」といえども氏素姓の正しい者は「王孫」であるとしている。そして、依田の系譜を引く者は「王孫」であるとの自意識に立って、子孫に対し「田畑の致普請ハ為国家、又ハ　天照大神宮・御公儀江対し御奉公に可成道理也、菟角人間ハ何事にても為世上、国家のために成事を考いたし置べし(93)」と説いている。村落の支配層がこうした系譜意識、自己認識を持っていたことは、天皇制の社会的基盤の問題を考える上でも重要な鍵を提供していよう。そうした意識が一般農民の間でも共有されていたかどうかは史料的に検証することが困難であるが、同族結合が強い場合には、由緒ある総本家に系譜の連なる分家筋の農民の間にもある程度共有されていたのではなかろうか。また、さしたる由緒がなくても、経済力を増し、村落社会での地位を高めれば、意図的に系譜を作為して権威づけることが珍しくないことは、その背景に家柄、氏素姓を重視する観念が広く潜在していたことを物語っていよう。そして、そうした意識は、天皇へ結びつく契機と差別の契機の両者を内在させているのである。

(五)　家継承のラインと「先祖」の観念

家は父から男子へというラインで血筋が連続していくことを志向している。実男子がいないか、いても家相続人としての適性に欠けるときは、他家から男子を迎えて家を継がせるが、その場合は養子縁組をして親子関係が設定される。早く家内労働力を補充する必要があるときには、実男子がいても初生子である長女を後嗣にして聟を迎える、いわゆる「姉家督」の事例もみられるが、その場合でも当主になるのは聟養子であるのが原則で、形式上は父から男子へというラインになる。また、弟や孫に相続させた際にも、弟・孫を養子にして形式上父子関係に擬えたうえで相続させている例もみられる(94)。

つまり、家継承のラインは生物学的には決して血筋の連続、父子相承ではないが、擬制という手段によって形式的には原則を貫いているわけである。このようにして、家の存続という絶対的要請と継承ラインの原則の双方の条件を充たしているところに、家の特徴が端的に示されている。ただ、できるかぎり血続きの実子に家を継承させたいという希求は、強いものがあったようである。例えば、前出の「依田家訓身持鑑」では次のように述べている。

〈史料21〉

人々父母の恩を受け成長いたす、ぞなれハ先子孫の繁昌と絶るトを能々考テ、何とそ実子有之様ニいたすを先祖への孝行と云べし、実子なくして養子をとりても尤家ハ相続すとゐゑとも、其家の血筋絶るもの歟、此ゆへに、若本妻に子共(供)なくんバ妾ヲ置て子孫の血筋たへざるやうにいたすべし、然共まどひやすき世のならひ、老たるも若きも、智あるもおろかなるも、女の髪筋にてよれる綱には大象《ゾウ》もつなかれると云ふ事あれハ、本妻に子共有之の上に妾を置ハ、慆《オコル》奢《オコリ》不仁不義色欲に耽《フケル》者と云ふべし、莵角実子なく養子いたすときハ、父方の親類之内にて養子すべし、父方になくハ母方より取べきなり、譬不器量にても血道相続いたす道理也、其者ハ器量悪敷ても、子孫にいたり器量能者も出生いたすべし、欲徳を考イ、親類之内に養子すべき者有之に他人を取ルは、先祖への不孝不忠の道理也、たへて求メかたきハ血道なるべし(95)

（傍線、引用者）

右では、血筋を絶やさないようにするのが「先祖への孝行」である、とことさらに強調されているのが目をひく。血筋を保つためには本妻に子なきときは妾を置くことさえ勧めており、やむなく養子を取らざるをえないときでも、父方の親類のうちより選び、父方に見当たらなければ母方より取るように説き、親類に養子とすべき者がいるにもかかわらず非血縁の他人を取ることは「先祖への不孝不忠」に当たると断じている。かように血筋永続への志向性が強く表出している背景には、先にみた依田家の人間は「王孫」であるという自意識が働いていただろう。あるいは儒教の血縁連続のイデオロギーの影響も受けていたかもしれない。しかし、依田家ほどではなくても、なるべく血続きの者の相承によって家を永続させたいという希求自体は多かれ少なかれ広く共有されていたのではなかろうか（本書第二部第一章第四節で分析した羽州村山地方の農民の家相続の事例からも、そうした観念はうかがえる）。そして、そうした志向性は、嫁の最大の任務は後嗣の男子を生むことだという考えを社会通念化させることにもなっただろう。

以上のように家の継承は父子相承の原則に貫かれているわけであるが、そもそも「家の先祖」という観念は、親子関係の世代的連鎖によって家が続いていくことを前提にして、はじめて成り立つものであろう。先述のように、親子関係形成の要件である結婚が死後「先祖」となるか「無縁仏」になるかの分岐点とされていたことも、これと関係している。「依田家訓身持鑑」では、次のごとく先祖父母の供養祭祀を「孝行」の実践として説いているが、これは「先祖」の観念が親子関係の世代的連鎖に支えられて成り立っているからにほかなるまい。

〈史料22〉

一幼少の時父母にわかるゝ者有、是等ハ孝行を志さし有者もほひなく思ふべし、父母死後にも孝心は同し事、父母の忌日をわすれす、前の日より供前に香花を備へ、精進の慎しミ、墓へ参非人をたすくれば孝行なり、先祖父母を能弔ハ、我が身の後生願にハ及ざるもの歟、先祖父母の事片時も忘べからす、人々の分限ニ応シ、世間に名を知られ、一世を送るも皆是先祖父母の厚恩ならすや、人は貴も賤も孝行肝要也(96)

先に、非人や座頭など恵まれない人々に施しをすれば、その功徳によって死者・先祖の供養を厚くすることができると考えられていたことを指摘したが、右でもやはり、「墓へ参非人をたすくれば孝行なり」と説かれている。それはさておき、葬儀、服忌、法事においても父母は重く扱われていたことは、第二、三節で検討したところである。第二節でみた安芸国高田郡多治比村丸屋吉川家では直系卑属の葬式・法事は尊属のそれに比べて簡略化されていたが、これは、子や孫は父母・祖父母を祭るものであって、父母・祖父母によって祭られるものではないという考えを前提にしていただろう。そうした考えから子の葬列に親が参加しない風習も広く見られたという(97)。

ところで、日本の家を単位とした先祖祭祀の特徴は、他家に養子や嫁として入れば生家のメンバーからはずれ、死後は養家・婚家の先祖の系譜に加えられてその家の子孫に祭られる点にある。そこでは、親子関係の連鎖といっても、それはあくまで家に枠づけられているのである。この点は、個人を単位に父子関係の連鎖によって血（「気」）が永続していくことを志向し、それに支えられて「先祖」の観念が成り立っている中国(98)とは異なる。

ただ、日本では家が死者・先祖の祭祀の基軸をなしているとはいえ、他家に養子あるいは嫁として入った者も、実家の親が死去すれば葬儀はもちろん年忌法要にも参加し、弔い上げまでは親の霊の面倒をみる（第二節参照）。また、地域によっては、子供に親の位牌が分けられ、それを婚家・養家の仏壇で祭っている習俗もみられる(99)。つまり、子はたとえ他家に入り生家のメンバーからはずれようと、実の親の供養は営むべきものとされているのである。ただ、分与位牌を祭るのは子の生存中のみであり、養家あるいは婚家で代々祭祀されるわけではない。したがって、これは個別の親子関係にもとづく死者祭祀であって、家の系譜に沿った先祖祭祀とは範疇を異にしていよう。

(六)　婚出女性の死後祭祀と氏

これまで述べてきたことからわかるように、家を基軸にした先祖祭祀においては、他家に嫁いだ女性は死後は婚家の先祖の系譜に加えられ、代々祭祀されるのが原則である。

ただ、子がいないときは、婚家ではたして手厚く供養してもらえるか否か実家の方としては不安であったらしい。前出の能登国羽咋郡町居村の村松家の家訓では、他家へ嫁いだ者が亡くなった場合、供養してくれる子がいれば実家の方で供え物をするには及ばないが、子がいないか幼少のときは、追善のため、実家でも毎月なるとも茶や線香、花を供えるように説いている(100)。

なかには、嫁いだ娘の死後、実父母の意思で婚姻を取り消し、実家の方で供養することもあった。天野　武氏は新潟県岩船郡神林村や同県西頸城郡能生町でそうした事例を数例確認され、しかもこれら伝承地では一世代前には人々の強い支持を受けていたことから、かつては死後の離婚は広く慣例化していたのではないかと推測されている(101)。死後の離婚は、死者の実家（実親）の意思にもとづき、実家で葬式を挙げることにより、あるいは五七日《いつなのか》（三十五日）か七七日《なななのか》（四十九日）かの死後の儀礼を済ませた後で実家が遺骨を受け取ることにより成立する。死後の離婚事例は、死者は女であること、首つりをしたとか池に身を投げたとかなど不自然な死に方ないし自殺であること、および子なしであること、で共通している。こうした境涯で果てた娘は稼ぎ先では十分には供養してもらえないのではないか、後妻を迎えれば邪魔物視されるのではないか、と実親が慮って、実家に引き取り、自分たちの手で手厚く供養してやろうとしたのである。

右にあげた村松家の家訓の例および死後離婚の習俗は、裏返せば、嫁が子なしで死去した場合、必ずしも婚家で十分に供養してもらえる保障はなかったことを物語っていよう。嫁は血肉を分けた実子をもうけることにより、はじめて死後の冥福の保障を得られたのである。のみならず、嫁は子を生まない限り夫の家のメンバーとして認められないという足入れ婚の習俗のように、生前の地位の保障さえ出産が要件とされていた所もある。

ところで、他家に嫁いだ女性は婚家の寺檀関係に組み込まれるのが通例であるが、なかには実家の寺檀関係を婚家に持ち込んでいる例も、近世のみならず近代に入ってまでみられることが、これまでの研究で明らかにされている。もっとも、聟養子も実家の寺檀関係を引き継いでいる例もあり、このほか複檀家制と呼ばれる慣行には様々なパターンが存在しているので[102]、必ずしも婚出女性の問題だけではないが、婚入女性が実家の檀那寺の檀徒になっている場合はここでのテーマにかかわってくる。

嫁や聟養子が実家の寺檀関係を持続しているケースで問題になるのは、それがただちに死後実家の方で供養され、実家の先祖の系譜に加えられることを意味しているのかどうかという点である。たとえ実家の檀那寺の檀徒であっても、祭祀権自体は婚家が持ち、実家の方の檀那寺の僧侶に委託して供養祭祀を営むことも想定できるのではなかろうか。例えば、千葉県長生郡旧東浪見町では、実本寺（日蓮宗）檀家の女性が遍照寺（天台宗）檀家へ嫁入りした場合、その嫁一代に限って実本寺の檀徒となるが、嫁の葬儀および初七日、新彼岸、年忌などの法要はすべて実本寺が執り行い、その家の盆や彼岸などの先祖の供養は男女にかかわりなくすべて遍照寺が営むという[103]。ここでは、嫁が死亡したときには、葬式および弔い上げまでの法要は実家の檀那寺が受け持ち、婚家の先祖の霊に融合してしまった後は婚家の檀那寺によって供養されている。実家の寺檀関係を嫁が引き継いでも、死後、実家の先祖の系譜に加えられるわけではないのである。この例から知られるように、複檀家制は必ずしも一系的な家の先祖祭祀と矛盾するものではないのではなかろうか。今後、複檀家制については、死者・先祖の祭祀のあり方まで含めて分析する必要があろう。

なお、一家内の家族の檀那寺が男女別に世代を超えて固定されている事例も検証されている。そのうち男は本寺、女は末寺に配属されているケース[104]では、現世における男女の地位の格差は来世まで続くと考えられていたのであろうか。また、男女別寺檀制をとっている家では、先祖観において男系の先祖と女系の先祖に並列されていたのかどうかも問題になるだろう[105]。それは男女別墓制についてもいえる。

男女が別々の墓地に葬られている事例もいくつか報告されているが、第一節で述べたように、近世においては、家単位に区画された墓地に夫婦単位に墓碑が建てられているのが一般的である。別個に建てられても、夫婦はたいてい並置されている。それは夫婦はあの世でも一体であるべきだとの考えを如実に表現していようが、留意すべきは、入嫁女性は死後は婚家の先祖の系譜に加えられても、氏（苗字）の系譜においては、所生のそれを引きずっていることである。

武家や庶民の上層ではたいてい系図を備えているが、それには入嫁女性については「……氏」と所生の氏（苗字）が表示されているのが通例である。墓碑に所生の氏が示されている例もある。例えば、洞　富雄氏は御自身の玄祖母の墓碑には「平松もと」と実家の苗字が記されていることを紹介されているが[106]、氏の御教示によれば、墓碑そのものは洞家の墓地に建てられているとのことであるから、洞家の先祖として祭られていながら実家の苗字で表示されたことになる。

筆者が住んでいる茨城県水戸市堀町（近世「堀村」）の墓地には、そうした事例の墓碑が大量に見出だせる[107]。ここの墓地の墓碑は、天保以降、戒名に代わって氏（苗字）と俗名が刻されるようになっている。これは、水戸藩の天保改革で、神道振興策の一環として仏葬から神葬祭への切り換えが強制され、戒名が禁じられた代わりに、庶民でも苗字を冠して俗名を墓碑に表示することが認められたためである。その場合、注目されるのは、夫は「その家の苗字＋名前」で表示されているのに対し、妻の方は「谷津氏夫人」、「暨配夫人　萩原氏」といった形式で出自が示されるか、あるいは「生家の苗字＋名前」で表示されていることである。妻も夫の家の墓地区画に葬られ、しかも夫婦一緒の墓碑が大部分であるから、夫の家の先祖として祭られていながら所生の氏が表示されたことになる。これは、単に武家の形式にならったというだけではなく、庶民の間でも入嫁女性の氏素姓が重視されていたことの反映と考えたい。明治三一年（一八九八）施行の民法では妻は嫁ぎ先の家の氏を名乗ることが規定されたが、右の墓地では昭和初年まで妻については所生の氏を表示している。

明治に入ると水戸藩のみならず全国的に神葬祭が容認され、明治五年（一八七二）には大教院によって『葬祭略式』が編纂されてその形式が整えられたが、そこでは墓碑には妻の所生の氏を記すよう規定されている。[108] しかし、右のようにそうした形式の墓碑は水戸藩領ではすでに存在していたのであり、明治に入り神葬祭の形式が規則化されるにあたっても、妻の所生の氏を重視する伝統的習俗が斟酌されたにちがいない。また、明治九年三月一七日の太政官指令で、妻は夫の家を相続しない限り「所生ノ氏」を称すべきであるとの原則が打ち出されたのも、やはり同様であろう。

婚入女性の所生の氏が重視されたことの近世における意味については、すでに別稿[109]で述べたので、ここでは立ち入らない。ただ、聟の場合は同時に養子となって親子関係が取り結ばれるため所生の氏が表示されることはなく、養女についても同様であることを考えると、氏は父子関係の連鎖によって継承されたとも解されよう。嫁女は夫の父との間に親子関係（擬制的血縁関係）は設定されない。嫁も一応夫の家の成員には加えられ、死後はその家の先祖の系譜に連なるとはいえ、それはあくまで夫との関係および子との関係によるものである。しかし、父子関係は実家の父との間に結ばれているのであるから、氏も実父のそれを引きずることになったとは考えられまいか。養女になったうえで他家に嫁せば養父の氏が表示されるが、このことは、新たな父子関係が取り結ばれれば、前の父（実父）の氏の系譜から解き放たれ、新たな父（養父）の氏の系譜に入ったことを示している。婚姻にあたって氏素姓が重視された武家や庶民上層の家では、格の釣り合わない婚姻に際し、いったん格式の高い家の養女としたうえで嫁がせることが多かったのも、そこに根拠がおかれていただろう。

嫁女は夫の父とは親子関係が設定されない（血縁に擬制されない）がゆえに、婚家の血族ではなく、その氏の系譜にも加えられない[110]。そこには必然的に、嫁女を異族、異分子とみなす観念も生まれていたにちがいない。こうした嫁女をめぐる氏の系譜と先祖祭祀の系譜＝家の系譜の矛盾は、第一部第三章第三節(五)で述べたように、法制上は明治三一年施行の明治民法によって解決され、両者が一致させられることになる。

註

（1）本書第二部第一章所収論文および拙稿「身分と家―身分制支配下の家と村―」（『講座日本近世史3　幕藩制社会の構造』（有斐閣、一九八〇年）。

なお、尾藤正英「日本における国民的宗教の成立」（『東方学』第七五輯、一九八八年。同『江戸時代とはなにか』岩波書店、一九九二年、再収）では、宗教学や民俗学における先祖祭祀研究の成果を積極的に取り入れ、農民層の「家」の形成を基盤に神道、仏教と民俗宗教の三者が相互補完的に結び付き、「国民的宗教」ともいってよい一つの体系ある宗教が形成されたのではないか、という仮説を提示されている。この論文は、諸学問分野における各種の個別宗教に関する研究成果を歴史学の立場から摂取し、体系づけて、逆に問題を投げ返した点で、注目に値する。

（2）竹田聴洲氏の実証面での研究成果は、『民俗仏教と祖先信仰』（東京大学出版会、一九七一年）、『近世村落の社寺と神仏習合』（法蔵館、一九七二年）、『村落同族祭祀の研究』（吉川弘文館、一九七七年）としてまとめられている。

（3）竹田聴洲「日本の『家』とその信仰」（『社会科学』第五巻第一号、一九七四年、一一頁）。

（4）同『祖先崇拝』（平楽寺書店、一九五七年）一九六頁。

(5) この点は福田アジオ「寺檀関係と祖先祭祀」(比較家族史学会監修『生者と死者』三省堂、一九八八年)で明快に論証されている。

ただ、江戸幕府が上から制度化した寺檀制度は先祖祭祀の規制まで企図したものではなかったとはいえ、圭室諦成氏の研究によれば、一五世紀後半ば以降、庶民の間でも寺檀関係が自生的に形成されつつあり、それは葬祭を媒介としていたという。そして氏は、諸宗の寺院が郷村にも多く建立され、寺檀関係が自然に発生し成長していたのを踏まえて、江戸幕府はそれを行政の末端機構化し、キリシタン禁制の監察制度として利用したのであり、幕府が制度を定めたから寺檀関係が生じたのではない、と解釈されている(「葬式と仏教」『明治大学人文科学研究所紀要』一、一九六二年。のち『葬送墓制研究集成』第三巻、名著出版、一九七九年、再収)。圭室氏の論文は、中世末期の自生的な寺檀関係の形成との関係において近世における国家的制度としての寺檀制度の成立を歴史的に位置づけた点で、研究史上の画期をなすものである。ただ、すべての庶民階層が自生的に寺檀関係を取り結んでいたわけではなく、やはり幕藩権力による上からの制度化がそれを押し広める上で大きな契機をなしたのではなかろうか。そして、一般の庶民も主体的に自家の先祖の祭祀を行うようになった段階で、彼らの家もそれを媒介に寺院と内面的に強く結び付くようになったと思われる。

(6) 詳しくは、本書第一部第一章第二節および第二部第一章を参照されたい。

(7) 前掲の竹田氏の諸論稿参照。

(8) 一方、寺院側も元禄(一七八八~一七〇四年)以降、「邪宗門吟味之事、御条目請合之控」という慶長一八年(一六一三)に幕府より全国の諸寺院に発布されたことになっている掟を偽作するなどして(元禄四年〈一六九一〉以後の偽作とされる)、檀家の葬祭と先祖祭りを管轄下に置き、寺と檀家の結び付きを強めて経済的基盤を固めようと企図している。田中久夫編『祖先祭祀の歴史と民俗』(弘文堂、一九八六年)では、「過去帳や回向帳の作製が増えるのは元禄から享保にかけてであるが、これも寺檀制によって寺院における先祖供養が確立してきたからである」(一九四頁。野沢謙治氏執筆)とされている。寺院側の働きかけも一つの契機にはなったであろうが、個々の小経営農民の家が自立性を強め、主体的に自己の家の先祖を祭ろうとする志向が広く芽生えていなければ、いくら寺院側が強制しても、寺と檀家が先祖祭祀を媒介に内面的に深く結び付くことは不可能であっただろう。

なお、小林大二『差別戒名の歴史』（雄山閣、一九八七年）では、長野県下の墓標・位牌・過去帳の調査をされ、享保期（一七一六～一七三六年）にそれらが三位一体となって広く成立していることを指摘されている（第五、六章）。ただ、小林氏は民衆の先祖供養を、もっぱら寺檀制を通じた幕藩権力による民衆支配、その執行機関となった寺院側の強制という観点のみから論じられているが、民衆側の主体的契機、そして一般の民衆も死後、先祖として供養されるようになったことの意義も見落としてはならないだろう。

（9）竹田・前掲（註4）『祖先崇拝』九一頁。
（10）森　謙二「秋田県における同族・総墓・村落」（『茨城キリスト教短期大学研究紀要』第二五号、一九八五年）。
（11）同前および森　謙二編『出作りの里』（新葉社、一九八九年）。
（12）同前森論文および編著書。
（13）竹田聴洲「両墓制景観の変遷」（『葬送墓制研究集成』第五巻）。
（14）同前三四四～三四六頁。
（15）柳田国男『先祖の話』（初刊は一九四六年。のち『定本柳田国男集』第一〇巻、筑摩書房、一九六二年、再収）。
（16）前掲（註5）『生者と死者』の「総括と展望」（藤井正雄氏執筆）参照。
（17）田中久夫「共同墓地発生の社会的基盤」（『伝承文化研究』創刊号、一九六四年）。
（18）尾藤・前掲論文（註1）一三頁（前掲書一三〇頁）。
（19）原田敏明「両墓制の問題」（『社会と伝承』第三巻第三号、一九五九年）。同「両墓制の問題　再論」（同前第一〇巻第二号、一九六七年）。
（20）竹田・前掲論文（註13）参照。
（21）この調査の詳細については田中真砂子・義江明子両氏が報告されることになっているので、参照されたい。以下においては筆者の気づいた範囲で概要を記しておく。
（22）オームス・ヘルマン『祖先崇拝のシンボリズム』（弘文堂、一九八七年）一七九頁。
（23）『日本農書全集』第二二巻（農山漁村文化協会、一九八〇年）、一二頁。

(24) 同前六九頁。

(25) 『近世地方経済史料』第五巻（吉川弘文館、一九六九年）、三〇八頁。

(26) 『日本農書全集』第三一巻（一九八一年）、一〇七頁。

(27) 同前第二一巻（一九八一年）、二二四～二二五頁。

(28) 同前第二七巻（一九八一年）、二五四頁。

(29) 本書第二部第三章を参照されたい。

(30) 以下、『日本農書全集』第九巻（一九七八年）、一五七～一七〇頁。

(31)・(32) 同前第二七巻、二三四頁。

(33) 同前二五四頁。

(34) 同前第九巻、一五二頁。

(35) 小都勇二「『家業考』解題」（同前所収）参照。

(36) 同前解題。

(37) 『日本農書全集』第二七巻、二三四頁。

(38) 北原糸子『安政大地震と民衆』（三一書房、一九八三年）二四五～二五一頁。北原氏によると、将軍家の法事施行は必ずしも固定化された儀礼だったのではなく、災害時の社会状態を勘案して行われたらしい。そこから氏は、将軍家の法事施行を、法事という仏事に組み込まれる宗教上の意義と災害による疲弊の救済という社会的意義の両者を兼ねていたと解されている。

(39) 丹羽基二『家紋』（秋田書店、一九六九年）三二頁。

(40) この点については、すでに桜田勝徳氏が「『新帰何々院何々居士霊位』という様な文句を記した位牌が、そう古くから一般の葬儀の中に取り入れられていたとは思われない。……〈中略〉……棺の跡棒を舁ぐとか棺の直ぐ跡をゆく慣習が、曽ては広く行なわれたのではないかと思われる。殊に、私には亡き父の遺骸の入っている棺の棒を相続人が舁ぐというのが誠に自然な素朴な姿であり、之が古いかとも思う」と推定されている（「位牌持ち」『民間伝承』第一一巻一〇・一一号、一九四七年。のち『葬送墓制研究集成』第二巻再収）。
(41) 同前。
(42) 同前。
(43) 柳田国男「生と死と食物」（『旅と伝説』第六巻七号、一九三三年。のち『葬送墓制研究集成』第二巻再収）。
(44) 有賀喜左衛門「不幸音信帳から見た村の生活」（『村落生活』国立書院、一九四八年。のち『葬送墓制研究集成』第二巻再収）。
(45) 同前。
(46) 前掲（註43）「生と死と食物」。
(47) 井之口章次『仏教以前』（古今書院、一九五四年）。佐藤米司「穴掘り」（『近畿民俗』第五三号、一九七一年。のち『葬送墓制研究集成』第二巻再収）。
(48) 前掲（註44）「不幸音信帳から見た村の生活」。
(49) 同前。
(50) 前掲（註43）「生と死と食物」。
(51) 佐藤・前掲論文（註47）。
(52) 岩脇　紳「『殯』（モガリ）」（『近畿民俗』第五七号、一九七三年。のち『葬送墓制研究集成』第二巻再収）。
(53) 塚田　孝「近世後期における江戸の非人と町方」（『部落問題研究』第六五輯、一九八〇年。のち同『近世身分制の研究』兵庫部落問題研究所、一九八七年、再収）。
(54) 『御触書天保集成』五五五一号。
(55) 国立史料館刊行の『史料館所蔵史料目録』には史料を原蔵していた家々の系譜を付し、それには歴代家族の俗名と戒名を記しているので、参照されたい。
(56) 前田正治『日本近世村法の研究』（有斐閣、一九五〇年）六七頁。
(57) 同前九八頁。

(58) 同前一一三頁。
(59) 同前一二五頁。
(60) 同前一五一頁。
(61) 同前一八八頁。
(62) 同前二一二頁。
(63) 同前二一五頁。
(64) 同前二二三～二二四頁。
(65) 同前二五七頁。
(66) 『栃木県史』史料編・近世三（一九七五年）、八一〇～八一一頁。
(67) 宗教史家で自らも僧侶であられる広瀬良弘氏の御教示によると、こうした慣行は現在でもみられ、宗派が異なるときには、喪家の檀那寺の僧侶が大声で読経し、他宗の僧侶は小声で読経するとのことである。
(68) 『近世地方経済史料』第五巻、二六五～二六六頁。
(69) 日本思想大系『近世武家思想』（岩波書店、一九七二年）九三頁。
(70) オームス・ヘルマン・前掲書（註22）一二一頁に、そうした聞き取り事例が紹介されている。
(71) 同前九六～一〇三頁で、ヘルマン氏は、生者の成長過程と死者の祖霊化過程には対応関係があることに着目され、トータルな意味での人の一生は生前の人生と死後の祖霊化の過程とを合わせて成り立っていると指摘されている。
(72) 『日本農書全集』第三一巻、一〇七頁。
(73) オームス・ヘルマン「家のシンボルとしての祖先」（第六回日本民族学会研究大会報告集『祖先観と社会構造』、東京教育大学、一九六七年）。
(74) 最上孝敬「無縁仏について」（『西郊民俗』第一三号、一九六〇年。のち『葬送墓制研究集成』第三巻再収）。
(75) うちだりゅう「地蔵の声は海を渡る」（『禅の風』一、一九八一年）。
(76) 藤井正雄「無縁仏考」（『日本民俗学』第七四号、一九七一年。のち『葬送墓制研究集成』第二巻再収）。

(77) 最上孝敬・前掲論文（註74）。
(78) 『朝日新聞』一九八一年五月五日版。
(79) 小林大二・前掲書（註8）で、長野県下の調査にもとづいてこの問題を論じられている。また谷川章雄「近世墓標の変遷と家意識」（『史観』第一二一冊、一九八九年）でも、千葉県市原市の近世墓標に刻された戒名の変遷と牌格を考察されている。
(80) 小林大二・前掲書（註8）第五章六、第六章三を参照。
(81) 差別戒名については、近年、多くの事例が発掘、報告されている。小林大二・前掲書（註8）では、長野県下の事例を詳細に調査、検討されている。
(82) 成沢栄寿「歴史的にみた未解放部落の戒名」（部落問題研究所編『宗教と部落問題』京都部落問題研究所出版部、一九八二年）。
(83) 小林大二・前掲書（註8）第五章三参照。
(84) 『全国民事慣例類集』第一篇第一章第一款「農工商穢多非人ノ別」参照。
(85) 『展望』一九七二年六月号。
(86) 前掲（註15）『先祖の話』（『定本柳田国男集』第一〇巻、一五四頁）。
(87) 有賀喜左衛門「先祖の観念」（同『家』〈『日本の家族』改題〉、至文堂、一九七二年）。
(88) 桜井徳太郎「柳田国男の祖霊観」（同『霊魂観の系譜』講談社、一九八九年）。
(89) 国立史料館編『依田長安一代記』（東京大学出版会、一九八五年）所収、六五〜六六頁。
(90) 同前所収、一一〇頁。
(91) これについては、本書第一部第三章に譲る。
(92) 前掲（註89）『依田長安一代記』四九頁。
(93) 同前六四頁。
(94) 本書第二部第一章第四節参照。

(95) 前掲（註89）『依田長安一代記』四九頁。
(96) 同前五〇頁。
(97) 藤井正雄・前掲（註76）「無縁仏考」。
(98) 滋賀秀三『中国家族法の原理』（創文社、一九六七年）参照。
(99) 中込睦子「『位牌分け』と祖先観」（国立歴史民俗博物館共同研究「家族・親族と先祖祭祀」報告、一九八八年）。
(100) 『日本農書全集』第二七巻、二三四頁。
(101) 天野　武「死後の離婚」（『比較家族史研究』創刊号、一九八六年）。
(102) 半檀家ないし複檀家についての研究は多数出されているが、前田安紀子「半檀家・位牌祭祀と社会構造」（『社会伝承研究』V、一九七六年）で要を得た整理がなされているので、参照されたい。
(103) 同前一七頁。
(104) 最上孝敬「男女別墓制ならびに半檀家のこと」（『日本民俗学』第一巻第二号、一九五三年）に千葉県市原市の事例を紹介されている。
(105) 福田アジオ・前掲（註5）「寺檀関係と祖先祭祀」では、男女別寺檀制の家では父親・男子の関係と母親・女子の関係が並行していることから、その彼方に並行的な先祖観を想定されている。
(106) 洞　富雄「明治民法施行以前における妻の姓」（『日本歴史』第一三七号、一九五九年）。
(107) 本書第一部第三章第三節(三)で一覧表にして紹介しているので参照されたい。
(108) 森　謙二「墓をめぐる法と民俗」（茨城キリスト教短期大学『創造』第一六号、一九八七年）。
(109) 本書第一部第三章第三節。
(110) 明治九年の太政官指令で、戸籍上、嫁女に「所生ノ氏」を用いさせた理由について、山中永之佑氏は、嫁女は戸主ないし夫と同じ「血属」（血族）ではないがゆえに、厳密には「家族」の範疇に入れがたい存在であったためであろうと解釈されている（「明治期における『氏』」、比較家族史学会監修『家の名・族の名・人の名』三省堂、一九八八年）。

〈付　記〉

本稿は、国立歴史民俗博物館民俗研究部主宰の「家族・親族と先祖祭祀」をテーマとする共同研究（一九八六年度～八八年度）に参加し、その報告書として草し（成稿は一九九〇年二月）、『国立歴史民俗博物館研究報告』第四一集（一九九二年三月）に発表したものである。同報告書には、本稿の内容と関連する、以下の論稿が収められている。田中真砂子「三重県菅島の盆行事」、義江明子「菅島の両墓制に見る祖霊観」、中込睦子「位牌分けと祖先観」、森　謙二「総墓の諸形態と祖先祭祀」。また菅島の両墓制については、田中真砂子・義江明子『両墓制の展開と家族構造』（平成二年度科学研究費補助金一般研究B研究報告書、一九九一年）、田中真砂子「共同体・家・個人―三重県菅島の二つの墓をめぐって―」（比較家族史学監修『家族と墓』早稲田大学出版部、一九九三年）も発表されている。

なお、本章第四節㈣で農民の系譜意識の一例として甲斐国山梨郡下井尻村の依田家の場合を取り上げたが、成稿後、依田家の系譜の権威づけとその歴史的意味について詳しく論じられた山本英二氏の「浪人・由緒・偽文書・苗字帯刀」（『関東近世史研究』第二八号、一九九〇年五月）が発表されているので、参照されたい。本文ではまた、死後結婚の習俗について、未婚で死亡した子の霊を無縁の境涯から救済する意味がこめられていたのではないかという解釈を示しておいたが、竹田　旦氏の『祖霊祭祀と死霊結婚』（人文書院、一九九〇年）によると、日本の死霊結婚の習俗は慰霊を目的としているのに対し、中国と韓国では無縁の霊を祖霊に昇格させる手段としてなされているとのことである。

本文ではふれなかったが、動物の供養についてもここで付言しておきたい。私の郷里の山口県長門市の通《かよい》という漁村では江戸時代に鯨漁を行っており、元禄年間（一六八八～一七〇四）には鯨の墓碑を建て、さらに捕獲した鯨一頭一頭に戒名を与えて位牌・過去帳を作り、それを向岸寺という寺院に安置して今日に至るまで毎年法要を営みつづけてきている。これは、人間社会において死者個々人に戒名を授けて個別に供養する慣行が成立していたことを前提にして、はじめて生まれた習俗である。また、現在町史編纂に携わっている静岡県駿東郡小山町の新柴という集落には、応永年間（一三九四～一四二八）にこの地で死んだ小栗判官助重の愛馬の菩提を弔うために建立された円通寺なる寺院がある。この円通寺は江戸時代には牛馬の守護・供養を専門にする寺として広域にわたってその名を知られ、境内には牛馬の墓碑・供養塔が多く建てられている。この他にも、農村部には江戸時代に建立された牛馬の供養塔が遍在している。これらの事例から、近世には人間社会において供養の慣行が広く成立しただけでなく、人間の生活に資した動物も人間と同じ形式あるいはそれに類する形式でもって供養する習俗も生まれていたことが知られる。近世における人間と動物の関係を考えるとき、この点をも視野に入れる必要があろう。

第三章　近世後期の親子間紛争と村落社会

――親子・個人と家・村――

はじめに

駿河国駿東郡御厨地方の山之尻村（現、静岡県御殿場市山の尻）の名主を代々勤めていた滝口家には、安永二年（一七七三）から安政二年（一八五五）に至る約八〇年間、同家の当主または隠居が四代にわたって書き継いだ日記が伝来している。(1) この日記は、名主の職務として授受した文書の他、滝口家と村の行事、村内外の出来事などを細大もらさず記録しており、近世後期の村落社会における生活や人間関係を細部にわたってうかがい知ることのできる稀有の史料である。(2) 筆者もいずれその全面的分析を試みてみたいと考えているが、本稿では手始めに親子間の紛争に関する記事を取り上げ、分析を加えることにする。

いうまでもなく、近世の村落社会に生きた人々は、原則的にはいずれかの家と村に属し、生存と死後の供養は家と村によって基本的に保障されると同時に、その規制を受けた。そこでは、家と村の秩序・規範に従い、「公儀」の法度に背かず、家族相互、近隣相互、村人相互が相和して助け合い、家と村の存続・繁栄に尽くすことが要請された。こうした条件下に置かれた個人は、自己の意思や欲求を前面に押し出すことは難しい。しかし、人間である以上、感情的な不和・対立は少なからず生じたし、また個人的な意思・欲求に従って行動し、家や村の規範・論理と衝突することもあった。従来、家と家の関係、家と村の関係、村と村の関係、村と「公儀」権力との関係については研究が進んでいるものの、個人と個人との人間関係、および個人と家、村、「公儀」権力などとの関係については、いまだ十分には分析が及んでいない(3)。制度面での説明にとどめず、村落社会での実生活に分け入って右の問題を具体的かつ多面的に検討することは、個としての人間に対する視点を欠落させがちであった従来の村落史研究を克服し(4)、村落社会史や村落生活史の内実を豊かにするためにも、ひいては近代への歩みの中で村落社会における個人の意識・行動と個人をめぐる諸関係がどのような変化をみせていたかを明らかにするためにも、重要な課題であろう。

筆者も、家族史の観点から右のテーマにアプローチを試みてみたいと考えている。本稿の素材とする日記には、家族関係や男女関係をめぐる紛争事件が実に多く記録されている。これらの紛争が発生した原因、社会的背景はどのようなものであったか。当事者の人間関係はいかなるもので、どのような意思と行動を示したか。そして、当事者とどのような関係にある者たちが紛争に介入し、いかなる論理で、いかなる形で紛争を処理したのか。こうした点を検討すれば、それを通じて、近世後期の村落社会における家族関係、男女関係、個人と家族をとりまく社会的諸関係、および個人の意思と家の論理、村の論理との関係の一端を浮かび上がらせることができるように思われる。

本稿ではまず、親子間の紛争事件を取り上げて分析してみよう。近世の親子関係については、従来もっぱら法制面、倫理面において検討が加えられ、実生活に則した具体的な検討はほとんどなされてこなかった。親子関係のあり方が問われている今日、歴史学においても、親と子の問題について多面的に考察を進めていくことが求められてはいまいか。小稿は農民の家における親子紛争というきわめて限定された局面を考察対象とするものであるが、それを通じて、幕藩制下の家と村という枠組の中での親子関係の特質、および個人と家と村の三者の関係の一端をうかがい知ることができればと思う。

第一節　山之尻村の概況と家族の状況

山之尻村は富士山の東南に位置している。駿府藩領、幕府領を経て、寛永一〇年（一六三三）より小田原藩領となった。宝永四年（一七〇七）の富士山噴火で御厨地方の村々は大被害を受けたため、翌年から幕府領となり、幕府の力で復興がはかられたのち、延享四年（一七四七）に小田原藩領に復し、幕末に至っている。

正保四年（一六四七）の小田原藩主稲葉氏の検地の結果、村高は三三二石六斗一升一合となった。反別は四〇町三反六畝一八歩で、うち田方一七町六反二畝二三歩、畑方二二町七反三畝二五歩である。(5) 表1に戸口の変遷を示しておいたが、延宝八年（一六八〇）の「村鑑」では、家数四九軒、惣人数三六四人である。同年の「村鑑」には村内の個々の集落（部落）単位の家数も記されており、それによると次のごとくである。「本村《ほんむら》」（下合《しもや》）一二軒、「宇《う》とう木村」（控木）七軒、「印野村」一一軒、「小麦山村」一二軒、「檜畑《ひのきばた》村」二軒、「原山村」（荊山《ばらやま》）二軒、「壱本木」三軒。注目されるのは、「壱本木」を除いて他はすべて「……村」と表記されていることである。自然発生的なこれら集落がもともとは「村」と呼び慣わされていたのだろう。近世においては、これらの集落は行政単位としての「山之尻村」に社会的に統合されていたのである。しかし、日記をみると、日常生活においては集落を構成する家々が親密な互助組織を形成し、村役人の統制下にあっても一定の自律性を保持していたことが知られる。(6) 下合部落は「本村」と称され、山之尻村の名主を代々務めた滝口家も元はここに居を構えていたので、下合がかつては中心的な集落だったのだろう。しかし、近世前期に滝口家は控木へ移転しており、以降は控木部落が山之尻村の中心をなしたようである。

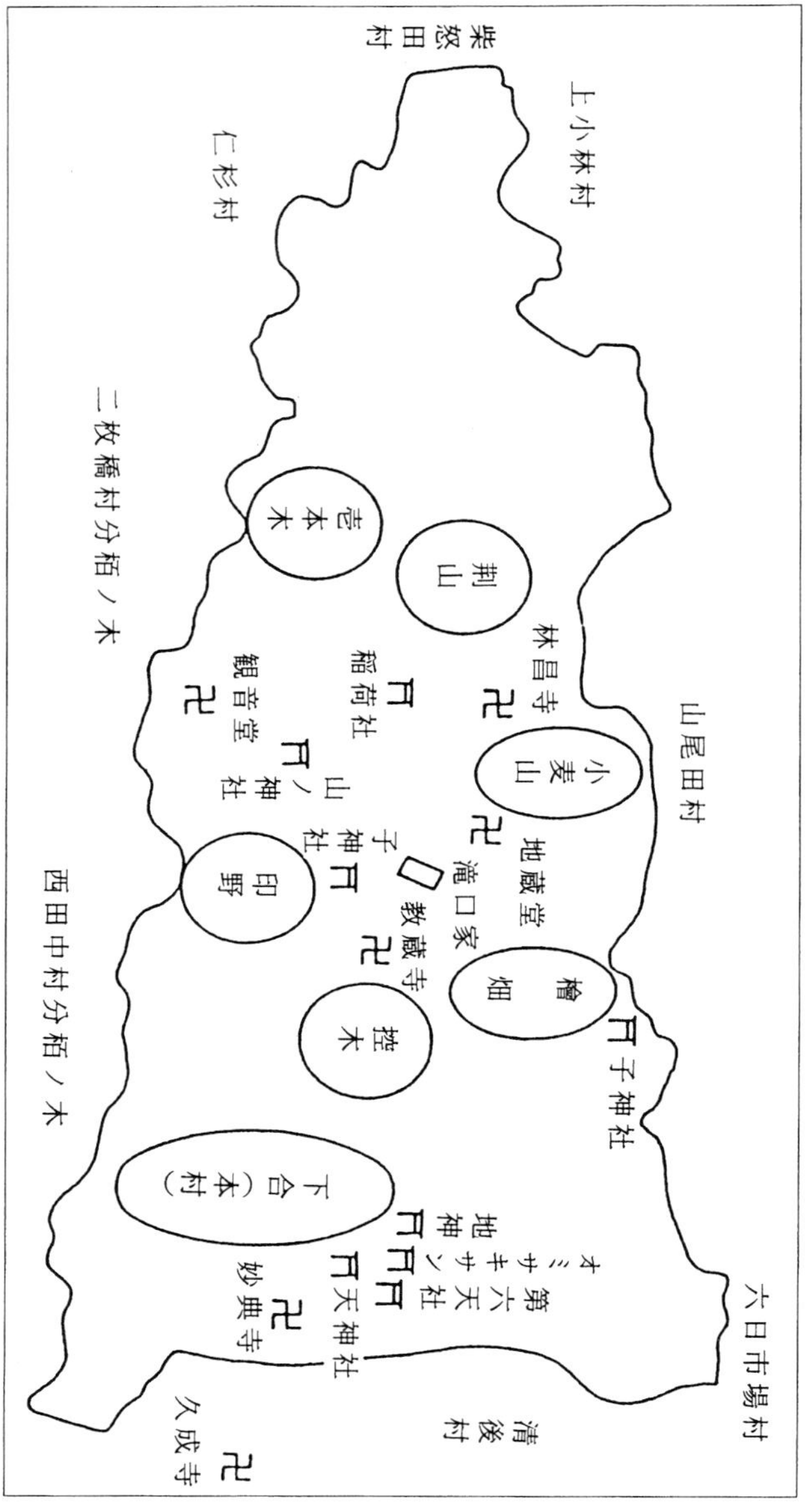

図1　山之尻村略図　御殿場市史史料叢書2『山の尻村の「名主日記」』の付図を略図化。

寛保元年（一七四一）には、延宝八年（一六八〇）に比べ家数では一軒増えているが、人口は逆に五三人も減少している。これは宝永四年（一七〇七）の富士山大噴火による砂降り被害の影響であろう。安政五年（一八五八）の「宗門改帳」には寺家は含まれていないが、それでも家数はかなり増加している。しかし、これは「無田」の増加によるものである。一方、人口の方は減少の一途をたどっており、一軒あたりの家族員数も縮小している。御厨地方は冷涼で雨が多く、もともと稲作の成育条件が悪かったところに、宝永の砂降りで大きな被害を受け、その影響がのちのちまで続いた。しかも、一八世紀半ば以降、天候不順による凶作・飢饉にたびたび見舞われたうえに、藩財政の窮迫を凌ぐための小田原藩の年貢・諸役増徴が重くのしかかった。それゆえ村々は慢性的な疲弊に陥ったのであるが、それは山之尻村の人口の推移にも表れている。

表2は山之尻村の安政五年段階での家族員数の分布を示したものである（この年の「宗門改帳」には奉公人は登録されていない）。これをみると、名主・組頭・組頭格の家々の家族員数はすべて五人以上で、安定した家族構成を示しているのに対し、小百姓と無田の家々では家族員数のバラつきが大きく、家族構成の不安定性がうかがえる。しかも、当主のみの家が五軒存在し、そのうち二軒は七一歳、六八歳の老齢の女性である。庶民の場合、家内に成人男子がいないときは女性も中継ぎ的に当主となるが、右のような老齢女性の当主で、貧窮であれば、再婚はおろか養子に来る者もなく、絶家となるしかあるまい。安政五年（一八五八）の山之尻村には五人の女性当主が存在するが、御殿場市域の村々の一八世紀後半から幕末期までの女性当主を調べた長野ひろ子氏の研究によると、全体の五・四%が女性当主で、その大多数が後家である。(7) しかも、天保期より後家の単身所帯が増え、再婚もできず、養子に来る者もなく、単身のまま年老いていく場合が多かったという。近世後期の家族をめぐる状況には厳しいものがあったことがうかがえよう。

表1　山之尻村の戸口

年　次	惣家数	内　　　訳	惣人数	内　　　訳	1軒あたり人数
延宝8年（1680）	49軒	名主2、本百姓37、無田6、紺屋2、座頭1、道心1	364人	男187、女171、座頭1、出家4、道心1	7.4人
寛保元（1741）	50	百姓家41、地借6、寺方3	311	男158、女150、出家3	6.2
安政5（1858）	64	名主1、組頭4、組頭格2、小百姓36、無田20（うち1軒明屋敷）、医師1	299	男161、女138	4.7
万延2（1861）	64	名主1、組頭4、組頭格2、小百姓36（うち1軒明屋敷）、無田20（うち2軒明屋敷）、医師1	288	男150、女138	4.7

注）1　延宝8年「山之尻村村鑑」（『御殿場市史』第2巻、1975年）、寛保元年「山之尻村指出帳」（同前）、安政5年と万延2年の「山之尻村切支丹宗門改帳」（『御殿場市史』別巻Ⅱ、1980年）による。
2　安政5年と万延2年の戸口には寺家・僧侶は入っていない。
3　安政5年と万延2年の1軒あたり人数は明屋敷の軒数を除いて算出。

表2　山之尻村の安政5年の家族員数分布

家族員数	身分						計
	名主	組頭	組頭格	小百姓	無田	医師	
10人					1		1軒
9		1					1
8		1		2			3
7		1		1	2	1	5
6	1		2	9	4		16
5		1		6	4		11
4				7			7
3				6	3		9
2				3	2		5
1				2	3		5
計	1	4	2	36	19	1	63

安政五年（一八五八）の山之尻村では、既婚の傍系者を含む家は二軒のみである。一軒は小百姓の家で、姉とその女子を含んでいる。もう一軒は無田の家で、兄夫婦が存するが、万延二年（一八六一）の「宗門改帳」では姿を消している。当主とその直系親から構成される家が大部分を占めるが、未婚の傍系親を含む家も、名主一軒、組頭一軒、小百姓八軒、無田四軒、計一四軒存する。妹を含む家が三軒で、他はすべて弟である（ただし、無田の一軒は弟と妹の双方を含む）。妹の場合は四歳、一四歳、一五歳の幼女ないし少女であるのに対し、弟の場合、通常なら結婚している二五歳以上の者が七人も実家にいまだ残留している。内訳は小百姓三軒三人（二五歳二人、三一歳）、無田三軒四人（二七歳、三〇歳、三五歳、四〇歳）で、下層の子弟の場合、分家させてもらえる資産もなく、さりとて養子の口もなかなか見つからなかったようである。小田原藩領の村々からの欠落人の大半が兄・弟・甥などの傍系男子であったことを、内田哲夫氏が明らかにしている。(8) 傍系親の家内における地位は「厄介」であり、男子といえども当主の地位に就かなければ、家を代表して村や部落の運営に参画することはできない。当然、村落社会においては、傍系親は日陰の存在とみなされていたにちがいない。傍系男子の欠落の多さは、彼らが家、村落社会において置かれていた境遇と決して無縁ではあるまい。

次に注目されるのは、安政五年（一八五八）の例では、隠居した父を含む家が組頭一軒、組頭格二軒、小百姓一四軒、無田二軒の計一九軒、全家数の約三割も存在することである。このことは、この地方では隠居が慣行化していたことを示している。日記にも村内の家々の隠居に関する記事が多くみえる。なお、この年の「宗門改帳」に記された寺檀関係をみると、清後村法華宗久成寺の檀家五四軒、山之尻村浄土宗林昌寺の檀家六軒、仁杉村浄土宗林乗寺の檀家二軒、中畑村浄土宗善龍寺の檀家一軒となっており、山之尻村の家々の大部分が隣村の久成寺と寺檀関係を結んでいたことが知られる。

ところで、安政五年（一八五八）の例では、村内の家々は無田も含めて四軒から七軒をもって「組」を構成し、それが一二組存在する。いわゆる五人組である。現在でも、近世の五人組の系譜を引く「旧組」と呼ばれるグループが山の尻には存在し、「トブライ組」とも称し、葬式の際には協力し合い、祝言にも招き合っている。この旧組は「スジ」（先の七つの集落）とは関係なく結ばれているが、(9) それは、近世においては各集落の戸数の差が大きく、同一集落内部で五人組の編成が完結しえなかったことに由来していよう。日記をみると、組内の家に何かもめごとが起きると、当該の家の「近所」（当然、これは同一集落に属する）や村役人とともに仲裁に入っている。また当地域では、今日でも近隣の家々を「モヨリ」と称し、密接な共同関係を保っている。

なお、宝永の砂降り以降、隣村の山尾田《やもうだ》村が山之尻村の預かりとなり、山之尻村名主の管轄下に置かれた。村高は延享四年（一七四七）段階で五三石余、家数は天明年間六軒、幕末には五軒、人口は一六～一七人という小村である。(10) 駿東郡の小田原藩領の村々は七つの組合村を結成していたが、山之尻・山尾田両村は、増田村、中丸村、大堰村、清後村、六日市場村、下古城村、塚原村、上小林村、柴怒田村、須走村とともに御厨中筋組合を構成していた。本稿において登場する村々はすべて駿東郡に属する。

第二節　親子間の紛争と家・村

家内の家族間の不和・争いは、それが殺傷事件に至らない限り、本来は家内の問題として、当主の責任において穏便に解決すべき性格のものであっただろう。しかし、家内で事が収まらないときは、当事者をとりまく関係者が仲裁に入る。そして、村内部で解決不能の場合は、幕府や藩の「公儀」権力の法廷に持ち込まれる。

（1）安永四年（一七七五）八月一六日夕方、山之尻村の利右衛門が酒に酔って父親を打ち、口論となった。「近所」の政七が夜に入り「内分ニて」名主方へ参り、そのことを報告したので、名主は「先重キ事ニ御座候故、組之内・近所不残寄合被成候て、内済致候様ニ内分ニて申付」「万一父親三右衛門内済不仕候ハは、早々此方へ訴可出」と指示した。翌一七日に組親の新五右衛門が「内分ニて」また名主方へ参り、父三右衛門も「昨夕何れニも近所・組之内了間（簡）次第」に従う旨申したので、利右衛門に対し今後は酒を呑まないことを誓約させ、「其上不調法之至極と証文を組親へ取可申筈ニ而相済申候」と報告したところ、名主も「珍重」とこれを了承した。

「公儀」権力の刑法は、子の親に対する犯罪は、「孝道」に背き家の秩序を揺るがすものとして、とりわけ重く罰する方針をとっていた。幕府の「公事方御定書」では、子が親に傷害を負わせた場合は磔に処することを規定していたほどである。右の事件では、子の親に対する打擲の報告を受けた名主が「先重キ事ニ御座候」と驚き、近所の者と五人組が寄り合って内済させるよう「内分ニて」申し付けているが、これは、村人にこのことが知れ、もし小田原藩役所に密告でもされたら、大変な事態になると考えたからにほかなるまい。この事例から知られるように、家内に何か問題が発生したときは、その近所と五人組の者が解決に向けて中心的な役割を果たすのが、この村の通例である。

(一) 親の強制隠居

先の事件では、近所・五人組の者が仲裁に入り、父親と息子を和解させることで解決をみているが、親子の関係が修復不可能なときは、親の強制隠居、あるいは実子の勘当、養子の離縁といった処置がとられた。次に紹介するのは、親が強制的に隠居させられた事例である。

（2）安永二年（一七七三）一一月下旬より、山之尻村百姓代藤次右衛門親子が不仲となった。また「身代不如意」

でもあったので、一二月五日晩に親類と村役人が立ち合い、相談をした。その結果、両親を蔵屋へ隠居させ、「扶持米」として田方にて米一一俵、畑方にて大豆六俵を与え、また茶畑と菜園畑をそれぞれ半分に分割して渡すことに決し、双方得心した。なお、両親と対立し、親の隠居後は新当主となった跡取り息子の他に栄蔵という息子がおり、彼が隠居親の面倒をみることになっている。

（3）安永二年（一七七三）一二月上旬、山之尻村助八家が「内所不女《(如)》意」となった。そこで、「近所・五人組」の者と村役人が立ち合い、相談をし、母親を隠居させ、「隠居向」として隣村清後村の田地と「屋ノ前」にて畑少々を渡すことに決め、双方得心した。

（4）山之尻村和右衛門は借金がかさみ、また親子の仲も悪かった。そこで、安永三年（一七七四）一一月二四日晩に村役人および「近所・組の内」の者が和右衛門宅に寄り合い、相談した。そして、借金の質物と年貢・諸役分を除いて残りの田畑を親子で折半し、親には蔵を渡して隠居させることに決めた。隠居親にはこの他、有米の半分、糯米一俵、大麦二俵、小麦二斗、および畳、諸道具、野菜類少々を渡すことにしている。

（3）では母親が隠居に処されているので、夫の死後、後家が当主となっていたのだろう。右の三つの事例で注目されるのは、いずれも家計が窮迫していたことである。あるいは、それが親子の不和の一因をなしていたのかもしれない。家が危機的状況にあればあるほど、家族が力を合わせて危機を乗り越えなくてはならないのだが、逆に家内が不和になったのでは、危機はますます深まってしまう。そこで、近所、五人組、親類、村役人も傍観しているわけにはいかなくなり、家内紛争に介入して解決にあたったのだろう。親子喧嘩の場合、子の不埒が原因であれば、実子ならば勘当、養子であれば離縁に処されるのが普通であるが、右の三例は親が外部からの力で強制的に別居隠居させられている。おそらく、親の方に非分があると村役人らが判断したのだろう。あるいは、家計を窮迫させ家の存続を危機に陥らせるようでは、一家の長たる資格はない、と断じたのかもしれない。ともあれ、ここでの村役人らの家内紛争への介入とその処置の仕方には、村内の家の存続をはかるという論理が強く働いていたことを見て取ることができよう。

幕藩制国家の法制上においては親は子に対して絶対的に優位な立場にあり、親子出入の際の訴訟でも訴権は親のみに認められ、子が父母を訴えることは不孝罪に当たる犯罪とみなされていた（ただ、親の非道で難儀する子は、役所に宥免願を差し出すことは許された）[11]。しかし、村落社会においては形式的な親子間の秩序よりも家存続の論理が優先し、村役人、近所、五人組などの家内の親子紛争への介入と処置も基本的にはその観点からなされ、親に非があり、一家の長としてふさわしくないと判断したときは、親を強制的に隠居させることもあったのである。親の方も、村の裁定が家の存続を規準に下された以上、それに背いて親権を発動し、実子を勘当したり、養子を離縁したりすることはできなかったであろう。

ところで、中世においては百姓の家もアジール性、不可侵性を有し、一家の長は自律的に権力を行使しえたことが想定されている[12]。しかし、小百姓の家連合として形成された近世的村落共同体においては、共同体に支えられてはじめて個々の家の存続も可能なのであり、その自律性も共同体の論理に制約されざるをえない。たとえ一家の長といえども、共同体の意思に背いてその権力を恣意的に行使することはできず、共同体から一家の長としてふさわしくないと裁断されたならば、その地位から退かざるをえなかったのである。ただ、日記をみると、この地方では寺や神社とならんで村役人クラスの有力農民の家も駈入りの対象となっており、有力の農民の家は近世後期に至っても地域社会におけるアジール（避難所）としての機能を果たしていたことが知られる。

先にあげた三つの事例は当主の地位にあった親が親子紛争を機に別居隠居させられた例であるが、同居隠居の親が親子紛争解決の手段として強制的に別居隠居させられた例もみられる。

(5)安永一〇年(一七八一)二月、山之尻村百姓清吉が舅と口論し、「組・近所」へ「隙《ひま》」をとりたいと願い入れた。そこで「組・近所」の者がたびたび寄り合い仲裁を試みたものの、解決しなかったので、村役人方へ訴え出て、二月二三日晩、近所の徳兵衛宅に「組・近所・役人」残らず寄り合い、相談した。その結果、「親衆」は女子を連れて「所持致シ候隠居屋」へ移り、「先隠居之通り」隠居米として米八俵に大豆二俵、大麦一俵五斗入、稗一俵五斗入の計一二俵、このほか、有り合わせの茶三分の一、当分は味噌も三分の一、塩少々、醤油三分の一、米一俵、稗一俵、めなし芋少々を渡すことに決めた。鍋、諸道具は「先隠居之分有之候ニ付」、そのまま渡すことにした。

これは百姓清吉と舅の口論であるので、清吉は聟養子だったことになる。「百姓清吉」と日記では表記しているので、舅はすでに隠居して、当主の座を聟養子に譲っていたことが知られる。ただ、日記の記載内容からすると、同一家屋内での隠居であったらしい。ところが、聟と舅、いいかえれば養子と養父とが口論沙汰となったので、「組・近所・役人」全員の相談により、養父母を隠居屋へ別居させ、先例通りの隠居料を給付することにして、養親子間の喧嘩の解決をはかったのである。

御殿場地方の民俗慣行では、同居隠居の場合、「ムラの公的生活に関する限り家の代表者たる地位から退くが、家の中にあっては依然として家長権を握っている」という。(13) 右の事例では、清吉家は隠居屋を所持しているにもかかわらず、養親は同一家屋内に隠居しているが、これはおそらく、隠居後も家長権を保留せんがためであったにちがいない。聟養子は当主の地位を譲られたとはいえ、家内においては、依然として実権を握りつづけている養父の指図をあれこれと受けることになる。聟養子と舅＝養父との口論沙汰は、このような家内での隠居と当主との関係に起因していたことは間違いないと思われる。それゆえ、聟養子は五人組・近所に対し「隙」（暇）をとりたいと願い入れたのであり、かつ五人組・近所と村役人も、隠居親を別居させることで解決をはかったのである。それに伴い家長権も当主の聟養子清吉に移り、実質的に家を相続することになったらしく、日記では「清吉相続仕候」と記している。この仲裁処置も家の存続という観点からとられたものであることは明白であり、養父としても、不満を持ちながらも、この裁定に服さざるをえなかったのである。

なお、この事件では、最初、五人組と近所の者が仲裁に入り、和解させようとしたものの果たせず、村役人に訴え出て、三者の相談で決着がなされている。この村では、家内紛争や家相互間の紛争が発生したときは、まず五人組と近所の者が仲裁にあたり、それで解決しない場合は村役人が乗り出すのが通例である。

以上は家内の親子紛争を解決する手段としての強制的な別居隠居の事例であったが、当主が不法・不埒な行為をしたために、村の制裁として「押込隠居」に処された事例も存する。

天保九年（一八三八）二月、山之尻村下合の藤右衛門が松屋藤吉と「彼是六ツケ敷」なり、名主のもとへ訴え出た。村役人たちが相談して仲裁に入ったものの、両人は聞き入れず、「大キ六ツケ敷」、事態は紛糾した。もはや「役人勘弁ニ而も難及」、村方惣組親へ差し出しに致し、組親勘弁にて村方へ掛け合い、「惣寄合」が開かれた。そして、「村方一同相談之上」、藤右衛門と藤吉の両人を「押込」に処し、藤右衛門家は後家を、藤吉家は悴を当主に立てることに決した。この事例では、紛争当事者の名主への訴え出により村役人中の寄合がまず開かれ、対策が協議されている。しかし、村役人中の意思、力をもってしては当事者の我意を制止できず、村方惣組親を経て村方一同の「惣寄合」に諮られ、その結果、当事者を「押込」に処すことが議決され、村惣中の強制力をもって当主の座から退けている。したがって、山之尻村では、村方一同（惣百姓）の惣寄合が村役人中の寄合の上位に位置する、村の最高審議機関、最高裁判機関となっていたことが知られる。それゆえ、そこでの決定は村人に対し最も大きい強制力を発揮したのである。

この他、天保九年（一八三八）閏四月と同一一年に、不法を働いた者が村の制裁としてそれぞれ「押込隠居」に処されている。当主たる者は、先祖伝来の「家産」を守り、家内の和を保ちつつ家のメンバーを統率して家業に出精し、先祖の祭祀を継続していかねばならない。家を保つことは、先祖に対する責務であると同時に、村請制下の村に対する責務でもあった。また当主は、家を代表して村の運営に参画する村の公人でもあった。それゆえ、自らの非で家内に紛争をひき起こして家の存続を危うくさせたり、村役人の意見に耳を貸さず我意を申し立てて村の秩序を乱したり、あるいは不法を働いて村に難儀をかけたりしたときは、村の意思と強制力でもって当主の地位から退けられたのである。武家の当主は主君と主従関係を結び、奉公義務を負っていたので、その廃立には主君の承認を要したが、(14)庶民の場合、領主の許可を得ずとも当主を廃立できた。

しかし、村の制裁としての当主の「押込隠居」に、その女房が抗議し、村方一同を苦慮させた例もみえる。天保一一年（一八四〇）、山之尻村下合の藤右衛門が不法者の故をもって「村方一同ニ而押込隠居」に処された。これを不満に思った藤右衛門の女房は一二月二五日に家出し、用沢村の者に見つけられて留め置かれた。用沢村より知らせを受けて藤右衛門家の近所の者が赴き、いろいろ申し聞かせたものの、女房は聞き入れないので、しばらく放置しておくことにした。年が明け、用沢村よりたびたび参り、山之尻村の「隠居衆」に対し、「藤右衛門の女房を返したいが、夫が押込になっているため帰村を拒んでおり、困っている。なにとぞ村御役人中ならびに小前一同の御憐愍をもって、藤右衛門を表向に出してもらえるよう、掛け合っていただきたい」と願い入れてきた。これを受けて隠居衆の直右衛門と義助が百姓代へ願い出、百姓代より役前へ願い出たので、「無拠村役人立合、小前五人組迄相改、一同相談」するところとなった。「仲々六ツケ敷」、議論は紛糾したが、結局、宗門改め時だけ印形のため藤右衛門が「表向役前」へ罷り出ることを認め、それ以外は「是迄之通り押込同様」とし、「村方寄合」への立ち入りも一切認めず、禁酒も解除しない、ということに決した。藤右衛門の女房もこれを呑み、帰村した。

藤右衛門が「押込隠居」に処されたあと、その息子が新当主となっていたのなら、家出した母親を帰村させるべく説得にあたっていたはずである。しかし、右の事件では新当主はまったく登場していない。おそらく、藤右衛門の女房が夫に代わって当主にされていたのだろう。彼女が家出したのも、自分が当主として家を支えなくてはならなくなったことに、負担を感じたからかもしれぬ。彼女は帰村する条件として夫の「押込隠居」解除を突きつけてきたが、山之尻村としては、不法者に対する村の制裁として「村方一同」の決議で処分した以上、それを撤回するわけにはいかない。さりとて、家出女房をいつまでも他村に預け、迷惑をかけることもできない。そこで、やむなく右のような折衷案を提示したのである。当主はその家の実印を管理・行使する権限を持つ。宗門改めの場への出頭を認められたことは、いずれ当主に復帰する途が開かれたことを意味する。それゆえ、女房もこの村方の提案を呑み、帰村したのである。

ところで、右の事件では、藤右衛門女房の意を受けた用沢村の者と山之尻村役人との間を仲介したのが山之尻村の隠居衆であったことも注目されよう。隠居者は村の表向のことには参画しない存在である。しかし、それゆえに、この事件のような場合には仲介者としてはむしろ適任であったといえよう。なぜなら、隠居者は、藤右衛門の「押込隠居」処分を決議した村の惣寄合には参加していないので、第三者的立場で仲介に動くことができるからである。しかも人生経験豊かで、人情の機微にも通じている。(15)とりわけ、かつて村役人も務めていたような隠居者の発言は、村内で重きをなしていたにちがいない。隠居者がもめごとの仲裁に動いた事例はこの他にもみえる。おそらく隠居者は、家内においても、村落社会においても、人間関係の潤滑油的な役割を果たしていたのではなかろうか〔もっとも、先の事例（5）のように、隠居者自らが紛争の当事者になっているような場合もあるが〕。

さて、右の事例では、藤右衛門女房の要求も一定度、村方に受け入れられている。しかし、この場合、家出した彼女を保護している用沢村を通じて要求を提示している点に、留意しなくてはならないだろう。もし彼女が自村内にあって、村方一同の決議の撤回を自ら直接求めても、とうてい受け入れられなかったにちがいない。村の意思に相反するような個人的な要求を直接突きつけるのは、村社会の体質からして難しい。日記をみると、個人が自らの要求を村方に受け入れさせようとしたときにとった行動は、村内外の寺の住持や他村（多くの場合、近村）の村役人に仲介を依頼することである。とりわけ苦境に陥っていたときには、駈入りして哀願する。寺の住持はいうまでもなく世俗の人間関係から超越した存在である。他村の村役人も第三者の立場にあり、地域社会における有力者でもある。このような存在を介して個人の要求が提示されてくると、村としても、たとえそれが村の意思に相反するものであっても、むげに拒否できなくなる。近世の村落社会においては、こうした回路を通じて、個人は村と対峙し、交渉したのである。

(二)　実子の勘当

次は勘当息子をめぐる事件である。

（6）安永六年（一七七七）四月、山之尻村「無田」幸七の「遺跡」（跡取り）惣八が魚商いで沼津宿に行った折に「悪事」を働き、小田原藩役所へ呼び出され、「殊之外六ツケ敷相成」った。ようやく四月晦日に相済み帰村したところ、「村役人咎メも不仕候内ニ、幸七惣八ヲ早速かんどう」してしまった。そのため村役人もそのまま差し置いていたが、安永八年（一七七九）四月、山之尻村の小麦山所在の林昌寺住持の世話で、村役人方と親の幸七方へ勘当を解いてもらいたいと訴えてきた。これに対し村役人は、惣八に魚商いをやめさせ、百姓か鍛冶か「何れ親之致シ来候商売」をさせてくれれば帰村を許してもよい、と林昌寺に返答した。そこで林昌寺より「組・近所・当人」に申し聞かせ、「組・近所」も今後は魚商いをさせないことを請け負った。ところが、安永九年（一七八〇）九月一一日夕方、惣八が約束を破って魚商いをしているところを、名主・組頭が見つけた。翌一二日、惣八は名主方に謝りに来たが、違約した以上、見過ごすことはできないとして、その日の夕方、名主より林昌寺へ連絡した。翌一三日朝、名主方へやって来た林昌寺住持は、小田原藩役所への訴え出の日延べを申し入れた。そこで当分の間、日延べをすることにした。そのうち、長百姓六人（五人は山之尻村、一人は同村預かりの山尾田村の者）と林昌寺が請人となり、今後はきっと惣八に百姓をさせるので宥免してほしい旨、名主方へ訴えてきた。それについて「惣百姓一統之相談」に諮ったところ、この度は小田原藩役所への訴え出は免じるが、もし以後また悪事を働くようなことがあれば、その時は訴え出て「帳外之御願」を致すことに決し、そのことを「組・近所・当人」と長百姓衆六人へ申し渡した。

右は息子が悪事を働き、小田原藩役所の吟味沙汰となったのに父親が憤って勘当した事例であるが、「村役人咎メも不仕候ニ、幸七惣八ヲ早速かんどう仕候故、其儘ニ差置申候」と名主が日記に記していることから、村役人としては当初、村の制裁として追放することを考えていたふしがうかがえる。それより先に父親が勘当してしまったので村役人も「其儘ニ差置」くことにしたのは、勘当という形にしろ、悪事を働き藩の吟味沙汰になるような人物がともかく村から追放されさえすれば、村としてはそれでよし、と受けとめたからにほかなるまい。

勘当はもともと親の子に対する懲戒としての意味をこめた家からの追放刑であり、村の追放刑とは原理を異にする。しかし、人別管理を村として請け負っていた幕藩制下においては、家内部の制裁と村の制裁とは不可分の関係に立たざるをえない。とりわけ勘当は、親子の縁を切り人別帳から除籍するため、それはただちに村人としての縁切りにつながるだけに、なおさらである。ただ、「公儀」の法制上においては、勘当と村制裁としての追放では扱いがまったく異なっていた。勘当は公法的に認められた親の懲戒権であり、親、親類と五人組、村役人が連署して領主の役所へ願い出て許可されれば、公法上の効力を持った。親族関係断絶の公認された方法としては、勘当、離縁の他に久離があるが、これは兄姉より弟妹に対し、または伯叔父母より甥姪に対し（すなわち目上の親族より目下の親族に対し）、あるいは親が出奔せる子に対して発動するものである(16)。一方、村の制裁としての追放は、「公儀」権力によって禁じられている。それゆえ、現実には村制裁として追放に処した場合でも、形式的には勘当、久離、離縁、または欠落として処理し、合法性を装うことにもなったのである(17)。

さて、先の事例では、村として制裁を決定する前に父親が息子を勘当している。村外で悪事を働き村に迷惑をかけた以上、もはや自己の家内部だけの問題ではすまされない。当然、村としての制裁が待っている。父親もそれを自覚していたからこそ、跡取り息子をあえて自発的に勘当して家と村から追放し、村に対して謝罪の意を表したのだろう。そして村役人もそれを了承した。したがって、この勘当は、村制裁の代行として父親が自発的に親権を発動したものと理解してよい。それゆえ、勘当を解くには父親だけでなく村の承認も必要なのであり、惣八から依頼された林昌寺住持も村役人と父親の双方に掛け合っている。勘当解除の条件として、村役人は、惣八が魚商売をやめ、百姓・鍛冶として家業に励むことを提示しているが、これは彼がもともと跡取りであったことから、家存続への配慮が働いたのであろう。この時は、五人組と近所の者が請人となって勘当が解除された。

しかし惣八が違約すると、今度は長百姓衆が請人となっている。五人組と近所の規制力だけでは不十分な場合は、より上位の長百姓衆が登場し、その監視下に置かれたのである。また、違約した惣八の処分については、最終的には

「惣百姓一統之相談」で決定されているのも注目される。最初、勘当解除は村役人の一存でなされたのに対し、違約した後の処分は村の最高裁判機関である惣百姓寄合に諮られ、その結果、惣八は惣百姓―長百姓衆―五人組・近所―父親（この場合は同時に家長）という重層的な監視・規制下に置かれることになった。まさに村の全機構を総動員しての個人に対する管理である。そして、それでも悪事を働いたときは、小田原藩へ訴え出て「帳外」に処することに決せられたのである。これを機に惣八は儀左衛門と名前を改めているが、おそらくこれは改心の意を表したものであろう。

ところが、その二カ月後、惣八改め儀左衛門が欠落したと組内と近所の者より村役人方へ注進があった。村役人が組・近所の者を呼び出し相談したところ、彼らもたびたび問題を起こす儀左衛門を見限ってしまったのか、「何分尋事御免ニて御役人中御了間（簡）次第」にしてほしい、と言う。次に請人の長百姓衆に掛け合ったが、彼らも村役人の取り計らいに任せる態度を示した。そこで村役人も意を決し、小田原の藩役所へ訴え出て「欠落注進」をすることにした。ところが、その訴え出予定日の前日、儀左衛門が印野村の常八と申す者の所にいることが判明したと組・近所より知らせがあった。名主が儀左衛門の呼び戻しを命じたところ、当人と組・近所より依頼された山之尻村の妙典寺住持がやって来て、この度の儀左衛門欠落の件は組・近所の者の勘違いであったゆえ、小田原藩役所への「欠落注進之儀ハ、拙寺ニ願下ゲ呉被下候」と申し込んだ。そこで村役人が「寄合相談」をしたところ、寺院方の御願いとあらば聞き入れざるをえないだろう、ということになった。そして、「惣方不知分ニ致シ、相済」まし、長百姓衆へのみ「済口之次第」を伝えた。

右の「惣方」とは惣百姓中（村惣中）を示す。先に惣百姓寄合で惣八が以後また問題を起こしたならば小田原藩役所へ訴え出ることに議決した以上、この度の欠落一件も本来ならその処置を惣百姓寄合に諮らねばならない。しかし、そうしたら事が難しくなると村役人が判断し、「惣方」へは知らせず、村役人の寄合相談で内々に処置を決めたのである。先に、この村では惣百姓寄合が村役人寄合の上位に位置する最高審議機関、最高裁判機関であったことを指摘した。事案によっては村役人寄合での議決がただちに村の公的意思となるが、いったん惣百姓寄合に上程され議決された事柄について、村役人の一存で処理したときは、それは「内分」の扱いとなる。日記をみると、惣百姓寄合で処分が決められた個人について、その当人の意向・要求を受け入れようとする場合に、「内分」の処置がとられている。(18)右もその一例である。そうした仕組みで、村の公的意思と個人の意思との直接対立を回避しつつ、両者を並立させたのである。

ところで、先の事件の主人公、惣八（儀左衛門）は、跡取り息子であるにもかかわらず家業を手伝わず、魚商いに出歩いている。家が「無田」だったことにもよろうが、一方で家と村に束縛されたくないとの思いもあっただろう。そして、魚の行商で沼津のような比較的自由な町場の空気に触れたことが、ますます彼をして自由への憧れを強くしたにちがいない。しかし他方、心の底では、家・村との絆は断ち難いものとして横たわっていたようである。勘当された家と村から絶縁されたあと二年間は外部世界に身を置いて暮らしていたものの、やがて林昌寺住持を頼って勘当解除を願い入れている。その時は以後魚商いをやめ家業に従事することを条件に願いがかなえられたが、翌年には誓約を破り、再び魚の行商に出ている。そして、今後また問題を起こせば藩役所へ訴えると惣百姓寄合の決議で申し渡され、当座は有免されたものの、その二カ月後、またまた欠落騒動を起こしてしまった。近所、五人組、村役人にさんざん難儀をかけてしまったのであるが、今度は妙典寺住持を頼って、内分の措置として帳外処分を免れている。

一方で個人としての自由への欲求、他方で跡取り息子としての家・村との断ち難い絆、この両者の緊張関係の中で惣八は揺れ動き、右のような一見矛盾する行動をとるところとなったのではあるまいか。日記を通覧すると、家と村の枠組みから逸脱して、個人としての欲求・意思に従って行動する人間が、近世後期の村落社会には多く生まれていたことが知られる。しかし、子細に彼らの行動を観察すれば、右の惣八のように、家・村との絆をどこかで引きずっているのである。一方、その当主、親、近所、五人組、村役人なども、何とかして個人を家と村に繋ぎ留めようと努めている。親子、村人としての縁を切るのは、余程のことがあってのことである。日記をみても、勘当や村追放の事例は意外に少ない。第一節でみたように、一八世紀以降、山之尻村の人口、一軒あたりの家族員数は減少の一途をたどっていた。そうした状況下で家と村からむやみに追放すれば、家と村の存続を危うくするのは必定である。そうした事情がそこには働いていたと思われる。

勘当については、もう一件、次のような事例もみえる。

(7) 弘化四年(一八四七)一〇月一日、山之尻村の名主家である滝口家の隠居源之丞の悴仁三郎が不埒者のため、五人組と近所の者が立ち合い、いろいろ相談した結果、「無拠内ニハかんどう致し」、林昌寺住持の引き請けで上小林村に借家して住まわせることにした。

滝口家の家督と名主役はすでにもう一人の悴助十郎に継がせていたので、仁三郎を勘当しても家の存続には支障はなかった。しかし、この時の勘当は内証のものである。勘当は、領主の役所へ願い出て許可されてはじめて公法上の効力を獲得し、血族関係にもとづく連帯責任を免れた。これに比べ内証勘当は、そうした公法上の効力は持たない。したがって、右の事例は、親子の縁を切って、不埒者の息子がひき起こすかもしれない犯罪の連帯責任を免れることを目的としたものではなく、子の更生を期しての懲戒として内証勘当に処したものと理解されよう。それゆえ、勘当後は寺の住持の引き請けで他村に借屋させ、謹慎生活を送らせたのである。この仁三郎は、嘉永三年(一八五〇)四月五日に、新橋村勘兵衛方へ養子に行っている。この縁組は勘兵衛が親類を通じて源之丞に申し込んだものであるが、その際、仁三郎本人を呼んで意向を聞いている。内々の勘当であったので、親子の縁が完全に切れていたわけではないことが知られよう。そして、相応の支度もしてやり、仲人を立て、親類と村方の者を呼んで祝言をあげている。

ところで、内証勘当で、しかも村内最有力の名主家であっても、親の一存ではなく、五人組と近所の者たちが立ち合い、いろいろ相談した結果、それを実行している点も注目されよう。この事例、そして先にみてきた諸事例は、家をとりまく社会的諸関係の中で親子が存在し、親子の関係がうまくいかなくなったときは、近所・五人組の者、村役人、ときに親類が介入して、その相談で処置が決められ、親といえどもこうした社会的諸関係から独立して親権を発動しえたわけではないことを示しているのである。

(三)　結婚をめぐる親子の対立

ところで、親と子の意思が対立しやすい契機の一つに結婚がある。御殿場市の隣の小山町に現在は属している大御神村では、天明七年（一七八七）、次のような結婚をめぐる親子間の訴訟事件が発生している。

甚右衛門の悴定右衛門は雇っていた女を女房にしたいと希望したが、父の甚右衛門は承知せず、訴訟に及んだ。役所は父の言い分を認めたものの、甚右衛門は宿に下がってとくと思案したところ、将来家相続が覚束なくなると心配になり、結局、悴の結婚を認めることにした。そこで今度は悴の心任せにしたい旨役所に願い上げ、役所もそれを認め、「以後何事ニ不寄万事親子相談之上、家相続可仕」と仰せ渡した。これに対し、悴の定右衛門と大御神村の組頭が連署して請書を差し出した(19)。

悴と奉公女との結婚に反対し、役所に訴え出てまで父親の意思を貫こうとして勝訴したにもかかわらず、結局は家相続のために結婚を認めざるをえなかったのである。したがって、悴個人の意思を尊重したというよりも、家の存続という絶対的な家の規範の前に父親が折れざるをえなかったと理解すべきである。そもそも父親がこの結婚に反対したのは相手が奉公女だったからであり、結婚に際して身分・格式の釣り合いを重視する家の論理がそこに働いていたことは間違いない。要するに、家の論理を体現した当主たる父親の意思と純粋に愛を貫こうとした悴の個人的意思とが対立し、最終的には、家の存続というこれまた家の論理からこの結婚は認められたのである。

当主、親あるいは主人に結婚をどうしても認められない場合、男女が添い遂げるためにとった行動は「欠落」または「心中」であった。日記には未婚男女の欠落が八件みえる。注目されるのは、そうした行動をとられると、当主、親も当人たちの意思にそわざるをえないことである。右のうち三件は夫婦にすることで決着したことが確認できる。うち一件は悴と奉公女である。また、夫婦として認めないまでも、悴と下女を借家に一緒に住まわせた例も存する。田植えに甲州郡内に行った娘が無宿者と欠落した事件では娘を帳外に処しているが、しかしこれは一緒になることを認めての処置で、その際、出生村を絶対に名乗らないことを申し渡している。ただ、欠落した男女が跡取り同士だった場合は、互いの家の利害が対立して事態はこじれる。そうした事例も一件みえる。

男女心中事件も五件発生している。うち二件は悴と下女、一件は奉公男女同士である。男女の欠落や心中では、相手が下女・奉公女であることが多いのが特徴である。身分違いの男女間、あるいは跡取り同士の男女間に愛情が生じたとき、家の論理を体現する当主・親の意思と個人の意思とは最も矛盾・対立するところとなり、それが欠落あるいは心中という形で顕現したのである。なお、男女の欠落・心中の事例については、稿を改めて詳しく分析することにしたい。

(四) 養子の離縁

（8）享和三年（一八〇三）一二月二〇日、山之尻村又四郎の跡取り養子直右衛門が伊勢神宮へ抜け参りに出かけた。又四郎夫婦が病気であったにもかかわらず、それに構わず抜け参りしたことに、夫婦は大いに立腹した。組内・近所の者がいろいろとりなしても、又四郎は得心しない。そこでしばらく放置し、翌享和四年正月中旬ごろよりまたとりなしたものの、「熟談」しなかった。そこで、清後村名主と塚原村組頭が乗り出し、「内分」にて山之尻村名主方へ赴いて世話を申し出た。山之尻村名主が誰に頼まれたのかと尋ねたところ、頼まれはしないが、近村の誼みをもって世話をしたいと思いやって来た、と両人は答えた。山之尻村名主もこの申し出を受諾し、二月一一日になってようやく離縁相談が落着し、直右衛門には金子一〇両を与えて「無事相済」んだ。

直右衛門は養父母が病気であるにもかかわらず、ほったらかしにして抜け参りしているところからすると、平素より両者の関係はうまくいっていなかったのだろう。家制度下の養子縁組はいうまでもなく家の継承者を得ることを主目的としている。それは契約によって成り立っている親子関係であり、近世における庶民の間での養子縁組に際しては、養家と実家との間で双方が守るべき事柄を記した証文を取り交わすのが通例であった。[20]この養子縁組証文は当地方にも多く残っている。[21]養子ないし養親のどちらか一方がその契約内容に違背したときは、養親、養子の双方から離縁を申し出ることができた。先に紹介した事例（5）は養子の方から離縁を願い出ているが、日記の他の事例はすべて養親の意向で離縁している。とはいえ、どちらが離縁を望むにしろ、それは当事者間のみの問題としてただちに離縁が成立するわけではない。先の事例（5）では、五人組、近所、村役人が相談して、養親の別居隠居という形で養親子間の対立が収められている。右の事例（8）でも、離縁を言い張る養親を五人組と近所の者がいろいろとりなし、最後には近村の村役人まで乗り出して、関係者相談のうえ、やむなく離縁ということで落着している。ここにも、先に指摘したところの、村落における社会的諸関係に規定された親子のあり方の特質が如実に表れているのである。

養親が養子を離縁するのは右の事例のように養子の不埒を理由とするのが通例であるが、次のごとき事例もみえる。文化四年（一八〇七）六月中旬、山之尻村名主の滝口元之助は、病気のため、隠居の養父栄助から離縁されて実家に帰された。一〇月までは組頭が名主の代務をしたが、同月下旬、隠居栄助に村中一同が再役を頼み込んだので、小田原の藩役所へ願い出て、再び栄助が名主となった。翌文化五年（一八〇八）四月一六日、栄助は二子村より源之丞を養子に迎え、同六月一〇日に栄助が死去した後は惣百姓相談のうえ源之丞が名主に就任した。

単に病気で名主の役務に堪えられないというだけなら名主役から退けるだけですんだはずであるが、離縁しているのは、病身では当主として不適格と養父が判断したのだろう。もっとも、滝口家の場合、当主は代々名主に就任しているので、名主役が務まらなければ滝口家の当主としての資格はないと考えたのかもしれない。武家にあっては、当主は主君と主従関係を結び、奉公の義務を負っているので、隠居親が当主たる子を勘当あるいは離縁（養子の場合）することは禁ぜられ、当主の地位は体制的に保障されていた。当主としての適性に欠けていても、家内部で私的に処理することは許されず、主君に訴え出て、建前上は主君の命令によって当主を交替させてもらわねばならなかった。しかし、庶民にあっては、右の事例のように、隠居した父母が当主たる養子を離縁できた。実子のときは勘当という処置がとられた。ただ、この場合、親権はあくまで家存続のためという名目で発動され、周囲もそれを認めてはじめて正当性をもちうるのであって、単に親権の当主権に対する優越という観点から論じるだけでは、家と村の枠組みの中で存在した近世農民の親子関係の特質を理解できないだろう。先にみたように、周囲に親の方に非があると判断されたときは、当主の地位にあった親が強制的に隠居させられたり、あるいは隠居親が別居させられたりすることもあったのであり、それも家と村の安泰のためという論理で正当化されたのである。

なお、家付き娘の女房が聟養子を嫌ったために養親もやむなく離縁せざるをえなかった例も、文化元年（一八〇四）

と弘化四年（一八四七）に各一件みえる。聟養子の場合、離縁によって家を出るのは夫の方であるのが通例で、そこには家の血統重視の原理が働いているのである。御殿場地方の民俗慣行では、聟養子が当主になっても家内の実権は家付きの女房の方にあり、村落社会においても養子の地位は低く、寄合でも上座には座れなかったという。(22)

入嫁女の離縁では実家が介入している例が多いのに比べ、養子の離縁では日記をみる限り実家の当主や親はまったく登場していないのも、興味をひく点である。これは、入嫁女と養子とでは実家との絆に強弱があったことを反映しているのであろうか。第一部第三章第三節で述べたように、入嫁女は夫の父との間に養親子関係は取り結ばれない（血縁に擬制されない）がゆえに実家の父方の氏の系譜に属し、一方、男性が他家に入る場合には養親子関係が設定され、養父の氏の系譜に属した。あるいはこのことも関係しているやもしれぬ。

むすび

幕藩制国家の法制においては親の子に対する絶対的優位が保障されており、親子出入に際しても訴権は親のみに認められ、子が父母を訴えることは不孝罪に相当する犯罪として扱われていた。しかし、村落社会においては親子は家をとりまく共同体的諸関係の中で存在しており、親と子が喧嘩沙汰になっても、親が自律的・恣意的に実子を勘当したり、養子を離縁したりしえたわけではない。一家の長たる当主は、家内を安隠に治め、家を存続させる責務を、その家の先祖および村請制下の村に対して負っている。また、家を代表して村の運営に参画する村の公人でもあった。おのずから、その地位に座る人物には、家と村における責務を全うしうる能力と品行方正さが求められる。それゆえ、自らの非で子と喧嘩沙汰に及び家の存続を危うくさせたり、村の秩序を乱したり、不法を働いたりすれば、村の意思と強制力でもって当主の地位から退けられ、隠居させられた。

家内の親子喧嘩が抜き差しならない事態に陥ったときには、まず五人組と近所の者たちが仲裁に入って和解させるよう努め、それが果たせないときは村役人に訴え出て、三者の（ときに親類も加わった）相談でもってしかるべき処置が決められた。その場合、国家の法制で規定された親子間の上下の秩序に則って親の意向を容れた形で必ずしも処置するわけではなく、当主たる親の強制隠居、家内隠居の親の強制別居という形で決着させることもあったのである。

勘当も親の一存でできたわけではない。村内最有力の名主家で不埒者の悴を更生を期しての懲戒として内証勘当に処したときも、五人組と近所の者たちが立ち合い、いろいろ相談した結果、それを実行している。また、人別管理を村として請け負っていた幕藩制下においては、家内部の制裁と村の制裁とは不可分の関係に立たざるをえない。それゆえ、実質的には村制裁としての不行跡者の追放が、勘当という形をとって行われることもあった。

養親子間の離縁も養親、養子のどちらが望むにしろ、それは当事者間のみで成立しうるわけではなく、そこには五人組と近所の者、村役人も介入する。村の承認がなければ離縁は成立しないのであり、養親を別居隠居させることにより離縁を望む養子を思いとどまらせた例も存した。勘当にしろ離縁にしろ、当事者の恣意でむやみに親子の縁が切られたのでは、家の存続、ひいては村の存続を危うくする。ことに山之尻村の場合、一八世紀以降、村の人口と一軒あたりの家族員数は減少の一途をたどり、村の衰弊が進行していただけに、親子間の問題、とりわけ跡取りの実子・養子の絡む問題に村が介入する度合いは大きくならざるをえなかったであろう(23)。実子の勘当、養子の離縁は日記をみる限り少例であり、嫁の離縁件数の多さとは対照的である。

結婚をめぐり、家の論理を体現する当主・親の意思と愛を貫こうとする個人の意思とが対立することもあった。とりわけ身分違いの男女や跡取り同士の男女間に愛情が生じたとき、そうした対立が発生しやすい。本稿で紹介した事例では、悴と奉公女の結婚に父親が身分・格式の釣り合いを重視する家の論理に立って反対し、勝訴したものの、最終的には家の存続というこれまた家の論理から、その結婚を認めざるをえなくなっている。欠落あるいは心中という形で個人の意思を貫こうとした男女の例も、日記にはそれぞれ数件みえる。欠落されると、当主、親も、たとえ身分違いであっても当人たちの願望を受け入れざるをえなくなっている点は注目されるが、それらの事例については稿を改めて詳しく検討したい。

本稿での親子間紛争の事例の分析から、幕藩制下の家と村という枠組みの中で存在した親子関係の特質、および個人と家と村の関係の一端を、ある程度垣間見ることができたのではないかと思う(24)。

なお、山之尻村では、少なくとも日記の存する一八世紀後期以降においては、惣百姓寄合が村役人寄合の上位に位置する村の最高審議機関、最高裁判機関として機能していたことが知られる。村内の家内紛争および家相互間の紛争、あるいは不行跡者の処分などに関し、村役人および五人組・近所の者の寄合相談で決着をみれば、それが村の公的決定・意思となるが、そのレベルで落着しえないときは惣百姓寄合に上程される。そして、いったんそこで議決された事柄について、後で村役人の一存で処理したときは、それは村の「公」「表」に対する「内分」の扱いとなる。惣百姓寄合で処分が決定した個人について、その当人の意向・要求を受け入れようとする場合に、そうした「内分」の処置がとられた。それは、村の公的決定・意思と個人の意思との直接対立を回避しつつ、両者を並立させる仕組みであった。また、個人が自らの要求を村に受け入れさせようとするときには、寺の住持や他村の村役人を頼り、彼らを介して村と対峙し交渉するという方法をとっている。

註

（1）御殿場市史史料叢書二『山の尻村の「名主日記」』として、一九七七年に御殿場市史編さん委員会より刊行。

（2）この日記を主たる素材とした論稿としては、以下のものがある。①多仁照廣「御殿場市域における若者仲間と青年団」（『御殿場市史研究』第二号、一九七六年）。②同「山之尻村における地芝居と若者仲間」（同前第六号、一九八〇年）。③内田哲夫「『山の尻村の名主日記』から」（同前第八号、一九八二年）。④福田アジオ「村の生活」（『週刊朝日百科　日本の歴史』八六、一九八七年）。⑤辻まゆみ「近世村落と『帳外』」（『史苑』第一四一号、一九八九年）。③は、年中行事、信仰、祭礼と興行、病気と祈祷、欠落、駈入りなどに関する記事を取り上げ、近世後期の御厨地方の日常生活を描いたもの。④は、天保七年（一八三六）の一年分の記事を通して、村の生活の変化の様相を探っている。⑤は、「帳外」に関する記事を分析して、村が内部でどのようにして「帳外」を決定し、実行したかを考察している。

（3）そうした研究状況にあって、「帳外」の検討を通じて、村共同体と公儀がどのように関わり合いながら個人の存在を規定していたかを考究した辻氏の前掲論文と、下総国葛飾郡高根村の名主家の家内紛争を分析し、家内部における個別化の進展と、それに伴う村社会での新たな人間関係の形成を指摘した酒井右二「天保期の家内紛争にみる家と村と支配」（『船橋市史研究』第二号、一九八七年）は、新たな視角、論点を提示したものとして注目される。また、高橋　敏『近世村落生活文化史序説』（未来社、一九九〇年）も、小農家族を構成する個々の子供、若者、女性（娘、妻、母）、老人の動向に留意しつつ、家族と村落共同体の関係を基軸に据えて、村落の生活文化の総体を把握することを試みており、示唆に富む。

（4）実際に生きた人々に視点を据えた村落社会史を構築するためには、森　安彦氏が実践されたように（「幕末維新期村落女性のライフ・コースの研究」一・二、『史料館研究紀要』第一六・一七号、一九八四、八五年）、村落社会に生きた人々のライフ・コースを明らかにする作業も不可欠である。その場合、村落社会史の立場からは、あくまで個人をとりまく家族関係、社会的諸関係を踏まえて追究することが求められよう。数量経済史の分野では、速水　融氏をはじめとして、近世農民のライフ・サイクルを数量統計的に解析し、豊富なデータを提示しているが、社会的諸関係に対する視点を欠落させている。

（5）『御殿場市史』第八巻（御殿場市役所、一九八一年）、一六八頁。

（6）福田アジオ氏は、こうした性格を有する集落を「生活のムラ」ととらえて「支配の村」に対置し、これまで近世史研究者が無前提に近世の支配の村を村落共同体と把握してきたことを批判している（前掲論文〈註2〉）。「近世村落の景観と社会組織」『歴史と地理』第四二四号、一九九〇年）。氏が村内部の共同組織のあり方を具体的に把握されたことは評価できるが、近世の村請制支配の単位としての村であっても、その内部においては、農民たちが自分たちの生産・生活を保障するために村としての共同関係を形成し、また村としての意思を形成する仕組みを創り出していたことにも留意しなくてはなるまい。村内の個々の小集落のみで共同機能が完結しているわけではなく、それを超える共同機能は村、さらには村連合としての組合村が果たしているのである。

（7）長野ひろ子「農村における女性の役割と諸相」（女性史総合研究会編『日本女性生活史』第三巻、東大出版会、一九九〇年、六七～六九頁）。

（8）内田・前掲論文（註2）二〇～二一頁。

（9）『御殿場市史』別巻Ｉ（一九八二年）、二〇三～二〇四頁。

（10）同前書第二巻（一九七五年）、六九頁。

（11）小早川欣吾『増補　近世民事訴訟制度の研究』（名著普及会、一九八八年）六三八～六五三頁参照。

（12）たとえば、網野善彦『無縁・公界・楽』（平凡社、一九七八年）二二五～二三五頁。

（13）『御殿場市史』別巻Ｉ、二三五頁。

（14）大名家の場合、御家の存続を危うくするような主君は、重臣たちの実力行使でもって「押込隠居」に処されることもあった。しかし、大名家の当主廃立には幕府の許可を要したので、病気と理由づけて隠居願いをしている（笠谷和比古『主君「押込」の構造』平凡社、一九八八年）。

（15）御殿場地方の民俗慣行では、隠居者は人生経験豊富な人として、家内においても、村落社会においても大切にされていたという（『御殿場市史』別巻Ｉ、二三五頁）。

（16）中田　薫『徳川時代の文学に見えたる私法』（岩波書店、一九八四年）一七一頁。

（17）水本邦彦「公儀の裁判と集団の掟」（『日本の社会史』第五巻、岩波書店、一九八七年、三〇七～三〇八頁。同『近世の郷村自治と行政』東京大学出版会、一九九三年、再収）。森　謙二編『出作りの里』（新葉社、一九八九年）二五四～二六九頁。

なお、深谷克己氏は、家の個別化、自立化に伴い、村落による追放から家族による追放へと変化したと想定されている（「近世の家族と共同体」『歴史評論』第四四一号、一九八七年。歴史科学協議会編『歴史における家族と共同体』青木書店、一九九二年、深谷『百姓成立』塙書房、一九九三年、再収）。共同体と家族の関係の変化の中で追放のあり方をとらえる視点は重要であるが、もともと非合法である村追放は文書の上では「勘当」、「久離」などとして現れることを念頭において考察しなくてはなるまい。

(18) 辻氏は、日記に出てくるそうした事例での「内分」の意味を村惣中との関係でとらえられている（前掲論文〈註2〉二一頁）。けだし慧眼である。

(19) この請書の控が大御神村の組頭を務めていた天野家に伝来している。この文書は筆者も編纂に加わった『小山町史』第二巻（小山町役場、一九九一年）四九一〜四九二頁に紹介しておいた。

(20) 中田・前掲書〈註16〉一六〇頁。

(21) そのいくつかは『小山町史』第二巻第五章に収めておいた。

(22) 『御殿場市史』別巻Ⅰ、二三四頁。

(23) 名主の日記には親と娘の対立・紛争は結婚や離縁にかかわる欠落、駈入り以外は出てこないが、これは親と娘の喧嘩が発生しなかったというより、家の存続にそれほど支障をきたす問題ではないと名主がみなし、介入しなかったため、記録しなかったとも解しうるかもしれない。

(24) なお、本書第二部第二章では、葬送・先祖祭祀のあり方を通じて近世農民の親子関係も考察しているので、参照いただければ幸いである。

〈付　記〉

本稿は、渡辺信夫編『近世日本の民衆文化と政治』（河出書房新社、一九九二年四月）に発表したものである。「はじめに」に述べたように、村落社会における個人をとりまく人間関係および家・村の論理との関係において個人の問題を考えてみるのが本稿のモチーフの一つになっているが、この問題については今後、様々な歴史事象の具体的分析を通じてアプローチしてみたいと思っている。

　なお、本稿で用いた日記の原本を敦賀女子短期大学教授多仁照廣氏がマイクロ・フィルムに収録しておられ、借覧させていただいた。御厚意に感謝の意を表したい。その後、同日記を素材に「夫婦喧嘩・離婚と村落社会」（渡辺信夫編『近世日本の生活文化と地域社会』河出書房新社、一九九五年）を草している。本稿とは姉妹論文の関係にあるので、併せて御参照いただければ幸いである。

第四章　地域とコミュニケーション

――地域史研究の一視点――

視点と課題

児玉幸多他編『地方史の思想と視点』（柏書房、一九七六年）の中で、益田庄三氏は社会学の立場から近世の村の仕組みと性格について概括され、近世においては村を単位とした「世間」ないし小世界が形成され、農民は自分が所属する村を「世間」として自覚し、思考・行動様式もそれに規定された、と説明されている。もちろん、原理的な説明としては間違っていないし、益田氏に限らず、近世の農民の社会的視野は、村という小世界の枠内にとどまっていたとみるのは、現段階では一般的な見解でもあろう。確かに従来、商品生産・流通の進展に伴い近世の農民も村を越えた社会的人間関係を形成していたことは明らかにされているものの、社会経済の発展を基礎に農民はどの程度の社会的視野と社会認識能力を獲得していたかについては、史料的制約もあって、ほとんど明らかにされていないのが現状である。

しかし、単に物資・人の交流だけでなく、それに伴いどの程度情報も流通し、地域を越えたコミュニケーションが展開していたか(1)、そして、地域住民はどのような関心から、いかなる情報を収集したか、それは、地域住民の再生産活動・生活を向上させる上で、また人々が社会認識能力、文化創造能力等の諸々の力能を培う上で、どのような意義を持っていたか、これらを検討することは、地域史を内実豊かに構想していくためにはぜひとも必要な作業ではなかろうか。また、コミュニケーション論の視点から地域史論にアプローチするためには、他地域とのコミュニケーションと同時に、地域内部におけるコミュニケーションのあり方と、それが地域において果たしていた役割をも考察せねばなるまい。その際、人々が再生産活動・生活を営む場としての地域自体、社会経済的条件との関連でその範囲と内部構造は変化するのであるから、歴史段階に応じた地域のあり方を踏まえた上で、如上の課題を検討する必要があろう。

本稿で主たる素材とするのは、羽州村山郡谷地郷およびその周辺の村々（現、山形県西村山郡河北町）に残されている契約記録[2]である。これについては、すでに今田洋三氏や筆者によって分析が加えられているが[3]、地域史論として十分に論が展開されているとはいえない。そこで本稿では、契約記録および村山地方の社会経済等に関する従来の研究成果を踏まえつつ、先の課題に即して、少しく論を展開してみたい。

次に、谷地郷に関して簡単に述べておこう。谷地郷は、西廻り海運の起点である酒田と内陸部の村山郡とを結ぶ最上川水運の一有力拠点であり、近世前期にはすでに上方との遠隔地間商業に結びついていた。そして元禄～享保期（一六八八～一七三六年）には、山形城下町とともに、村山地方の特産物である紅花・青苧の集荷拠点としての地位を確立し、以後飛躍的な経済発展を遂げていっている。また仙台方面や江戸とも商業関係を持ち、特に内陸部に位置していた関係上、仙台方面から海産物を多く移入しており、谷地郷には五十集《いさば》商人が紅花商人と並んで多く存在していた。

元和八年（一六二二）に最上氏が改易されて後、谷地郷八カ村のうち、北部二カ村（北口、下工藤小路）は新庄戸沢氏領となり、南部六カ村（松橋、大町、前小路、荒町、新町、上工藤小路）は上山松平氏領、寛永四年（一六二七）以後は幕府領となっている。幕府領六カ村は三ないし四の代官所管轄に分けられ、その所属はしばしば変更されている。天保一三年（一八四二）には、荒町村・前小路村は山形秋元氏領となり、弘化二年（一八四五）に秋元氏が館林に転封になった後も秋元氏の分領として残された。住民構成の面からみれば、小店舗を持つ居付商人の存在した北口町村を除いては、その大部分は百姓であり、その他に免許職人が僅かに存在した。しかし、身分的には百姓であっても、その中の有力な者は早い時期から商業も兼営していたらしい。また、村といっても、中心部には町場も形成されており、在町としての性格を持っていた。(4)

第一節　情報収集と地域コミュニケーション

(一)　契約講について

東北地方には「契約」と称する講集団が広く存在している。(5) 伊豆田忠悦氏は、契約講について、その原初形態は同業者団体、親方・子方の組織、同一信仰団体、治水団体等であったのが、農村社会の発展とともに地縁的な共同団体として成長したのではなかろうか、と推測されている。(6) 谷地郷およびその周辺における契約講の発生年代は不明であるが、「大町念仏講帳」の表紙裏には「寛永七午年ヨリ之念仏講、貞享二丑年此冊ニ改ト見ユ」と記されているので、寛永七年（一六三〇）頃にはこの組織が成立していたことがわかる。ただし、この最初の帳簿は紛失しているので成立当初の様子は不明である。

講帳の名称に着目すると、最も古い歴史を持つ大町村上組のものは「大町念仏講帳」、表紙に延宝四年（一六七六）とある要害部落のものは「念仏講之帳」、宝暦一二年（一七六二）に記帳を開始している荒町村のものは「念仏契約講年代鑑」と称しているから、最初は宗教的講としての性格が強く、その中に住民の娯楽・親睦の要素を持ったものであったらしいが、次第に相互扶助や自治的機能をも有するようになったらしく、整った互助規定や生活全般にわたる議定も取り極められるようになっている。一八世紀半ば以降の講帳は、例えば「前小路中組契約帳」、「内楯村方契約掟帳」、「新町契約議定並諸留」、「長表契約帳」、「田井村契約帳」など、「契約」を称するようになっていることが、その性格の変化を示している。(7) 前小路村の講も以前は念仏講と称していたが、明和元年（一七六四）以降の記録帳簿の名称は「契約帳」となっている。ただ、大町念仏講のように、名称を変更していない場合もある。

契約講は部落ごとに結成されており、一村一組織の所もあるし、一村に数組の講が存在した所もある。構成員は年寄と当主、もしくは当主のみである。ただし、女当主の場合は排除されている。(8) 当初は有力農民によって構成され、小農民の自立に伴い、彼らも加わるようになったものと推測される。大町村には数組の講が存在していたが、その中の上組の念仏講の員数は、貞享二年（一六八五）には三五人であったのが、天明八年（一七八八）以降四〇人台となり、文政・天保期（一八一八〜一八四四年）には七〇石余の大高持から無高まで多様な階層によって構成されるに至っている。(9) 嘉永二年（一八四九）には、員数が多くなりすぎ一同に相会することは宿を勤める者に迷惑がかかるとして、講員相談の結果、上・中・下の三組に分けられた。

寄合は年に一、二回開かれ、その年の当番衆（大町念仏講では六人）が宿（当番衆のうちの一人が引き請ける）に集まって宴会の準備をした。寄合においては部落・村の生活について談合がなされ、時に応じて契約議定の成文をねった。また、村内外のその年の出来事に関するニュースを披露して語り合い、それを記録した。寄合への欠席は許されず、大町念仏講では享保六年(一七二一)に講中相談の上、これより名代も無用とし、もし名代を出した場合は過銭五百文を取ることに決めている。それだけ契約講は、部落や村の生活上、重要な機能を果たしていたことを物語っていよう。また契約講は、水利等の共同体の権益を守るために、その裏付けとなる証文の保管機能をも有していた。(10)

契約講は、地域住民の共同生活の実をあげる必要から自然発生したものだけに、その結束は強かった。米沢藩では、享和元年(一八〇一)に、従来官製の五人組はあまり機能せず、逆に契約講の方が実質的な共同機能を果たしていたことに鑑み、新たに創始した伍什組合に契約講を統合して支配組織への転化を図っている。(11) 一方、幕府領では、寛政期(一七八九~一八〇一年)以降契約講を抑圧する方針がとられ、天保改革時には、建前上は遊興禁止の名目で、実際には徒党・一揆に転化するのを恐れて、契約会合禁止令が出されたが、どこもやめてはいない。(12) 明治五年(一八七二)の禁令に対しても同様であった。

(二) 情報の収集と記録の開始――その契機と意義――

現在残っている「大町念仏講帳」は貞享二年(一六八五)からのものであるが、元禄八年(一六九五)までは講当番衆の名前が記されているのみで、同九年から天候・相場・災害等の記録がみられるようになる。そして享保(一七一六~一七三六年)以降、記述形式が整備され、内容も豊富になっている。記述形式の整備に指導的な役割を果たしたのは、講員の一人で大町村の有力農民・商人であった田宮五右衛門年玄(号梅隠)である。延宝頃(一六七三~一六八一年)、近江国日野の人、松本一笑軒が谷地に立ち寄り、住みついて寺小屋を開いており、年玄も彼の弟子であった――一笑軒著の「山寺状」を刊行する際、年玄が序文を書いている――。従って記述能力の向上は庶民教育の展開がその背景をなしていたのであるが、何よりも世事に関する情報を積極的に収集して記録するようになった主体的条件

表1　「大町念仏講帳」の記録量の変遷

年　代	ページ数
1685—1694	4.5
1695—1704	4.75
1705—1714	5
1715—1724	19
1725—1734	14.25
1735—1744	16
1745—1754	23
1755—1764	20.5
1765—1774	37
1775—1784	28.5
1785—1794	28
1795—1804	24
1805—1814	15.75
1815—1824	13.5
1825—1834	23.5
1835—1844	22
1845—1854	28.25
1855—1864	32

河北町誌編纂資料編第34，35輯刊行本による（1ページ179字詰，但し，記事により字数は異なる）。

としては、元禄〜享保期を画期とする、紅花生産・流通の発展を基軸とした商品経済の進展、さらに享保改革の年貢収奪強化策と流通政策が、当地の農・商民の生業・生活にも大きな圧迫を加えたことなどにより、当地の住民の政治・社会・経済に対する関心が高まったことが考えられる。

ところで、表1を見ると、一八世紀中・後期に記録量が飛躍的に増大しているのが注目される。また内容的にも、一層の充実をみせている。さらに、荒町村「念仏契約講年代鑑」（以下、「荒町契約帳」と略称）は宝暦一二年（一七六二）より、(13)「前小路中組契約帳」は明和元年（一七六四）より、「東町契約帳」は寛政二年（一七九〇）より記録が始められている。記録量の増大ないし記録の開始は、商品流通の進展にもとづく民衆的情報ルートの拡大が客観的前提条件をなしていたことはいうまでもない。だが何よりも、民衆をして主体的に世事情報の収集・記録という営為に駆り立てた、根本動因は何であったのか、が問われなくてはなるまい。(14)

「荒町契約帳」の序文は、従来の飲み食いばかりの講寄合のあり方を、「何の益といふ事を知らす」と反省し、世事情報の収集・記録という契約講の新たな機能を自覚的につくり出すべきことを主張している。

一八世紀中・後期は、この期に関する研究の多くが幕藩制解体の起点と位置づけているように、政治・社会・経済が大きく変動していた時期であった。谷地郷も全国市場の一環に深く組み込まれていたため、住民の再生産活動・生活は、全体的な動向に大きく左右されざるをえなかった。事実、この時期以降、谷地郷の農・商民の浮沈は極めて激しかった。(15) 先の序文でも、「契約講中、六拾人内外ありといへとも、是を縦てみるに、塵劫記のまま子算といふにひとし、春見し人も秋の講坐には坐を外れ、秋見し人は来春みへず、会者定離の有様定めかたし」と述べている。

激動する歴史状況の中にあって、民衆が自らの再生産活動・生活の場である「家」と地域社会を守っていくためには、変動する政治・社会・経済の動向をできるだけ正確に認識し、有効に対処してゆかねばならない。契約講という共同組織が、世事情報を収集し記録して共有財産とするという機能を自覚的に創り出した真の契機は、おそらくそこにあったと思われる。(16) そのことは記事の内容からも窺われる。記事の内容は多岐にわたっているが、恒常的に記されているのは当地の生業（「家業」）に密接に関係する天候・作柄・諸色相場であり、他地方の災害情報も、それが当地の生業・生活にどのような影響を及ぼすかという関心に立って受けとめている。嘉永六年（一八五三）のペリー来航と開国についても同様である。また、情報の信憑性の判断に当たっても慎重な態度をとっている（以上の諸点については後述）。

では、世事情報の収集・記録という営為の開始は、どのような意義を持つことになったか。まず第一に、情報の範囲は全国にわたっており、谷地郷の民衆の社会的視野が飛躍的に拡大したことが挙げられよう。第二に、世事を口承ではなく記録として伝承するようになったことは、現在を過去とより正確に対比して認識することを可能としたのであり、民衆の政治・社会・経済の動向に対する認識、さらには歴史認識を高める上で画期的意義を持っていた、と評価し得よう。第三に、記録するという行為自体、民衆の記述能力をさらに高めることになる点にも、留意すべきだろう。実際、契約帳の記事を見ても、そのことは窺える。こうした基礎的な学文能力の向上は、より高度な学問や文芸を受容し、さらに民衆独自のそれを創造し、また第一、二の点と相俟って思想形成する上での前提となる。[17] 現に河北地方では、寛政以降、独自の教学の興隆をみている。[18]

以上の諸点を考えるとき、世事情報の収集・記録という営為は、歴史の転換に遭遇した民衆が、その渦中にあって、自らの再生産活動・生活を守り向上させる必要から創造した、文化的営為と評価できよう。

(三)　情報入手ルート

では、谷地郷の民衆は、どのようなルートを通じて情報を入手したのだろうか。

①今田洋三氏が指摘されるように、[19] 基本的な情報入手ルートは商品流通ルートであったろう。谷地郷は、上方、江戸、仙台など広範囲にわたる商業関係を取り結んでいたため、頻繁に往還する商人や運送業者の口コミ、あるいは書状によって、各地の情報がもたらされていたにちがいない。[20]

一般的にみても、近世の民衆間の情報流通は、商品流通の展開を基礎にしていたと思われる。[21] 全国市場の形成に伴い、中央市場である三都には全国各地から様々な情報が大量に流れ込み、[22] それは逆に、城下町や交通の要所を中継地点として、各地方に伝播していったものと考えられる。谷地郷に流入した情報も、さらにその周辺に伝播していったに相違ない。

②近世における民衆間の情報流通の媒体としては、かわら版がよく知られているが、村山地方でそれがどの程度普及していたかは不明である。ただ、今田洋三氏は、明和三年（一七六六）の津軽大地震の際に、山形市中で「判行弐枚ニして町中うり候」[23] という事実があったことを、山形専称寺の「事林日記」[24] の中に見出だされ、山形のような地方都市にも時事情報販売業者が出現していたことに注目されている。[25] その実態の解明は、地域コミュニケーションを研

究する上で重要な課題であろう。

③領主から下される触・達も情報源であった。政策はもちろん、社会的な事件についても、情報伝達の媒体として機能していた。例えば、天保八年（一八三七）の大塩の乱の際には谷地にも探索の触が廻っているし、慶応三年（一八六七）には薩州浪人探索の触が廻達されている。[26] また、幕府関係者や朝廷関係者の死去に際しては、殺生・鳴物停止の触が出され、契約帳にもそれを書き留めている。これも、谷地の民衆が幕府や朝廷の動向を知る一契機となっていたのである。

触・達のみならず、代官所自体も情報源となっていた。寛政四年（一七九二）のロシア船の根室来航に関し、「荒町契約帳」では翌五年の条に記しているが、その末尾には「御役所ニ而御咄し有之候」とある。また「大町念仏講帳」文久三年（一八六三）の条には、「関東筋并上方所々動乱の儀は当年別て多分に付、江戸大塚台町新見蠖蔵様御役所より寒河江御役所江参り候御用状写、別冊にいたし候間、委細は右にて承知可致事」（傍点、引用者。以下同）と記されている。代官所には職務上、政治的・社会的事件に関する情報が多く入って来るわけで、そこに出入りする機会の多い名主にとっては重要な情報源であったろう。この他、戊辰戦争に関しては、新政府の公報である「太政官日誌」「江城日誌」が情報源の一つとなっている。

④民衆間の情報流通を媒介する存在として、渡り者にも注目せねばならない。行商人、民間布教者・伝道者、博徒、文人、旅芸人などで、彼らは各地を渡り歩いて世間を見聞し、多くの知識を蓄えており、いわゆる世間師として重宝がられていたことは、民俗学などで明らかにされているところである。近世中期以降、村山地方にも松尾芭蕉をはじめとする文人が多く訪れている。当地の有力商人・農民が彼らを歓迎したのは、単に学問・文芸に対する欲求だけでなく、世間的な情報を得たいという希求もあったからではなかろうか。

この他、寺社参詣の旅や出稼ぎなども、民衆が世間を知り、社会的視野を広める機会となった。(27)

(四)　地域コミュニケーションの構造と機能

情報を最も入手しやすい立場にあったのは、地主商人である。彼らは、商人として、また文人として広い人間関係を形成しており、さらに村役人として代官所役人とも接触を持っていた。こうした人間関係はとりもなおさず、彼らの情報網でもあった。したがって、単に自己の家業の維持のためだけなら、個人的な情報収集活動で事足りたはずである。が、講の寄合でそれを披露し、講の共有という形で情報を蓄積したのは何故か。

一つには彼らの再生産活動も共同体を基盤としていたことが挙げられるが、一八世紀中・後期に講が情報収集・記録という営為を開始ないし充実させている点を想起するとき、もう一つのより基底的な要因として、村山地方でこの期に成長を遂げてきた小経営農民たちも、(28)情報を強く希求するようになっていたことが考えられよう。実際、この時期以降、小生産者の利害についても記されるようになっている。また、先述の如く、この頃より、講帳の名称に「契約」という言葉を用いているものが一般的となり、生活全般にわたる議定も取り極められるようになっている。してみると、この期に、惣百姓の合意にもとづく「契約」のもとに団結し、運営していくという意味で、契約講が実質的な成立をみ、部落ないし村共同体の惣百姓的コミュニケーションの機関として機能することになった、といえよう。(29)そして、共同体内のコミュニケーションを図る一方、対外的にも、情報を媒介として広域的なコミュニケーションを展開し、集団として広い社会的視野と社会認識能力の獲得に努めたのである。その目的が地域における再生産活動・生活の維持・向上にあったことは、先述したところである。

ところで、「地域」を、人々が再生産活動・生活を営む上で密接な社会的関係を形成している地理的空間と定義した場合、近世においては、部落や村・町を基本的単位としつつも、局地的市場の形成に伴い広がりを持ってくる。そして、それに応じて、部落や村・町を越えたコミュニケーションの機関も成立してくる。本稿での対象でいえば、谷地郷・村山郡を単位とした寄合がそれに該当しよう。

谷地郷は、行政的には、幕府領と私領が入り組み、さらに幕府領は三ないし四の代官所管轄に分けられているという複雑な関係にあったが、住民の生活上においては、古くから一つのまとまりを示していた。殊に一七世紀末期以降は、地域市場圏としてより緊密な相互関係を有するようになっていた。そのため、この時期以降、凶作など同一利害にかかわる問題が生じた場合、谷地郷の各村役人たちが寄り合い、相談の上、米の使用と流通の統制などを議定している。やがてこれは恒常的な制度となり、谷地郷八カ村共通の利害に関する事柄についてまとまった議定書を作成している。これは、領主の指図によるものではなく、(30) 谷地郷の住民が自らの生業・生活の防衛のために自発的に創出した、支配領域を越えた地域コミュニケーションの機関であった。

村山郡も、行政的には幕府領・私領が複雑に入り組んでいたが、一八世紀中期以降、市場関係にもとづき一つの地域としてのまとまりを持つようになっていた。すなわち、商品作物（紅花・青苧・菜種等）栽培の普及に伴う郡内での主穀生産農家との分業化、それを前提とした流通の進展がみられ、住民の生業・生活は郡中市場に依拠してはじめて成り立つような構造になっていた。こうした社会経済的条件を基礎に、一八世紀中期以降村山郡では、「郡中一統」という論理でもって所領の分散・錯綜性を越えて結集し、内部に利害の対立関係を含みながらも、外に対しては郡内の経済的利益を守ろうとする動きが顕著となる。

例えば、宝暦二年（一七五二）より、京都の紅花問屋仲間の取引独占に対し、村山郡の商人・農民たちが自由取引を要求する闘争を展開している。元文期（一七三六〜一七四一年）にも同様な闘争が行われていたが、この時は商人が主体であり、その要求も中央都市商人との流通利潤をめぐる対抗という観点から出され、生産者農民の利害は表面には出ていなかった。しかるに宝暦期（一七五一～一七六四年）の闘争は、むしろ生産者農民が主体となり、「郡中の百姓一統」という村山郡内の生産者農民たちの広汎な連帯意識にもとづき、その利害を前面に押し出して長期的に展開している。その結果、明和二年（一七六五）に至り、ついに京都紅花問屋仲間の解散を幕府に認めさせている。(31)

また、安永七年（一七七八）には、仙台鋳造の悪銭流入により村山郡内の貨幣通用が混乱し、諸色売買に支障を来したため、郡内の幕府領五カ分の各惣代名主（郡中惣代）と私領の大庄屋たちが支配領域を越えて結集し、「仙台より最上領へ越口七ケ所へ銭留之関所相立、番人置、紛敷荷物ハ相改、銭荷ニ候得ハ追落ニ致申候」（「大町念仏講帳」）という「郡中議定」を制定している。これ以後村山郡では、郡内での共通問題の発生に際し、「郡中議定」を制定して対応している。殊に凶作時の対策が主要課題で、酒造の禁止、主穀類の郡外移出禁止、川下げ荷物の改め等を申し合わせて、郡内の夫食の確保を図っている。(32)

こうした村役人層を構成員とした寄合と議定については、従来主として、社会不穏に対応して村落支配者層が自らの支配的地位を維持せんがために結集したもの、あるいは領主支配を補完するもの、と性格規定されてきた。そうした側面を持っていることも確かであるが、しかしそれだけでは、こうした寄合・議定が地域の経済・生活を成り立たせる上で果たしていた役割を見落とすことになる。

議定の内容は、地域の利益の確保、住民全体の生業・生活の保障を基本課題としている。惣代名主・大庄屋を筆頭とする村役人層は、惣百姓の代表としてこの課題を果たすべき義務と責任を要求されていたのであり、(33)さもなくば小前層の突き上げを食わざるをえなかった。(34)つまり、彼らの地域における支配的地位＝地域秩序の維持は、あくまで惣百姓の代表としての責務を果たすことが前提となっていたのであって、下からの規制を受けざるをえない立場にあったのである。

例えば、明治二年（一八六九）、東根付郡中惣代（当時松前藩領）であった横尾正作が陣屋へ提出した意見書の中で、郡中惣代名主は村々の名主の中から評議によって選任され、手当は郡中入用から支給されていたため、百姓たちは「役儀之ものを郡中抱人らしく心得、我ケ儘ニ募、少も役威不相立、迚も示方不行届」[35]と歎いていることが、彼らの置かれていた立場を如実に表現していよう。[36]そして横尾は、世直し勢に対応するためには、下からの規制を受けないよう、領主の御目鑑に叶った者を取締役に任命し、手当も領主より支給する必要のあることを、上申している。

以上の点を考えるとき、たとえ村役人層を主体としたコミュニケーションであっても、彼らが惣百姓の代表として、地域住民全体の共通課題の解決を図ろうとしている限りにおいては、それも地域における惣百姓的コミュニケーションの一環として位置づけてもよいのではないか、と私は思う。[37]もちろん地域内部には階層間の矛盾を抱えており、近世後期には、農民層分解の進行により、それが深刻化している。そして、階層的利害に即したコミュニケーションも展開し始める。だが、内部に矛盾を抱えながらも、地域は住民全体の再生産活動・生活を成り立たせるためのメカニズムを有し、機能しているのである―それ故、地域は住民にとって現実的な意味を持つ。一揆・打ちこわしの頻発は、地域がそうした機能を十分には果たし得なくなり、小前貧農層が実力でもって自らの生活を守らざるをえなくなっていたことを、窺わせる。しかしながら、地域住民の生業・生活を保障するシステムが破綻し、地域内のコミュニケーションの分裂が決定的になるのは、開港以降であった。

第二節　主な情報

契約講帳の記事の内容に関しては、既稿において時期を追って具体的に検討しているので、ここでは、主な情報について、谷地郷の民衆がどのような観点から関心を払い、受けとめていたか、という点を要約的に述べるにとどめたい。

(一)　天候・作柄・市場関係の情報

農民にとって最も切実な関心は、いうまでもなく農作物の出来具合であり、それを左右する天候であった。また、地域商業の中心地であった谷地郷では、市場の動向に再生産が規定される度合いが大きかったため、市場関係の情報にも大きな関心を払っている。特に諸色相場は天候・作柄とともに恒常的に記されている。

作柄の記事は、特に稲作や村山地方の代表的特産物であった紅花・青苧について詳しい。記載の仕方も、最初は天候・作柄をそれぞれ別個に簡単に記すだけだったのが、次第に作付け時から収穫時までの状態を、その時々の天候状況と関連させて詳しく記すようになっている。そして、天候と作柄との関連についてより深い認識を得ようと努める過程で、次の如く経験的に品種の選定・改良を進めている。

当秋揚之儀、八月五日より九月二十二日迄隆続候而、百姓迷惑申候。依之穂こぼれ候而穂ほ(ひ)ろひ大分出申候。大低(抵)百苅ニ付壱俵計ッ、こぼれ候様ニ申事ニ候。いね三助・ぶんご・上石被納、別而大あたり、明年よりハ田作半分ハ上石作り可申覚悟中候（「大町念仏講帳」享保一〇年〈一七二五〉の条。以下、特に断らないかぎりこの帳簿）

農民が厳しい自然条件の下、粒々辛苦の再生産活動を営む中で、経験的に彼らなりの科学的知識・精神を培っていく姿を読み取ることができよう。(38) それが農民自身の手になる農書が各地で生まれた基礎になっていたことは疑いない。講の寄合は農談会としての性格も備えていたものと思われる。

近年悪作故、夏米五升ニ付弐百六拾文迄仕候。銭五百廿文迄、麦五升ニ付百四拾五文、小麦五升百六拾文、大ツ百七拾文、其外何ニ而も一切下直成もの無之、商事ハ夫故無之、商人百姓ニよらす難儀不及筆紙(享保六年〈一七二一〉の条)

商品貨幣経済に深く巻き込まれ、商いが経済生活の大きな支えとなっていた当地では、作柄に対する関心は、単に自給的観点からだけではなく、その商品としての価値や市場に及ぼす影響、という観点からも強かったことが知られる。また、上方等との遠隔地間商業に結び付いていたことから、単に当地の作柄だけでなく、全国の作柄状況や、直接当地の商業に関係する他地方の特定品目の作柄についての情報も書き留めている。

諸色相場の記事は、年によってその品目に多少があるものの、大体において、米・紅花・青苧・大豆・小豆・蝋・木ノ実・荏油・水油・胡麻・銭等の相場が恒常的に記されている。銭を除けば、すべて村山地方の主たる移出品である。当地相場だけでなく、移出先の相場も記している場合が多く、米・大豆は酒田、紅花・青苧は京都での相場を記している。殊に京都市場での紅花取引の良し悪しは、当地の経済に大きな影響を及ぼしたため、それについては多大の関心を払っている。

紅花生産は生花生産と干花加工生産の二部門に分かれているが、天明・寛政期(一七八一〜一八〇一年)までは干花加工は城下町や在町の商人のもとで行われており、農村での紅花生産は、部分的には干花加工の導入もみられるものの、大勢としては生花生産の段階にとどまっていた。(39)「大町念仏講帳」に記されている紅花値段は、元文期(一七三六〜一七四一年)まではほとんど干花京着値段であり、紅花商人としての関心にもとづいていたことがわかる。しかるに、それ以後になると、干花京着値段とともに当地の生花値段も記された年が多くなっている。これは、生花生産が広汎な農民経営において展開するようになり、その値段が農民経営の再生産を左右する度合いが多きくなったため、それに生産者農民が強い関心を示すようになっていたことの反映とみてよいだろう。また、宝暦期（一七五一〜一七六四）以降、仙台や西国での紅花の作柄や、その京着駄数に関する情報もしばしば記している。上方市場をめぐって紅花生産地間の競合関係が進展してきていたことが、その背景をなしていたと思われる。

この他、地域市場では銭が基本通貨であったため、その相場に強い関心を示し、恒常的に記している。また、貨幣改鋳があった場合は必ず書き留めている。

以上の如く、谷地郷の民衆は、自らの再生産活動（彼らの生活意識に即していえば「家業」）の維持・発展のために、生産次元から流通次元にわたる多様な情報を活発に収集し、経済動向の正確な認識に努めていたのである。

（二）　災害の情報

災害は生業・生活に甚大な影響を与えるものだけに、極めて大きな関心を払っており、当地の災害はもちろん、他地方の災害についても多く記している。表2を見ると、全国的規模で災害情報が谷地郷に流れ込んでいたことがわかる。

近世中期以降全国市場の一環に組み込まれていた谷地郷には、たとえ遠隔地の災害であっても、市場関係を通じて直ちに経済的影響が波及して来た。例えば享保一七年（一七三二）の西国の蝗害に関しては、「右之通り九州不作致候故、大坂共ニ殊之外直段能、六拾六七匁迄仕候。仍之酒田俵（表カ）弥々つよく罷成申候而廿五俵迄引上ケ申候。然ハ最上米も初八拾五文より仕候所ニ、其已後段々引上ケ百廿文まで仕候」と、それによる米価騰貴が上方市場→酒田市場→最上市場という系列で波及して来たことを記している。弘化三年（一八四六）の関東・関西の大洪水に際しても、「右ニ付、当郡ハ上作ニ候得共、米直段下り不申候」というふうに影響が現れている。したがって、他地方の災害情報につ

表2　「大町念仏講帳」の災害記事（村山郡以外のもの）

年　次	内　　容	行数	年　次	内　　容	行数
元禄9年	津軽・秋田大飢饉	2	同　4	△新庄大火	1
同 11	江戸大洪水	1	同　6	江戸大火	2
享保2	上方筋大風	1	同　6	江戸大洪水	10
同 15	日本国中風雨、風邪流行	3	同　8	京都大火	2
同 17	西国蝗害	6	寛政2	甲州・駿府辺洪水	2
同 18	西国・関東・庄内・最上はやり風	3	同　3	江戸・京都・大坂辺大風雨	3
同 18	紀州餓死者大量発生	1	同 10	京都落雷大仏焼失	2
寛保2	関東筋大洪水	23	文政11	△酒田大洪水	2
同　2	浅間山噴火	8	同 11	東海道筋大洪水	2
寛延3	京都大落雷	3	同 11	九州洪水	1
同　3	△酒田大火	3	同 12	江戸大火	2
同　4	△鶴岡大火	2	天保4	江戸辺・東北凶作	2
宝暦3	△新庄大火	3	同　7	仙台凶作	6
同 10	江戸大火	2	同 11	野州・武州洪水	1
明和2	浅草御蔵水害	1	弘化元	江戸城本丸焼失	1
同　4	尾張・三河洪水	2	同　3	関東・関西大洪水	3
同　4	彦根城櫓焼失	1	同　4	信州大地震	1
同　9	仙台大火	1	安政2	関東筋大地震	10
同　9	江戸大火	35	同　4	大坂辺霜降	1
同　9	△酒田大火	4	同　4	関東筋大風	6
同　9	秋田野代大火	2	同　5	江戸表ころり病流行	26
同　9	江戸近辺大嵐	2	同　5	加賀・関東辺大洪水	1
安永5	仙台大火	1	同　5	京都東本願寺大火・大坂大火	1
天明3	浅間山噴火	7	同　6	江戸城本丸焼失	1
同　4	南部・津軽大飢饉	4			

註　行数は河北町誌編纂資料編第34，35輯刊行本による（1行40字位），表3も同。
　　△印は羽前国内で村山郡以外のもの。

いては主として、それが当地の経済にどのような影響を及ぼすか、という関心に立って受けとめている。例えば明和九年（一七七二）の江戸・酒田・秋田野代の大火については、「そのうちには江戸ノ大火・酒田之大火・秋田之出火旁ニ而、酒田表米相場くるひ出申候」と、それによる米相場の変動に関心を示している。米相場は、単に商業上・生活上のみならず、年貢の石代納との関連においても関心事であった。

当地が凶作の際は、夫食米の買い入れの必要から、他地方の作柄・米価に関する情報の収集に努めている。天保四年（一八三三）の条には「凶作ハ江戸辺より仙台・南部・津軽・出羽、上作ハ越前・肥後、肥前之様子相聞不申候。越後ハ七分位之風聞ニ御座候」、翌五年の条には「二月廿一日当村弥之助郡中より被頼候而、酒田湊へ諸国之相場為聞合ニ罷下り申候」とある。

遠隔地間商業の展開は、他地方の災害の経済的影響を当地に波及させただけではない。「はやり風庄内へ西国より致到来、夫より最上中は不申及壱人として引ぬものこそなかけり」（享保一八年の条）というように、流行病まで商品流通ルートを通じて伝染している。疫病流行の際には、薬買い入れのため、薬の流通状況や値段に関する情報の収集にも努めている。安政五年（一八五八）、江戸でのころり病流行の情報に接した時には、公儀より触れ出だされた処方箋を詳しく書き留めており、疫病の流行には神経を尖らせていたことが窺える。

(三)　一揆・打ちこわしの情報

一揆・打ちこわしの情報は、階層の利害によって受けとめ方が異なることもあってか、その記事は災害記事に比べればはるかに少ない〈表3〉。

たとえ書き留めていても、一揆・打ちこわしの性格によって記述の仕方が異なっている。享保五年（一七二〇）の

表3　「大町念仏講帳」の一揆・打ちこわし記事

年次	内容	行数
享保5	隣村要害村，検見追願	7
同 5	谷地，年貢延納願	12
同 8	北村山，長瀞質地騒動断罪	4
延享3	米価騰貴に付，山形騒動	2
宝暦5	米価騰貴に付，山形・天童穀商を打ちこわし	4
明和2	○去年関東伝馬騒動	3
同 4	○佐渡国騒動	5
天明元	西村山，寒河江，米穀商を打ちこわし	4
同 3	北村山，細野村，地主商人を打ちこわし	8
同 4	山形，米穀商を打ちこわし	2
同 7	西村山，白岩山内，酒屋を打ちこわし	36
同 7	○江戸打ちこわし	5
寛政元	○蝦夷騒動	2
享和元	不作，米価騰貴，買占に付，村山郡騒動・打ちこわし	91
天保4	不作，米価騰貴に付，東山方面騒動・打ちこわし	3
同 7	不作，米価騰貴に付，白岩山内騒動	2
同 8	○大塩の乱	6
万延元	代官支配村々百姓共数百人願筋有り，寒河江より長崎道へ相詰物騒敷	4
文久3	寒河江・柴橋の内，一方廃陣されるとて寒河江地元村騒立	4
慶応2	武州栃木・越後浪人等，窮民救済のため河原子村，西堂村，観音寺村等へ押入，打ちこわし	37

註　○印は羽前国以外のもの。

表4　村山地方における中期以降の農民騒擾発生件数

区分／年代	A 村方騒動	B 愁訴・越訴・不穏	C 強訴・暴動 打ちこわし	B＋C
1701～1720（元禄14～享保5）	0	0	2(2)	2(2)
21～　40（享保6～元文5）	0	2(1)	1(1)	3(2)
41～　60（寛保元～宝暦10）	1	2	5(3)	7(3)
61～　80（宝暦11～安永9）	3	3	0	3
81～1800（天明元～寛政12）	4	4	8(4)	12(4)
1801～　20（享和元～文政3）	5	2	2(1)	4(1)
21～　40（文政4～天保11）	9	8(1)	7(1)	15(2)
41～　60（天保12～万延元）	11	9(1)	1	10(1)
61～　70（文久元～明治3）	6	3	5(1)	8(1)

註　『山形市史』中巻，687頁に掲載の表を引用し，（　）内に「大町念仏講帳」にも記載されている件数を記入した。この表は，横山昭男氏編「山形県百姓一揆年表」（山形市史編纂資料第6号）によって作成されているが，同年表には第3表の文久3年の騒動は件数に入っていない。

年貢増徴策に対する闘争については、自村・他村にかかわらず惣百姓としての連帯感をもって記しているのに比べ、村山郡内の地主や商人に対する打ちこわし記事は、村落支配者層の危機感を反映した内容となっている。村山郡では一八世紀中期以降一揆・打ちこわしが頻発しているが、彼らがその情報にきわめて敏感になっていたことは、天明元年（一七八一）五月、寒河江の米騒動の情報が伝わるや、大町村の役人たちが早急に相談して米の安売りを決めている、迅速な対処ぶりがよく示している。

表4の如く、村山郡の一揆・打ちこわしは文政以降増加しているにもかかわらず、契約帳では、享保元年（一八〇一）の大一揆を境に一揆・打ちこわし記事は減少している。これは、情報が伝わらなかったためではなく、村落支配者層が小前層を刺激するのを忘れて情報を公開しなかったことによると思われる。ただ、小前層相互間では、独自に情報も伝わっていたのではなかろうか。なぜなら、享和元年の一揆のような広域闘争は、小前層独自のコミュニケーションの展開が社会的基礎となっていたに相違ないからである。

他国の一揆・打ちこわし記事は、明和元年（一七六四）の関東の伝馬騒動に関するものが初見である。「大町念仏講帳」では翌年に、「荒町契約帳」ではその年のうちに記している。前者の記事を次に紹介しておこう。

去申ノ拾月廿一日より日光御普請ニ付、来酉御法会人馬代高金百姓壱人六両、外馬代として仰渡候趣に付、関東郡中寄合、都合十万騎之勢に而江戸表江右相願立申度由に而出立候処、一色安十郎様・伊奈半左衛門様御両人に而御ゆう免被成候趣、前代まず無之事候

関東伝馬騒動は、幕藩制下の階級闘争の質的変化を画するものとして、階級闘争史上大きな位置づけがなされているのであるが、「前代まず無之事候」と結んでいるように、谷地郷の民衆も大きな驚きの念をもって受けとめたことが窺える。これが他国の一揆に関する最初の記事であることも、象徴的である。おそらく、世間の耳目を集め、情報

が広く伝播していたものと推測される。

ただ、他国の一揆・打ちこわし情報は、村山郡内のそれと違い、直接当地にかかわらないだけに、記事自体は事件を客観的に対象化して記しているのが特徴である。しかも、佐渡国騒動について記した後で、「外風聞有之候へとも、未実説相知不申候へハ略之」(「大町念仏講帳」)、「此末実正成義相知れ候ハヽ、其節可記もの也」(「荒町契約帳」)と付記し、大塩の乱についても「其後行方風聞有之候得共、実証無之候」(「大町念仏講帳」)と、「実証無之」風聞は記録に留めるのを避けているところから、情報認知に当たっての慎重な態度が窺えるのである。

(四) 政治向きの情報

政治向きの記事は、人事、政策、政治的事件に大別できる。人事は、代官所管轄替え、代官の交替、将軍および幕府要人の交替・死去、近隣諸藩の転封等が通例的に記されている。政策では年貢収取・廻米政策の記事が最も多く、次いで流通・貨幣政策となっている。時期的には、幕府政治の三大改革期と幕末期の記事量が多く、幕政史上の画期に、谷地郷幕府領の民衆の政治的関心も高まりをみせている。

享保改革期には年貢増徴関係の記事が連年の如くみられる。農民側も年貢延納、夫食貸与、破免検見を度々願い出ているが、ことごとく拒否され、自分たちの困苦を切々と綴っている。また享保二〇年(一七三五)には、京都二条役所より紅花問屋一四軒が指定され、紅花取引の独占権が付与されたことを記し、「右之趣最上へ中来候而諸人難儀ニ存候」と嘆息している。これに対しては、先述したように、独占打破の闘争を長期にわたって展開している。

享保の改革政治は年貢・流通両面の政策で谷地郷の農民・商人に大きな打撃を与え、それに対する反発感情が鬱積していたことは、次の如き、将軍の交替を悦ぶ文言を書き付けていることに、集約的に示されている。

公方様御隠居被遊候。霜月上旬に西之丸へ御移り被遊、大納言様将軍に御立被遊候。此末御慈悲も可被成候由、末頼母敷皆々悦御事に御座候（延享二年〈一七四五〉の条）

宝暦期から、他地方の政治的事件に関する情報もかなり伝播して来ている。宝暦八年（一七五八）の竹内式部事件に関しては、被処罰者の名前と知行高、処罰内容の一覧を掲げ、最後に「右噂致候は、御所に而武芸御稽古被遊、其上武具・馬具等御調被遊候に付、御吟味之上、右之訳と申事に候」と処罰理由をしたためている。

田沼意次失脚事件についても、かなり情報が入っている。①天明四年（一七八四）、佐野善左衛門、田沼意知刺殺、②天明六年、田沼意次老中退役、③天明七年、田沼意次減封と、その経緯を谷地郷の民衆も認知しているのであるが、興味深いのは、事実関係だけでなく、江戸市民の反応についても記していることである。①については、佐野は「大石蔵之介以来之剛之ものとて」異常に人気が高まり、墓所には毎日幾千人の参詣者があった、と記している。②の節には、「狂歌わる口数章江戸表より来申候」という。③では、「御政事御心まゝに御とり行ひ被遊候」というのが失脚の理由であり、「依之江戸中皆々大悦申候風聞ニ御座候」と記している。また、天明七年の条では、米価騰貴による江戸での打ちこわし事件に続けて、田沼失脚事件、さらには松平定信の「御政事宜敷由風聞」を記しているのが注目される。つまり、江戸市民の反応・動向とのかかわりで政局の変化をとらえているのである。諸々の情報を整理し、関連づけて、政治・社会の動向を構造的に認識する能力が培われてきていたことを窺いえよう。

その後、谷地郷の民衆の政治意識が高まりをみせるのは、天保改革期である。「大町念仏講帳」では、享保改革、寛政改革については、直接自分たちの利害にかかわる施策しか書き留めておらず、改革政治全般の動向を認識しようとする姿勢に乏しかったのであるが、天保改革については、次々と打ち出されてくる政策を逐一書き留めており、その全般的な動向を見極めようとしていたことが窺える。その上で、直接自分たちの生業・生活に影響を及ぼす施策に関しては、迅速に対応している。

また、改革政治に対する批判も記している。畑中村「年々記録書留帳」（以下、「畑中村契約帳」と略称）天保一三（一八四二）の条では、力ずくで倹約を強制しながら、肝心の物価高に対しては有効な策を施し得ず、自分たちを苦しめていることを批判している。さらに、他地方の民衆の改革政治に対する反応・動向についての情報も書き留めている。「前小路中組契約帳」天保一四年の条では、改革政治下の世情一般を具さに描き、改革政治が「道々之諸職人手間取等迄歎敷次第、世上一同之動乱」という事態を招き、老中水野忠邦が罷免された際、水野の屋敷へ諸職人・町人が大勢押しかけ、石・かわらを投げつけるという騒ぎが起きたことを記す。

当地の民衆も、改革政治全般の推移を見極めつつ、それが社会に及ぼした影響、世間の反応を、広い視野で認知していたのである。民衆間の情報流通の進展により、他地域の民衆の政治への反応・動向を認識するようになったことは、地域を越えた広汎な「世論」を形成させる社会的素地となったにちがいない。現に、幕閣の分裂、忠邦の失脚は、広汎な民衆の批判・抵抗運動が根因になっていたことは、すでに諸家の指摘しているところである。

「大町念仏講帳」の幕末期の政治状勢関係記事を列挙すると、表5のようになる。今日、我々が幕末期の重要事件と見なしているものは、ほとんど当時の谷地郷の民衆にも認知されていたことがわかる。ただ、この期の記事は豪農層の立場から書かれており、全国的な政治・社会の動向の認識に努める一方では、地域内の小前貧農層の動静に神経を尖らせている。幕末維新期の動乱の中で豪農層が極めて不安定な立場にあったことは、明治元年（一八六八）、内乱の終結後、次の如き文言を記していることが如実に示している。

昨年冬徳川慶喜公大政返上より当年の動揺大変改御一新等ニ付、前文の次第にて春以来万民□心罷在、殊九月末ニ至り何れの支配領分と申義も不定、只々闇夜の如く相成候処、始て民政局支配と相成、御物成ハ半分御免し被

表5 「大町念仏講帳」の幕末期政治状勢関係記事

年 次	記 事 の 内 容	行数
嘉永6年	・将軍薨去	1
	・アメリカ船渡来	13
安政元	・アメリカ船再来，下田，長崎，箱館への寄港と水等の供給を認める	6
同 5	・公方薨去	2
同 6	・横浜，長崎，箱館を開港し，ロシア，フランス，イギリス，オランダ，アメリカに交易を許可す	10
	・酒田沖に異船二艘着岸	2
万延元	・大老井伊掃部頭，水戸浪士に殺害さる	1
文久元	・和宮，公方へ入輿	5
同 2	・諸国大名の参勤制緩和，諸国大名京都へ上り，異国交易の差止を願う	5
	・老中安藤対馬守浪士に襲わる	2
同 3	・異国交易差止仰せ出ださるに付，諸国大名上京，将軍も上落	4
	・大和五条の乱	5
＊元治元	・水戸浪士野州辺にて暴行，筑波山にて武田耕雲斎ら挙兵	11
	・京都にて長州浪士大合戦	2
	・長州征伐に付，献金仰せ出ださる	2
慶応3	・道中駄賃銭6倍仰せ出ださる	1
	・旗本知行の内半分5ケ年召上	1
	・諸国関所女通行勝手，武器等も苦しからざる事	1
	・慶喜，征夷大将軍辞職	5
	・江戸藩州屋敷へ取締りとして庄内酒井家等差向い，合戦となる	8
同 4	・伏見にて大合戦，将軍慶喜退城，謹身	4
	・村山郡内の政治・社会状勢	117
	・徳川家脱走人江戸上野に籠り合戦，引続き関東所々，越後長岡，会津，松前等々で合戦，旧幕軍敗北	5
	・明治元年と改元	1
	・村山郡，民政局支配となる	2

註 行数は河北町誌編纂資料編35輯刊行本による（1行40字位）。
　＊大町念仏講帳では，元治2年の条に記している。

下、其外万々難有御仁恤ニ而今こそ　天朝の御恵万民ニ渡り、腹鼓を打目出度春を向ひ候

この年の筆者である柴田弥之助は、大町村の有力豪農である。彼らは、維新の内乱による無政府状況の中で、下からは世直し勢に絶えず脅かされていたため、政治・社会秩序の回復・安定化への希求から、天朝支配への期待は大きなものがあったに相違ない。明治に入ると、天朝支配を称揚する記事がしばしばみられるようになる。天皇制支配体制の末端に位置した豪農層は、契約講を媒介に天皇制イデオロギーを住民に浸透させることにより、世直し状況下で崩れた、自らを中心とする地域秩序の再編を図っていったことが窺われるのである。

(五)　対外関係の情報

寛政四年（一七九二）にロシア使節ラクスマンが根室に来航したのを契機に、対外問題がクローズ・アップされることになったが、これに関しては「東町契約帳」と「荒町契約帳」で、それぞれ「松前相とう（騒）に付、江戸ヨリ御役人とっくニ相下候」、「松前ニ唐船おしよせ相見へ候」と簡単に記しているにすぎない。しかも両者とも翌年に書かれている。ロシア船であることもまだ認知されていない。

文化四年（一八〇七）の、ロシア船のエトロフ島襲撃事件については、各契約帳ともかなり詳しく記しており、「荒町契約帳」では「ヲロシア国ヨリ大船参り候ニ付、殊之外騒動」と国名を認知している。このニュースに接した当時の人々の驚きと狼狽ぶりは、「前小路中組契約帳」で、「松前ニおゐて騒動相初候所、日本国中諸大明（名）御さわぎ、所々村ニおゐても大さわぎ往還之事ニ御座候……」と、諸大名だけでなく村々をも席捲した騒然たる世情を描写し、「あらあら中上、筆ニもつくしがたき候」と結んでいることに、如実に示されている。そして、この記事は、蝦夷地警備や視察のために羽州街道を人馬が頻繁に往来したことから、ただならぬ事態の発生を感知したことを物語っている。

通行人数の増加は、この事件に関する情報を街道づたいに伝播させたにちがいない。

嘉永六年（一八五三）は、大旱魃、出火の続発、窮民の不穏な動き等々、村山地方は騒然とした情勢下にあっただけに、アメリカ船来航の情報を大きな衝撃をもって受けとめている。各契約帳ともその情報を書き留めているが、特に「大町念仏講帳」の記事は、アメリカ船の来航の目的、日本側の対応等々について正確に認知している。もっとも、「既ニ合戦ニも可相成抔と専虚説ニ而愚民安キ心も無之」（「前小路中組契約帳」）とあるように、デマも飛び交っていたらしいが、それを虚説であると断じているところに、かなり高い情報認知能力が培われていたことを窺い得よう。

農民や商人の場合、武士と異なり、この大事件を何よりも自らの生業・生活と結び付けて深刻に受けとめていたことは、どの契約帳もこの事件を別個に記さず、この年の社会経済の混乱による生活危機の文脈の中で記していること、そして「大町念仏講帳」では嘉永六年の条を次の如き文章で締めくくっていることに、よく示されている。

　右之通春中より種々天災地変有之、夏秋中は万民の顔色も変し、世は如何成事やらんと魂を失ひ人心地も無之処、秋日和宜敷稲十分に取入アメリカの風聞もうすくなり候故、諸人一同安心致候。偏に日本神国の御陰と弥国君の難有事を思ひ家業出精致居候

右では、不安な世情にあって、「家業」安泰を願う民衆の根源的な生活意識が、その精神的拠り所として「神国」意識という日本型ナショナリズムに結び付いていっている。「神国」という言葉はすべての契約帳を通じてこれが初見である。ただ、こうした「神国」意識には国学を受容した豪農層の意識が色濃く反映していると思われ[40]、それがどの程度の階層的広がりを持っていたのかは今後の検討課題となる。

「大町念仏講帳」では、安政元年（一八五四）のアメリカ船の再来、同六年（一八五九）の開港と諸外国への貿易の許可についても記しているが、後者は幕府の触にもとづいている。

貿易の開始による国内経済の激変の渦は直ちに村山地方の経済をも巻き込み、人々を深刻な生活危機に陥れた。「大町念仏講帳」万延元年（一八六〇）の条には、「去年より異国と交易に付、諸品案外の引上、前代未聞の義に御座候」とある。しかも、この年には春先より冷気がちで米価が上がり、「谷地郷村々名主集会の上、安米売出其外種々手当」をしているが、新米が出回っても「又々高直に相成」、「田方は至而実入宜敷、畑は跡照勝にて思様には無之候得共、諸色高直は案外の事ニ御座候」と、従来の供給と価格の関係についての体験的認識からはずれた現象に、驚きの念を表している。そして、この記事は、地域経済が世界資本主義体制の一環に組み込まれた段階においては、もはや従来のような村役人層の対策では地域住民の生業・生活の安定は図り得なくなっていたことを示していよう。

やがて元治元年（一八六四）には、物価騰貴の原因が洋銀の流入と金貨悪鋳による金銀価格の下落にあることを認知するに至っている。村山地方の人々の生業・生活は、物価騰貴に加えて、開港後の外国産染料の輸入に伴う紅花商いの不振によっても大打撃を受けており、「畑中村契約帳」万延元年の条では、「アメリカ貿易ニ而日本中万民難義ニ御座候」と怨嗟の念を書き付けている。

開港による深刻な生活危機は、豪農層にあっては「神国」意識を昂進させ、先述したような天朝支配への期待へとつながっている。だが、より切実な生活危機に見舞われていた小前層にあっては、観念的で実体のない「日本神国の御陰」に期待するよりも、現実に小生産者としての存在を脅かしている社会的諸条件の変革＝「世直し」への志向を強めることになっただろう。そして、その矛先は、直接的矛盾・対立関係にあった豪農・領主へ向けられることになる。村山地方でも、慶応二年（一八六六）に大規模な世直し一揆が起きている。(41)

第三節　地域コミュニケーションの分裂——むすびにかえて——

近世における地域社会の秩序および地域住民の生業・生活を保障するシステムは、あくまで幕藩体制と鎖国経済を前提に成り立っている。村山地方でも近世後期には、農民層分解の進行により地域内部の階層間の矛盾が深刻化していっている。だが、地域社会の秩序と生業・生活保障のシステムの破綻が決定的になるのは、幕末期、殊に開港以降である。

嘉永六年（一八五三）六月のアメリカ船の来航による政治的・社会的緊張は、直ちに村山地方の社会経済をも混乱に陥れていたことは、この年七月二日に、村山郡山口村の伊藤儀十郎が出府中の父に送った書状の中で、「異国船之一条はとんだ騒き、夫故当地迄金銭融通ニ相障候、……〈中略〉……兼而御賢察之通、当郡産物紅花・たはこニ而商人共大損故、去子盆後より近年稀之不融通之処、異国船騒・大旱魃ニ而金銭は此節必至と差迫り」(42)と述べていることから窺える。加うるに、外圧への軍事的対応の強化は、年貢増徴、廻米強制、御用金の賦課、助郷人馬の増徴等々となって村山地方の民衆にも重くのしかかり、生活危機に陥れた。そして、開港のもたらした国内経済の混乱、幕藩制的秩序の動揺は、先述の如く、当該地域の秩序と再生産活動・生活の体系の破綻を決定的ならしめた。地域経済も世界資本主義体制の一環に組み込まれた段階では、もはや従来のような地域社会のシステムでは住民の生業・生活の安定を保障し得なくなった。

それ故、これまで地域内部に蓄積されてきた階層間の矛盾は、制御のメカニズムが利かなくなり、一挙に噴出した。それに伴い、地域社会におけるコミュニケーションのあり方も、従来の住民の共通利害に即した形から、階層的利害に即した形に変質し、豪農層と小前層ごとに決定的に分裂していった。文久元年（一八六一）、谷地郷の豪農たちは「泰平講」と称する組合を結成している。これは、その議定書によると、「近年異国御交易御開港以来穀類而已ならす諸品直段高直ニ相成、就中米価引上、買食之貧民及難渋候」という状況下で、「小作人共ならし検見相好候根本ハ、彼より何程、是よりいか程引方貫候杯と意外之偽を申触シ、地主之心意を誑惑し、所々江群集いたし手強ニ願込候ニ付、兎角地主ニおゐても区々申聞候様相成」というような、小作人層の連携によるコミュニケーションと生活安定化闘争が活発に展開し、個々の地主では対応しきれなくなったため、「地主之存慮一和いたし、以来区々ニ不相成様、当酉年より年々地主会合を催し」、地主相互のコミュニケーションを図ったものであった。[43][44]

また郡中議定も幕末期には治安対策を主要課題としており、郡中寄合は豪農層の利害に立ったコミュニケーションの機関と化している。慶応二年（一八六六）には、「浮浪之徒徘徊不致様兼而被仰渡御座候得共、追々差弛、既ニ当年右体之もの共立入及騒乱、村々之難儀、且御時節柄深奉恐入候儀ニ付、以来右様之萌し顕れ出所不知廻文等相廻り候ハヽ、継送は勿論、出所相糺差戻し、又は山野等ニ而火の手を揚人寄いたし候模様有之候ハヽ、最寄近村より其地内村方江追払之儀掛合、尚不拒止候ハヽ、其向々江申立御取締請候様可致事」という議定を制定し、浮浪の徒、出所不明の廻文、火の手等々によって媒介された、小前層のコミュニケーションを断ち切らんとしている。[45]

契約講も幕末期には、かつての惣百姓的コミュニケーションと情報共有の機関としての機能を減退させている。「前小路中組契約帳」・「畑中村契約帳」・「新町村契約帳」では、安政（一八五四〜一八六〇年）以降、天候・作柄・相場記事が主体となり、政治・社会状況に関しては記されなくなっている。「大町念仏講帳」のみ記事量が増加しているが、豪農層の利害に立った記事となっている。

もはや従来のような地域の秩序と再生産活動・生活の体系は成り立ち得なくなったとき、豪農層、小前層は、それぞれの立場から新たな地域のあり方を模索しなければならなくなったのである。それがどのような内容のものであったのかは今後の検討課題である。ただ基本線としては、豪農層の目指したのは、自らの支配的地位・利益を確保し得るような地域社会の再建であり、それが先述したような、天朝支配への期待、その下での地域秩序の再編へと向かい、一方、小前層が目指したのは、小生産者として安定的に生活し得るような地域社会の建設ではなかったろうか。では、日本の近代化の中で、現実にどのような秩序と再生産活動・生活の体系を持った地域社会が創り出されていったのか。他日、具体的に検討したい。

なお、本稿でささやかながら考察してきたところからも、農民的商品流通の発展を基礎にした地域を越えた民衆間の情報流通＝コミュニケーションの展開により、幕藩制下でも一定の「世論」が形成されつつあったこと、近代国民国家形成のコミュニケーション面での基礎条件がある程度は成熟しつつあったことを、垣間見ることができよう。だが、幕末期には右のように民衆間のコミュニケーションが分裂しているところに、その限界性もまた見定められるのである。そのことはいったい、日本の近代化の特質と、どのように関連しているのであろうか……。

註

（1）　なお、幕藩制的分轄統治の枠を越えた民衆間の情報流通＝コミュニケーションの展開は、「依らしむべし、知らしむべからず」を原則とし、厳しい言論統制がしかれていた幕藩制下における一定の「世論」形成、ひいては近代国民国家形成の基礎となるものであり、その意味で、幕藩制下におけるその展開度と質を究明することは、日本の近代化の特質を究明する上でも重要な課題といえる。本稿は直接これを課題とするものではないが、私自身の、コミュニケーション論に関する大きな問題意識として、一応念頭には置いておく。

（2）　河北町誌編纂資料編として、以下のものが刊行されている。畑中村「年々記録書留帳」（二六輯、一九五八年）、「大町念

仏講帳」(三四、三五、三六輯、一九五九、六〇年)、「前小路中組契約帳」(四五輯、一九六四年)、荒町村「念仏契約講年代鑑」・新町村「村内契約議定並諸留」・東町念仏講中「年々諸相庭覚帳」(五五輯、一九七七年)、各村契約講中記録集成(五八輯、一九八三年)。

(3) 今田洋三①「農民における情報と記録」(『地方史研究』第一三一号、一九七四年)、同②「幕末における農民と情報」(地方史研究協議会編『地方文化の伝統と創造』雄山閣、一九七六年)、同③「農民と情報」(『江戸と地方文化』二、文一総合出版、一九七八年)、拙稿「近世中期—幕末維新期の農民層の政治・社会・経済認識」㈠・㈡・㈢(『史料館研究紀要』第九、一一、一二号、一九七七、七九、八〇年)。

(4) 以上、今田信一『河北町の歴史』上巻(一九六二年)、第五編第二~五章参照。

(5) 桜井徳太郎『講集団成立過程の研究』(吉川弘文館、一九六二年)第一編第三章。福田アジオ『日本村落の民俗的構造』(弘文堂、一九八二年)第二編第四章。

(6) 伊豆田忠悦「五人組と契約について」(『歴史の研究』第一号、一九五二年)。

(7) 谷地郷の契約講について詳しくは、『河北町の歴史』上巻、三三七~三四九頁参照。

(8) 「大町念仏講帳」天明四年(一七八四)の条に「宇右衛門事も致病死、女世帯ニ相成候故、是又皆々相談之上、来巳年より町内組落ニいたし可然哉と熟談いたし候」とある。村山地方では女性が中継ぎとして当主になっている事例もみられるが(本書第二部第一章第四節)、社会的には一人前の家の代表者としては認められていなかったことを物語っていよう。

(9) 今田洋三論文②(註3)の第一表参照。

(10) 例えば「大町念仏講帳」寛政一〇年(一七九八)の条では、前小路村・北口村と大町村との用水争論の内済証文および前者よりの詑証文を、契約箱に入れて保管すべき旨記している。

(11) 伊豆田・前掲論文(註6)。

(12) 大町念仏講では、「念仏講」であって契約講ではないという口実を立てて続行している(天保一二年〈一八四一〉の条)。東町「年々諸相庭覚帳」(以下、「東町契約帳」と略称)天保一二年の条では、契約続行を役所に願い出たところ、「密ニ契約いたし候様被仰付」たとある。直接の民政担当役人には、伝統的な共同体慣行の根強い生命力を、一片の禁令によって断ち切ることなど不可能であることがよく認識されていたことを、物語っていよう。

(13)　ただし、宝暦五年（一七五五）に遡って記している。

(14)　最上紅花の産出高は、享保期には三百〜四百駄であったのが、一八世紀半ばには千駄を超している。そのうち谷地紅は、享保一〇年（一七二五）には四〇駄であったのが、宝暦五年（一七五五）には三五〇駄と九倍近く伸びている（『河北町の歴史』上巻、四三九頁）。

(15)　今田洋三論文②（註3）、二一七頁参照。

(16)　近世における庶民の情報収集の第一義的な目的が家業の維持・発展にあったことは、例えば中井信彦「色川三中の黒船一件記録について」上・中・下（『史学』第五〇巻記念号、第五一巻第一・二号、第五一巻第三号、一九八〇、八一年）、『歴史と人物』昭和五八年六月号所収の商人の情報収集に関する諸論稿からも知られる。

(17)　柴田　純「近世前期における学文の歴史的位置」（『日本史研究』第二四七号、一九八三年）では、こうした視点から民衆の学文能力について考察されている。

(18)　『河北町の歴史』上巻、八九九〜九四六頁。

(19)　今田洋三論文②（註3）、二一五〜二一六頁。

(20)　上方通商の発展した元禄頃には、山形でも飛脚制度が創始されている（『河北町の歴史』上巻、五七七頁）。

(21)　例えば、陸奥国閉伊郡穴沢村は北上山系の東部に位置する山間農村であるが、その地で近世後期以降商業を営んでいた工藤家の文書を調査してみたところ、信州・房州・秋田・越後等の遠隔地と取引関係を結び、商用書状にはその地の諸色相場や社会的出来事についても記されていた。東北の山深い村であっても、決して孤立した小世界の中に閉じこもっていたのではなく、広くコミュニケーション圏を形成していたことが知られるのである。

(22)　例えば「藤岡屋日記」（文化元〜慶応四年、一八〇四年〜一八六八年）からも、江戸が情報都市として発展していたことが窺える（吉原健一郎『江戸の情報屋』日本放送出版協会、一九七八年、参照）。

(23)　上山城下の藍染業者、中村文左衛門家の明暦三〜延享四年（一六五七〜一七四七年）の見聞記録「上山見聞日記」（『上山市史編纂資料』一七、一九七六年）をみると、江戸を中心に他地方の出来事も多く書き留めており、政治・経済の中心地である城下町には多くの情報が早くから流入していたことを窺い得る。

(24)『山形市史』史料編2(一九七一年)所収。

(25)今田洋三論文②(註3)、二一六頁。

(26)もっとも、触・達はあくまで官製の情報である。しかし、政治向きに関しても民衆間で独自の情報流通が展開しており、触・達のみで政治動向や社会的事件を判断していたわけではない。大塩の乱についても、民衆間で独自に流通した情報を多く書き留めており、決して幕府の触の如く悪逆の徒とはみなしていない。

(27)代参講が、定期的に代表を参詣の旅に出して世間を見聞させ、還って来たら講中に披露させるという形で、世間を研究する団体としての機能を発揮していたことは、柳田國男の指摘しているところである(「明治大正史」、『定本柳田國男集』第二四巻、筑摩書房、一九七〇年、三八一頁)。また、出稼ぎが、農民が生産技術、訴訟技術、世間を見る眼など諸々の力能を培う上で大きな意義を持っていたことは、三浦命助の例からも知られる(深谷克己『南部百姓命助の生涯』朝日新聞社、一九八二年、参照)。

(28)本書第二部第一章参照。

(29)契約講の寄合と、行政単位としての村の寄合との関係は不明である。ただ村政面においても、村山地方では、享保段階までは、名主(庄屋)と長百姓(組頭)数名によって村役人が構成されていたのが、それ以降、その構成は漸次崩れ、新たに(惣)百姓代が登場し、宝暦段階では三役制度が一般的に成立しており(同前参照)、小前百姓層の発言力が強まっていたことが窺える。

(30)『河北町の歴史』上巻、三三二~三三七頁参照。

(31)安孫子 麟「江戸中期における商品流通をめぐる対抗」(東北大学『研究年報 経済学』第三二号、一九七〇年)、『河北町の歴史』上巻五一三~五二六頁参照。

(32)郡中議定については、梅津保一①「羽州村山郡における『郡中議定』について」(『山形近代史研究』第一号、一九六七年)、同②「幕末期の羽州村山郡『郡中議定』と郡中惣代名主」(同前第三号、一九六九年)、『山形市史編集資料』第四号(一九六七年)参照。

(33)　凶作時には、議定を制定して郡内の夫食米の確保を図る一方、村役人たちは他国米の買い入れにも奔走している（例えば「大町念仏講帳」天保四、五年〈一八三三、三四〉の条）。また、凶作時に幕府が廻米強制策をとったことに対しては、郡中惣代が先頭に立って反対闘争を展開している（久留島　浩「直轄県における組合村―惣代庄屋制について」、歴史学研究会編『民衆の生活・文化と変革主体』青木書店、一九八一年）。なお久留島氏は、惣代庄屋の中間支配機構としての機能だけでなく、百姓の惣代としての役割も積極的に評価しようとされており、この点、私も同感である。

(34)　村山地方では、一八世紀半ば以降村方騒動が頻発しているが、その多くは名主の不正・私欲を追及したものである（『山形市史編集資料』第六号、一九六七年、所収の「百姓一揆年表」参照）。つまり、小前層の成長により、名主が惣百姓の代表としての責務に背いた場合、直ちに小前層の糺弾を受けざるをえなくなっていたのである。また、地域の議定＝掟に背いて、凶作時に酒造や穀類の他出あるいは買占めを行って地域住民の生活を脅かした者も、打ちこわしを受けている。例えば、天明七年（一七八七）の凶作時に、白岩郷で酒の密造をしていた家が打ちこわしに遭っている（「大町念仏講帳」）。

(35)　梅津論文②（註32）、一五六頁。

(36)　村名主も、谷地郷を例にとると、近世後期には絶対世襲制から村民の総意にもとづく推薦制へ変わっている（『河北町の歴史』上巻、三一四頁）。

(37)　今田洋三氏のように、郡中議定を単に村役人地主層の交通の典型と規定しただけでは（前掲論文②〈註3〉、二三五頁）、それが地域において果たしていた役割を理解し得ない。氏はコミュニケーションの階層性の解明の必要性を唱えられているが、そのこと自体は私も同感である。だが、単にその主体が属している階層によってのみ、その性格を断ずべきではない。彼らがどのような資格・立場において参加し、それが何を基本課題としていたのかという点をも、十分に考慮せねばならない。さもなくば、地域の再生産活動・生活がどのようなメカニズムで成り立っていたのかを解明できない。

(38)　農民の思想形成を支えていたのが、自らの体験・観察にもとづき自然・人事の「理」を「自得」する精神であったことは、拙稿「関東農村の荒廃と尊徳仕法」（『史料館研究紀要』第一四号、一九八二年）で、老農や尊徳を例にとって具体的に考察している。

(39)　渡辺信夫「江戸後期における農村市場の形成とその構造」（『文化』第二三巻第二号、一九五九年）。

(40) 大町村の村役人層である和田家と菊田家は、近世後期に家塾を開き、国学傾斜の学風でもって皇道思想の普及に努めている（『河北町の歴史』上巻、第九章第一、五節）。
(41) 青木美智男「慶応二年、羽州村山地方の世直し一揆」（『村方騒動と世直し』上、青木書店、一九七二年）参照。
(42) 藤田　覚「幕末期年貢収取状況と農民層の動向」（『日本歴史』第三二六号、一九七五年、六五頁）。
(43) 青木・前掲論文に全文紹介されている。
(44) これ以前にも小作人組合の存在はみられる。例えば、溝延村では文政八年（一八二五）に三三名の小作人が独自の契約連中を結成し、地主が勝手に小作地を取り上げて余人に小作させようとしても、決して小作してはならない、もし違背した場合は契約連中から除外する旨、議定を制定して耕作権の確保を図っている（『河北町の歴史』上巻、七八一頁）。
(45) 『山形市史編集資料』第四号、一四二頁。

〈付　記〉

本稿は、地方史研究協議会の一九八三年度大会（於、山形市）に向けての問題提起論文として、依頼されて執筆し、『地方史研究』第一八五号（一九八三年一〇月）に発表したものである。その後、幕藩制下の民間レベルでの情報流通・収集の実態について分析した論文が相次いで発表されている。太田富康「ペリー来航期における農民の黒船情報収集」（埼玉県立文書館『文書館紀要』第五号、一九九一年）に先行の関連論文が列挙され、また同「幕末期における武蔵国農民の政治社会情報伝達」（『歴史学研究』第六二五号、一九九一年）では当該テーマに関する論点整理がなされているので、参考になろう。

なお、小林文雄氏が「近世後期における『蔵書』の家の社会的機能について」（『歴史』第七六輯、一九九一年）の中で、従来の民衆世界のコミュニケーションに関する研究は、近世後期以降の階層分化によって豪農層のコミュニケーションと小前層のコミュニケーションに分裂していくととらえる傾向が強かったとし、その代表的見解として筆者の本稿をあげて批判されている。これを踏まえて高部淑子氏も、豪農層のコミュニケーションと小前層のコミュニケーションに分裂したとする大藤の見解と、この両者は併存し、小前層とのコミュニケーションを無視しては中間層による地域運営はできなかったとする小林氏の見解が研究史上で対立している、と整理されている（一九九四年度歴史学研究会大会報告要旨「一九世紀後半の情報活動と地域社会」、『歴史学研究』第六五八号、一九九四年）。

だが、高部氏が小林氏の見解とされている点こそ、私が本稿で強調したところのものである。本稿を草した頃の近世後期の村落社会論や地域社会論は、農民層分解の進行に伴う階層間の対立・矛盾の激化に主眼をおいて論じられる傾向が強かった。これに対し私は、近世後期にはたしかに階層間の対立・矛盾が深刻化してはいるものの、しかしながら一方で地域社会は住民全体の再生産活動・生活を成り立たせるためのメカニズムを有し、機能していた点を重視して、近世後期の地域社会論に新しい視点を打ち出すことを試みたのである。本稿での対象地域に即していえば、羽州村山郡谷地郷の契約講が近世後期には多様な階層から構成されるに至っていたにもかかわらず、集団として情報の収集活動を活発に展開し共有していたことの地域社会における意義を考え、さらに近世後期に成立する村役人層の郡中寄合とそこでの議定も、従来のように階層間の矛盾激化に直面した村落支配者層が自らの支配的地位を維持せんがために結集したもの、あるいは領主支配を補完するものと一面的に性格規定するのではなく、それが地域の経済・生活を成り立たせる上で果たしていた役割を考察し、地域における惣百姓的コミュニケーションの一環として位置づけてみたわけである。だが、近世における地域社会の秩序、地域住民の生業・生活を保障するシステムというのは、あくまで幕藩体制と鎖国経済を前提として成り立っている。それゆえ、開港によって地域経済も世界資本主義体制の一環に組み込まれ、幕藩体制の動揺した幕末期には、地域社会の秩序も動揺し、従来のシステムではもはや地域住民の生業・生活を保障しえなくなり、地域内部に蓄積された階層間の矛盾が一挙に噴出する。それに伴い地域社会におけるコミュニケーションのあり方も階層的に分裂していったことを、羽州村山郡での具体例に即して指摘したのである。

したがって、幕末期についての見解のみを取り上げて、私の論考が旧態依然たる階層対立論に立っているかのごとく研究史上に位置づけられるのは、はなはだ不本意である。小林氏は、幕末期にこそ豪農層と小前層の合意形成が強められるのではないかとされるが、はたしてそれでこの時期の地域社会のあり方、住民の動向が説明しうるであろうか。小林氏が、豪農の家に書籍や写本という形で蓄積された情報が地域に開放され、蔵書の家が地域社会において公共的機能を果たしていたことを論証された点は、私も高く評価しているが、しかし氏の論文で対象にされているのは文政・天保期であって、幕末期については何ら実証的に考察されてはいない。拙論ではあくまで具体例にもとづいて立論しているのであるから、小林氏も自己の見解を裏付ける事実を提示して批判しなければ、議論を前進させることにはならない。それに、そもそも近世と近代とでは地域社会の秩序の成り立ちの前提条件が異なっている以上、両者を単線的に結びつけて考えるのは非歴史的な見方であろうし、もしそうなら幕末・維新の動乱は地域社会には何らの影響も及ぼさなかったことになり、維新とはそもそも何であったのかが問い直されねばなるまい。

あとがき

本書は、一九九四年に東北大学大学院文学研究科に提出した同題名の学位論文のうち、第一部と第二部を収めたものである。学位論文では第三部として「家・村の復興と報徳運動」を配し、近世後期の関東農村の荒廃が農民の内面にどのようなインパクトを与え、荒廃を克服して家と村を立て直すためにどのような思想や方法論を創造し実践したのかを、二宮尊徳の思想形成と、それにもとづいて編み出した報徳仕法を例にとって検討し、さらに明治期の報徳社運動の指導者であった岡田良一郎の維新・文明開化期における言論活動について分析を加えている。

尊徳に着目したのは、彼が一家の再建を通じて人間形成と思想形成をしながら、やがてその思想を家・村の枠組みを超えて社会化し、農民の立場から独自の「興（富）国安民」を構想するに至り、それを実現するための方策＝報徳仕法を考案して実践したからである。私は、そこに、幕藩制解体期にあって農民が家・村の復興という課題から出発して、さらに広く社会と国家の問題、および人間と自然との関係をも射程に入れて思想形成をしえた、一つの到達点を見て取った。そして、日本の近代化過程における報徳運動の展開を考究するにあたっては、報徳主義の「富国安民」の理念と国家の「富国強兵」の論理との関係が鍵になると考え、手始めに維新・文明開化期の岡田良一郎の言論において両者の関係がどのようにとらえられていたのかを分析してみた。「近世農民と家・村・国家」という論題に関する私の現段階での考えは、この第三部も含めて示しているのだが、すべてを一書に収めるとあまりにも大部になりすぎるので、本書では割愛せざるをえなかった。二宮尊徳と報徳運動についてはさらに研究を重ね、将来、一書にまとめたいと考えている。

さて、筆者の問題関心は、生まれ育った生活環境の中ではぐくまれた。私は第二次大戦後間もない時期に、山口県の山陰部の山間の一農村に生まれ育った。そこではいまだ「家」的な慣行と意識は息づいており、老人と大人たちの間では「家」を守り先祖の祭祀を絶やしてはならないということが絶対的な生活規範をなし、それが日々の労働の精神的な支えとなっていた。

私事にわたって恐縮であるが、両親が仕事の関係で家を留守にすることの多かった我が家では、私はオバアチャン子として祖母との精神的な絆の強さのもとで育った。明治生まれの祖母は、大藤家に嫁いで若くして夫に死別し、昭和の激動期にあって独りで田畑を耕しながら生計を立ててきた。大藤家を絶やしてはならない、その一念が祖母の生活力の根源をなしていたようだ。祖母が、そして周りの老人・大人たちが、必死で守ってきた、またこれからも守っていかなくてはならないと考えている「家」とは、いったいどのようなものなのか、どのような価値をもっているのか。少年期の私の心を、そうした思いがしだいにとらえるようになった。

大学、さらに大学院に進み日本史を専攻した私は、おのずと農村史と農民生活史に関心が赴いていった。そして、その研究を進めていくうえでまず、「家」の問題を自分なりに押さえておかなくてはならないと考えるようになった。そこでの問題意識の焦点は次の二点であった。

一つは、農民の間で「家」およびそれにまつわる意識・観念が広く形成されたのはいつ頃で、どのような歴史過程を経ていたのか、そしてそれは農民たちが生産・生活を営むうえでどのような意味をもっていたのか、という点である。それを具体的に明らかにしたうえで、農民たちが自発的に形成した「家」および「家」意識の内実と、近代の国家法制としての「家」制度および「家」国家観との連関性と差異性を考究してみたい。それが、研究課題の第一点であった。

いま一つは、近代天皇制国家においては天皇は日本国民の家長とされていたにもかかわらず、先の一五年戦争で日本国民を塗炭の苦しみに陥れ、あまつさえアジアの諸民族を蹂躙したことに対し、なぜ、何らの責任をとろうとしないのか、またその責任を追及する声が国民の間から大きな力となるほどに沸き起こらないのか、という点である。「家」にしろ何にしろおよそ組織の長たる者は、その存続・発展に責任を負い、もしそれを危殆に陥れたならば責任をとってその地位を退く、また組織のメンバーからもその責任を追及される、それが組織の当然の論理ではないか。にもかかわらず国家＝「家」の長たる天皇にはそうした組織の論理が働かないのは、何故か。少青年期にいだいたそうした素朴な疑問を、自分なりに学問的に考えてみること。それが研究課題の第二点であった。そして、その課題に、近世の「家」と近代の「家」とでは、家長の責任についての考え方、および忠・孝の規範の内実にどのような差異があったのか、という観点からアプローチを試みてみた。「家」に関する私のこれまでの研究は、およそ右の二つの問題関心に貫かれている。

研究の出発点となった大学院の修士論文では、近世における農民層の「家」意識の一般的成立過程を考究している（本書第二部第一章に所収）。今日では近世史の論文でも「家」、「イエ」、あるいは「家」意識、「家産」観念といった言葉が氾濫するようになったが（ただ多分にファション化している傾向もなきにしもあらずであり、いかなる問題意識で、またいかなる意味内容でそうした言葉を用いているのか理解しかねるものも少なくない）、それを草した一九七三年当時は、近世史学にあっては「家」についての関心は低かった。したがって、自身の研究課題にどのように具体的にアプローチしたらよいのか皆目見当のつかないまま、手探りをつづけなければならなかったのであるが、暗中模索の中にあって導きの糸となったのは、法史学の立場から近世農民の家族について綿密な分析を加えられていた大竹秀男氏の研究と、歴史民俗学的手法で庶民の「家」に迫られていた竹田聴洲氏の研究であった。私の修士論文は、大竹氏の宗門人別帳の分析方法と竹田氏の墓碑の調査方法に学びながら、どうにかこうにか仕上げたものである。

それを雑誌に発表した折、両先生に抜刷をお送りしたところ、若手の歴史学徒の中から「家」に関心を寄せる者が現れたことを喜ばれるとともに、懇切な御批評をいただいた。歴史研究の道をよちよち歩きしはじめたばかりの私にとって、それは何よりも励ましとなった。竹田先生は残念ながら、お目にかかる機会を得ないまま他界されてしまったが、大竹先生には、のちに結成された比較家族史学会を通じて直接御教導を仰ぐことができるようになり、今日に至っている。広く深い学殖をバックボーンに、常に現実の家族を見据えて研究と発言をされる大竹先生には、学問内容はもとより、研究者としての姿勢の面でも教えられるところが大きかった。学恩に心より感謝申し上げたい。

ところで、修士論文を草したあと、私は一貫して農民の「家」に関わる研究を進めてきたわけではない。次の研究にとりかからないうちに国立史料館に就職した私は、職務の一環として史料の調査・整理法や史料学の研究にも取り組まなくてはならなくなった。同館に在職した一七年余のうち後半にあっては、その方面の研究にむしろ自身の関心が傾き、「家」に関する歴史論文は執筆依頼を受けたり、あるいは共同研究に参画した折に時たま草する程度になってしまった。自意識においても、歴史研究者というよりもアーキビストとしての自覚の方が強くなっていたのであるが、一九九三年四月に母校の東北大学文学部に転勤し、再び歴史学の世界に身を置くことになった。

そして、大学院時代の恩師である渡辺信夫先生に、それから御退官までの二年間、今度は大学教師としての心構えを教え込まれると同時に、早く学位論文を仕上げるよう直接監視のもとで尻をたたかれつづける仕儀となった。内容的にはとても学恩に報いられるようなものではないが、ともかく学位論文をまとめることができたのは、先生の叱咤のたまものである。また、茨城大学時代の恩師である瀬谷義彦先生には、学問上はもとより、私生活の面でも今日に至るまでいわば父親代わりのように導いていただいている。両先生の御恩には、適切なる感謝の言葉も見つからない。

高校卒業後山口県の片田舎を出てから、早、三〇年近い歳月が流れ去った。この間、多くのよき師と先輩・友人・学友、そして全国各地で史料の保存に尽力されている方々と巡り合えたことは、私の人生における最大の財産である。さして能力もない、また社会性に著しく欠ける私が、今日まで曲がりなりにも研究の道を歩みつづけ、また社会生活を営むことができたのは、それら多くの方々に支えられてのことである。いちいちお名前は記さないが、心より御礼申し上げる次第である。

今でも時折郷里には帰っているが、子供時代にともに田圃と山野を駆け巡って遊んだガキ仲間たちはもう、そこにはいない。皆、都会に就職して出てしまっている。そして、年老いた父母の世代が今でもそれぞれの家を守っている。散策しながら懐かしい郷里の田園風景を眺めるたびに、思い出されることがある。大学院修士課程二年の夏、帰省して祖母と一緒に山仕事に出かけた折、祖母が突然、「よくお聞き」と言って、我が家と部落の歴史についていろいろ語りはじめた。死期の近いことを悟ったのか、自分の知っていることを私に伝えておきたいという思いのこもった、日頃の祖母とは違った熱っぽい語り口であった。夏休みが終わり大学に戻ってしばらくして、祖母から手紙が来た。祖母が私に手紙をよこしたのはそれが初めてであった。それまでは、さして学歴のない自分が大学生の孫に手紙を書くのは恥ずかしい、と言ってためらっていたのだ。内容は、今年も稲の出来具合がよさそうでうれしいといったたわいもないもので、何でこんなことをわざわざ書いてよこすのかと、その時は訝しく思った。その一週間後、また祖母から手紙が来た。今度は、早く郷里に戻って就職し、嫁をもらって大藤家を継いでほしい、といった内容であった。

それから間もなくして、実家から祖母が脳溢血で倒れたという知らせが入った。すぐさま帰省したが、すでに祖母は冷たくなっていた。人生の大半を土を耕しながら我が家を守ることに捧げてきた祖母にとって、死の間際まで脳裏を占めていたのは、稲の出来具合と我が家の行く末だったのだ。だから、ああいう手紙を私によこしたのだ。祖母の死に顔を見ながら、そうした思いがこみあげてきた。だが、通夜の席で祖母の実家から来られた方に、思いもよらぬ話を聞かされた。祖母は、娘時代、東京の女学校に入って勉強したいと言って家出したことがあったというのだ。上京したものの実家の都合で引き戻された祖母は、やがて我が家に嫁いできた。そういえば、祖母はよく私に、生まれかわったら今度は研究者か小説家になりたい、と話していた。また、私の中学・高校の教科書を開いては読んでいた姿もよく目にした。祖母も、青春時代には個としての人生の夢をもっていたのだ。それが激動の時代の中にあって独力で大藤家を守っていかなくてはならない運命となったのだが、どのような葛藤を心の奥底に秘めてその後の人生を歩んだのか、記録を残していないので、今となっては知る由もない。

当時、私は、農民の「家」意識の成立をテーマとした修士論文の作成に追われていたのであるが、祖母の死以来、歴史における個の問題にどのようにアプローチしたらよいか、という想念に強くとらわれるようになった。個に対する家の抑圧とそれからの自立、といったありきたりの図式でもって処理するのは簡単である。しかし、それぞれの歴史段階における個と家や社会・国家との関係には、もっと微妙で複雑なものがあったはずだ。それを、個の内面に深く分け入って考察してみたい。そうした問題意識が常に私の脳裏にこびりついて離れない。だが、それには、私自身がもっと人生経験を積み、その深みを身をもって感得しなくてはならない。また、史料を多角的に深く読み解く学問的力量も求められる。二宮尊徳について調べていて、つくづくそのことを痛感している。

歴史における個に、どこまで肉薄しうるか。それが私の歴史研究の究極の課題である。

本書の刊行にあたり、一九九五年度文部省科学研究費「研究成果公開促進費」の交付を受けた。出版をお引き受けいただいた吉川弘文館には、心より感謝の意を表したい。

一九九五年八月

大藤　修

近世農民と家・村・国家（オンデマンド版）
—生活史・社会史の視座から—

2018年10月1日　発行

著　者　大藤《おおとう》　修《おさむ》

発行者　吉川道郎

発行所　株式会社 吉川弘文館
〒113-0033 東京都文京区本郷7丁目2番8号
TEL 03(3813)9151(代表)
URL http://www.yoshikawa-k.co.jp/

印刷・製本　株式会社 デジタルパブリッシングサービス
URL http://www.d-pub.co.jp/

大藤　修（1948～）
ISBN978-4-642-73328-1

著者略歴

一九四八年　山口県に生まれる
一九七一年　茨城大学人文学部卒業
一九七五年　東北大学大学院文学研究科博士課程中退
国文学研究資料館史料館助手、同助教授を経て
現在　東北大学文学部教授、博士（文学）

〔主要著書・論文〕
『史料保存と文書館学』（共著、吉川弘文館）
『史料の整理と管理』（共著、岩波書店）
『日本農書全集第六三巻　農村振興』（共著、農山漁村文化協会）
「関東農村の荒廃と尊徳仕法」（『史料館研究紀要』第一四号）
「夫婦喧嘩・離婚と村落社会」（『近世日本の生活文化と地域社会』河出書房新社）

近世農民と家・村・国家
――生活史・社会史の視座から――

平成八年二月二十日　第一刷発行
平成九年十二月一日　第二刷発行

著者　大《おお》藤《とう》修《おさむ》
発行者　吉川圭三
発行所　株式会社吉川弘文館
郵便番号一一三
東京都文京区本郷七丁目二番八号
電話〇三―三八一三―九一五一〈代〉
振替口座〇〇一〇〇―五―二四四
印刷＝大成印刷・製本＝誠製本

索　引

・研究者名は特に本書の主題にかかわる研究業績をあげられている方のみ取り上げた。

あ 行

か 行

さ 行

た 行

な 行

は 行

ま行

や　行

ら 行

わ 行